PRINTED IN FRANCE

THÉATRE
II

PIERRE CORNEILLE

THÉÂTRE
II

TRAGÉDIES

CLITANDRE — MÉDÉE — LE CID — HORACE
CINNA — POLYEUCTE — LA MORT DE POMPÉE

*Chronologie, Introduction
Bibliographie et Notes*
par
Jacques MAURENS
professeur à l'Université
de Toulouse-Le Mirail

GF
FLAMMARION

© 1980, GARNIER-FLAMMARION, Paris.
ISBN 2-08-070342-0

CHRONOLOGIE

1602 : Pierre Corneille, le père, maître des eaux et forêts épouse à Rouen Marthe Le Pesant, fille d'un avocat.

1606 : Le 6 juin, naissance à Rouen, rue de la Pie, de Pierre Corneille ; il aura cinq frères ou sœurs, dont Thomas et Marthe, mère de Fontenelle.

1615 : Il entre au collège des Jésuites de la ville ; prix de vers latins en rhétorique (1620).

1624 : Corneille est licencié en droit ; il prête serment d'avocat stagiaire au Parlement de Rouen.

1628 : Son père achète pour lui deux offices d'avocat du roi, au siège des eaux et forêts et à l'amirauté de France. Il conservera ces charges jusqu'en 1650.

1629 : *Mélite* est jouée au Marais pendant la saison théâtrale 1629-1630, probablement début décembre 1629.

1631 : La tragi-comédie de *Clitandre ou l'innocence délivrée* est jouée au Marais.

1632 : Fin de 1631 ou début de 1632 ? Représentations de sa deuxième comédie, *La Veuve ou le Traître puni*. Edition de *Clitandre* et des *Mélanges poétiques*. A la fin de l'année probablement, *La Galerie du palais ou l'amie rivale* est jouée au Marais.

1633 : Edition de *Mélite* en février, tandis que *La Suivante* est jouée au Marais. En été, la cour séjourne à Forges-les-Eaux, près de Rouen. Corneille écrit *L'Excusatio*, où il loue le roi et le ministre.

1634 : En mars publication de *La Veuve* et de *L'Excusatio*. Renaissance de la tragédie : *Sophonisbe* de Mairet, *Hercule mourant* de Rotrou. Corneille fait jouer *La Place Royale ou l'amoureux extravagant*.

1635 : La première tragédie de Corneille, *Médée*, est jouée au Marais en début d'année. Corneille fait partie des cinq auteurs chargés par Richelieu d'écrire *La Comédie des Tuileries*, jouée le 4 mars.

1636 : Représentation de *L'Illusion comique*, qui sera publiée en 1639. Août 1636 : les Espagnols prennent Corbie, reprise en novembre. Fin décembre, ou début janvier 1637, première de la tragi-comédie, *Le Cid*.

1637 : Le 8 janvier, *La Grande Pastorale*, écrite par les cinq auteurs dont Corneille, est jouée à l'hôtel de Richelieu ; le 22 février, représentation de *L'Aveugle de Smyrne*, tragi-comédie des cinq auteurs.
Publication de *La Galerie du Palais* et de *La Place Royale* en février, du *Cid* en mars, de *La Suivante* en septembre. En avril, Scudéry publie ses *Observations* sur *Le Cid;* Corneille réplique par sa *Lettre apologétique*. Scudéry demande l'arbitrage de l'Académie ; en décembre paraissent les *Sentiments de l'Académie*. Déception de Corneille qui renonce à répondre par égard pour Richelieu : en janvier des lettres de noblesse avaient été accordées au père de Corneille.

1638 : Naissance du Dauphin, le futur Louis XIV. Corneille « ne parle plus que de règles et des choses qu'il eût pu répondre aux Académiciens » (lettre de Chapelain de janvier 1639).

1639 : Le 12 février, mort de Corneille père ; le fils devient tuteur des frères et sœurs mineurs. Edition de *Médée* et de *L'Illusion comique*.

1640 : « Corneille a fait une nouvelle pièce du combat des trois Horaces et des trois Curiaces » (lettre de Chapelain du 19 février). Il a soumis *Horace* à une commission de doctes, dont Chapelain, Baro, Charpy, l'Estoile, d'Aubignac. Une représentation a lieu devant Richelieu.
La tragédie d'*Horace* est jouée au Marais début mai probablement. Sans grand succès : à cause de l'éloge de la politique de Richelieu ?

1641 : Edition d'*Horace*. Mariage avec Marie de Lampérière.

1642 : Représentations de la tragédie de *Cinna ou la clémence d'Auguste* avant le 1er août, date à laquelle Corneille prend un privilège pour l'impression.
Lecture ou représentation privée de *Polyeucte* devant Richelieu (témoignage de d'Aubignac).

4 décembre : mort de Richelieu.

1643 : Avant le 30 janvier, première de *Polyeucte* (privilège pris à cette date). Edition de *Cinna*. Corneille écrit un quatrain dans lequel il se refuse à juger le cardinal, alors que se dessine une réaction contre sa politique.

14 mai : mort de Louis XIII. Corneille compose un sonnet très dur pour Richelieu et le roi défunt. Il écrit *La Mort de Pompée*, représentée probablement en automne. Dans « le même hiver » représentation de la comédie *Le Menteur*. Remerciement au cardinal Mazarin qui a triomphé de la Cabale des Importants. Edition de *Polyeucte*.

1644 : En février, édition de *La Mort de Pompée* et en octobre de la comédie *Le Menteur;* première édition collective, *Œuvres,* contenant les pièces antérieures au *Cid.*

Représentations de *La Suite du Menteur* et de *Rodogune* en décembre probablement.

1645 : Le 14 octobre, lettre de Louis XIV demandant à Corneille de collaborer aux *Triomphes de Louis le Juste.* Le Marais joue *Jodelet ou le maître-valet* de Scarron qui parodie la tragédie.

Au début de l'hiver, première de *Théodore, vierge et martyr,* premier échec de sa carrière.

1646 : Edition de *Théodore.*

1647 : Première d'*Héraclius;* édition de *Rodogune* et d'*Héraclius.*

Le 22 janvier Corneille est reçu à l'Académie.

1648 : Publication du tome II des *Œuvres* (du *Cid* à *Théodore*). En août, commencement de la Fronde parlementaire.

1649 : Dans la nuit du 5 au 6 janvier, la reine, le jeune roi, et la cour quittent Paris; paix de Rueil le 11 mars.

Exécution de Charles Ier d'Angleterre en février.

Première de *Don Sanche d'Aragon.*

1650 : *Andromède* est jouée au Petit-Bourbon; édition de *Don Sanche* en mars.

Arrestation des princes, Condé, Conti et Longueville. — Epuration en Normandie. Le 12 février, Corneille « dont la fidélité et l'affection nous sont connues », est nommé par le roi procureur des Etats de Normandie.

1651 : En février, première de *Nicomède;* en août, édition

d'*Andromède* et, en novembre, de *Nicomède*. Publication de *L'Imitation de Jésus-Christ* (les vingt premiers chapitres traduits en vers par P. Corneille).
A la fin de l'année, première de *Pertharite* qui échouera.

1652-1656 : Corneille consacre son activité littéraire à la traduction de *L'Imitation*. En mars 1656, publication de la traduction complète. En juillet, Corneille travaille à une tragédie à machines, qui sera *La Toison d'Or*, et prépare une édition revue de son théâtre.

1657 : L'abbé d'Aubignac publie sa *Pratique du Théâtre* en se référant aux pièces de Corneille.

1658 : Corneille est présenté au surintendant des finances Nicolas Fouquet; il reçoit une gratification et offre d'écrire pour lui.

1659 : En janvier, première d'*Œdipe* dont le sujet avait été proposé par Fouquet. En mars, édition de l'ouvrage.
7 novembre : paix des Pyrénées.

1660 : *La Toison d'Or* est jouée en Normandie. Le 31 octobre, achevé d'imprimer du *Théâtre de Corneille revu et corrigé par l'auteur*, en trois volumes; chaque volume est précédé d'un *Discours* et des *Examens* des pièces.

1661 : Grand succès de *La Toison d'Or* au théâtre du Marais.
Le 9 mars, mort de Mazarin. Le 5 septembre, arrestation de Fouquet.

1662 : Première de *Sertorius* au Marais. Pierre et son frère Thomas s'installent à Paris.

1663 : Première de *Sophonisbe* à l'Hôtel de Bourgogne. Querelle avec l'abbé d'Aubignac. Corneille écrit un *Remerciement au roi* pour la pension de 2 000 livres qui lui est accordée.

1664 : *Othon* est joué le 3 août à Versailles, le 5 novembre à l'Hôtel de Bourgogne. Neuvième édition collective du *Théâtre*.
Représentations de *La Thébaïde*, première tragédie de Racine.

1665 : En février, édition d'*Othon* et, en août, publication de la traduction en vers des *Louanges de la Sainte Vierge*. Grand succès d'*Alexandre* de Racine.

1666 : En février, première d'*Agésilas* à l'Hôtel de Bourgogne.

1667 : Le 4 mars, *Attila* est joué par Molière. Poème au roi sur son retour de Flandre. Edition d'*Attila* en novembre.

17 novembre : *Andromaque* de Racine.

1668 : Dixième édition collective du *Théâtre*. Poème au roi sur la conquête de la Franche-Comté.

1669 : Publication d'une traduction en vers de l'*Office de la Vierge*. Le 13 décembre, première de *Britannicus* : Corneille y assiste « seul dans une loge ». La polémique entre Racine et le clan cornélien se développe.

1670 : La préface de *Britannicus* contient des attaques contre Corneille. Le 21 novembre, première de *Bérénice*, de Racine, à l'Hôtel de Bourgogne. Le 28 novembre, première de *Tite et Bérénice*, de Corneille, chez Molière.

1671 : Première de *Psyché;* publication de *Bérénice* et de *Tite et Bérénice*.

1672 : Le 5 janvier, première de *Bajazet*. Corneille fait des lectures de *Pulchérie* qu'il réussit à faire jouer en novembre au Marais. Deux poèmes en l'honneur des victoires du roi en vers latins et vers français.

1674 : Le 10 juillet, parution de l'*Art poétique* de Boileau qui ne fait aucune place à Corneille dans l'histoire de la tragédie. L'*Iphigénie*, de Racine, jouée à Versailles, en août. La dernière tragédie de Corneille, *Suréna*, est jouée à l'Hôtel de Bourgogne. La pension de Corneille est supprimée.

1676 : A l'automne, cinq tragédies de Corneille sont reprises à Versailles. Remerciement en vers publié dans *Le Mercure galant* en 1677.

1677 : Le 1er janvier, première de *Phèdre*. Corneille écrit une pièce sur les victoires du roi.

1678 : Lettre de Corneille à Colbert pour solliciter le renouvellement de sa pension. En octobre, il lit à l'Académie son poème *Au Roi sur la paix de 1678*.

1682 : Onzième et dernière édition collective du *Théâtre*, en quatre volumes. La pension de Corneille est rétablie.

1684 : Le 1er octobre, mort de Pierre Corneille.

INTRODUCTION

Jean-Paul Sartre enfant transforma Corneille en Pardaillan : « il conserva ses jambes torses, sa poitrine étroite et sa face de carême, mais je lui ôtai son avarice et son appétit du gain; je confondis délibérément l'art d'écrire et la générosité ». C'est ce que ne fit jamais le vrai Corneille. « Le théâtre est un fief dont les rentes sont bonnes », constate-t-il dans L'Illusion comique. Il s'appropria ce fief. Ses exigences à l'égard des acteurs et des libraires, la dédicace de Cinna au financier Montoron le firent traiter d'écrivain mercenaire. Engagé dans l'équipe des cinq auteurs chargés de donner une substance aux idées dramatiques du cardinal de Richelieu, il recueillit présents et pension. Ces subventions furent maintenues par Mazarin : « Tes dons ont passé même mes espérances. » L'argent n'est-il pas l'excitant nécessaire, et souvent suffisant, de l'activité humaine ? Corneille l'avouait ingénument.

Heureux appétit du gain! Joint à l'orgueil du succès, il a contraint Corneille à formuler une évidence : la poésie dramatique a pour but le seul plaisir du spectateur. De quoi ce plaisir est-il fait ? « J'ai remarqué — note-t-il dans l'Examen du Cid — qu'alors que ce malheureux amant se présentait devant elle, il s'élevait un certain frémissement dans l'assemblée qui marquait une curiosité merveilleuse. » Tel est, pour parler comme Boileau, le ressort qui attache le spectateur : une situation extraordinaire à l'issue imprévisible. Les théoriciens eux-mêmes, tout en reprenant la définition aristotélicienne de l'art comme imitation de la nature, prescrivaient la recherche de « la merveille ». Chapelain plaçait le plaisir théâtral dans la suspension d'esprit, « quand le poète dispose de telle sorte l'action que le spectateur est en peine par où il en sortira ». Non pas le poète mais le héros. Comment en sortiront

Rodrigue et Chimène ? C'est pour procurer ces moments d'attente frémissante que Corneille a choisi des sujets qui vont « au-delà du vraisemblable ».

Et une expression qui va au-delà du parler naturel. Pourquoi tant d'antithèses, d'apostrophes et autres figures de style dans ses monologues et dans la plupart des dialogues ? La réponse est dans son premier *Discours :* il observe que la partie de la poésie dramatique qui concerne les mœurs « a besoin de la rhétorique pour peindre les passions ou les troubles de l'esprit ». Le langage théâtral, en effet, est une mimique verbale conventionnelle qui doit faire participer physiquement à la démesure des sentiments. Ou bien captiver l'esprit par le poids des raisons, selon la formule de d'Aubignac, qui reproche aux raisonnements trop faibles de mettre le théâtre dans la froideur, et admire « la délibération d'Auguste où Maxime et Cinna s'expliquent par des considérations surprenantes ». Inutile donc d'excuser la rigueur et la subtilité des débats cornéliens par l'empreinte indélébile d'une profession d'avocat, qu'il n'a jamais exercée : « j'ai la plume féconde et la bouche stérile ». L'emploi de la rhétorique se fonde sur l'entente des conditions de la participation théâtrale. Le mot d'intérêt signifie qu'on est dans l'affaire. Corneille veut mettre le public dans l'affaire par le pouvoir du discours. Fascination par le verbe analogue à celle que crée le cinéma par les images.

Corneille auteur baroque ? Disons qu'il a toujours su user des artifices du langage et de la technique dramatique. Il commença par en abuser dans *Clitandre*, parce qu'il créait sans avoir rien à exprimer. Il avait prouvé son originalité en débutant au théâtre par une pièce comique, *Mélite*, alors que le genre avait à peu près disparu; on y trouvait, malgré la fantaisie de l'intrigue, une observation amusante des mœurs de la jeunesse. Ce fut le succès de la comédie qui lui fit abandonner son sujet; il se crut autorisé à passer du rire aux larmes et à composer une tragi-comédie. L'inexpérience et le désir de forcer avec éclat les portes d'un genre portent à la surenchère. Le public, encore naïf et proche de la découverte des possibilités dramatiques de la scène moderne, était avide d'action et d'émotion violentes. Corneille s'était efforcé de le combler. Il juxtapose et imbrique plusieurs séries d'événements. Une intrigue de palais, d'abord, dans un pays imaginaire : l'opposition entre le prince héritier, soutenu par sa mère, et le roi, chacun ayant son favori, fait obstacle au mariage de

deux amants parfaits. Ils vont être provisoirement désunis
et menacés dans leur vie — schéma habituel d'une tragi-
comédie — par les machinations d'une jalouse et d'un
jaloux qui les attirent tous deux dans une même forêt afin
de les tuer. Elles échouent bien sûr, mais en donnant
naissance à une nouvelle pièce : le favori du prince est
accusé par erreur, emprisonné et condamné à mort, ce
qui explique le sous-titre : *L'Innocence délivrée*. « Il faut
que j'avoue, déclare Corneille dans la *Préface*, que ceux
qui n'ayant vu représenter *Clitandre* qu'une fois ne la
comprendront pas nettement, seront fort excusables. »
D'autant plus excusables que les événements y sont
montrés directement, sans explication, et d'une manière
discontinue avec passage incessant d'un lieu à un autre :
« J'ai mis les accidents sur la scène. » La surprise donne
leur plein effet de choc aux bagarres sanglantes du premier
acte ; et la continuité de la violence est assurée par une
tentative de viol, au début du quatrième acte, que sanc-
tionne un œil crevé à l'aide d'une aiguille à cheveux. Ce
n'est qu'à l'approche du dénouement heureux que l'on
retrouve l'auteur de *Mélite* dans les scènes de badinage et
de caresses.
    Une action forcenée et mélodramatique requiert des
personnages exemplaires dans le bien et dans le mal.
Pymante, le méchant, pousse la logique jusqu'à revendiquer la responsabilité du forfait qu'il n'a pu commettre :
« Je ne suis criminel sinon manque d'effets. » Ce propos
de croquemitaine n'est pas le seul à manifester la mala-
dresse d'un débutant : apostrophes aux objets dotés de
sensibilité à l'exemple du poignard qui « en rougissait, le
traître » dans *Pyrame et Thisbé*, la pastorale de Théophile
de Viau ; monologues lyriques démesurés, mêlant pointes
à la mode et amplifications rhétoriques ; grandiloquence
involontairement cocasse : « Remplissons tous ces lieux de
carnage et d'horreur », et, le tonnerre se faisant entendre,
« Mes menaces déjà font trembler tout le monde. » Une
réhabilitation a été tentée de nos jours : on apprécie la
théâtralité, c'est-à-dire un dynamisme scénique d'allure
fort moderne. Mais la théâtralité c'est ce qui subsiste du
théâtre quand une pièce n'a pas de sujet. Exercice de
virtuosité condamné par Corneille dans l'*Examen* de 1660.
Il présente cette tragi-comédie, vainement remaniée,
comme une sorte de « canular » composé par bravade pour
démontrer par l'absurde la valeur de *Mélite*, pièce critiquée par les connaisseurs : « J'entrepris d'en faire une

régulière, pleine d'incidents et d'un style plus élevé, mais
qui ne vaudrait rien du tout : en quoi je réussis parfaitement. » Cette boutade humoristique traduit le jugement
qu'il dut porter en 1631 sur sa tentative puisqu'il se replia
vers le genre de la comédie. Il y obtint des succès qui le
signalèrent à l'attention de Richelieu.

Mais voici qu'à la saison théâtrale 1634-1635, il fait
représenter une tragédie, *Médée*. C'était manifestement
par obligation d'auteur connu ; le genre, disparu pendant
plusieurs années, était revenu à la mode dès 1633, sous les
deux formes possibles : avec un sujet tiré de la mythologie,
comme *L'Hercule mourant* de Rotrou, ou avec un sujet
historique, comme *Sophonisbe* de Mairet, et *La Mort de
César* de Scudéry. Il a choisi paradoxalement d'imiter une
tragédie mythologique de Sénèque. Corneille, en effet,
s'était toujours présenté comme un moderne, désinvolte,
sinon méprisant, à l'égard du théâtre antique. Dans la
préface de *Clitandre*, avant Pascal et d'une manière aussi
hautaine, il affirme le progrès des sciences et des arts ; il
compare les Grecs et les Latins à « des gens qui, après
avoir défriché un pays fort rude, nous ont laissés à le
cultiver ». Il critique directement leurs œuvres avec une
insolence accrue dans la préface de *La Veuve :* « on épouse
malaisément des beautés si vieilles ». C'était ce genre de
beautés qu'il trouvait dans la pièce de Sénèque : un mythe
qui devait paraître absurde à son rationalisme de moderne,
une description de l'amour qu'il avait raillée dans *La
Galerie du Palais :* « Faute de le connaître, on l'habille en
fureur. » Pourquoi ce choix ? On songe au précédent de
Clitandre. Ecrivant une tragédie sans qu'il y ait de sa part
nécessité ni engagement personnel, il a préféré, pour
forcer le succès, exploiter la forme la plus élémentaire et
la plus spectaculaire du genre. Il s'agit de la vengeance
horrible d'une femme délaissée et jalouse, thème traditionnel ; et Médée, en sa qualité de sorcière, fournit au
merveilleux et au terrible : enfant coupé en morceaux et
vieillard vidé de son sang, invocations aux divinités infernales, convocation des serpents venus d'Afrique apporter
leur venin, une robe magique qui consume une jeune fille
et son père ; l'arrivée d'un char volant tiré par des dragons.
Corneille en rajoute même : Jason se tue sur la scène, ce
qu'il ne fait ni chez Euripide ni chez Sénèque.

C'est un exercice ou un pastiche tragique. Aucune
invention pour l'essentiel. Sans doute le théâtre français
donnant un plus grand rôle à l'amour, il fait du vieil Egée,

d'une manière assez grotesque, le soupirant de Créuse, et introduit ainsi dans la pièce l'habituelle figure triangulaire : un homme entre deux femmes, une femme entre deux hommes. Mais il ne recrée nullement le personnage de Médée; il fait un travail d'amplification; il développe souvent en sept ou huit vers ce qui était noté en deux vers dans le modèle latin. Pareille fidélité aurait dû inciter à la prudence ceux qui découvrent dans la pièce l'exercice de la volonté cornélienne : « Tout sentiment instinctif est condamnable, écrivait Roger Caillois, et il n'a pas peint Médée faisant taire son amour maternel et égorgeant ses enfants avec moins de sympathie qu'Auguste triomphant de son instinct de vengeance. » Ce n'est bien vu que pour Auguste. Médée se laisse emporter par une rage poussée presque jusqu'à la folie : « Ses yeux ne sont que feu. » Le meurtre des enfants est improvisé dans le désordre d'une défaite. Elle est une force qui va, et qui n'est retardée que le temps de faire une tragédie. Ce qui peut faire illusion, c'est que Sénèque, présentant des êtres forcenés, soumis à la dictature de la passion, leur fait prononcer, par souci de prédication stoïcienne, de belles maximes sur la maîtrise nécessaire de soi. Ce qu'ils disent est à l'inverse de ce qu'ils font. L'amplification a ses dangers : la Médée de Corneille donne une impression de ventriloquie encore plus grande.

Que de progrès, pourtant, depuis *Clitandre* ! L'attaque des monologues et des récits est franche, captivant immédiatement l'attention. Les dialogues entre Médée et Créon, ou entre Médée et Jason, ne sont pas des tournois de maximes et de lieux communs comme souvent chez Sénèque mais des affrontements serrés, directs, où la violence se dissimule sous l'ironie. En contraste, pour prendre ses distances avec les horreurs conventionnelles du monde tragique, Corneille introduit sur la scène des silhouettes échappées de sa comédie : Jason le cynique qui avoue avec une familiarité digne d'un héros d'Anouilh : « J'ai deux rois sur les bras »; Créuse qui se débarrasse « accortement » d'Egée avec une mauvaise foi juvénile. Ce souci de garder le contact avec le réel, fondamental chez Corneille, se marque par la manière dont il essaie de corriger les absurdités de la légende antique. Etait-il normal que, dans la pièce de Sénèque, Créon accepte sans aucune méfiance la robe donnée par Médée ? Comme il l'écrit dans son *Examen*, il a rendu plus vraisemblable cette acceptation « en ce que Créuse souhaite avec passion cette robe

que Médée empoisonne ». Pourquoi une magicienne toute-
puissante négocie-t-elle et quémande-t-elle un refuge ?
Pourquoi se venge-t-elle sur ses enfants et non sur Jason ?
A chaque fois, Corneille essaie de prévenir les objections
du spectateur.

Mais il était impossible de faire épouser des beautés si
vieilles. Corneille abandonna le genre de la tragédie pour
composer *L'Illusion comique*. C'est « un étrange monstre »,
avoue-t-il, une sorte de pot-pourri théâtral ; mais son originalité séduit, ce qui expose à se méprendre sur l'état
d'esprit de l'auteur. Il est d'usage de s'extasier devant la
variété de son œuvre comme si diversité avait été sa devise
et comme si, assuré de son génie, il s'était donné pour
tâche d'en faire admirer les différentes facettes. En réalité,
le génie se conquiert à travers tâtonnements et échecs.
L'Illusion comique, qui utilise, sans choisir, tous les genres
dramatiques, exprime l'incertitude d'un écrivain qui a eu
l'ambition de s'élever au-dessus de la comédie sans
réussir dans la tragédie. Il n'a pas renoncé à son ambition
pourtant ; au dernier acte surgissent quelques formules
héroïques : se vaincre soi-même, faire violence à ses plus
chers désirs, « Et préférer l'honneur à d'injustes plaisirs. »
Ce vers pourrait servir d'épigraphe au *Cid* ; car c'est dans
une tragi-comédie que Corneille crée son héros tragique.

Les stances où Rodrigue délibère entre son honneur et
son amour avaient « ravi » toute la cour et tout Paris.
L'émotion théâtrale n'atteint sa plénitude que si, engageant
l'affectivité par la crainte et la sympathie, elle touche aussi
l'esprit en proposant une image de la grandeur ou de la
faiblesse de l'homme. Corneille, dans *Le Cid*, montre sa
grandeur à partir d'une psychologie dualiste qui se retrouve
dans la tragédie. Elle privilégie la conscience et la volonté.
La passion désigne les sentiments, même les plus légitimes,
qui sont subis et qui ne visent qu'à la satisfaction de l'individu. La raison y oppose les nécessités de la vie sociale
qui créent des devoirs. Comme il convient, ainsi que
l'écrit Descartes, de se changer plutôt que l'ordre du
monde, la générosité consiste à décider contre soi
en s'aidant du sentiment de la gloire, qui n'est pas quête de
la réputation pour elle-même, goût photogénique du moi,
mais espoir de voir reconnue et admirée la qualité d'un
acte utile à la société. Sans doute Rodrigue, par son duel,
trouble l'Etat. Mais il se rachète par un combat victorieux
contre les Maures : « Et l'Etat défendu me parle en ta

défense », lui dit don Fernand qui va lui confier la mission
de libérer l'Espagne. Cette promesse d'une action glorieuse
donne son prestige au héros, dont la vertu s'est affirmée
par le sacrifice de « tous ses plaisirs » à l'honneur : « Je dois
tout à mon père avant qu'à ma maîtresse. » Et la pièce,
malgré la multiplicité des événements, met en évidence
cette morale de la générosité, qui suscite les démarches de
Chimène et les plaintes de l'Infante.

Le jeune Goethe disait de Corneille : « Tout ce que je
sais, c'est qu'il avait certainement un grand cœur. » C'est
précisément ce qu'on ne peut savoir : il ne faut pas imputer
à l'homme la grandeur de la pensée exprimée par l'œuvre.
Cette psychologie et cette morale avaient été élaborées dès
la fin du XVIe siècle; de nombreux traités avaient fait
connaître ses mots d'ordre de résistance au cœur et d'exercice de la raison; ils avaient mis le sentiment de la gloire
au service de la vertu : « Le vrai honneur, écrivait Du
Vair, est l'éclat d'une belle et vertueuse action qui rejaillit
de notre conscience à la vue de ceux avec qui nous vivons. »
Ce vocabulaire et ces formules apparaissent très tôt au
théâtre. « Que l'honneur a de force dans l'âme généreuse! »
Le vers n'est pas dans Le Cid mais dans une tragédie de
Montchrestien écrite trente ans auparavant. Pourquoi les
spectateurs avaient-ils vibré à l'unisson aux stances de
Rodrigue ? Le théâtre ne convainc que des esprits déjà
convaincus : ils y reconnaissaient un lieu commun de
leur culture morale, mais exprimé pour la première fois
d'une manière authentiquement tragique. Il s'agit d'un
tragique psychologique, le seul qu'ait connu le XVIIe siècle;
il a été excellemment défini par Paul Valéry comme « la
possibilité et l'obligation de se diviser contre soi-même ».
C'est bien le cas de Rodrigue qui, dans l'exploration
douloureuse d'un choix inévitable, envisage de mourir
pour mettre fin à cette division qu'il éprouve en lui :
« Je dois à ma maîtresse aussi bien qu'à mon père. » Mais
ce moment tragique, qui suscite moins la crainte que
la pitié, est rapidement dépassé. Selon la remarque de
l'Examen, la haute vertu ne laisse toute leur force aux
passions que « pour en triompher plus glorieusement » :
l'amour de Rodrigue est noblesse pour permettre une plus
nette démonstration du pouvoir de la volonté.

Voilà Corneille en possession de son héros et de son
sublime; mais il n'a que faire de cette morale de l'énergie
pendant la plus grande partie de la pièce. Une tragi-
comédie a pour sujet l'amour; et à cette date, elle ne pou-

vait éviter les guignolades romanesques. Corneille n'emploie pas ces mots mais dit la chose dans son *Examen* de 1660 : « Pour ne déguiser rien, cette offre que fait Rodrigue de son épée à Chimène et cette protestation de se laisser tuer par don Sanche, ne me plaireaient pas maintenant. Ces beautés étaient de mise en ce temps-là. » Le romanesque se fonde sur des sentiments normaux mais pour les outrer jusqu'à des gestes et des propositions dont certaines répliques marquent à demi l'absurdité : « Si tu m'offres ta tête, est-ce à moi de la prendre ? » Corneille a su faire l'économie des gestes les plus spectaculaires : grand lecteur de romans, Chapelain aurait voulu que Rodrigue se donne immédiatement la mort ou, du moins, puisque l'action aurait cessé faute d'acteur, qu'il fasse « quelque démonstration de se la vouloir donner ». C'est au contraire avec le désir de faire reconnaître la légitimité de son acte qu'il court, le duel achevé, vers la maison de Chimène ; d'où sa déception et son amertume quand il l'entend proclamer sa volonté de le poursuivre et de le perdre : « Soûlez-vous du plaisir de m'empêcher de vivre. » Des sentiments naturels se discernent aisément sous le comportement conventionnel. Si Chimène s'acharne à réclamer la mort de Rodrigue, c'est en calquant ses répliques et ses justifications sur les siennes, preuve de son amour et de son admiration, et avec l'espoir de pouvoir pardonner. Ce réalisme, hérité des comédies, devient quelque peu humoristique, au cinquième acte, lorsque Rodrigue est présenté en train de s'attendrir devant son épitaphe future : « On dira seulement : il adorait Chimène. » Ne parlons pas de chantage : c'est le propre de l'imagination d'un adolescent de se complaire à l'évocation des lendemains brillants de la mort, tout en revendiquant le droit de vivre et d'aimer qu'il finit par obtenir. Voilà Corneille en possession de la maîtrise du dialogue dramatique : il se développe sur deux plans ; il laisse discerner, derrière les paroles, ce que chacun cache ou se cache de ses vrais sentiments.

En 1637, la tragi-comédie se terminait, comme il convient, par l'annonce d'un mariage : Chimène consentait explicitement à épouser le meurtrier de son père, ce qui était conforme à la vraisemblance dramatique et satisfaisait pleinement les spectateurs. Ce dénouement n'a pas satisfait, à la réflexion, l'appétit de morale du pouvoir. Ce qu'on appelle la querelle du *Cid* permet de voir à quelles contraintes va se trouver soumis Corneille dans sa création.

L'habileté de Scudéry, jaloux des honneurs et de la faveur que lui avait valus le succès de la pièce, avait été de porter l'attaque, pour l'essentiel, sur la conduite de Chimène, « fille dénaturée ». La commission de l'Académie, chargée par Richelieu d'arbitrer le conflit et de juger *Le Cid*, l'approuva : son amour était rangé parmi « les vérités monstrueuses ou qu'il fallait supprimer pour le bien de la société ». Ces *Sentiments de l'Académie* étaient ceux de Richelieu, qui en avait surveillé et corrigé la rédaction. Il avait admiré *Le Cid* et récompensé son auteur ; mais il avait toujours eu conscience que les questions littéraires, contrairement à ce que prétendit Corneille, concernaient l'Etat. L'effort de discipline qu'il imposait à la France pour lui donner la première place en Europe, exigeait un contrôle du théâtre. La querelle du *Cid* fut l'occasion d'affirmer et de renforcer sa politique de dirigisme culturel. Corneille songea à contester cette censure, mais il se soumit : « J'aime mieux les bonnes grâces de mon maître que toutes les réputations de la terre. » Après une crise de découragement qui dura près de deux ans, il fit tout pour acquérir ces bonnes grâces : ses tragédies furent soumises à l'approbation du cardinal, lues ou représentées devant lui, avant d'être données au public. La dédicace d'*Horace* évoque la scène : « C'est là que, lisant sur son visage ce qui lui plaît et ce qui ne lui plaît pas, nous nous instruisons avec certitude de ce qui est bon et de ce qui est mauvais. » Il y avait beaucoup de bon dans sa tragédie.

L'image mythique du Romain avait souvent servi à exprimer une revendication de liberté politique ou un idéal de dignité morale. Ce n'est pas le cas dans *Horace*. « Le généreux Romain » qu'il met aux pieds de son Eminence incarne le seul patriotisme ; et tout incitait le public à tirer de la pièce une leçon actuelle au moment où le pays était engagé dans une guerre difficile : la royauté romaine assimilée à la monarchie française ; le vœu de voir un jour les troupes « d'un pas victorieux franchir les Pyrénées » ; l'évocation des discordes passées et l'appel à l'union : « contre eux joignons toutes nos forces ». La politique de Richelieu rencontrait l'opposition du parti de l'étranger, le clan dévot et espagnol : Camille au troisième acte, est chargée, assez paradoxalement, de rappeler au respect de « l'absolue et sainte autorité » du roi, vivante image de la divinité. La morale de la générosité y perd de son panache ; il ne convient plus de mettre entre l'acte et la décision l'intervalle d'une délibération personnelle :

« J'embrasse aveuglément cette gloire avec joie. » Dans cet univers de guerre l'amour n'a pas sa place : Camille y paie par sa mort la dette de Chimène. Pièce engagée donc; mais aussi pièce de propagande par l'éloge final des serviteurs qui sont les forces des rois. Car les formules désignaient Richelieu : l'art et le pouvoir d'affermir les couronnes définissaient sa politique intérieure, les illustres effets qui assurent les Etats faisant allusion aux succès déjà obtenus dans la guerre contre l'Espagne. Et ces huit vers visaient à légitimer par la réussite le « ministériat », la délégation qu'il avait reçue, ou plutôt prise, des pouvoirs du roi. Mais il n'avait obtenu ces résultats qu'au prix d'une impopularité certaine : dans cette même scène finale, le vieil Horace conseille de ne tenir aucun compte des jugements d'un « peuple stupide ». Il est remarquable que Richelieu dans son *Testament politique*, déclare « mépriser les discours d'une populace ignorante qui blâme quelquefois ce qui lui est le plus utile ».

Pourquoi Corneille a-t-il composé cette tragédie cardinaliste ? On peut trouver bien des raisons : appétit du gain, désir de supplanter ceux qui avaient obtenu la condamnation du *Cid*, admiration sincère pour la grandeur d'une politique, nécessité pure et simple enfin. Le fait est là : pour ses véritables débuts dans le genre, il n'a pas été cet écrivain au cœur fier, à la pensée intrépide, un Pardaillan, dont des critiques universitaires ont complaisamment élaboré le mythe. Peu importe : l'indépendance d'un écrivain est son indépendance d'écrivain. Corneille a su prendre ses distances avec l'apologie nécessaire du patriotisme.

La littérature moralisante évite difficilement le pompier qui est mensonge; il consiste à doter immédiatement les personnages de l'héroïsme proposé à l'imitation; dans de telles œuvres les actes de volonté ressemblent à des coups de baguette magique, et la continuité des belles attitudes prête au sourire : à vaincre sans effort on triomphe avec ridicule. Dans le cas d'Horace qui doit combattre « le père d'une femme et l'amant d'une sœur », cet héroïsme facile l'aurait rendu odieux, ce qu'il n'est pas dans les premiers actes. C'est à tort que nombre de commentateurs condamnent le personnage — « brute féroce » selon Lanson — en s'autorisant de la pensée polémique de Pascal : « Albe vous a nommé; je ne vous connais plus : voilà le caractère inhumain. » Il faut discerner le double plan du dialogue cornélien, remarquable déjà dans *Le Cid*, en tenant compte de ce que le début de la pièce apprend sur Horace. Qu'il n'est pas un fanatique, son amitié avec Curiace l'indique : elle suppose une communauté de sentiments et de pensée. A travers Curiace tel qu'il se livre, il est possible d'imaginer la sensibilité que dissimule Horace ; il la trahit par la manière dont il présente son devoir : immoler ce qu'on aime, s'armer contre un sang qu'on voudrait racheter de sa vie. Sa brutalité ne vise qu'à sauver une générosité qui faiblit. « Il redoute d'être inférieur à sa tâche, notait l'acteur Mounet-Sully, et il tente de se persuader lui-même. » Son effort d'auto-suggestion se marque au martèlement du rythme, à l'emphase du raisonnement, à la démesure des formules. « Albe vous a nommé ; je ne vous connais plus » : l'inhumanité apparente du cri traduit la tension intérieure. Exemple parfait du sublime cornélien : l'héroïsme est durement conquis sur les sentiments naturels. Péguy a loué l'impartialité de la pièce ; elle consisterait à laisser la possibilité de choix entre l'attitude de Curiace et celle d'Horace. Mais Curiace, son désarroi surmonté, emploie les mêmes mots que lui pour résister à l'émouvante prière de Camille ; la tragédie de l'héroïsme exige cette convergence des attitudes. L'impartialité serait plutôt dans le refus du mensonge : l'intensité suggérée de la lutte intérieure chez Horace montre quel est le prix de l'héroïsme. Car il porte un Curiace en lui-même ; il est aussi de ceux qui font la guerre sans l'aimer.

Tel apparaît Horace à condition de ne pas projeter sur lui l'ombre de son crime futur. L'*Examen* de 1660 débute par cette remarque : « C'est une croyance assez générale que cette pièce pourrait passer pour la plus belle des miennes, si les derniers actes répondaient aux premiers. » Et cela, c'est la faute à Aristote. Corneille ne s'était pas embarrassé jusque-là de ses règles ; mais puisqu'il voulait se racheter, il lui fallait bien le lire attentivement pour satisfaire la commission des critiques qui devait examiner sa pièce. La lecture lui fut incontestablement profitable. La *Poétique* édictait qu'il faut rechercher les cas où victimes et meurtriers sont parents ou amis, par exemple quand un frère tue son frère. Ce précepte a déterminé en partie le choix du sujet d'*Horace* mais aussi des tragédies qui vont suivre : dans *Cinna*, l'assassinat d'Auguste est projeté par sa fille adoptive et par Cinna, lié à lui par « une vieille amitié » ; dans *Polyeucte*, Félix ordonne l'exécution de son gendre. Aristote a aidé Corneille à aller au-delà du vraisemblable pour créer la tension dramatique. Mais il

l'a égaré en imposant un schéma d'action — un héros
qui tombe du bonheur dans le malheur à la suite d'une
erreur — qui ne pouvait convenir à ce que le théâtre
français avait alors à montrer et à dire. La tragédie d'Euripide que préfère Aristote, est pathétique et lyrique; ses
héros, médiocres, subissent les événements. Les spectateurs français étaient avides d'action et désireux qu'on
propose à leur admiration l'énergie de l'homme. Les trois
premiers actes d'*Horace* répondaient à leur attente. Mais
au théâtre, quand l'état d'esprit change, la forme demeure;
les théoriciens, Chapelain ou La Mesnardière, s'en tenaient
au profil de la tragédie décrit par Aristote : le héros pouvait
être aussi exemplaire que possible, il fallait qu'il fasse une
faute pour qu'à l'admiration succède la pitié. En 1639,
Corneille dut se féliciter de l'heureux choix de son sujet.
S'il permettait de glorifier le patriotisme à l'intention de
Richelieu, il le mettait en mesure de contenter les théoriciens, puisque le généreux Horace commettait l'erreur de
tuer sa sœur. Mais il les déçut.

Il avait fait des concessions au pathétique traditionnel,
par l'invention du personnage de Sabine notamment. Elle
a hérité des matrones du théâtre antique une capacité médi-
terranéenne de gémissement; ses plaintes rhétoriques introduisent des pauses dans le rythme tout moderne de l'action
dramatique; cela s'aggrave, vers la fin, d'une propension,
héritée celle-ci du roman français, à vouloir mourir à la
place des autres. Mais Corneille s'est refusé à susciter la
pitié du spectateur en faisant d'Horace un meurtrier malgré lui, à la manière antique. D'Aubignac, qui faisait partie
de la commission, rapporte, dans sa *Pratique du théâtre*,
comment il avait imaginé de corriger selon les règles les
deux derniers actes; c'est burlesque mais éclairant. Il
aurait fallu que « cette fille, désespérée, voyant son frère
l'épée à la main, se fût précipitée dessus : ainsi elle fût
morte de la main d'Horace et lui eût été digne de compassion comme un malheureux innocent ». Corneille croyait
à la responsabilité de l'homme et à la logique de sa conduite.
Horace reste un héros dans la faute : c'est par « raison »
qu'il tue sa sœur, en patriote indigné de l'entendre maudire
Rome et souhaiter sa ruine. Il refuse de se repentir; et cette
bonne conscience d'une mauvaise action fait l'ambiguïté
de son attitude à la fin de la pièce, jugée « brutale et froide »
par Chapelain : il ne peut pas, en effet, comme le héros
traditionnel, exprimer un remords qu'il n'éprouve pas.
Mais il ne peut pas non plus revendiquer le bénéfice d'une

générosité fourvoyée; car ce n'était pas un devoir de punir la « trahison impuissante » de Camille. Il se réfugie dans une soumission réticente, proche de l'insolence, et dans une lassitude prématurée de la gloire.

« Nous faisons des mystères de leurs imperfections », avait dit Corneille à propos des Anciens. Il ne faut pas discerner des profondeurs dans les imperfections de cette première tragédie. Le personnage d'Horace déconcerte : pourquoi le généreux des premiers actes devient-il, pour un bref instant, un soudard ivre de sa victoire qui provoque sans nécessité sa sœur ? Le dénouement laisse insatisfait : Horace a sauvé Rome et assuré ses grandes destinées; cet acte exigeait une exaltation du héros, ici impossible. Enfin une contradiction apparaît dans ce qu'on appelle la transcendance. La tragédie traditionnelle ne se contentait pas de présenter les actions humaines; elle figurait ou évoquait l'action surnaturelle qui les expliquait. On trouve dans *Horace* un motif emprunté au théâtre grec, celui de l'ironie divine : un oracle ambigu fait croire à Camille qu'elle va être unie par le mariage à Curiace, alors qu'ils seront unis par la mort; dans la version originale, Julie venait réciter, à la fin, un couplet pour souligner que le ciel était responsable des « tragiques succès » des événements. Autre motif emprunté, celui d'un châtiment de la démesure : le vieil Horace, au début du cinquième acte, admire le jugement céleste qui sait « confondre notre orgueil qui s'élève trop haut ». Cette affabulation surnaturelle est à peine esquissée et demeure excentrique parce qu'elle était symbolique d'un sentiment dit tragique de la vie, qui n'était pas du tout celui du temps. Même si l'on tient pour absurdes en elles-mêmes de vieilles croyances, on peut les accepter, si elles expriment à leur manière un sentiment actuel. Vingt ans plus tard environ, Corneille refusera avec véhémence, dans *Œdipe*, les mythes antiques qui, se fondant sur une vision du monde où prédomine le désordre ou l'arbitraire, nient la liberté humaine et interdisent la confiance dans l'avenir.

S'il ne les critique pas directement dans cette tragédie, il leur oppose une autre vision du monde : le vieil Horace dit sa conviction que la grandeur future de Rome s'inscrit dans un « ordre éternel » assuré par la prudence des dieux. Le vocabulaire seul est païen; c'est l'idée chrétienne d'un Dieu éternel et tout-puissant dont la providence établit les royaumes de la terre. Elle restait, malgré les progrès du « libertinage », la seule explication possible de l'histoire du monde. Dans son *Louis XIII*, Pierre Chevallier rappelle qu'en 1637 le roi, à la demande de Richelieu, avait placé le royaume sous la protection de la Vierge, et commente : « Il n'était pas dans l'esprit des hommes de ce temps de laisser Dieu en dehors des actions humaines. La toute-puissance divine est alors une réalité admise et elle est constamment invoquée. » Corneille ne se contente pas de cette allusion nécessaire aux croyances de son temps ; dans la scène singulière, au troisième acte, où Sabine, Camille et Julie commentent la nouvelle de la suspension du combat, il se sert des personnages, en oubliant l'action, pour exposer abruptement des idées qui détermineront l'œuvre future. Camille affirme que l'événement a été voulu par les dieux qui descendent dans l'âme des rois, leurs vivantes images ; la formule, qui précise quelles sont les voies de la providence, renvoie à un traité fort connu du chancelier Du Vair : « Plus les princes sont puissants, plus ils sont veillés de ce souverain gouverneur qui, connaissant l'importance de leurs actions à la ruine et à la conservation des peuples, leur retient ou leur lâche le cœur. » Mais l'action surnaturelle ne supprime pas la liberté humaine, elle la sollicite ; dans la même scène, Sabine dit de la grâce ce qui sera repris et développé dans *Polyeucte* : cette faveur du ciel doit être méritée. Corneille n'est nullement, comme l'a prétendu Sainte-Beuve, de Port-Royal, de ceux qui humilient l'homme et risquent de le paralyser devant la toute-puissance divine ; avec la majorité de ses spectateurs, il est de la religion du cardinal de Richelieu qui écrit dans son *Testament politique* : « Dieu concourt à toutes les actions des hommes par une coopération générale qui suit leurs desseins, et c'est à eux d'user en toutes choses de leur liberté. » Cet optimisme chrétien convient à une morale de l'énergie, puisqu'il donne la certitude d'aller dans le sens de Dieu et de l'histoire. Une action providentielle qui apporte sa garantie à une action généreuse, telle était la forme nécessaire de la tragédie moderne.

Son chef-d'œuvre sera non pas *Polyeucte* mais *Cinna*. Et d'abord parce que la pièce est épurée de toute référence à la religion antique. Des expressions générales comme le ciel ou l'ordre céleste placent le spectateur devant des idées contemporaines, celles du rationalisme chrétien. Dans la délibération du deuxième acte, Cinna et Maxime s'accordent à reconnaître la sage équité et la prudence infinie de Dieu, responsable de la variété des régimes politiques et de leur évolution dans le temps. Ces harmonies de l'univers sont l'œuvre d'une providence dont la présence est suggérée, au cours du dialogue, par des répliques qui dépassent leur destination. Ainsi Maxime déclare à Auguste que son trouble est peut-être « un avis secret » que le ciel lui envoie : argument mais aussi avertissement au spectateur. Auguste lui-même, pour se dérober à Livie, prétexte : « Le ciel m'inspirera ce qu'ici je dois faire. » Une scène, au quatrième acte, manifeste l'action d'une force surnaturelle. L'ancienne tragédie prévenait par des interventions merveilleuses de l'approche du malheur. Corneille inverse les signes et fait prévoir le dénouement heureux par une sorte de merveilleux chrétien ; Emilie s'étonne de ressentir une joie qui lui fait, malgré elle, goûter un entier repos : « comme si j'apprenais d'un secret mouvement que tout doit succéder à mon contentement ». Et c'est pourquoi, malgré les quelques oripeaux païens de la tirade de Livie, la scène finale préfigure étrangement celle de *Polyeucte* par une sorte d'hymne à la toute-puissance divine : « Le ciel a résolu votre grandeur suprême », constate Emilie. Et Cinna demande au « grand moteur des belles destinées » d'accorder ses bénédictions à l'empereur romain.

Pourquoi le dieu chrétien devient-il l'acteur invisible de ce drame païen ? Corneille pouvait s'autoriser de l'*Histoire romaine* de l'évêque Nicolas Coëffeteau, un des best-sellers de l'époque. Celui-ci imputait la grandeur des dernières années d'Auguste à « une particulière providence de Dieu qui se voulait servir de son règne pour établir celui de son fils ». Il donnait un exemple, la décision inspirée par Dieu « de recenser les forces et les richesses de l'empire romain » ; la vraisemblance théâtrale ne s'opposait pas à l'embellissement surnaturel d'un acte de clémence qui procurait une paix civile favorable à l'expansion du christianisme. Il est vrai que Coëffeteau faisait d'Auguste un exécutant passif du dessein de Dieu : « J'avoue qu'il n'y pensait pas ; mais la providence divine qui conduisait cette grande merveille arracha de lui ce service. » Dans *Cinna*, il collabore à l'œuvre de la providence ; et sa décision est comparable, par sa soudaineté, à celles qu'inspire la grâce. C'est qu'à travers lui Corneille propose, en surimpression, aux spectateurs l'image idéale du monarque chrétien. Ce qui indique dans quel but il a créé sa tragédie.

Il a été absurde de supposer que *Cinna* avait été composé pour admonester Richelieu et le rappeler au devoir de clémence ; l'œuvre est aussi cardinaliste d'intention que la précédente. Richelieu écrit dans son *Testament politique* ce qu'il ne cessait de dire et de faire répéter : « Les grands hommes qu'on met au gouvernement des Etats sont comme ceux qu'on condamne au supplice avec cette différence que ceux-ci reçoivent la peine de leur faute et les autres de leur mérite. » N'est-ce pas pour faire compatir aux souffrances du grand homme que Corneille, à la différence de Sénèque, présente un Auguste accablé par « les effroyables soucis » du pouvoir et le « grand fardeau » de l'empire ? En tout cas, la situation de l'empereur romain sans cesse menacé par des complots faisait songer à celle du cardinal ; et si Livie affirme avec insistance que le souverain, quoi qu'il fasse, est inviolable, cela le concerne, et non pas Louis le Juste, respecté par tous. Les analogies sont évidentes avec la situation personnelle de Richelieu. Mais le sujet choisi permettait de dépasser la propagande immédiate pour créer une tragédie idéologique, qui justifiait et exaltait le nouveau régime politique établi par lui, celui de la monarchie absolue.

Auguste, en s'emparant du pouvoir, avait mis fin aux guerres civiles et à l'anarchie ; la comparaison était possible, et elle avait été souvent faite, avec ce qui venait de se passer en France. Cet épisode de l'histoire romaine avait une valeur symbolique, suggérée à plusieurs reprises dans la pièce. « Pour sauver Rome, il faut qu'elle s'unisse en la main d'un bon chef à qui tout obéisse » : il était d'autant moins douteux qu'il s'agissait aussi de la France que l'affirmation avait été précédée d'un éloge du bon prince qui, disposant de tout en juste possesseur, dispense les honneurs avec ordre et raison. Même valeur symbolique de l'intrigue : l'échec et les divisions des nostalgiques de la république romaine invitaient à condamner ceux qui tentaient de restaurer, contre Richelieu, les pouvoirs de la noblesse. Mais le théâtre idéologique ne se contente pas de démontrer la nécessité d'un système politique et ses bienfaits pour le pays et pour chacun ; l'essentiel est d'émouvoir en satisfaisant l'exigence, naïve et invincible en nous, de la vertu des gouvernants ; ils doivent prouver leur droit au pouvoir en incarnant avec éclat l'idéal moral de leur époque. L'acte de clémence d'Auguste permettait de proposer à l'admiration un souverain foudroyant de sa générosité les sujets rebelles, et aussi les spectateurs, convaincus, ainsi que le déclare Livie, que leur bonheur consiste à le faire régner. D'autant plus qu'il est veillé, selon la formule de Du Vair, du souverain gouverneur, Dieu, qui se manifeste au dénouement, à la manière chrétienne, par « la céleste flamme » qui illumine l'âme de Livie.

Cinna trouve son explication et son unité dans le projet d'illustrer l'idéologie de la monarchie absolue. « Le seul artiste engagé, estimait Camus, est celui qui, sans rien refuser du combat, refuse du moins de rejoindre les armées régulières, je veux dire le franc-tireur. » Ce ne fut pas la manière de Corneille : il s'est laissé mobiliser, quitte à tirer parti de son expérience dramatique de franc-tireur pour créer la tragédie de l'admiration. Tout comme dans *Horace*, il a refusé le parti pris d'idéalisation. La figure de l'empereur romain s'était affadie au point de devenir l'image conventionnelle du bon souverain. Faisant l'éloge, en 1638, de cette « créature lumineuse », Guez de Balzac mentionnait à peine la période du triumvirat en souhaitant « pour son honneur que cette partie de son histoire fût rayée de la mémoire des hommes ». Ce héros d'une perfection anémique ne pouvait convenir à Corneille; l'admiration implique l'étonnement; les crimes du triumvir sont longuement rappelés au premier acte et évoqués par Auguste dans son monologue pour que la violence naturelle de son tempérament rende plus surprenante la victoire de la générosité. A cela s'ajoute l'originalité de la construction dramatique par rapport à *Horace*, où la décision héroïque n'était qu'un moment de l'action. Elle devient le sujet de la tragédie; et la succession des coups de théâtre la rend de plus en plus improbable. Corneille vise à mettre la plus grande distance possible entre l'attente du spectateur et l'événement final. En effet, le premier effort de la générosité d'Auguste se retourne contre lui : alors que pour racheter sa conduite passée il avait fait d'Emilie sa fille adoptive et de Cinna son ami, il se voit trahi dans son amitié, puis dans son affection, et rejeté vers le parti de la vengeance. Il retrouve les réflexes de l'ancien Octave dans le monologue du quatrième acte où au remords se mêle la tentation de tuer une dernière fois avant de mourir. Il se contente d'humilier méthodiquement Cinna, quitte à se satisfaire d'un repentir; mais bravé par lui, il menace : « choisis tes supplices ». Nouvelle bravade de la part d'Emilie : « Oui, je vous unirai, couple ingrat et perfide. » Une dernière suspension; et l'aveu par Maxime de sa traîtrise met le comble à son « juste courroux ». Et c'est au moment où le spectateur redoute et excuse à la fois le déchaînement de la violence que sont dites les paroles de pardon avec une soudaineté qui crée une poésie de la volonté.

En effet, si la décision d'Auguste n'est pas motivée explicitement, comme celle de Rodrigue et d'Horace, dans une délibération ou dans le dialogue, elle n'est nullement une poussée irrationnelle ou une impulsion venue de Dieu. Elle tire sa vraisemblance du désarroi où il se trouve; car l'héroïsme n'est jamais surgissement gratuit mais réponse au défi d'une situation. Le passé est revenu sur lui, c'est le pathétique de la pièce, au moment où il essayait de s'en libérer par lassitude, satiété de l'exercice du pouvoir, aspiration de l'homme mûr à la sécurité; le parti de la clémence est bien la seule issue et l'occasion de retrouver une énergie qui changera de signe pour un nouveau « combat ». Mais c'est un choix raisonné, qui relève de la morale de la générosité, grâce à l'entretien avec Livie du quatrième acte. Auguste ne se laisse pas persuader de donner un pardon « politique » par permanence d'un réflexe de vengeance, par souci de ses devoirs de souverain, mais surtout par dégoût de tout calcul. Livie finit par prononcer la maxime — c'est régner sur vous-même — qui définit un idéal exaltant de maîtrise de soi. La mauvaise humeur d'Auguste indique qu'il est secrètement touché. C'est la maxime de Livie qu'il oppose à la tentation de la vengeance avec une grandiloquence qui traduit, comme toujours, l'intensité de la lutte intérieure. « Je le suis, je veux l'être », les coupes scandent la difficile montée vers la décision sublime : « Soyons amis, Cinna », où le ton devenu familier manifeste la maîtrise de soi enfin conquise.

Condé pleura, dit-on, à ce spectacle de la grandeur morale. Mais la tragédie n'obtint « l'approbation si forte et si générale » dont parle l'*Examen* que parce qu'elle satisfaisait aussi le goût du public ou d'une partie du public pour le romanesque, grâce à l'invention du couple de Cinna et d'Emilie. Rien de plus romanesque, en effet, que de se faire le chef d'une conjuration pour mériter celle qu'on aime : « Mourant pour vous servir tout me semblera doux. » Le recours à ces héros de tragi-comédie avait l'avantage d'assurer la cohérence politique de la pièce. Corneille évite ainsi d'opposer aux idées monarchiques des convictions sincères qui rendraient impossible la soumission finale. L'idéal républicain ne fait pas agir Cinna, il est l'exutoire de son exaltation amoureuse. Dans le cas d'Emilie il sert d'excuse glorieuse à un devoir chimérique. Son père, il est vrai, a été tué de « la propre main » d'Auguste; mais celui-ci a trop bien payé, selon l'observation de Livie. Si elle décide de le venger, c'est que, parvenu à l'âge de

l'idéalisme et de l'ingratitude, elle tient à s'affirmer contre
des bienfaits jugés impurs ; l'orgueil entre pour beaucoup
dans sa révolte apparemment généreuse : « Je demeure
toujours la fille d'un proscrit. » A-t-elle le droit de répondre
à l'immoralité passée par l'immoralisme, comme l'objecte
Fulvie ? Peu de raison chez elle, mais de la folie au sens
stendhalien. Elle apparaît, au troisième acte, dans la scène
du malentendu entre amants. N'ayant rien à opposer aux
arguments de Cinna, il ne lui reste plus qu'à tenter le
grand jeu : elle ira seule tuer le tyran en lui restant fidèle
jusque dans la mort : « Mais je vivrais à toi, si tu l'avais
voulu. » Ce serait ridicule ou odieux si sous l'exaspération
de l'amour-propre ne se discernait la réalité de l'amour.
« Vous en pleurez », lui dit Fulvie. L'humour, hérité des
comédies, vient tempérer la gravité de la tragédie de l'admiration.

Corneille perdit son maître le 4 décembre 1642 ; quelques
semaines auparavant il avait soumis à son approbation
Polyeucte, tragédie chrétienne. Au témoignage de d'Aubignac, Richelieu ne put tolérer que Stratonice déclare qu'un
chrétien est une peste exécrable à tous les gens de bien.
Cette critique, assez déconcertante, montre le prix qu'atta-
chait le cardinal à la défense du christianisme ; et il est
satisfaisant de penser, quoi qu'on ait dit, que le genre et le
sujet de la tragédie ne pouvaient lui déplaire. Mais avait-elle
été composée expressément pour lui plaire ? Il y avait eu
une renaissance du théâtre religieux. En juin 1642, Du
Ryer, dans la préface de son *Saül,* souhaitait servir
d'exemple à « ces grands génies qui rendraient l'ancienne
Grèce envieuse de la France ». Il est possible que Corneille
ait voulu relever ce défi, mais il le fit à sa manière. Le jeune
d'Aubignac avait produit une *Pucelle d'Orléans,* qui présentait les mystères de la religion « avec autant d'élégance
que de naïveté » : le ciel s'ouvrait, au début, par un grand
éclair et un ange paraissait sur une machine élevée. Rien
de cette imagerie pieuse dans *Polyeucte,* mais une transcendance discrète comme dans *Cinna.* Aucune solution de
continuité, en effet, entre les deux tragédies pour le profil
dramatique : un acte exemplaire provoquant une conversion générale. Le cri de Pauline : « Je vois, je sais, je crois,
je suis désabusée », fait écho à celui d'Emilie : « Je recouvre
la vue auprès de leurs clartés. » C'est la même manière de
surprendre et de subjuguer le public par la démonstration
de la force de la volonté. Polyeucte est marié depuis
quelques jours à peine à Pauline, « après un long temps

qu'elle a su [le] charmer ». Elle ne lui a pas caché sa passion d'autrefois pour Sévère ; et voici qu'il réapparaît fort de la faveur de l'empereur et des regrets de Félix. La jalousie devrait ajouter son trouble au pouvoir d'un « juste et saint amour » pour le détourner de sacrifier son bonheur à la manifestation de sa foi. L'acte accompli relève de la morale de la générosité ; et il est assumé jusqu'au bout avec la constance un peu hautaine d'un Rodrigue ou d'un Horace.

L'hypothèse a été faite récemment d'un Corneille mystique, pénétré du sentiment de l'infirmité humaine. Elle crée une contradiction vraiment invraisemblable entre l'homme et l'œuvre. Dans *Polyeucte* Corneille a été totalement gardé, comme l'écrit Péguy, de tomber dans le parti dévot, celui qui « abaisse la nature pour s'élever dans la catégorie de la grâce ». Il s'agit d'un christianisme rationaliste qui fait confiance à la liberté : « C'est l'attente du ciel, il nous la faut remplir », et s'adresse à l'intelligence. Aucune référence mystique, ni dans le dialogue ni dans les stances, à un mode de connaissance étranger et supérieur à la connaissance normale. Devant Dieu Polyeucte reste debout dans la certitude d'une hiérarchie naturelle des devoirs : « Je dois ma vie au peuple, au prince, à sa couronne ; mais je la dois bien plus au Dieu qui me la donne. » Le choix ne provoque aucun schisme intérieur ; le service de Dieu inclut le civisme ; la foi s'accorde à l'honneur, puisque son geste trouve une justification dans la révolte généreuse contre la persécution des innocents. « Parce qu'ils n'ont pas le courage temporel, écrit Péguy des dévots, ils croient qu'ils sont entrés dans la pénétration de l'éternel. » A leur différence, Polyeucte consacre son énergie au salut du monde temporel et découvre les voies de Dieu dans l'histoire. Les « embellissements de théâtre » apportés par Corneille, sacrifice pour la victoire de l'empereur, dignité de Félix devenu gouverneur d'Arménie, visent à donner une importance politique majeure à son martyre ; il est l'occasion ou le signe du triomphe prochain du christianisme, et le prix du progrès de l'humanité : « Allons en éclairer l'aveuglement fatal. »

On ne voit pas pourquoi Richelieu n'aurait pas été pleinement satisfait d'une pièce qui mettait au premier rang le service de la collectivité et illustrait un article essentiel de son idéologie. Le *Testament politique* débute par cette maxime : « Le règne de Dieu est le principe du gouvernement des États et, en effet, c'est une chose si absolument nécessaire que, sans ce fondement, il n'y a point de prince qui puisse bien régner ni d'Etat qui puisse être heureux et suffisant. » Il est vrai que la politique réelle admettait des accommodements. Dans la tragédie elle a Sévère pour porte-parole. Nécessaire à l'intrigue, c'est en lui-même un personnage proprement scandaleux par l'humilité roma- nesque : non seulement il immole sa volonté aux « beautés » de celle qu'il aime, mais c'est par l'intercession de l'amour qu'il s'élève à la conscience de son devoir quand il décide de contenter d'une seule action et Pauline et sa gloire et sa compassion. Ce qui est à l'opposé de la virilité du choix cornélien. Ce héros conventionnel affirme pourtant son originalité à la fin de la pièce; tout en admirant le chris- tianisme il ne se convertit pas, et, gardant la tête haute, il se désigne à l'attention et au respect du spectateur. Il le doit à des idées politiques qui enthousiasmaient Voltaire : en approuvant que chacun serve à sa mode ses dieux et en dénonçant la répression exercée contre les chrétiens, il définit la tolérance de fait du gouvernement de Richelieu à l'égard des protestants. Aprement critiquée par le clan dévot et espagnol, elle est justifiée dans le *Testament poli- tique* : le souverain, obligé en principe de procurer la conversion au catholicisme, ne peut raisonnablement employer d' « autre voie que celle de la douceur ». Ainsi s'explique la contradiction manifeste du dénouement dans cette tragédie chrétienne. Félix tire la leçon du martyre de Polyeucte, à la manière habituelle, en proposant de « faire retentir partout le nom de Dieu »; ce prosélytisme corres- pond à la nécessité « d'établir le vrai culte de Dieu », fon- dement idéologique de la monarchie absolue. Mais la sagesse politique conseille de tempérer le principe pour des raisons d'humanité et dans l'intérêt de l'Etat. Elle est exprimée par Sévère qui trouve son meilleur emploi dans celui de raisonneur : « Servez bien votre Dieu, servez notre monarque. » Il y avait cinq protestants parmi les généraux qui menaient les armées françaises à la victoire.

Il revient aussi au raisonneur de commenter l'action : ému par le « tendre spectacle » de Félix et de Pauline qui, se donnant la main, professent à l'unisson leur foi chré- tienne, Sévère constate : « De pareils changements ne vont point sans miracle. » Même si Corneille a été gardé de tomber dans le parti dévot, il ne pouvait se contenter d'éta- blir, comme dans *Cinna*, une simple coïncidence entre l'action de la providence et l'effort autonome des volontés humaines. Les usages du théâtre religieux, l'idéologie offi- cielle, l'état d'esprit de la majorité du public à ce moment-là exigeaient une transcendance active; et c'est pourquoi la tragédie débute par un entretien sur la grâce qui prépare le spectateur à l'intervention directe de Dieu qui assure le dénouement. La grandeur spirituelle de Polyeucte ne peut apparaître à Pauline, fermée aux images du monde chrétien et scandalisée par « l'étrange aveuglement » de son mari. Il serait invraisemblable qu'elle veuille d'elle-même partager sa croyance; aussi, au moment de sa conversion, Corneille lui fait-il préciser à l'intention du spectateur : « c'est la grâce qui parle ». Cette intervention divine est, conformément à l'esprit de la pièce, aussi rationnelle que possible, puisqu'elle respecte la légalité du catholicisme : c'est le baptême du sang qui dessille ses yeux. Par son martyre Polyeucte s'est acquis des mérites qu'il reverse sur elle; et aussi sur Félix, son persécuteur, qui par un secret transport passe au zèle de son gendre. Pardon posthume qui surpasse en grandeur celui d'Auguste dans *Cinna*.

Sa générosité est pourtant moindre du point de vue humain à cause des exigences de la tragédie chrétienne qui privilégie l'action divine. Retrouvant Pauline en pleurs, Polyeucte exprime avec effusion sa reconnaissance amoureuse, et, comme elle s'inquiète de la rencontre au temple avec Sévère, il affirme qu'ils ne se combattront que de civilité. Sept vers plus loin, le ton change, la décision est prise de renverser les idoles. L'abandon complaisant au bonheur, le souci des convenances mondaines ne faisaient nullement prévoir le zèle religieux qui s'empare, quelques secondes plus tard, de lui. L'acte sublime n'est plus ici la réponse nécessaire à un défi; il manifeste la toute-puissance de la grâce que lui vaut son baptême. Nouvelle descente de la grâce au quatrième acte, par l'intercession de Néarque, quand Dieu l'illumine d'une vision de l'avenir qui, révélant l'importance politique de son sacrifice, lui donne la force de « voir Pauline sans la craindre ». Aucune humiliation sans doute de la liberté humaine puisqu'il a mérité l'élection divine et que sa volonté collabore à l'œuvre de la providence. Aucune humiliation non plus de la raison : la grâce l'éclaire et la parfait. Il n'empêche que l'héroïsme de Polyeucte n'est pas aussi exemplaire que celui d'Auguste qui, par une exacte négation de la fatalité antique, faisait seul son destin. Voltaire a raillé sa belle âme; peut-être n'est-elle pas, au contraire, assez belle, parce que, assisté par Dieu, il n'est pas entièrement responsable de son acte ni de la constance avec laquelle il l'assume. Au

XVIIᵉ siècle l'admiration est allée de préférence à la vertu
naturelle de Pauline.

« Je l'aimai par devoir. » Nul doute qu'elle n'éprouve
pour son mari aucun amour s'il est un don spontané et
total; même après quinze jours de mariage, elle parle de
leur rencontre avec une indifférence singulière : « Mon
abord en ces lieux me fit voir Polyeucte et je plus à ses
yeux. » Or le début de la tragédie montre sa tendresse
inquiète : « Je vous aime et je crains. » C'est que sa conduite
est conforme à une idée du mariage constamment exprimée
dans le théâtre du temps et résumée par une formule de
Rodogune, deux ans plus tard : « le devoir fera ce qu'aurait
fait l'amour ». Le conformisme social n'était pas étranger
à l'affirmation que les alliances d'intérêts n'excluent pas
l'union des cœurs et des esprits; mais elle trouvait sa justification morale dans l'idée commune à Corneille et à son
époque — on songe à Descartes — que les sentiments
volontaires méritent seuls l'admiration. « Qu'aux dépens
d'un beau feu vous me rendez heureux », s'exclame
Polyeucte au deuxième acte, ce qui a paru « le beau fixe
de la cruauté ». De cruauté point mais une application,
peut-être intempérante, du principe que l'amour de devoir
est préférable à une inclination spontanée, et seul digne de
reconnaissance. Comment Corneille a-t-il conçu son personnage ? Dans cette tragédie de l'admiration il fallait
opposer au zèle religieux de Polyeucte et placer comme
« obstacle à son bien » la vertu naturelle d'une épouse,
quitte à la récompenser et à la compenser au dénouement
par une conversion au christianisme. Pauline marque elle-
même le caractère exemplaire de cette vertu quand elle
rappelle à son mari les efforts qu'elle a faits pour lui donner
un cœur « si justement acquis à son premier vainqueur ».
Comme il faut laisser toute sa force à la passion pour que le
triomphe soit plus glorieux, Corneille a créé son héroïne,
à l'image de Chimène et d'Emilie, à partir du type de la
jeune fille totalement et justement éprise. « Il possédait
mon cœur, mes désirs, ma pensée », dit-elle de Sévère. A
leur différence elle a dû sacrifier cet amour à l'ambition
d'un père. Mais le retour de l'amant glorieux et fidèle,
l'obligation de le revoir raniment en elle une passion d'autant plus forte qu'elle s'accroît du sentiment secret de
l'absurdité de l'obéissance et du sentiment avoué de l'injustice faite à Sévère. A son habitude Corneille s'est attaché à rendre presque impossible l'accomplissement du
devoir; le spectateur admettrait, et peut-être le souhaite-t-il,

que Pauline écoute les vœux de son cœur et récompense les vertus de l'amant parfait.

Le début du troisième acte montre, au contraire, le triomphe immédiat de la force nue du devoir non seulement sur cette tentation mais sur un ressentiment apparemment justifié. Polyeucte est sorti malgré ses supplications ; il l'a trompée puisqu'au lieu de combattre de civilité avec Sévère, il a troublé par un scandale le sacrifice ordonné par lui ; Stratonice n'a pas tort de comparer cette conduite à une véritable infidélité. Il lui est devenu étranger et même odieux par sa religion ; elle s'accorde avec Stratonice dans la haine des chrétiens : « Il est ce que tu dis, s'il embrasse leur foi. » Or voici que sans attendre le récit, elle décide de sauver Polyeucte ou de mourir avec lui. Aucune autre explication que la volonté d'accomplir un devoir qui dure encore. « Je chéris sa personne et je hais son erreur » : sa personne d'époux. Deuxième moment sublime au quatrième acte, lorsque Polyeucte donne une conclusion inattendue à son entrevue pathétique avec elle : il demande à Sévère d'épouser Pauline. Voltaire a fait une mauvaise raillerie en l'accusant de résigner sa femme comme un bénéfice, le spectateur devine qu'il se conduit ainsi par amour et par sentiment de l'honneur, en dominant sa jalousie. Mais Pauline est fondée à prendre cette initiative pour une preuve décisive d'indifférence. Cette nouvelle offense ne l'empêche pas de mettre en demeure Sévère de sauver son mari avec une sécheresse de ton qui pourrait tromper sur ses sentiments. C'est pourquoi Corneille, à l'intention du spectateur, fait commenter sa conduite par Sévère qui se reproche d'avoir reçu « des leçons de générosité ». La générosité consistant à décider contre soi, c'est bien une nouvelle fois par devoir, en refusant la tentation du bonheur qu'agit Pauline.

Ce schématisme puissant et démonstratif convient au théâtre qui doit aller au-delà du vraisemblable par les situations mais aussi par les réactions des héros. Il assure ce qu'on appelle la valeur mythique ; et celle de Pauline égale celle de la Phèdre racinienne ; les deux personnages ont exercé une influence complémentaire sur la création romanesque, en particulier de Mme de La Fayette à Stendhal. Valeur théâtrale comme valeur mythique ont été détruites par une critique récente. Sous prétexte de donner vérité humaine et féminité au personnage de Pauline, on explique son comportement par son besoin sexuel de Polyeucte. Le vers « je te suis odieuse après m'être donnée » semble particulièrement significatif. C'est oublier que le dialogue cornélien est combat : Pauline a fait vainement appel à la raison de son mari; il ne lui reste plus qu'à tenter de l'émouvoir directement : « Et ton cœur, insensible à ces tristes appas... » Polyeucte pleure, et Pauline pousse un cri de victoire. La seule passion évidente dans cette scène est celle de Polyeucte. Il ne faut pas non plus isoler du dialogue le vers « Ne désespère pas une âme qui t'adore » pour en faire l'expression d'un désarroi physique. C'est parce que Polyeucte lui a rappelé son amour si puissant et si légitime pour Sévère qu'elle s'efforce de le convaincre, avec une exagération manifeste, de la réalité de l'amour qu'elle lui porte « par vertu ». La féminité du personnage il vaut mieux la discerner dans le cri qu'elle jette à Sévère : « Sauvez ce malheureux. » Sa vérité humaine, dans le refus d'épouser un homme qui de quelque façon soit cause de la mort de son mari. Sans doute peut-on éprouver un certain malaise devant une donnée du rôle. André Gide écrit dans son *Journal* : « Eh quoi! Pauline aurait accepté de son père un époux lors même qu'elle l'aurait haï! Qu'est-ce que ce devoir qui se confond avec une obéissance idiote ? » Mais il faut bien admettre cette passivité de la fille parce qu'elle est la condition de l'héroïsme de la femme; et l'auteur de *L'Immoraliste* confie : « Lorsque je me souviens du rôle de Pauline, il me semble que je n'en connais pas de plus beau. »

De la tragédie suivante, *La Mort de Pompée*, représentée en 1643, on a dit fort justement qu'elle contenait des éléments pré-cornéliens. Ne serait-ce que le titre : il renvoie à la tragédie aristotélicienne, pathétique et lyrique, dont Corneille avait réussi à se libérer. De fait réapparaissent les lamentations sur l'inconstance de la fortune, et les motifs du tragique traditionnel comme le lieu maudit, la femme qui porte malheur à ceux qui l'épousent. Le ton assez parlé et parfois familier de *Polyeucte* fait souvent place à la déclamation; « César, prends garde à toi », c'est avec une emphase à la Garnier que Cornélie vient faire une révélation qui exigerait une approche discrète. Plus caractéristique encore de la régression artistique est l'absence fréquente de lutte et de progression dramatiques : le personnage, ne se préoccupant nullement d'agir sur son adversaire, se borne à des professions de foi ou à des déclarations d'intention. Les récits abondent, et dépourvus d'intérêt dramatique, puisqu'ils sont faits par des personnages

secondaires délégués à cette fonction. C'est ce qui explique
la pompe des vers, dont Corneille se félicite à demi dans
l'*Examen* : leur obscurité assez laborieuse vise à suppléer
au manque d'action ; il faut bien occuper l'esprit du spectateur, à défaut de susciter son attente et son anxiété.

La part proprement moderne d'invention théâtrale est
aussi décevante. Les personnages sont en noir et blanc, ou
plutôt rose. D'un côté des traîtres et des machiavéliques
parfaits, les conseillers de Ptolomée. De l'autre, César
transformé en héros romanesque, ne livrant des batailles
que pour porter plus haut la gloire de ses fers ; Cléopâtre
transfigurée par la chasteté de son amour et la noblesse de
son ambition, « la seule passion digne d'une princesse ». Le
sublime, qui abonde, va au-delà du possible : Cléopâtre,
qui aime César, voudrait faire prendre les armes contre lui
pour défendre Pompée ; César rend à Cornélie ses vaisseaux pour lui permettre de reprendre le combat contre lui ;
Cornélie l'avertit d'un complot. Et surtout cette générosité
est donnée et non conquise sur les sentiments naturels,
lutte qui était jusqu'alors le sujet cornélien. Cette absence
d'action intérieure est compensée par une multiplicité
d'événements qui interdit ce que Corneille appelle l'unité
de péril ou d'action ; l'attention du spectateur n'est plus
centrée sur la situation et le destin d'un personnage ou
d'un couple. Pompée, qui donne son titre à la pièce, n'apparaît que sous la forme d'une urne contenant ses cendres ;
la rivalité entre Cléopâtre et son frère est dénouée par la
mort de Ptolomée, mais elle est d'une importance secondaire. Un seul centre d'intérêt à cause du prestige des personnages : le mariage entre Cléopâtre et César ; il était impossible historiquement ; et les contradictions de César, tenant
le trône pour « égal à l'infamie » et couronnant une reine,
dénoncent l'inconsistance de cette intrigue.

Cette tragédie demeure énigmatique dans l'ignorance
des circonstances de sa création, la violente réaction politique qui a suivi la mort de Louis XIII. Rancunes du clan
dévot et ambition des princes et des nobles, surnommés les
Importants, s'accordaient dans la détestation de la mémoire
de Richelieu. On préparait la prise du pouvoir : le testament
de Louis XIII avait été cassé ; Mazarin, continuateur de la
politique de Richelieu, restait au Conseil, mais on comptait
l'éliminer par une démarche de Vincent de Paul et, en cas
d'échec, par un assassinat. Un auteur dramatique a le
devoir d'être un écho sonore ; dans un sonnet qui circula
manuscrit, Corneille regrette que Louis XIII, monarque

sans vice, ait fait un mauvais choix et laissé « l'ambition, l'audace, l'avarice » se saisir du pouvoir, transformant son règne en celui de l'injustice. Ce sonnet permet de discerner, dans *La Mort de Pompée*, une série d'allusions à l'actualité. Elles sont à l'opposé du couplet d'*Horace* sur les serviteurs qui ont reçu du ciel l'art et le pouvoir d'affermir les couronnes. Au premier acte Photin explique que « c'est ne régner pas qu'être deux à régner » et qu'on détruit son pouvoir quand on le communique. Au deuxième acte Cléopâtre estime que les souverains doivent « se croire », c'est-à-dire gouverner par eux-mêmes. Les allusions deviennent plus fréquentes et plus transparentes encore vers la fin aux erreurs de Louis le Juste : « effets sinistres » d'un mauvais choix, surtout quand on élève à régir les Etats des gens de basse naissance, tel Richelieu qui, au témoignage de Tallemant, n'avait jamais passé pour « un homme de qualité ». Cette volonté de critique posthume du « ministériat » de Richelieu expliquerait assez bien le choix de l'épisode historique, les aménagements qu'y apporte Corneille et l'attaque de la tragédie par le tableau de la politique machiavélique. Elle expliquerait aussi, l'inspiration satirique manquant d'ampleur et visant à séduire par n'importe quel moyen, l'absence d'unité de la pièce et l'utilisation des thèmes romanesques ou pathétiques à la mode. *La Mort de Pompée* a tout au plus la valeur de morceaux choisis tragiques, parfois brillamment réussis.

Corneille fut « surpris » en novembre 1643 par une libéralité de Mazarin qui avait choisi de ne pas se reconnaître dans les esprits bas, au cœur né pour servir, qu'on élève en vain à régir les Etats; installé au pouvoir, il lui offrait de devenir le poète officiel du régime. Corneille, qui n'avait pas la vocation d'un auteur dramatique d'opposition, lui adressa un remerciement : « ne te lasse point d'illuminer mon âme ». Vaine attente : Mazarin poursuivit la politique de Richelieu sans se soucier de la justifier par de « grandes idées », celles qui avaient permis à Corneille de créer la tragédie de l'héroïsme. Un seul sujet restait possible pour les drames futurs : le romanesque de l'héroïsme.

Jacques MAURENS.

BIBLIOGRAPHIE

Il convient de connaître l'édition en 12 volumes de MARTY-LAVEAUX, *Œuvres de P. Corneille*, 1862, rééditée en 1922; le tome X contient les *Poésies diverses*, les *Œuvres diverses en prose* et les *Lettres*.

Une bonne édition de Georges COUTON, *Corneille, théâtre complet*, avec notices, notes et relevé des variantes; le tome premier, seul a été publié en 1971 (de *Mélite* à *Cinna*), éd. Garnier.

Parmi les éditions scolaires, celle de Félix HEMON, *Théâtre de P. Corneille*, Delagrave, 1886, tomes I, II et III, reste très utile.

LE MOMENT POLITIQUE ET LITTÉRAIRE

TAPIÉ (Victor L.) : *La France de Louis XIII et de Richelieu*, Flammarion, 1952.

THUAU (Etienne) : *Raison d'Etat et pensée politique à l'époque de Richelieu*, A. Colin, 1967 : réhabilitation de la politique de Richelieu; le rôle des publicistes et des écrivains dans la propagande. Autre réhabilitation à connaître, celle de Pierre Chevallier, *Louis XIII, roi cornélien*, Fayard, 1979.

LANSON (Gustave) : *Esquisse d'une histoire de la tragédie française*, Champion, réédition de 1954 : toujours très utile.

SCHERER (Jacques) : *La Dramaturgie classique en France*, Nizet, 1950.

MOREL (Jacques) : *La Tragédie*, Colin, 1966 : extraits des préfaces et des écrits théoriques.

TRUCHET (Jacques) : *La Tragédie classique en France*,

Presses universitaires de France, 1975 : une juste défiance de l'explication de notre tragédie par les idées métaphysiques.

CORNEILLE ET SA CARRIÈRE

Sur la date et les circonstances de la création des « grandes tragédies », un remarquable article de René PINTARD, « Autour de *Cinna* et de *Polyeucte* », *Revue d'histoire littéraire de la France*, juillet-septembre 1964, pp. 377-413.

Etudes générales sur l'homme et l'œuvre :

HERLAND (Louis) : *Corneille par lui-même*, Seuil, 1954 : essai très vivant, « christianise » l'œuvre.

COUTON (Georges) : *Corneille*, Hatier, 1958, réédition 1967 : situe l'œuvre dans l'actualité politique.

ADAM (Antoine) : *Histoire de la littérature française au XVIIᵉ siècle*, Domat, tomes I et II, 1948 et 1951.

Parmi les thèses récentes :

NADAL (Octave) : *Le Sentiment de l'amour dans l'œuvre de P. Corneille*, Gallimard, 1948 : situe bien l'œuvre dans la production théâtrale du temps, mais on peut douter que l'éthique de la gloire ait été celle du premier Corneille.

DOUBROVSKY (Serge) : *Corneille et la dialectique du héros*, Gallimard, 1964 : modernise hardiment l'œuvre.

MAURENS (Jacques) : *La Tragédie sans tragique, le néo-stoïcisme dans l'œuvre de P. Corneille*, Colin, 1966.

ÉTUDE DES PIÈCES

De *Clitandre*, édition critique par R. L. WAGNER, *Textes littéraires français*, 1949.

Du *Cid*, édition critique de M. CAUCHIE, Textes français modernes, 1946. Article de René PINTARD, « De la tragi-comédie à la tragédie », dans *Missions et démarches de la critique*, Klincksieck, 1973.

Sur *Horace*, Louis HERLAND, *Horace ou la naissance de l'homme*, Ed. de Minuit, 1952.

Sur *Polyeucte*, Jean CALVET, *Polyeucte de Corneille*, Mellotée, 1932. Raymond LEBÈGUE, « Remarques sur *Polyeucte* », *French Studies*, juillet 1949.

Sur *La Mort de Pompée*, Louis HERLAND, « Les Eléments précornéliens dans *La Mort de Pompée* », *Revue d'histoire littéraire de la France*, janvier-mars 1950, pp. 1-15.

NOTE SUR CETTE ÉDITION

Corneille a apporté des modifications importantes au texte de ses premières pièces, d'abord en 1660, où il refait parfois des scènes entières, ensuite dans la dernière édition revue par lui (1682) où les corrections portent à peu près uniquement sur la langue et la versification. Fallait-il donner le texte original ? Il faut tenir compte des habitudes ; et, surtout, prendre comme texte de base celui de 1682 n'offre aucun inconvénient pour les tragédies, fort peu modifiées. Pourquoi restituer des fautes de versification ou de goût que Corneille ayait bien le droit de corriger ?

Une tragi-comédie comme *Clitandre*, par contre, a été refaite quand Corneille. voulant la faire accéder à la dignité de tragédie, a supprimé deux cents vers environ pour éliminer familiarités, privautés amoureuses et fautes de composition. Il a paru bon de donner le texte original. Quant au *Cid*, il a été préservé de remaniements importants par son succès et sa renommée, sauf au début et à la fin. On a choisi comme texte de base celui de 1682, en donnant dans les variantes, dans ces deux cas, le texte primitif.

CLITANDRE

ou

L'INNOCENCE DÉLIVRÉE

Tragi-Comédie [1]

A MONSEIGNEUR LE DUC DE LONGUEVILLE [2]

Monseigneur,

Je prends avantage de ma témérité; et quelque défiance que j'aie de *Clitandre*, je ne puis croire qu'on s'en promette rien de mauvais, après avoir vu la hardiesse que j'ai de vous l'offrir. Il est impossible qu'on s'imagine qu'à des personnes de votre rang, et à des esprits de l'excellence du vôtre, on présente rien qui ne soit de mise, puisqu'il est tout vrai que vous avez un tel dégoût des mauvaises choses, et les savez si nettement démêler d'avec les bonnes, qu'on fait paraître plus de manque de jugement à vous les présenter qu'à les concevoir. Cette vérité est si généralement reconnue, qu'il faudrait n'être pas du monde pour ignorer que votre condition vous relève encore moins par-dessus le reste des hommes que votre esprit, et que les belles parties qui ont accompagné la splendeur de votre naissance n'ont reçu d'elle que ce qui leur était dû : c'est ce qui fait dire aux plus honnêtes gens de notre siècle qu'il semble que le ciel ne vous a fait naître prince qu'afin d'ôter au roi la gloire de choisir votre personne, et d'établir votre grandeur sur la seule reconnaissance de vos vertus : aussi, Monseigneur, ces considérations m'auraient intimidé, et ce cavalier n'eût jamais osé vous aller entretenir de ma part, si votre permission ne l'en eût autorisé, et comme assuré que vous l'aviez en quelque sorte d'estime, vu qu'il ne vous était pas tout à fait inconnu. C'est le même qui, par vos commandements, vous fut conter, il y a quelque temps, une partie de ses aventures, autant qu'en pouvaient contenir deux actes de ce poème encore tout informes et qui n'étaient qu'à peine ébauchés. Le malheur ne persécutait point encore son innocence, et ses contentements devaient être en un haut degré, puisque l'affection, la promesse et l'autorité de son prince lui rendaient la possession de sa maîtresse presque infaillible; ses faveurs toutefois ne lui étaient

point si chères que celles qu'il recevait de vous; et jamais
il ne se fût plaint de sa prison, s'il y eût trouvé autant de
douceur qu'en votre cabinet. Il a couru de grands périls
durant sa vie, et n'en court pas de moindres à présent que
je tâche à le faire revivre. Son prince le préserva des premiers; il espère que vous le garantirez des autres, et que,
comme il l'arracha du supplice qui l'allait perdre, vous le
défendrez de l'envie, qui a déjà fait une partie de ses efforts
à l'étouffer. C'est, MONSEIGNEUR, dont vous supplie très
humblement celui qui n'est pas moins, par la force de son
inclination que par les obligations de son devoir,

Monseigneur,

Votre très humble
et très obéissant serviteur,
CORNEILLE

PRÉFACE

Pour peu de souvenir qu'on ait de *Mélite* [8], il sera fort
aisé de juger, après la lecture de ce poème, que peut-être
jamais deux pièces ne partirent d'une même main plus
différentes et d'invention et de style. Il ne faut pas moins
d'adresse à réduire un grand sujet qu'à en déduire un
petit; et si je m'étais aussi dignement acquitté de celui-ci
qu'heureusement de l'autre, j'estimerais avoir, en quelque
façon, approché de ce que demande Horace au poète qu'il
instruit, quand il veut qu'il possède tellement ses sujets,
qu'il en demeure toujours le maître, et les asservisse à soi-
même, sans se laisser emporter par eux. Ceux qui ont
blâmé l'autre de peu d'effets auront ici de quoi se satisfaire
si toutefois ils ont l'esprit assez tendu pour me suivre au
théâtre, et si la quantité d'intrigues et de rencontres n'accable et ne confond leur mémoire. Que si cela leur arrive, je
les supplie de prendre ma justification chez le libraire, et de
reconnaître par la lecture que ce n'est pas ma faute. Il faut
néanmoins que j'avoue que ceux qui n'ayant vu représenter
Clitandre qu'une fois, ne le comprendront pas nettement,
seront fort excusables, vu que les narrations qui doivent
donner le jour au reste y sont si courtes, que le moindre
défaut, ou d'attention du spectateur, ou de mémoire de
l'acteur, laisse une obscurité perpétuelle en la suite, et ôte
presque l'entière intelligence de ces grands mouvements
dont les pensées ne s'égarent point du fait, et ne sont que
des raisonnements continus sur ce qui s'est passé. Que si
j'ai renfermé cette pièce dans la règle d'un jour, ce n'est
pas que je me repente de n'y avoir point mis *Mélite*, ou que
je me sois résolu à m'y attacher dorénavant. Aujourd'hui,
quelques-uns adorent cette règle; beaucoup la méprisent :
pour moi, j'ai voulu seulement montrer que si je m'en
éloigne, ce n'est pas faute de la connaître. Il est vrai qu'on

pourra m'imputer que m'étant proposé de suivre la règle
des anciens, j'ai renversé leur ordre, vu qu'au lieu des mes-
sagers qu'ils introduisent à chaque bout de champ pour
raconter les choses merveilleuses qui arrivent à leurs personnages, j'ai mis les accidents mêmes sur la scène. Cette
nouveauté pourra plaire à quelques-uns ; et quiconque voudra bien peser l'avantage que l'action a sur ces longs et
ennuyeux récits, ne trouvera pas étrange que j'aie mieux
aimé divertir les yeux qu'importuner les oreilles, et que me
tenant dans la contrainte de cette méthode, j'en aie pris la
beauté, sans tomber dans les incommodités que les Grecs
et les Latins, qui l'ont suivie, n'ont su d'ordinaire, ou du
moins n'ont osé éviter. Je me donne ici quelque sorte de
liberté de choquer les anciens, d'autant qu'ils ne sont plus
en état de me répondre, et que je ne veux engager personne
en la recherche de mes défauts. Puisque les sciences et les
arts ne sont jamais à leur période, il m'est permis de croire
qu'ils n'ont pas tout su, et que de leurs instructions on peut
tirer les lumières qu'ils n'ont pas eues. Je leur porte du respect comme à des gens qui nous ont frayé le chemin, et
qui, après avoir défriché un pays fort rude, nous ont laissés
à le cultiver. J'honore les modernes sans les envier, et n'at-
tribuerai jamais au hasard ce qu'ils auront fait par science,
ou par des règles particulières qu'ils se seront eux-mêmes
prescrites ; outre que c'est ce qui ne me tombera jamais en
la pensée, qu'une pièce de si longue haleine, où il faut
coucher l'esprit à tant de reprises, et s'imprimer tant de
contraires mouvements, se puisse faire par aventure. Il n'en
va pas de la comédie comme d'un songe qui saisit notre
imagination tumultuairement et sans notre aveu, ou
comme d'un sonnet ou d'une ode, qu'une chaleur extraordinaire peut pousser par boutade, et sans lever la plume.
Aussi l'antiquité nous parle bien de l'écume d'un cheval
qu'une éponge jetée par dépit sur un tableau exprima parfaitement, après que l'industrie du peintre n'en avait su
venir à bout ; mais il ne se lit point que jamais un tableau
tout entier ait été produit de cette sorte. Au reste, je laisse
le lieu de ma scène au choix du lecteur, bien qu'il ne me
coûtât ici qu'à nommer. Si mon sujet est véritable, j'ai
raison de le taire ; si c'est une fiction, quelle apparence,
pour suivre je ne sais quelle chorographie [4], de donner un
soufflet à l'histoire, d'attribuer à un pays des princes ima-
ginaires, et d'en rapporter des aventures qui ne se lisent
point dans les chroniques de leur royaume ? Ma scène est
donc en un château d'un roi, proche d'une forêt ; je n'en

détermine ni la province ni le royaume; où vous l'aurez une fois placée, elle s'y tiendra. Que si l'on remarque des concurrences dans mes vers, qu'on ne les prenne pas pour des larcins. Je n'y en ai point laissé que j'aie connues, et j'ai toujours cru que, pour belle que fût une pensée, tomber en soupçon de la tenir d'un autre, c'est l'acheter plus qu'elle ne vaut; de sorte qu'en l'état que je donne cette pièce au public, je pense n'avoir rien de commun avec la plupart des écrivains modernes, qu'un peu de vanité que je témoigne ici.

ARGUMENT

Rosidor, favori du roi, était si passionnément aimé de deux des filles de la reine, Caliste et Dorise, que celle-ci en dédaignait Pymante, et celle-là Clitandre. Ses affections, toutefois, n'étaient que pour la première, de sorte que cette amour mutuelle n'eût point eu d'obstacle sans Clitandre. Ce cavalier était le mignon du prince, fils unique du roi, qui pouvait tout sur la reine sa mère, dont cette fille dépendait; et de là procédaient les refus de la reine toutes les fois que Rosidor la suppliait d'agréer leur mariage. Ces deux demoiselles, bien que rivales, ne laissaient pas d'être amies, d'autant que Dorise feignait que son amour n'était que par galanterie, et comme pour avoir de quoi répliquer aux importunités de Pymante. De cette façon, elle entrait dans la confidence de Caliste, et se tenant toujours assidue auprès d'elle, elle se donnait plus de moyen de voir Rosidor, qui ne s'en éloignait que le moins qu'il lui était possible. Cependant la jalousie la rongeait au-dedans, et excitait en son âme autant de véritables mouvements de haine pour sa compagne qu'elle lui rendait de feints témoignages d'amitié. Un jour que le roi, avec toute sa cour, s'était retiré en un château de plaisance proche d'une forêt, cette fille, entretenant en ces bois ses pensées mélancoliques, rencontra par hasard une épée : c'était celle d'un cavalier nommé Arimant, demeurée là par mégarde depuis deux jours qu'il avait été tué en duel, disputant sa maîtresse Daphné contre Eraste. Cette jalouse, dans sa profonde rêverie, devenue furieuse, jugea cette occasion propre à perdre sa rivale. Elle la cache donc au même endroit, et à son retour conte à Caliste que Rosidor la trompe, qu'elle a découvert une secrète affection entre Hippolyte et lui, et enfin qu'ils

avaient rendez-vous dans les bois le lendemain au lever du
soleil pour en venir aux dernières faveurs : une offre en
outre de les lui faire surprendre éveille la curiosité de cet
esprit facile, qui lui promet de se dérober, et se dérobe en
effet le lendemain avec elle pour faire ses yeux témoins de
cette perfidie. D'autre côté, Pymante, résolu de se défaire
de Rosidor, comme du seul qui l'empêchait d'être aimé de
Dorise, et ne l'osant attaquer ouvertement, à cause de sa
faveur auprès du roi, dont il n'eût pu rapprocher, suborne
Géronte, écuyer de Clitandre, et Lycaste, page du même.
Cet écuyer écrit un cartel à Rosidor au nom de son maître,
prend pour prétexte l'affection qu'ils avaient tous deux
pour Caliste, contrefait au bas son seing, le fait rendre par
ce page, et eux trois le vont attendre masqués et déguisés
en paysans. L'heure était la même que Dorise avait donnée
à Caliste, à cause que l'un et l'autre voulaient être assez
tôt de retour pour se rendre au lever du roi et de la reine
après le coup exécuté. Les lieux mêmes n'étaient pas fort
éloignés ; de sorte que Rosidor, poursuivi par ces trois assassins, arrive auprès de ces deux filles comme Dorise avait
l'épée à la main, prête de l'enfoncer dans l'estomac de
Caliste. Il pare, et blesse toujours en reculant, et tue enfin
ce page, mais si malheureusement, que, retirant son épée,
elle se rompt contre la branche d'un arbre. En cette extrémité, il voit celle que tient Dorise, et sans la reconnaître,
il la lui arrache, passe tout d'un temps le tronçon de la
sienne en la main gauche, à guise d'un poignard, se défend
ainsi contre Pymante et Géronte, tue encore ce dernier, et
met l'autre en fuite. Dorise fuit aussi, se voyant désarmée
par Rosidor ; et Caliste, sitôt qu'elle l'a reconnu, se pâme
d'appréhension de son péril. Rosidor démasque les morts,
et fulmine contre Clitandre, qu'il prend pour l'auteur de
cette perfidie, attendu qu'ils sont ses domestiques et qu'il
était venu dans ce bois sur un cartel reçu de sa part. Dans
ce mouvement, il voit Caliste pâmée, et la croit morte : ses
regrets avec ses plaies le font tomber en faiblesse. Caliste
revient de pâmoison, et s'entraidant l'un à l'autre à marcher, ils gagnent la maison d'un paysan, où elle lui bande
ses blessures. Dorise désespérée, et n'osant retourner à la
cour, trouve les vrais habits de ces assassins, et s'accommode de celui de Géronte pour se mieux cacher. Pymante,
qui allait rechercher les siens, et cependant, afin de mieux
passer pour villageois, avait jeté son masque et son épée
dans une caverne, la voit en cet état. Après quelque
mécompte, Dorise se feint être un jeune gentilhomme,

contraint pour quelque occasion de se retirer de la cour, et
le prie de le tenir là quelque temps caché. Pymante lui
baille quelque échappatoire; mais s'étant aperçu à ses discours qu'elle avait vu son crime, et d'ailleurs entré en
quelque soupçon que ce fût Dorise, il accorde sa demande,
et la mène en cette caverne, résolu, si c'était elle, de se
servir de l'occasion, sinon d'ôter du monde un témoin de
son forfait, en ce lieu où il était assuré de retrouver son
épée. Sur le chemin, au moyen d'un poinçon qui lui était
demeuré dans les cheveux, il la reconnaît et se fait connaître
à elle : ses offres de services sont aussi mal reçues que par le
passé; elle persiste toujours à ne vouloir chérir que Rosidor.
Pymante l'assure qu'il l'a tué; elle entre en furie, qui n'empêche pas ce paysan déguisé de l'enlever dans cette
caverne, où, tâchant d'user de force, cette courageuse fille
lui crève un œil de son poinçon; et comme la douleur lui
fait y porter les deux mains, elle s'échappe de lui, dont
l'amour tourné en rage le fait sortir l'épée à la main de cette
caverne, à dessein et de venger cette injure par sa mort, et
d'étouffer ensemble l'indice de son crime. Rosidor cependant n'avait pu se dérober si secrètement qu'il ne fût suivi
de son écuyer Lysarque, à qui par importunité il conte le
sujet de sa sortie. Ce généreux serviteur, ne pouvant endurer que la partie s'achevât sans lui, le quitte pour aller
engager l'écuyer de Clitandre à servir de second à son
maître. En cette résolution, il rencontre un gentilhomme,
son particulier ami, nommé Cléon, dont il apprend que
Clitandre venait de monter à cheval avec le prince pour
aller à la chasse. Cette nouvelle le met en inquiétude; et ne
sachant tous deux que juger de ce mécompte, ils vont de
compagnie en avertir le roi. Le roi, qui ne voulait pas
perdre ces cavaliers, envoie en même temps Cléon rappeler Clitandre de la chasse, et Lysarque avec une troupe
d'archers au lieu de l'assignation, afin que si Clitandre
s'était échappé d'auprès du prince pour aller joindre son
rival, il fût assez fort pour les séparer. Lysarque ne trouve
que les deux corps des gens de Clitandre, qu'il renvoie au
roi par la moitié de ses archers, cependant qu'avec l'autre
il suit une trace de sang qui le mène jusqu'au lieu où Rosidor et Caliste s'étaient retirés. La vue de ces corps fait
soupçonner au roi quelque supercherie de la part de Clitandre, et l'aigrit tellement contre lui, qu'à son retour de la
chasse, il le fait mettre en prison, sans qu'on lui en dît
même le sujet. Cette colère s'augmente par l'arrivée de
Rosidor tout blessé, qui, après le récit de ses aventures,

présente au roi le cartel de Clitandre, signé de sa main (contrefaite toutefois) et rendu par son page : si bien que le roi, ne doutant plus de son crime, le fait venir en son conseil, où, quelque protestation que pût faire son innocence, il le condamne à perdre la tête dans le jour même, de peur de se voir comme forcé de le donner aux prières de son fils s'il attendait son retour de la chasse. Cléon en apprend la nouvelle ; et redoutant que le prince ne se prît à lui de la perte de ce cavalier qu'il affectionnait, il le va chercher encore une fois à la chasse pour l'en avertir. Tandis que tout ceci se passe, une tempête surprend le prince à la chasse ; ses gens, effrayés de la violence des foudres et des orages, qui çà qui là le cherchent où se cacher : si bien que, demeuré seul, un coup de tonnerre lui tue son cheval sous lui. La tempête finie, il voit un jeune gentilhomme qu'un paysan poursuivait l'épée à la main (c'était Pymante et Dorise). Il était déjà terrassé, et près de recevoir le coup de la mort ; mais le prince, ne pouvant souffrir une action si méchante, tâche d'empêcher cet assassinat. Pymante, tenant Dorise d'une main, le combat de l'autre, ne croyant pas de sûreté pour soi, après avoir été vu en cet équipage, que par sa mort. Dorise reconnaît le prince, et s'entrelace tellement dans les jambes de son ravisseur, qu'elle le fait trébucher. Le prince saute aussitôt sur lui, et le désarme : l'ayant désarmé, il crie ses gens, et enfin deux veneurs paraissent chargés des vrais habits de Pymante, Dorise et Lycaste. Ils les lui présentent comme un effet extraordinaire du foudre, qui avait consumé trois corps, à ce qu'ils s'imaginaient, sans toucher à leurs habits. C'est de là que Dorise prend occasion de se faire connaître au prince, et de lui déclarer tout ce qui s'est passé dans ce bois. Le prince étonné commande à ses veneurs de garrotter Pymante avec les couples de leurs chiens : en même temps Cléon arrive, qui fait le récit au prince du péril de Clitandre, et du sujet qui l'avait réduit en l'extrémité où il était. Cela lui fait reconnaître Pymante pour l'auteur de ces perfidies ; et l'ayant baillé à ses veneurs à ramener, il pique à toute bride vers le château, arrache Clitandre aux bourreaux, et le va présenter au roi avec les criminels, Pymante et Dorise, arrivés quelque temps après lui. Le roi venait de conclure avec la reine le mariage de Rosidor et de Caliste, sitôt qu'il serait guéri, dont Caliste était allée porter la nouvelle au blessé ; et après que le prince lui eut fait connaître l'innocence de Clitandre, il le reçoit à bras ouverts, et lui promet toute sorte de faveurs pour récompense du tort qu'il lui avait pensé faire. De là il envoie Pymante à son conseil pour être puni, voulant voir par là de quelle façon ses sujets vengeraient un attentat fait sur leur prince. Le prince obtient un pardon pour Dorise qui lui avait assuré la vie; et la voulant désormais favoriser en propose le mariage à Clitandre, qui s'en excuse modestement. Rosidor et Caliste viennent remercier le roi, qui les réconcilie avec Clitandre et Dorise, et invite ces derniers, voire même leur commande de s'entr'aimer, puisque lui et le prince le désirent, leur donnant jusqu'à la guérison de Rosidor pour allumer cette flamme,

> Afin de voir alors cueillir en même jour
> A deux couples d'amants les fruits de leur amour.

EXAMEN (1660)

Un voyage que je fis à Paris pour voir le succès de *Mélite* m'apprit qu'elle n'était pas dans les vingt et quatre heures: c'était l'unique règle que l'on connût en ce temps-là. J'entendis que ceux du métier la blâmaient de peu d'effets, et de ce que le style en était trop familier. Pour la justifier contre cette censure par une espèce de bravade, et montrer que ce genre de pièces avait les vraies beautés de théâtre, j'entrepris d'en faire une régulière (c'est-à-dire dans ses vingt et quatre heures), pleine d'incidents, et d'un style plus élevé, mais qui ne vaudrait rien du tout; en quoi je réussis parfaitement. Le style en est véritablement plus fort que celui de l'autre; mais c'est tout ce qu'on y peut trouver de supportable. Il est mêlé de pointes comme dans cette première; mais ce n'était pas alors un si grand vice dans le choix des pensées, que la scène en dût être entièrement purgée. Pour la constitution, elle est si désordonnée, que vous avez de la peine à deviner qui sont les premiers acteurs. Rosidor et Caliste sont ceux qui le paraissent le plus par l'avantage de leur caractère et de leur amour mutuel: mais leur action finit dès le premier acte avec leur péril; et ce qu'ils disent au troisième et au cinquième ne fait que montrer leurs visages, attendant que les autres achèvent. Pymante et Dorise y ont le plus grand emploi; mais ce ne sont que deux criminels qui cherchent à éviter la punition de leurs crimes, et dont même le premier en attente de plus grands pour mettre à couvert les autres. Clitandre, autour de qui semble tourner le nœud de la pièce, puisque les premières actions vont à le faire coupable, et les dernières à le justifier, n'en peut être qu'un héros bien ennuyeux, qui n'est introduit que pour déclamer en prison, et ne parle pas même à cette maîtresse dont les dédains servent de couleur à le faire passer pour criminel. Tout le cinquième acte languit, comme celui de *Mélite*, après la conclusion des épisodes, et n'a rien de surprenant, puisque, dès le quatrième, on devine tout ce qui doit arriver, hormis le mariage de Clitandre avec Dorise, qui est encore plus étrange que celui d'Eraste, et dont on n'a garde de se défier.

Le roi et le prince son fils y paraissent dans un emploi fort au-dessous de leur dignité : l'un n'y est que comme juge, et l'autre comme confident de son favori. Ce défaut n'a pas accoutumé de passer pour défaut : aussi n'est-ce qu'un sentiment particulier dont je me suis fait une règle, qui peut-être ne semblera pas déraisonnable, bien que nouvelle.

Pour m'expliquer, je dis qu'un roi, un héritier de la couronne, un gouverneur de province, et généralement un homme d'autorité, peut paraître sur le théâtre en trois façons : comme roi, comme homme et comme juge ; quelquefois avec deux de ces qualités, quelquefois avec toutes les trois ensemble. Il paraît comme roi seulement, quand il n'a intérêt qu'à la conservation de son trône ou de sa vie, qu'on attaque pour changer l'Etat, sans avoir l'esprit agité d'aucune passion particulière ; et c'est ainsi qu'Auguste agit dans *Cinna*, et Phocas dans *Héraclius*. Il paraît comme homme seulement quand il n'a que l'intérêt d'une passion à suivre ou à vaincre, sans aucun péril pour son Etat ; et tel est Grimoald dans les trois premiers actes de *Pertharite*, et les deux reines dans *Don Sanche*. Il ne paraît enfin que comme juge quand il est introduit sans aucun intérêt pour son Etat ni pour sa personne, ni pour ses affections, mais seulement pour régler celui des autres, comme dans ce poème et dans *Le Cid ;* et on ne peut désavouer qu'en cette dernière posture il remplit assez mal la dignité d'un si grand titre, n'ayant aucune part en l'action que celle qu'il y veut prendre pour d'autres, et demeurant bien éloigné de l'éclat des deux autres manières. Aussi on ne le donne jamais à représenter aux meilleurs acteurs ; mais il faut qu'il se contente de passer par la bouche de ceux du second ou du troisième ordre. Il peut paraître comme roi et comme homme tout à la fois quand il a un grand intérêt d'Etat et une forte passion tout ensemble à soutenir, comme Antiochus dans *Rodogune*, et Nicomède dans la tragédie qui porte son nom; et c'est, à mon avis, la plus digne manière et la plus avantageuse de mettre sur la scène des gens de cette condition, parce qu'ils attirent alors toute l'action à eux, et ne manquent jamais d'être représentés par les premiers acteurs. Il ne me vient point d'exemple en la mémoire où un roi paraisse comme homme et comme juge, avec un intérêt de passion pour lui, et un soin de régler ceux des autres sans aucun péril pour son Etat; mais pour voir les trois manières ensemble, on les peut aucunement remarquer dans les deux gouverneurs d'Arménie et de Syrie que j'ai introduits, l'un dans *Polyeucte* et l'autre dans *Théodore*. Je dis aucunement, parce que la tendresse que l'un a pour son gendre, et l'autre pour son fils, qui est ce qui les fait paraître comme hommes, agit si faiblement, qu'elle semble étouffée sous le soin qu'a l'un et l'autre de conserver sa dignité, dont ils font tous deux leur capital; et qu'ainsi on peut dire en rigueur qu'ils ne paraissent que comme gouverneurs qui craignent de se perdre, et comme juges qui, par cette crainte dominante, condamnent ou plutôt s'immolent ce qu'ils voudraient conserver.

Les monologues sont trop longs et trop fréquents en cette pièce; c'était une beauté en ce temps-là : les comédiens les souhaitaient, et croyaient y paraître avec plus d'avantage. La mode a si bien changé que la plupart de mes derniers ouvrages n'en ont aucun; et vous n'en trouverez point dans *Pompée*, *La Suite du Menteur*, *Théodore* et *Pertharite*, ni dans *Héraclius*, *Andromède*, *Œdipe* et *La Toison d'Or*, à la réserve des stances.

Pour le lieu, il a encore plus d'étendue, ou, si vous voulez souffrir ce mot, plus de libertinage ici que dans *Mélite* : il comprend un château d'un roi avec une forêt voisine, comme pourrait être celui de Saint-Germain, et est bien éloigné de l'exactitude que les sévères critiques y demandent.

ACTEURS

LE ROI [5].
LE PRINCE, fils du Roi.
ROSIDOR, favori du Roi, et amant de Caliste.
CLITANDRE, favori du Prince, et amoureux aussi de Caliste, mais dédaigné.
PYMANTE, amoureux de Dorise, et dédaigné.
CALISTE, maîtresse de Rosidor, et de Clitandre.
DORISE, maîtresse de Pymante.
LYSARQUE, écuyer de Rosidor.
GÉRONTE, écuyer de Clitandre.
CLÉON, gentilhomme suivant la cour.
LYCASTE, page de Clitandre.
LE GEÔLIER.
TROIS ARCHERS.
TROIS VENEURS.

ACTE PREMIER

SCÈNE PREMIÈRE

CALISTE, *regardant derrière elle.*

Je ne suis point suivie, et sans être entendue,
Mon pas lent et craintif en ces lieux m'a rendue.
Tout le monde au château plongé dans le sommeil,
Loin de savoir ma fuite, ignore mon réveil;
5 Un silence profond mon dessein favorise,
Heureuse entièrement si j'avais ma Dorise,
Ma fidèle compagne en qui seule aujourd'hui
Mon amour affronté [6] rencontre quelque appui.
C'est d'elle que j'ai su qu'un amant hypocrite,
10 Feignant de m'adorer, brûle pour Hippolyte;
D'elle j'ai su les lieux où l'amour qui les joint
Ce matin doit passer jusques au dernier point,
Et pour m'obliger mieux, elle m'y doit conduire
Sitôt que le soleil commencera de luire.
15 Mais qu'elle est paresseuse à me venir trouver!
La dormeuse m'oublie et ne se peut lever.
Toutefois sans raison j'accuse sa paresse,
La nuit qui dure encor fait que rien ne la presse :
Ma jalouse fureur, mon dépit, mon amour
20 Ont troublé mon repos avant le point du jour;
Mais elle qui n'en fait aucune expérience,
Etant sans intérêt, est sans impatience.
Toi, que l'œil qui te blesse attend pour te guérir,
Eveille-toi, brigand, hâte-toi d'acquérir
25 Sur l'honneur d'Hippolyte une infâme victoire,
Et de m'avoir trompée une honteuse gloire;
Hâte-toi, déloyal, de me fausser ta foi.
Le jour s'en va paraître; affronteur, hâte-toi.
Mais hélas! cher ingrat, adorable parjure,

30 Ma timide voix tremble à te dire une injure;
   Si j'écoute l'amour, il devient si puissant,
   Qu'en dépit de Dorise il te fait innocent;
   Je ne sais lequel croire, et j'aime tant ce doute,
   Que j'ai peur d'en sortir entrant dans cette route;
35 Je crains ce que je cherche, et je ne connais pas
   De plus grand heur pour moi que d'y perdre mes pas.
   Ah mes yeux! si jamais vos naturels offices
   A mon cœur amoureux firent de bons services,
   Apprenez aujourd'hui quel est votre devoir;
40 Le moyen de me plaire est de me décevoir;
   Si vous ne m'abusez, si vous n'êtes faussaires,
   Vous êtes de mon heur les cruels adversaires.
   Un infidèle encor régnant sur mon penser,
   Votre fidélité ne peut que m'offenser.
45 Apprenez, apprenez par le traître que j'aime
   Qu'il vous faut me trahir pour être aimé de même.
   Et toi, Père du jour, dont le flambeau naissant
   Va chasser mon erreur avecque le croissant,
   S'il est vrai que Thétis te reçoit dans sa couche,
50 Prends, Soleil, prends encor deux baisers sur sa bouche,
   Ton retour me va perdre, et retrancher ton bien;
   Prolonge en l'arrêtant mon bonheur et le tien.
   Puisqu'il faut qu'avec toi ce que je crains éclate,
   Souffre qu'encor un peu l'ignorance me flatte.
55 Las! il ne m'entend point, et l'aube de ses rais
   A déjà reblanchi le haut de ces forêts.
   Si je me peux fier à sa lumière sombre,
   Dont l'éclat impuissant dispute avecque l'ombre,
   J'entrevois le sujet de mon jaloux ennui,

                                    Rosidor et Lysarque entrent.

60 Et quelqu'un de ses gens qui conteste avec lui.
   Rentre pauvre Caliste, et te cache de sorte
   Que tu puisses l'entendre à travers cette porte.

                    SCÈNE II

              ROSIDOR, LYSARQUE, son Écuyer.

                    ROSIDOR

   Ce devoir, ou plutôt cette importunité,
   Au lieu de m'assurer de ta fidélité,

65 Me prouve évidemment ta désobéissance.
Laisse-moi seul, Lysarque, une heure en ma puissance,
Que retiré du monde et du bruit de la Cour,
Je puisse dans le bois consulter mon amour,
Que là Caliste seule occupe mes pensées,
70 Et par le souvenir de ses faveurs passées
Assure mon espoir de celles que j'attends.
Qu'un entretien rêveur durant ce peu de temps
M'instruise des moyens de plaire à cette belle,
Allume dans mon cœur de nouveaux feux pour elle.
75 Enfin, sans persister dans l'obstination
Laisse-moi suivre ici mon inclination.

LYSARQUE

Cette inclination secrète qui vous mène
A me la déguiser vous donne trop de peine,
Il ne faut point, Monsieur, beaucoup l'examiner,
80 L'heure et le lieu suspects font assez deviner
Qu'en même temps que vous s'échappe quelque Dame!
Vous m'entendez assez.

ROSIDOR

                    Juge mieux de ma flamme,
On ne verra jamais que je manque de foi
A celle que j'adore, et qui n'aime que moi.

LYSARQUE

85 Bien que vous en ayez une entière assurance,
Vous pouvez vous lasser de vivre d'espérance,
Et tandis que l'attente amuse vos désirs
Prendre ailleurs quelquefois de solides plaisirs.

ROSIDOR

Purge, purge d'erreur ton âme curieuse,
90 Qui par ces faux soupçons m'est trop injurieuse.
Tant s'en faut que le change ait pour moi des appas,
Tant s'en faut qu'en ces bois il attire mes pas,
J'y vais, mais pourrais-tu le savoir et le taire ?

LYSARQUE

Monsieur, pour en douter que vous ai-je pu faire ?

ROSIDOR

95 Tu vas apprendre tout, mais aussi l'ayant su
Avise à ta retraite. Hier un cartel reçu
De la part d'un rival...

LYSARQUE

Vous le nommez ?

ROSIDOR

Clitandre.

LYSARQUE

Et ce cartel contient ?

ROSIDOR

Que seul il doit m'attendre
Près du chêne sacré, pour voir qui de nous deux
100 Mérite d'embraser Caliste de ses feux.

LYSARQUE

De sorte qu'un second...

ROSIDOR

Sans me faire une offense
Ne peut se présenter à prendre ma défense;
Nous devons seul à seul vider notre débat.

LYSARQUE

Ne pensez pas sans moi terminer ce combat;
105 L'écuyer de Clitandre est homme de courage,
Il sera trop heureux que mon défi l'engage
A s'acquitter vers lui d'un semblable devoir,
Et je vais de ce pas y faire mon pouvoir.

ROSIDOR

Ta volonté suffit, va-t'en donc, et désiste
110 De plus m'offrir une aide à mériter Caliste.

LYSARQUE, seul.

Vous obéir ici me coûterait trop cher,
Et je serais honteux qu'on me pût reprocher
D'avoir su le sujet d'une telle sortie,
Sans trouver les moyens d'être de la partie.

SCÈNE III

CALISTE, DORISE

CALISTE, *seule*.

115 Qu'il s'en est bien défait! qu'avec dextérité
Sa fourbe se prévaut de son autorité!
Qu'il trouve un beau prétexte en ses flammes éteintes,
Et que mon nom lui sert à colorer ses feintes!
Il y va cependant, le perfide qu'il est!
120 Hippolyte le charme, Hippolyte lui plaît,
Et ses traîtres désirs l'emportent où l'appelle
Le cartel amoureux d'une beauté nouvelle[7].

Dorise entre.

Je n'en puis plus douter, mon feu désabusé
Ne tient plus le parti de ce cœur déguisé.
125 Allons, ma chère sœur, allons à la vengeance,
Allons de ses douceurs tirer quelque allégeance[8];
Allons, et sans te mettre en peine de m'aider,
Ne prends aucun souci que de me regarder.
Pour en venir à bout il suffit de ma rage;
130 D'elle j'aurai la force ainsi que le courage,
Et déjà dépouillant tout naturel humain
Je laisse à ces transports à gouverner ma main.
Vois-tu comme suivant de si furieux guides
Elle cherche déjà les yeux de ces perfides,
135 Et comme de fureur tous mes sens animés
Menacent les appas qui les avaient charmés?

DORISE

Modère ces bouillons d'une âme colérée;
Ils sont trop violents pour être de durée;
Pour faire quelque mal c'est frapper de trop loin.
140 Réserve ton courroux tout entier au besoin;
Sa plus forte chaleur se dissipe en paroles,
Ses résolutions en deviennent plus molles:
En lui donnant de l'air son ardeur s'allentit.

CALISTE

Mais c'est à faute d'air que le feu s'amortit.
145 Allons, et tu verras qu'ainsi le mien s'allume,

Que par là ma douleur accroît son amertume,
Et qu'ainsi mon esprit ne fait que s'exciter
Aux desseins enragés qu'il veut exécuter.

*Caliste va toujours devant, et Dorise demeure
seule.*

DORISE, *seule.*

Si ma ruse est enfin de son effet suivie,
150 Ces desseins enragés vont te coûter la vie :
Un fer caché me donne en ces lieux sans secours
La fin de mes malheurs dans celle de tes jours;
Et lors ce Rosidor qui possède mon âme,
Cet ingrat qui t'adore et néglige ma flamme,
155 Que mes affections n'ont encor su gagner,
Toi morte, n'aura plus pour qui me dédaigner.

Elle va rejoindre Caliste.

SCÈNE IV

PYMANTE, GÉRONTE, Écuyer de Clitandre,
LYCASTE, Page de Clitandre.

*Pymante et Géronte sortent d'une caverne seuls
et déguisés en paysans* [9].

GÉRONTE

En ce déguisement on ne peut nous connaître,
Et sans doute bientôt le jour qui vient de naître
Amène Rosidor séduit d'un faux cartel
160 Aux lieux où cette main lui garde un coup mortel.
Vos yeux si mal reçus de l'ingrate Dorise,
Qui le caresse autant comme elle vous méprise,
Ne rencontreront plus aucun empêchement.
Mais je m'étonne fort de son aveuglement,
165 Et ne puis deviner quelle raison l'oblige
A dédaigner vos feux pour un qui la néglige.
Vous qui valez...

PYMANTE

Géronte au lieu de me flatter
Parlons du principal. Ne peut-il éventer
Notre supercherie ?

GÉRONTE

Elle est si bien tissue,
170 Qu'il faut manquer de sens pour douter de l'issue.

Clitandre aime Caliste, et comme son rival,
Il a trop de sujet de lui vouloir du mal.
Moi que depuis dix ans il tient à son service,
J'ai contrefait son seing, et par cet artifice
175 Ce faux cartel, encor que de ma main écrit,
Est présumé de lui.

PYMANTE

Que ton subtil esprit
Sur tous ceux des mortels a de grands avantages!
Mais qui fut le porteur?

GÉRONTE

Lycaste, un de ses pages.

PYMANTE

Celui qui fait le guet auprès du rendez-vous?

GÉRONTE

180 Lui-même, et le voici qui s'avance vers nous;
A force de courir il s'est mis hors d'haleine.

Lycaste arrive déguisé comme eux.

PYMANTE

Eh bien est-il venu [10]?

LYCASTE

N'en soyez plus en peine;
Il est où vous savez, et tout bouffi d'orgueil,
Ne s'attend à rien moins qu'à son proche cercueil.

PYMANTE

185 N'usons plus de discours: nos masques, nos épées!

*Lycaste les va quérir dans la caverne, où tous
trois s'étaient déjà déguisés.*

Qu'ils me tarde déjà que, dans son sang trempées,
Elles ne me font voir à mes pieds étendus
Le seul qui sert d'obstacle au bonheur qui m'est dû.
Ah! qu'il va bien trouver d'autres gens que Clitandre!
190 Mais pourquoi ces habits? Qui te les fait reprendre?

*Lycaste revient, et avec leurs masques et leurs
épées, rapporte encore leurs vrais habits.*

LYCASTE, *en leur baillant chacun un masque et une épée.*

Pour notre sûreté portons-les avec nous,
De peur que, cependant que nous serons aux coups,

Quelque maraud conduit par sa bonne aventure
Les prenant ne nous mette en mauvaise posture.
195 Quand il faudra donner, sans les perdre des yeux,
Au pied du premier arbre ils seront beaucoup mieux.

PYMANTE

Prends-en donc même soin après la chose faite.

LYCASTE

Je n'ai garde sans eux de faire ma retraite.

PYMANTE

Sus donc! chacun déjà devrait être masqué,
200 Allons, qu'il tombe mort aussitôt qu'attaqué.

Ils se masquent tous trois.

SCÈNE V

CLÉON, LYSARQUE

CLÉON

Réserve à d'autres fois cette ardeur de courage
Qui rend de ta valeur un si grand témoignage.
Ce duel que tu dis ne se peut concevoir.
Tu parles de Clitandre, et je le viens de voir
205 Que notre jeune Prince amenait à la chasse.

LYSARQUE

En es-tu bien certain ?

CLÉON

Je l'ai vu face à face.
Sans doute qu'il en baille à ton maître à garder.

LYSARQUE

Il est trop généreux pour si mal procéder.

CLÉON

Je sais bien que l'honneur tout autrement ordonne;
210 Mais qui le retiendrait ? Toutefois je soupçonne...

LYSARQUE

Quoi ? que soupçonnes-tu ?

CLÉON

Que ton maître rusé
Avec un faux cartel t'aurait bien abusé.

LYSARQUE

Non, il parlait du cœur, je connais sa franchise.

CLÉON

S'il est ainsi, je crains que par quelque surprise
215 Ce valeureux Seigneur, sous le nombre abattu,
Ne cède aux envieux que lui fait sa vertu.

LYSARQUE

A présent il n'a point d'ennemis que je sache;
Mais quelque événement que le destin nous cache,
Si tu veux m'obliger viens, de grâce, avec moi,
220 Qu'ensemble nous donnions avis de tout au Roi.

SCÈNE VI

CALISTE, DORISE

CALISTE, *cependant que Dorise s'arrête
à chercher derrière un buisson.*

Ma sœur, l'heure s'avance, et nous serons à peine,
Si nous ne retournons, au lever de la Reine.
Je ne vois point mon traître, Hippolyte non plus.

DORISE, *tirant une épée de derrière ce buisson,
et saisissant Caliste.*

Voici qui va trancher tes soucis superflus;
225 Voici dont je vais rendre, en te privant de vie,
Ma flamme bien heureuse et ma haine assouvie.

CALISTE

Tout beau, tout beau, ma sœur, tu veux m'épouvanter.

DORISE

Dis que dedans ton sang je me veux contenter.

CALISTE

Laisse, laisse la feinte, et mettons, je te prie,
230 A les trouver bientôt toute notre industrie.

DORISE

Va, va, ne songe plus à leurs fausses amours,
Dont le récit n'était qu'une embûche à tes jours :
Rosidor t'est fidèle, et cette feinte amante
Brûle aussi peu pour lui que je fais pour Pymante.

CALISTE

235 Déloyale! ainsi donc ton courage inhumain...

DORISE

Ces injures en l'air n'arrêtent point ma main.

CALISTE

Le reproche éternel d'une action si lâche...

DORISE

Agréable toujours, n'aura rien qui me fâche.

CALISTE

T'ai-je donc pu ma sœur déplaire en quelque point ?

DORISE

240 Oui, puisque Rosidor t'aime, et ne m'aime point;
C'est assez m'offenser que d'être ma rivale.

SCÈNE VII

ROSIDOR, PYMANTE, GÉRONTE, LYCASTE, CALISTE, DORISE

Comme Dorise est prête de tuer Caliste, un bruit entendu lui fait relever son épée, et Rosidor paraît tout en sang poursuivi par ses trois assassins masqués. En entrant il tue Lycaste, et retirant son épée elle se rompt contre la branche d'un arbre. En cette extrémité il voit l'épée que tient Dorise, et sans la reconnaître il s'en saisit, et passe tout d'un temps le tronçon qui lui restait de la sienne en la main gauche, et se défend ainsi contre Pymante et Géronte, dont il tue le dernier et met l'autre en fuite.

ROSIDOR

Meurs brigand! ah malheur! cette branche fatale
A rompu mon épée, assassins... Toutefois
J'ai de quoi me défendre une seconde fois.

DORISE, *laissant Caliste, et s'enfuyant.*

245 N'est-ce pas Rosidor qui m'arrache les armes ?
Las! qu'il me va causer de périls et de larmes!
Fuis Dorise, et fuyant laisse-toi reprocher
Que tu fuis aujourd'hui ce qui t'est le plus cher.

CALISTE

C'est lui-même de vrai. Rosidor! ah! je pâme,
250 Et la peur de sa mort ne me laisse point d'âme.
Adieu, mon cher espoir.

ROSIDOR, *après avoir tué Géronte.*
                                        Cettui-ci dépêché,
C'est de toi maintenant que j'aurai bon marché :
Nous sommes seul à seul. Quoi! ton peu d'assurance

Pymante fuit.

Ne met plus qu'en tes pieds sa dernière espérance ?
255 Marche, sans emprunter d'ailes de ton effroi :
Je ne cours point après de tels coquins que toi.
Il suffit de ces deux. Mais qui pourraient-ils être ?

Il les démasque.

Ah ciel! le masque ôté me les fait trop connaître!
Le seul Clitandre arma contre moi ces voleurs;
260 Cettui-ci fut toujours vêtu de ses couleurs;
Voilà son Ecuyer, dont la pâleur exprime
Moins de traits de la mort que d'horreurs de son crime.
Et j'ose présumer avec juste raison
Que le tiers est sans doute encor de sa maison.
265 Traître, traître rival, crois-tu que ton absence
Donne à tes lâchetés quelque ombre d'innocence,
Et qu'après avoir vu renverser ton dessein
Un désaveu démente et tes gens et ton seing ?
Ne le présume pas; sans autre conjecture
270 Je te rends convaincu de ta seule écriture,
Sitôt que j'aurai pu faire ma plainte au Roi.
Mais quel piteux objet se vient offrir à moi ?

Il voit Caliste pâmée et la croit morte.

Traîtres, auriez-vous fait sur un si beau visage,
Attendant Rosidor, l'essai de votre rage ?
275 C'est ma chère Caliste : ah Dieux! injustes Dieux,
Ainsi donc pour montrer ce spectacle à mes yeux
Votre faveur cruelle a conservé ma vie ?
Je n'en veux point chercher d'auteurs que votre envie;
La nature qui perd ce qu'elle a de parfait,

280 Sur tout autre que vous eût vengé ce forfait,
    Et vous eût accablés si vous n'étiez ses maîtres.
    Vous m'envoyez en vain ce fer contre des traîtres.
    Sachez que Rosidor maudit votre secours,
    Vous ne méritez pas qu'il vous doive ses jours.
285 Unique Déité qu'à présent je réclame,
    Belle âme, viens aider à sortir à mon âme;
    Reçois-la sur les bords de ce pâle coral [11];
    Fais qu'en dépit des Dieux qui nous traitent si mal
    Nos esprits, rassemblés hors de leur tyrannie,
290 Goûtent là-bas un bien qu'ici l'on nous dénie.
    Tristes embrassements, baisers mal répondus,
    Pour la première fois donnés, et non rendus.
    Hélas! quand mes douleurs me l'ont presque ravie,
    Tous glacés et tous morts, vous me rendez la vie;
295 Cruels, n'abusez plus de l'absolu pouvoir
    Que dessus tous mes sens l'amour vous fait avoir,
    N'employez qu'à ma mort ce souverain empire,
    Ou bien, me refusant le trépas où j'aspire,
    Laissez faire à mes maux, ils me viennent l'offrir.
300 Ne me redonnez plus de force à les souffrir.
    Caliste auprès de toi la mort m'est interdite,

            Il se relève d'auprès d'elle, et y laisse cette
            garde d'épée rompue.

    Si je te veux rejoindre, il faut que je te quitte;
    Adieu, pour un moment consens à ce départ.
    Sus, ma douleur, achève, ici que de sa part
305 Je n'ai plus de secours, ni toi plus de contraintes,
    Porte-moi dans le cœur tes plus vives atteintes,
    Et pour la bien punir de m'avoir ranimé,
    Déchire son portrait que j'y tiens enfermé,
    Et vous qui me restez d'une troupe ennemie
310 Pour marques de ma gloire et de son infamie,
    Blessures, dépêchez d'élargir vos canaux,
    Par où mon sang emporte et ma vie et mes maux.
    Ah! pour l'être trop peu, blessures trop cruelles,
    De peur de m'obliger vous n'êtes pas mortelles.
315 Hé quoi! ce bel objet, mon aimable vainqueur,
    Avait-il seul le droit de me blesser au cœur?
    Et d'où vient que la mort à qui tout fait hommage
    L'ayant si mal traité respecte son image?
    Noires divinités, qui tournez mon fuseau,
320 Vous faut-il tant prier pour un coup de ciseau?
    Insensé que je suis! en ce malheur extrême
    Je demande la mort à d'autres qu'à moi-même;

Aveugle, je m'arrête à supplier en vain,
Et pour me contenter j'ai de quoi dans la main.
325 Il faut rendre ma vie au fer qui l'a sauvée;
C'est à lui qu'elle est due, il se l'est réservée;
Et l'honneur, quel qu'il soit de finir, mes malheurs,
C'est pour me le donner qu'il l'ôte à des voleurs.
Poussons donc hardiment. Mais hélas! cette épée

> *Il tombe de faiblesse et son épée tombe aussi*
> *de l'autre côté, et lui insensiblement se traîne*
> *auprès de Caliste.*

330 Coulant entre mes doigts laisse ma main trompée,
Et sa lame, timide à procurer mon bien,
Au sang des assassins n'ose mêler le mien.
Ma faiblesse importune à mon trépas s'oppose;
En vain je m'y résous, en vain je m'y dispose,
335 Mon reste de vigueur ne peut l'effectuer.
J'en ai trop pour mourir, trop peu pour me tuer:
L'un me manque au besoin, et l'autre me résiste.
Mais insensiblement je retrouve Caliste;
Ma langueur m'y reporte, et mes genoux tremblants
340 Y conduisent l'erreur de mes pas chancelants.
Adorable sujet de mes flammes pudiques,
Dont je trouve en mourant les aimables reliques,
Cesse de me prêter un secours inhumain,
Ou ne donne du moins des forces qu'à ma main,
345 Qui m'arrache aux tourments que ton malheur me livre.
Donne-m'en pour mourir comme tu fais pour vivre.

> *Elle revient de pâmoison.*

Quel miracle succède à mes tristes clameurs!
Caliste se ranime autant que je me meurs.
Voyez, Dieux inhumains, que malgré votre envie
350 L'amour lui sait donner la moitié de ma vie,
Qu'une âme désormais suffit à deux amants.

CALISTE

Hélas! Qui me rappelle à de nouveaux tourments?
Rosidor n'étant plus, qu'ai-je à faire en ce monde?

ROSIDOR

O merveilleux effet d'une amour sans seconde!

CALISTE

> *Elle regarde Rosidor, et le prend pour un des*
> *assassins.*

355 Exécrable assassin qui rougis de son sang,

Dépêche comme à lui de me percer le flanc,
Prends de lui ce qui reste, achève.

ROSIDOR

Quoi! ma belle,
Contrefais-tu l'aveugle afin d'être cruelle ?

CALISTE

Elle se jette à son col.

Pardonne-moi, mon cœur [12]; encor pleine d'effroi
360 Je ne t'ai méconnu qu'en songeant trop à toi,
J'avais si bien logé là dedans ton image,
Qu'elle ne voulait pas céder à ton visage;
Mon esprit glorieux, et jaloux de l'avoir,
Enviait à mes yeux le bonheur de te voir.

ROSIDOR

365 Puisque un si doux appas se trouve en tes rudesses,
Que feront tes faveurs, que feront tes caresses ?
Tu me fais un outrage à force de m'aimer,
Dont la douce rigueur ne sert qu'à m'enflammer;
Mais si tu peux souffrir qu'avec toi, ma chère âme,
370 Je tienne des discours autres que de ma flamme,
Permets que, t'ayant vue en cette extrémité,
Mon amour laisse agir ma curiosité
Pour savoir quel malheur te met en ce bocage.

CALISTE

Allons premièrement jusqu'au prochain village,
375 Où ces bouillons de sang se puissent étancher,
Et là je te promets de ne te rien cacher,
Aux charges qu'à mon tour aussi l'on m'entretienne.

ROSIDOR

Allons; ma volonté n'a de loi que la tienne;
Et l'amour, par tes yeux devenu tout-puissant,
380 Rend déjà la vigueur à mon corps languissant.

CALISTE

Il forme tout d'un temps un aide à ta faiblesse,
Puisqu'il fait que la mienne auprès de toi me laisse,
Si bien que la bravant ta maîtresse aujourd'hui
N'aura que trop de force à te servir d'appui.

ACTE II

SCÈNE PREMIÈRE

PYMANTE

385 Destins, qui réglez tout au gré de vos caprices,
   C'est donc moi sans raison qu'attaquent vos malices,
   Et trouvent [13] à leurs traits si longtemps retenus,
   Pour mieux frapper leur coup, des chemins inconnus ?
   Dites, que vous ont fait Rosidor, ou Pymante !
390 Fournissez de raison, destins, qui me démente ;
   Dites ce qu'ils ont fait qui vous peut émouvoir
   A partager si mal entr'eux votre pouvoir ?
   Lui rendre contre moi l'impossible possible
   C'est le favoriser par miracle visible,
395 Tandis que votre haine a pour moi tant d'excès
   Qu'un dessein infaillible avorte sans succès.
   Sans succès! c'est trop peu : vous avez voulu faire
   Qu'un dessein infaillible eût un succès contraire.
   Dieux! vous présidez donc à leur ordre fatal,
400 Et vous leur permettez ce mouvement brutal!
   Je ne veux plus vous rendre aucune obéissance ;
   Si vous avez là-haut quelque toute-puissance,
   Je suis seul contre qui vous vouliez l'exercer.
   Vous ne vous en servez que pour me traverser.
405 Je peux en sûreté désormais vous déplaire :
   Comment me punirait votre vaine colère?
   Vous m'avez fait sentir tant de malheurs divers
   Que le sort épuisé n'a plus aucun revers!
   Rosidor nous a vus, et n'a pas pris la fuite ;
410 A grand peine en fuyant moi-même je l'évite ;
   Loin de laisser la vie il a su l'arracher ;
   Loin de céder au nombre, il l'a su retrancher ;
   Toute votre faveur à son aide occupée
   Trouve à le mieux armer en rompant son épée,

415 Et ressaisit ses mains par celle du hasard,
L'une d'une autre épée, et l'autre d'un poignard.
O honte! ô crève-cœur! ô désespoir! ô rage!
Ainsi donc un rival pris à mon avantage
Ne tombe dans mes rets que pour les déchirer,
420 Son bonheur qui me brave, et l'en vient retirer,
Lui donne sur mes gens une prompte victoire,
Et fait de son péril un sujet de sa gloire.
Retournons animés d'un courage plus fort,
Retournons, et du moins perdons-nous dans sa mort.
425 Sortez de vos cachots, infernales furies;
Apportez à m'aider toutes vos barbaries;
Qu'avec vous tout l'enfer m'assiste en ce dessein,
Qu'un sanglant désespoir me verse dans le sein.
J'avais de point en point l'entreprise tramée
430 Comme dans mon esprit vous me l'aviez formée;
Mais contre Rosidor tout le pouvoir humain
N'a que de la faiblesse; il y faut votre main.
En vain, cruelles sœurs, ma fureur vous appelle,
La terre vous défend d'embrasser ma querelle,
435 Et son flanc vous refuse un passage à sortir.
Terre, crève-toi donc afin de m'engloutir;
N'attends pas que Mercure avec son caducée
Me fasse de ton sein l'ouverture forcée;
N'attends pas qu'un supplice avec ses cruautés
440 Ajoute l'infamie à tant de lâchetés;
Détourne de mon chef ce comble de misère;
Rends-moi, le prévenant, un office de mère.
Mes cris s'en vont en l'air, et s'y perdent sans fruit,
Dedans mon désespoir tout me fuit, ou me nuit;
445 La terre n'entend point la douleur qui me presse,
Le Ciel me persécute, et l'enfer me délaisse.
Affronte-les, Pymante, et malgré leurs complots
Conserve ton vaisseau dans la rage des flots;
Accablé de malheurs, et réduit à l'extrême
450 Si quelque espoir te reste il n'est plus qu'en toi-même;
Passe pour villageois dedans ce lieu fatal,
Et réservant ailleurs la mort de ton rival,
Fais que d'un même habit la trompeuse apparence
Qui le mit en péril, te mette en assurance.

Il tire son masque.

455 Mais ce masque l'empêche, et me vient reprocher
Un crime qu'il découvre au lieu de me cacher.
Ce damnable instrument de mon traître artifice

Après mon coup manqué n'en est plus que l'indice,
Et ce fer qui tantôt, inutile en mon poing,
460 Ainsi que ma valeur me faillant au besoin,
Sut si mal attaquer, et plus mal me défendre,
N'est propre désormais qu'à me faire surprendre.
Allez, témoins honteux de mes lâches forfaits,
N'en produisez non plus de soupçons que d'effets.
465 Cessez de m'accusez : vous doit-il pas suffire
De m'avoir mal servi ? C'est trop que de me nuire.
Allez retirez-vous dans ces obscurités ;

Il jette son masque et son épée dans la caverne.

Ainsi je pourrai voir le jour que vous quittez,
Ainsi n'ayant plus rien qui démente ma feinte,
470 Dedans cette forêt je marcherai sans crainte,
Tant que...

SCÈNE II

LYSARQUE, TROUPE D'ARCHERS, PYMANTE

LYSARQUE

Mon grand ami.

PYMANTE

Monsieur.

LYSARQUE

Viens çà ; dis-nous,
N'as-tu point ici vu deux cavaliers aux coups ?

PYMANTE

Non, Monsieur.

LYSARQUE

Ou l'un d'eux se sauver à la fuite ?

PYMANTE

Non, Monsieur.

LYSARQUE

Ni passer dedans ces bois sans suite ?

PYMANTE

475 Attendez, il y peut avoir quelques huit jours...

LYSARQUE

Je parle d'aujourd'hui, laisse là ces discours,
Réponds précisément.

PYMANTE

                    J'arrive tout à l'heure,
Et de peur que ma femme en son travail ne meure,
Je cherche...

Iᵉʳ ARCHER

                    Allons, Monsieur, donnons jusques au lieu,
480 Nous perdons notre temps...

LYSARQUE

                              Adieu, compère, adieu.

PYMANTE seul.

Cet adieu favorable enfin me rend la vie,
Que tant de questions m'avaient presque ravie.
Cette troupe d'archers, aveugles en ce point,
Trouve ce qu'elle cherche, et ne s'en saisit point;
485 Bien que leur conducteur donne assez à connaître
Qu'ils vont pour arrêter l'ennemi de son maître,
J'échappe néanmoins en ce pas hasardeux
D'aussi près de la mort comme je l'étais d'eux.
Que j'aime ce péril dont la douce menace
490 Promettait un orage et se tourne en bonace,
Ce péril qui ne veut que me faire trembler,
Ou plutôt qui se montre, et n'ose m'accabler!
Qu'à bonne heure défait d'un masque et d'une épée,
J'ai leur crédulité sous ces habits trompée,
495 De sorte qu'à présent deux corps désanimés
Termineront l'exploit de tant de gens armés,
Corps qui gardent tous deux un naturel si traître
Qu'encor après leur mort ils vont trahir leur maître,
Et le faire l'auteur de cette lâcheté,
500 Pour mettre à ses dépens Pymante en sûreté.
Je n'ai dans mes forfaits rien à craindre, et Lysarque
Sans trouver ces habits n'en peut avoir de marque;
Que s'il ne les voit pas, lors sans aucun effroi
Eux repris, je retourne aussitôt vers le Roi,
505 Où je veux regarder avec effronterie
Clitandre convaincu de ma supercherie.

SCÈNE III

LYSARQUE, TROUPE D'ARCHERS

Ils regardent les corps de Géronte et de Lycaste.

LYSARQUE

Cela ne suffit pas, il faut chercher encor,
Et trouver s'il se peut Clitandre, ou Rosidor.
Amis, Sa Majesté, par ma bouche avertie
510 Des soupçons que j'avais touchant cette partie,
Voudra savoir au vrai ce qu'ils sont devenus.

2ᵉ ARCHER

Pourrait-elle en douter ? Ces deux corps reconnus
Font trop voir le succès de toute l'entreprise.

LYSARQUE

Et qu'en présumes-tu ?

2ᵉ ARCHER

                    Que malgré leur surprise,
515 Leur nombre avantageux, et leur déguisement,
Rosidor de leurs mains se tire heureusement.

LYSARQUE

Ce n'est qu'en me flattant que tu te le figures ;
Pour moi je n'en conçois que de mauvais augures.

2ᵉ ARCHER

Et quels ?

LYSARQUE

                    Qu'avant mourir, par un vaillant effort,
520 Il en aura fait deux compagnons de sa mort.

2ᵉ ARCHER

Mais où serait son corps ?

LYSARQUE

                    Au creux de quelque roche,
Où les traîtres, voyant notre troupe si proche,
N'auront pas eu loisir de mettre encor ceux-ci,
De qui l'aspect nous rend tout le crime éclairci.

1ᵉʳ ARCHER

Il revient de chercher d'un autre côté, et rapporte les deux pièces de l'épée rompue de Rosidor.

525 Monsieur, connaissez-vous ce fer et cette garde ?

LYSARQUE

Donne-moi que je voie : Oui, plus je les regarde,
Plus j'ai par eux d'avis du déplorable sort
D'un maître qui n'a pu s'en dessaisir que mort.

1ᵉʳ ARCHER

Monsieur avec cela j'ai vu dans cette route
530 Des pas mêlés de sang distillé goutte à goutte,
Dont les traces vont loin.

LYSARQUE

            Suivons à tous hasards.
Vous autres enlevez les corps de ces pendards.

Lysarque et ce premier Archer, rentrent dans le bois et le reste des Archers reportent à la Cour les corps de Géronte et de Lycaste.

SCÈNE IV

LE PRINCE, CLITANDRE,
PAGE DU PRINCE, CLÉON¹⁴

LE PRINCE

Il parle à son page qui tient en main une bride et fait paraître la tête d'un cheval.

Ce cheval trop fougueux m'incommode à la chasse;
Tiens-m'en un autre prêt, tandis qu'en cette place,
535 A l'ombre des ormeaux l'un dans l'autre enlacés,
Clitandre m'entretient de ses travaux passés.
Qu'au reste les veneurs, allant sur leurs brisées,
Ne forcent pas le cerf s'il est aux reposées;
Qu'ils prennent connaissance, et pressent mollement,
540 Sans le donner aux chiens qu'à mon commandement.

Le page s'en va, et le Prince commence à parler à Clitandre.

Achève maintenant l'histoire commencée
De ton affection si mal récompensée.

CLITANDRE

Ce récit ennuyeux de ma triste langueur,
Mon Prince, ne vaut pas le tirer en longueur ;
545 J'ai tout dit en un mot ; cette fière Caliste
Dans ses cruels mépris incessamment persiste ;
C'est toujours elle-même ; et sous sa dure loi
Tout ce qu'elle a d'orgueil se réserve pour moi,
Cependant qu'un rival, ses plus chères délices,
550 Redouble ses plaisirs en voyant mes supplices.

LE PRINCE

Ou tu te plains à faux, ou puissamment épris,
Ton courage demeure insensible aux mépris,
Et je m'étonne fort comme ils n'ont dans ton âme
Rétabli ta raison, ou dissipé ta flamme.

CLITANDRE

555 Quelques charmes secrets mêlés dans ses rigueurs
Etouffent en naissant la révolte des cœurs ;
Et le mien auprès d'elle, à quoi qu'il se dispose,
Murmurant de son mal en adore la cause.

LE PRINCE

Mais puisque son dédain, au lieu de te guérir,
560 Ranime tes ardeurs qu'il dût faire mourir,
Sers-toi de mon pouvoir ; en ma faveur la Reine
Tient, et tiendra toujours Rosidor en haleine :
Mais son commandement dans peu, si tu le veux,
Te met à ma prière au comble de tes vœux.
565 Avise donc ; tu sais qu'un fils peut tout sur elle.

CLITANDRE

Malgré tous les mépris de cette âme cruelle,
Dont un autre a charmé les inclinations,
Le respect que je porte à ses perfections
M'empêche d'employer aucune violence.

LE PRINCE

570 L'amour sur le respect emporte la balance.

CLITANDRE

Je brûle ; et le bonheur de vaincre ses froideurs,
Je ne le veux devoir qu'à mes chastes ardeurs ;
Je ne la veux gagner qu'à force de services.

LE PRINCE

Tandis, tu veux donc vivre en d'éternels supplices ?

CLITANDRE

575 Tandis, ce m'est assez qu'un rival préféré
N'obtient non plus que moi le succès espéré.
A la longue ennuyés, la moindre négligence
Pourra de leurs esprits rompre l'intelligence;
Un temps bien pris alors me donne en un moment
580 Ce que depuis trois ans je poursuis vainement.
Mon prince, trouvez bon...

Cléon entre.

LE PRINCE

N'en dis pas davantage,
Cettui-ci qui me vient faire quelque message
Apprendrait malgré toi l'état de tes amours.

CLÉON

Pardonnez, Monseigneur, si je romps vos discours,
585 C'est en obéissant au Roi qui me l'ordonne,
Et rappelle Clitandre auprès de sa personne.

LE PRINCE

Clitandre ?

CLÉON

Oui, Monseigneur.

LE PRINCE

Et que lui veut le Roi [15] ?

CLÉON

Monseigneur, ses secrets ne s'ouvrent pas à moi.

LE PRINCE

Je n'en sais que penser; et la cause incertaine
590 De ce commandement tient mon esprit en peine.
Le moyen, cher ami, que je te laisse aller
Sans avoir les motifs qui te font rappeler ?

CLITANDRE

C'est, à mon jugement, quelque prompte entreprise,
Dont l'exécution à moi seul est remise,
595 Mais, quoique là-dessus j'ose m'imaginer,
C'est à moi d'obéir sans rien examiner.

Le Prince

J'y consens à regret; va, mais qu'il te souvienne
Combien le Prince t'aime, et quoi qu'il te survienne,
Que j'en sache aussitôt toute la vérité;
600 Jusque-là mon esprit n'est qu'en perplexité.

On sonne du cor derrière le théâtre.

Ce cor m'appelle, adieu, toute la chasse prête
N'attend que ma présence à relancer la bête.

SCÈNE V

Dorise

*Elle entre demi-vêtue de l'habit de Géronte
qu'elle avait trouvé dans le bois, avec celui de
Pymante et de Lycaste.*

Achève, malheureuse, achève de vêtir
Ce que ton mauvais sort laisse à te garantir.
605 Si de tes trahisons la jalouse impuissance
Sut donner un faux crime à la même innocence,
Recherche maintenant, par un plus juste effet,
Une fausse innocence à cacher ton forfait.
Quelle honte importune au visage te monte
610 Pour un sexe quitté dont tu n'es que la honte ?
Il t'abhorre lui-même, et ce déguisement,
En le désavouant, l'oblige infiniment.
Après avoir perdu sa douceur naturelle,
Dépouille sa pudeur qui te messied sans elle;
615 Dérobe tout d'un temps, par ce crime nouveau,
Et l'autre aux yeux du monde, et ta tête au bourreau.
Si tu veux empêcher ta perte inévitable,
Deviens plus criminelle, et parais moins coupable.
Par une fausseté tu tombes en danger,
620 Par une fausseté sache t'en dégager.
Fausseté détestable, où me viens-tu réduire ?
Honteux déguisement, où me vas-tu conduire ?
Ici de tous côtés l'effroi suit mon erreur,
Et je suis à moi-même une nouvelle horreur :
625 Cet insolent objet de Caliste échappée
Tient et brave toujours ma mémoire occupée.
Encor si son trépas, secondant mon désir,
Mêlait à mes douleurs l'ombre d'un faux plaisir.

Mais hélas! dans l'excès du malheur qui m'opprime,
630 Il ne m'est point permis de jouir de mon crime;
Mon jaloux aiguillon, de sa rage séduit,
En mérite la peine, et n'en a pas le fruit.
Le Ciel qui contre moi soutient mon ennemie
Augmente son honneur dedans mon infamie.
635 N'importe, Rosidor de mon dessein failli
A de quoi malmener ceux qui l'ont assailli.
Sa valeur inutile en sa main désarmée
Sans moi ne vivrait plus que chez la renommée.
Ainsi rien désormais ne pourrait m'enflammer;
640 N'ayant plus que haïr je n'aurais plus qu'aimer.
Fâcheuse loi du sort qui s'obstine à ma peine!
Je sauve mon amour, et je manque à ma haine.
Ces contraires succès, demeurant sans effet,
Font naître mon malheur de mon heur imparfait.
645 Toutefois l'orgueilleux pour qui mon cœur soupire
D'un autre que de moi ne tient l'air qu'il respire.
Il m'en est redevable, et peut-être qu'un jour
Cette obligation produira quelque amour.
Dorise, à quels pensers ton espoir se ravale?
650 S'il vit par ton moyen c'est pour une rivale.
N'attends plus, n'attends plus que haine de sa part;
L'offense vient de toi, le secours du hasard.
Malgré les vains efforts de ta ruse traîtresse,
Le hasard par tes mains le rend à sa maîtresse.
655 Ce péril mutuel qui conserve leurs jours
D'un contre-coup égal va croître leurs amours.
Heureux couple d'amants que le destin assemble,
Qu'il expose en péril, qu'il en retire ensemble!

SCÈNE VI

PYMANTE, DORISE

PYMANTE

Il prend Dorise pour Géronte, et court
l'embrasser.

O Dieux! Voici Géronte, et je le croyais mort.
660 Malheureux compagnon de mon funeste sort...

DORISE

*Elle croit qu'il la prend pour Rosidor, et qu'en
l'embrassant il la poignarde.*

Ton œil t'abuse; hélas! misérable, regarde
Qu'au lieu de Rosidor ton erreur me poignarde.

PYMANTE

Ne crains pas, cher ami, ce funeste accident,
Je te connais assez, je suis... Mais imprudent,
665 Où m'allait engager mon erreur indiscrète?
Monsieur, pardonnez-moi la faute que j'ai faite.
Un berger d'ici près a quitté ses brebis
Pour s'en aller au camp presqu'en pareils habits;
Et d'abord vous prenant pour ce mien camarade,
670 Mes sens d'aise aveuglés ont fait cette escapade.
Ne craignez point au reste un pauvre villageois
Qui seul et désarmé cherche dedans ces bois [16]
Un bœuf piqué du taon, qui brisant nos closages,
Hier, sur le chaud du jour, s'enfuit des pâturages :
675 M'en apprendrez-vous rien, Monsieur? j'ose penser
Que par quelque hasard vous l'aurez vu passer.

DORISE

Non, je ne te saurais rien dire de ta bête.

PYMANTE

Monsieur, excusez donc mon incivile enquête :
Je vais d'autre côté tâcher à la revoir;
680 Disposez librement de mon petit pouvoir.

DORISE

Ami, qui que tu sois, si ton âme sensible
A la compassion se peut rendre accessible,
Un jeune Gentilhomme implore ton secours;
Prends pitié de mes maux, et durant quelques jours
685 Tiens-moi dans ta cabane, où bornant ma retraite
Je rencontre un asile à ma fuite secrète.

PYMANTE

Tout lourdaud que je suis en ma rusticité
Je vois bien quand on rit de ma simplicité.
Je vais chercher mon bœuf : laissez-moi, je vous prie,
690 Et ne vous moquez plus de mon peu d'industrie.

DORISE

Hélas! et plût aux Dieux que mon affliction

Fût seulement l'effet de quelque fiction !
Mon grand ami, de grâce, accorde ma prière.

PYMANTE

Il faudrait donc un peu vous cacher là derrière ;
695 Quelques mugissements entendus de là-bas
Me font en ce vallon hasarder quelques pas,
J'y cours, et vous rejoins.

DORISE

Souffre que je te suive.

PYMANTE

Vous me retarderiez, Monsieur : homme qui vive
Ne peut à mon égal brosser [17] dans ces buissons.

DORISE

700 Non, non, je courrai trop.

PYMANTE

Que voilà de façons !
Monsieur, résolvez-vous, choisissez l'un ou l'autre :
Ou faites ma demande, ou j'éconduis la vôtre.

DORISE

Bien donc, je t'attendrai.

PYMANTE

Cette touffe d'ormeaux
Aisément vous pourra couvrir de ses rameaux.

Il est seul.

705 Enfin grâces au Ciel, ayant su m'en défaire [18],
Je puis seul aviser à ce que je dois faire.
Qui qu'il soit, il a vu Rosidor attaqué,
Et sait assurément que nous l'avons manqué ;
N'en étant point connu, je n'en ai rien à craindre,
710 Puisqu'ainsi déguisé tout ce que je veux feindre
Sur son esprit crédule obtient un tel pouvoir.
Toutefois plus j'y songe, et plus je pense voir
Par quelque grand effet de vengeance divine
En ce faible témoin l'auteur de ma ruine :
715 Son indice douteux, pour peu qu'il ait de jour,
N'éclaircira que trop mon forfait à la Cour.
Simple ! j'ai peur encor que ce malheur m'advienne,
Et je puis éviter ma perte par la sienne !

Et mêmes on dirait qu'un antre tout exprès
720 Me garde mon épée au fond de ces forêts.
C'est en ce lieu fatal qu'il me le faut conduire,
C'est là qu'un heureux coup l'empêche de me nuire.
Je ne m'y peux résoudre; un reste de pitié
Violente mon cœur à des traits d'amitié;
725 En vain je lui résiste, et tâche à me défendre
D'un secret mouvement que je ne puis comprendre.
Son âge, sa beauté, sa grâce, son maintien
Forcent mes sentiments à lui vouloir du bien,
Et l'air de son visage a quelque mignardise
730 Qui ne tire pas mal à celle de Dorise.
Ha! que tant de malheurs m'auraient favorisé
Si c'était elle-même en habit déguisé!
J'en pâme déjà d'aise, et mon âme ravie
Abandonne le soin du reste de ma vie.
735 Je ne suis plus à moi quand je viens à penser
A quoi l'occasion me pourrait dispenser;
Quoi qu'il en soit, voyant tant de ses traits ensemble,
Je porte du respect à ce qui lui ressemble.
Misérable Pymante, ainsi donc tu te perds!
740 Encor qu'il tienne un peu de celle que tu sers,
Etouffe ce témoin pour assurer ta tête;
S'il est, comme il le dit, battu d'une tempête,
Au lieu qu'en ta cabane il cherche quelque port,
Fais qu'en cette caverne il rencontre sa mort.
745 Modère-toi, Pymante, et plutôt examine
Sa parole, son teint, et sa taille, et sa mine :
Si c'est Dorise, alors révoque cet arrêt;
Sinon, que la pitié cède à ton intérêt.

ACTE III

SCÈNE PREMIÈRE

LE ROI, ROSIDOR, UN PRÉVOT [19]

LE ROI

L'admirable rencontre à mon âme ravie,
750 De voir que deux amants s'entre-doivent la vie,
De voir que ton péril la tire de danger,
Que le sien te fournit de quoi t'en dégager,
Qu'en deux desseins divers pareille jalousie
Même lieu contre vous et même heure a choisie,
755 Et que l'heureux malheur qui vous a menacés
Avec tant de justesse a ses temps compassés !

ROSIDOR

Sire, ajoutez du Ciel l'occulte providence.
Sur deux amants il verse une même influence ;
Et comme l'un par l'autre il a su nous sauver,
760 Il semble l'un pour l'autre exprès nous conserver.

LE ROI

Je t'entends, Rosidor ; par là tu me veux dire
Qu'il faut qu'avec le Ciel ma volonté conspire,
Et ne s'oppose pas à ses justes décrets,
Qu'il vient de témoigner par tant d'avis secrets.
765 Eh bien, je veux moi-même en parler à la Reine ;
Elle se fléchira, ne t'en mets pas en peine.
Achève seulement de me rendre raison
De ce qui t'arriva depuis sa pâmoison.

ROSIDOR

Sire, un mot désormais suffit pour ce qui reste.
770 Lysarque et vos Archers depuis ce lieu funeste

Se laissèrent conduire aux traces de mon sang,
Qui, durant le chemin, me dégouttait du flanc ;
Et me trouvant enfin dessous un toit rustique
Admirèrent l'effet d'une amitié pudique,
775 Me voyant appliquer par ce jeune Soleil
D'un peu d'huile, et de vin le premier appareil ;
Enfin quand pour bander ma dernière blessure,
La belle eut prodigué jusques à sa coiffure,
Leurs bras officieux m'ont ici rapporté,
780 Pour en faire ma plainte à Votre Majesté.
Non pas que je soupire après une vengeance
Qui ne me peut donner qu'une fausse allégeance :
Le Prince aime Clitandre, et mon respect consent
Que son affection le declare innocent ;
785 Mais si quelque pitié d'une telle infortune
Vous touche, et peut souffrir que je vous importune,
Otant par un hymen l'espoir à mes rivaux,
Sire, vous taririez la source de nos maux.

LE ROI

Tu fuis à te venger ; l'objet de ta maîtresse
790 Fait qu'un tel désir cède à l'amour qui te presse ;
Aussi n'est-ce qu'à moi de punir ces forfaits,
Et de montrer à tous par de puissants effets
Qu'attaquer Rosidor c'est se prendre à moi-même :
Tant je veux que chacun respecte ce que j'aime !
795 Je le ferai bien voir. Quand ce perfide tour
Aurait eu pour objet le moindre de ma Cour,
Je devrais au public, par un honteux supplice,
De telles trahisons l'exemplaire justice ;
Mais Rosidor surpris, et blessé comme il est,
800 A mon devoir de Roi joint mon propre intérêt.
Je lui ferai sentir à ce traître Clitandre,
Quelque part que mon fils y puisse, ou veuille prendre,
Combien mal à propos sa sotte vanité
Croyait dans sa faveur trouver l'impunité.
805 Je le tiens l'affronteur ; un soupçon véritable
Que m'ont donné les corps d'un couple détestable
M'avait si bien instruit de son perfide tour,
Qu'il s'est vu mis aux fers sitôt que de retour.
Toi qu'avec Rosidor le bonheur a sauvée,
810 Tu te peux assurer que, Dorise trouvée,
Comme ils avaient choisi même heure à votre mort,
En même heure tous deux auront un même sort.

CALISTE

Sire, ne songez pas à cette misérable ;
Quelque dessein qu'elle eût, je lui suis redevable,
815 Et lui voudrai du bien le reste de mes jours
De m'avoir conservé l'objet de mes amours.

LE ROI

L'un et l'autre attentat plus que vous deux me touche.
Vous avez bien de vrai la clémence en la bouche [20],
Mais votre aspect m'emporte à d'autres sentiments ;
820 Vous voyant je ne puis cacher mes mouvements ;
Votre pâleur de teint me rougit de colère,
Et vouloir m'adoucir ce n'est que me déplaire.

ROSIDOR

Mais, Sire, que sait-on ? Peut-être ce rival,
Qui m'a fait en tout cas plus de bien que de mal,
825 Lorsqu'en votre Conseil vous orrez sa défense
Saura de ce forfait purger son innocence.

LE ROI

Et par où la purger ? Sa main d'un trait mortel
A signé son arrêt, en signant ce cartel,

*Il montre un cartel qu'il avait reçu de Rosidor
avant que d'entrer.*

Envoyé de sa part, et rendu par son Page.
830 Peut-il désavouer ce funeste message ?
Peut-il désavouer que ses gens déguisés
De son commandement ne soient autorisés ?
Les deux, tout morts qu'ils sont, qu'on les traîne à la boue ;
L'autre, aussitôt que pris, se mettra sur la roue ;
835 Et pour le scélérat que je tiens prisonnier,
Ce jour que nous voyons lui sera le dernier.
Qu'on l'amène au Conseil, seulement pour entendre
Le genre de sa mort, et non pour se défendre.

Le Prévôt sort et va quérir Clitandre.

Toi, va te mettre au lit, et crois que pour le mieux
840 Je ne veux pas montrer ce perfide à tes yeux ;
Sans doute qu'aussitôt qu'il se ferait paraître,
Ton sang rejaillirait au visage du traître [21].

ROSIDOR

L'apparence déçoit, et souvent on a vu
Sortir la vérité d'un moyen impourvu,

845 Bien que la conjecture y fût encor plus forte.
Du moins Sire, apaisez l'ardeur qui vous transporte,
Que l'âme plus tranquille et l'esprit plus remis,
Le seul pouvoir des lois perde nos ennemis.

LE ROI

Sans plus m'importuner ne songe qu'à tes plaies.
850 Non, il ne fut jamais d'apparences si vraies,
Douter de ce forfait c'est manquer de raison.
Derechef ne prends soin que de ta guérison.

Il sort.

ROSIDOR [22]

Ah! que ce grand courroux sensiblement m'afflige!

CALISTE

Mon cœur, ainsi le Roi, te refusant, t'oblige,
855 Il te donne beaucoup en ce qu'il t'interdit,
Et tu gagnes beaucoup d'y perdre ton crédit.
Vois dedans ces refus une marque certaine
Que contre Rosidor toute prière est vaine.
Ses violents transports sont d'assurés témoins
860 Qu'il t'écouterait mieux s'il te chérissait moins,
Mais un plus long séjour ici te pourrait nuire :
Viens donc, mon cher souci; laisse-moi te conduire
Jusques dans l'antichambre où Lysarque t'attend,
Et montre désormais un esprit plus content.

ROSIDOR

865 Si près de te quitter...

CALISTE

                              N'achève pas ta plainte.
Tous deux nous ressentons cette commune atteinte;
Mais d'un fâcheux respect la tyrannique loi
M'appelle chez la Reine, et m'éloigne de toi.
Il me lui faut conter comme l'on m'a surprise,
870 Excuser mon absence en accusant Dorise,
Et l'informer comment, par un cruel destin,
Mon devoir auprès d'elle a manqué ce matin.

ROSIDOR

Va donc, et quand son âme, après la chose sue,
Fera voir la pitié qu'elle en aura conçue,
875 Figure-lui si bien Clitandre tel qu'il est,
Qu'elle n'ose en ses feux prendre plus d'intérêt.

CALISTE

Ne crains pas, mon souci, que mon amour s'oublie,
Répare seulement ta vigueur affaiblie,
Sache bien te servir de la faveur du Roi,
880 Et tu peux du surplus te reposer sur moi.

SCÈNE II

CLITANDRE en prison, LE GEÔLIER

CLITANDRE, *seul*.

Je ne sais si je veille, ou si ma rêverie
A mes sens endormis fait quelque tromperie;
Peu s'en faut dans l'excès de ma confusion,
Que je ne prenne tout pour une illusion.
885 Clitandre prisonnier! Je n'en fais pas croyable
Ni l'air sale et puant d'un cachot effroyable,
Ni de ce faible jour l'incertaine clarté,
Ni le poids de ces fers dont je suis arrêté;
Je les sens, je les vois, mais mon âme innocente
890 Dément tous les objets que mon œil lui présente,
Et le désavouant défend à ma raison
De me persuader que je sois en prison.
Doncques aucun forfait, aucun dessein infâme
N'a jamais pu souiller ni ma main ni mon âme;
895 Et je suis retenu dans ces funestes lieux!
Non, cela ne se peut, vous vous trompez, mes yeux;
Vous aviez autrefois des ressorts infaillibles
Qui portaient en mon cœur les espèces visibles [23];
Mais mon cœur en prison vous renvoie à son tour
900 L'image et le rapport de son triste séjour.
Triste séjour! Que dis-je? Osai-je appeler triste
L'adorable prison où me retient Caliste?
En vain dorénavant mon esprit irrité
Se plaindra d'un cachot qu'il a trop mérité,
905 Puisque d'un tel blasphème il s'est rendu capable.
D'innocent que j'entrai, j'y demeure coupable.
Folles raisons d'amour, mouvements égarés,
Qu'à vous suivre mes sens se trouvent préparés!
Et que vous vous jouez d'un esprit en balance,
910 Qui veut croire plutôt la même extravagance

Que de s'imaginer, sous un si juste Roi,
Qu'on peuple les prisons d'innocents comme moi.
M'y voilà cependant, et bien que ma pensée
Epluche à la rigueur ma conduite passée,
915 Mon exacte censure a beau l'examiner,
Le crime qui me perd ne se peut deviner,
Et quelque grand effort que fasse ma mémoire,
Elle ne me fournit que des sujets de gloire.
Ah! Prince, c'est quelqu'un de vos faveurs jaloux
920 Qui m'impute à forfait d'être chéri de vous.
Le temps qu'on m'en sépare, on le donne à l'envie,
Comme une liberté d'attenter sur ma vie.
Le cœur vous le disait, et je ne sais comment
Mon destin me poussa dans cet aveuglement
925 De rejeter l'avis de mon Dieu tutélaire.
C'est là ma seule faute, et c'en est le salaire,
C'en est le châtiment que je reçois ici.
On vous venge, mon Prince, en me traitant ainsi;
Mais vous montrerez bien, embrassant ma défense,
930 Que qui vous venge ainsi lui-même vous offense.
Les damnables auteurs de ce complot maudit,
Qu'à me persécuter votre absence enhardit,
A votre heureux retour verront que ces tempêtes,
Clitandre préservé, n'abattront que leurs têtes.
935 Mais on ouvre, et quelqu'un dans cette sombre horreur
De son visage affreux redouble ma terreur.
Parle, que me veux-tu ?

Le Geôlier ouvre la prison.

LE GEÔLIER

Vous ôter cette chaîne.

CLITANDRE

Se repent-on déjà de m'avoir mis en peine ?

LE GEÔLIER

Non pas que l'on m'ait dit.

CLITANDRE

Quoi! ta seule bonté
940 Me détache ces fers ?

LE GEÔLIER

Non, c'est Sa Majesté
Qui vous mande au conseil.

CLITANDRE

Ne peux-tu rien m'apprendre
Du crime qu'on impose au malheureux Clitandre ?

LE GEÔLIER

Descendons : un Prévôt qui nous attend là-bas
Vous pourra mieux que moi contenter sur ce cas.

SCÈNE III

PYMANTE, DORISE

PYMANTE

945 En vain pour m'éblouir vous usez de la ruse,
Mon esprit, quoique lourd, aisément ne s'abuse :
Ce que vous me cachez, je le lis dans vos yeux,
Quelque revers d'amour vous conduit en ces lieux,
N'est-il pas vrai, Monsieur ? et même cette aiguille
950 Ressent fort les faveurs de quelque belle fille,
Qui vous l'aura donnée en gage de sa foi.

Il lui montre une aiguille que par mégarde elle
avait laissée dans ses cheveux en se déguisant.

DORISE

O malheureuse aiguille! Hélas! c'est fait de moi.

PYMANTE

Sans doute votre plaie à ce mot s'est rouverte.
Monsieur, regrettez-vous son absence ou sa perte,
955 Ou, payant vos ardeurs d'une infidélité,
Vous aurait-elle bien pour un autre quitté ?
Vous ne me dites mot, cette rougeur confuse,
Quoique vous vous taisiez, clairement vous accuse.
Brisons là : ce discours vous fâcherait enfin,
960 Et c'était pour tromper la longueur du chemin,
Qu'après plusieurs devis, n'ayant plus où me prendre,
J'ai touché par hasard une chose si tendre,
Dont beaucoup toutefois aiment bien mieux parler,
Que de perdre leur temps à des propos en l'air.

DORISE

965 Ami, ne porte plus la sonde en mon courage :
Ton entretien commun me charme davantage;

Il ne me peut lasser, indifférent qu'il est;
Et ce n'est pas aussi sans sujet qu'il me plaît :
Ta conversation est tellement civile,
970 Que pour un tel esprit ta naissance est trop vile;
Tu n'as de villageois que l'habit et le rang;
Tes rares qualités te font d'un autre sang;
Même, plus je te vois, plus en toi je remarque
Des traits pareils à ceux d'un cavalier de marque :
975 Il s'appelle Pymante, et ton air, et ton port
Ont avecque les siens un merveilleux rapport.

PYMANTE

J'en suis tout glorieux, et de ma part je prise
Votre rencontre autant que celle de Dorise,
Autant que si le Ciel apaisant sa rigueur,
980 Me faisait maintenant un présent de son cœur.

DORISE

Qui nommes-tu Dorise ?

PYMANTE

Une jeune cruelle
Qui me fuit pour un autre.

DORISE

Et ce rival s'appelle ?

PYMANTE

Le berger Rosidor.

DORISE

Ami, ce nom si beau
Chez vous donc se profane à garder un troupeau ?

PYMANTE

985 Ma belle, il ne faut plus que mon feu vous déguise
Que sous ces faux habits il reconnaît Dorise.
Ce n'est pas sans raison qu'à vos yeux cette fois
Je passe pour quelqu'un d'entre nos villageois;
M'ayant traité toujours en homme de leur sorte
990 Vous croyez aisément à l'habit que je porte,
Dont la fausse apparence aide, et suit vos mépris;
Mais cette erreur vers vous ne m'a jamais surpris :
Je sais trop que le Ciel n'a donné l'avantage
De tant de raretés qu'à votre seul visage.

995 Sitôt que je l'ai vu, j'ai cru voir en ces lieux
Dorise déguisée, ou quelqu'un de nos Dieux ;
Et si j'ai quelque temps feint de vous méconnaître
En vous prenant pour tel que vous vouliez paraître,
Admirez mon amour dont la discrétion
1000 Rendait à vos désirs cette submission,
Et disposez de moi, qui borne mon envie
A prodiguer pour vous tout ce que j'ai de vie.

DORISE

Pymante, eh quoi ! faut-il qu'en l'état où je suis
Tes importunités augmentent mes ennuis ?
1005 Faut-il que dans ce bois ta rencontre funeste
Vienne encor m'arracher le seul bien qui me reste,
Et qu'ainsi mon malheur au dernier point venu
N'ose plus espérer de n'être pas connu ?

PYMANTE

Voyez comme le Ciel égale nos fortunes,
1010 Et comme pour les faire entre nous deux communes,
Nous réduisant ensemble à ces déguisements,
Il montre avoir pour nous de pareils mouvements.

DORISE

Nous changeons bien d'habits, mais non pas de visages ;
Nous changeons bien d'habits, mais non pas de courages,
1015 Et ces masques trompeurs de nos conditions
Cachent, sans les changer, nos inclinations.

PYMANTE

Pardonnez-moi ma Reine, ils ont changé mon âme,
Puisque mes feux plus vifs y redoublent leur flamme.

DORISE

Aussi font bien les miens, mais c'est pour Rosidor.

PYMANTE

1020 Trop cruelle beauté, persistez-vous encor
A dédaigner mes vœux pour un qui vous néglige ?

DORISE

Que veux-tu ? son mépris plus que ton feu m'oblige,
J'y trouve malgré lui je ne sais quel appas
Par où l'ingrat me tue, et ne m'offense pas.

PYMANTE

1025 Qu'espérez-vous enfin de cette amour frivole
Envers un qui n'est plus peut-être qu'une idole [24] ?

DORISE

Qu'une idole! ah! ce mot me donne de l'effroi.
Rosidor une idole! Ah! perfide, c'est toi,
Ce sont tes trahisons qui l'empêchent de vivre.
1030 Je t'ai vu dans ces bois moi-même le poursuivre,
Avantagé du nombre, et vêtu de façon
Que ce rustique habit effaçait tout soupçon :
Ton embûche a surpris une valeur si rare.

PYMANTE

Il est vrai, j'ai puni l'orgueil de ce barbare,
1035 De ce tigre jadis si cruel envers vous,
Qui maintenant par terre et percé de mes coups,
Eprouve par sa mort comme un amant fidèle
Venge votre beauté du mépris qu'on fait d'elle.

DORISE

Monstre de la nature, exécrable bourreau,
1040 Après ce lâche coup qui creuse mon tombeau
D'un compliment moqueur ta malice me flatte!
Fuis, fuis, que dessus toi ma vengeance n'éclate.
Ces mains, ces faibles mains que vont armer les Dieux,
N'auront que trop de force à t'arracher les yeux,
1045 Que trop à t'imprimer sur ce hideux visage
En mille traits de sang les marques de ma rage.

PYMANTE

L'impétueux bouillon d'un courroux féminin
Qui s'échappe sur l'heure, et jette son venin,
Comme il est animé de la seule impuissance
1050 A force de grossir se crève en sa naissance,
Ou s'étouffant soi-même à la fin ne produit
Que point ou peu d'effet après beaucoup de bruit.

DORISE

Traître, ne prétends pas que le mien s'adoucisse [25] :
Il faut que ma fureur ou l'enfer te punisse.
1055 Le reste des humains ne saurait inventer
De gêne qui te puisse à mon gré tourmenter.
Sus, d'ongles et de dents!

PYMANTE

Et que voulez-vous faire ?
Dorise arrêtez-vous.

DORISE

Je me veux satisfaire
Te déchirant le cœur.

PYMANTE

Vouloir ainsi ma mort !
1060 Il faudrait paravant que j'en fusse d'accord,
Et que ma patience aidât votre faiblesse.
Que d'heur ! je tiens ici captive ma maîtresse,
Elle reçoit mes lois, et je puis disposer

Il lui prend les mains, et les lui baise.

De ses mains qu'à mon aise on me laisse baiser.

DORISE

1065 Cieux cruels ! ainsi donc votre injustice avoue
Qu'un perfide plus fort de ma fureur se joue,
Et contre ce brigand votre inique rigueur
Me donne un tel courage, et si peu de vigueur.
Ah sort injurieux ! maudite destinée !
1070 Malheurs trop redoublés ! détestable journée !

PYMANTE

Enfin vos cris aigus nous pourraient déceler,
Voici tout proche un lieu plus commode à parler.
Belle Dorise, entrons dedans cette caverne,
Qu'un peu plus à loisir Pymante vous gouverne.

DORISE

1075 Que plutôt ce moment puisse achever mes jours !

PYMANTE

Il l'enlève dans la caverne.

Non, non, il faut venir.

DORISE

A la force, au secours !

SCÈNE IV

LYSARQUE, CLÉON [16]

LYSARQUE

Je t'ai dit en deux mots ce qu'on fera du traître,
Et c'est comme le Roi l'a promis à mon maître,
Dont il prend l'intérêt extrêmement à cœur.

CLÉON

1080 Tu me viens de conter des excès de rigueur.
Bien que ce cavalier soit atteint de ce crime,
On dût considérer que le Prince l'estime.

LYSARQUE

Et c'est ce qui le perd; de peur de son retour
On hâte le supplice avant la fin du jour;
1085 Le Roi qui ne pourrait refuser sa requête
Lui veut à son desçu faire couper la tête.
De vrai, tout le conseil d'un sentiment plus doux
Essayant d'adoucir l'aigreur de son courroux,
Vu ce tiers échappé, lui propose d'attendre
1090 Que le pendard repris ait convaincu Clitandre;
Mais il ne reçoit point d'autre avis que le sien.

CLÉON

L'accusé cependant coupable ne dit rien?

LYSARQUE

En vain le malheureux proteste d'innocence,
Le Roi dans sa colère use de sa puissance,
1095 Et l'on n'a pu gagner qu'avec un grand effort
Quatre heures qu'il lui donne à songer à la mort.
C'est dont je vais porter la nouvelle à mon maître.

CLÉON

S'il n'est content, au moins il a sujet de l'être.
Mais dis-moi si ses coups le mettent en danger.

LYSARQUE

1100 Il ne s'en trouve aucun qui ne soit fort léger.
Un seul du genouil droit offense la jointure,

Dont il faut que le lit facilite la cure ;
Le reste ne l'oblige à garder la maison,
Et quelque écharpe au bras en ferait la raison.
1105 Adieu, fais, je te prie, état de mon service,
Et crois qu'il n'est pour toi chose que je ne fisse.

CLÉON

Il est seul.

Et moi pareillement je suis ton serviteur.
Me voilà de sa mort le véritable auteur.
Sur mes premiers soupçons le Roi mis en cervelle
1110 Devint préoccupé d'une haine mortelle,
Et depuis, sous l'appas d'un mandement caché,
Je l'ai d'entre les bras de son Prince arraché.
Que sera-ce de moi s'il en a connaissance ?
Rien ne me garantit qu'une éternelle absence ;
1115 Après qu'il l'aura su me montrer à la Cour,
C'est m'offrir librement à la perte du jour.
Faisons mieux toutefois : avant que l'heure passe,
Allons encor un coup le trouver à la chasse,
Et s'il ne peut venir à temps pour le sauver
1120 Par une prompte fuite il faudra s'esquiver.

ACTE IV

SCÈNE PREMIÈRE

PYMANTE, DORISE, dans une caverne.

PYMANTE

Tarissez désormais ce déluge de larmes ;
Pour rappeler un mort ce sont de faibles armes,
Et quoi que vous conseille un inutile ennui,
Vos cris et vos sanglots ne vont point jusqu'à lui.

DORISE

1125 Si mes sanglots ne vont où mon cœur les envoie,
Au moins par eux mon âme y trouvera la voie ;

S'il lui faut un passage afin de s'envoler,
Ils le lui vont ouvrir en le fermant à l'air.
Sus donc, sus mes sanglots! redoublez vos secousses :
1130 Pour un tel désespoir vous les avez trop douces,
Faites pour m'étouffer de plus puissants efforts.

PYMANTE

Belle, ne songez plus à rejoindre les morts;
Pensez plutôt à ceux qui vivants n'ont envie
Que d'employer pour vous le reste de leur vie;
1135 Pensez plutôt à ceux dont le service offert
Accepté vous conserve, et refusé vous perd.

DORISE

Crois-tu donc, assassin, m'acquérir par ton crime ?
Qu'innocent méprisé, coupable je t'estime ?
A ce compte, tes feux n'ayant pu m'émouvoir,
1140 Ton perfide attentat obtiendrait ce pouvoir,
Je chérirais en toi la qualité de traître,
Et mon affection commencerait à naître
Lorsque tout l'Univers a droit de te haïr ?

PYMANTE

Si j'oubliai l'honneur jusques à le trahir,
1145 Si, pour vous posséder, mon esprit tout de flamme
N'a rien cru de honteux, n'a rien trouvé d'infâme,
Voyez par là, voyez l'excès de mon ardeur :
Par cet aveuglement jugez de sa grandeur.

DORISE

Non, non, ta lâcheté, que j'y vois trop certaine,
1150 N'a servi qu'à donner des raisons à ma haine.
Ainsi ce que j'avais pour toi d'aversion
Vient maintenant d'ailleurs que d'inclination :
C'est la raison, c'est elle à présent qui me guide
Au mépris que je fais des flammes d'un perfide.

PYMANTE

1155 Je ne sache raison qui s'oppose à mes vœux,
Puisqu'ici la raison n'est que ce que je veux,
Et, ployant dessous moi, permet à mon envie
De recueillir les fruits de vous avoir servie.
Il me faut un baiser malgré vos cruautés [27].

Il veut user de force.

DORISE

1160 Exécrable! ainsi donc tes désirs effrontés
Veulent sur ma faiblesse user de violence?

PYMANTE

Que sert d'y résister, je sais trop la licence
Que me donne l'amour en cette occasion.

DORISE

Traître, ce ne sera qu'à ta confusion.

Elle lui crève un œil du poinçon qui lui était
demeuré dans les cheveux.

PYMANTE, *portant les mains à son œil crevé.*

Ah, cruelle!

DORISE, *en s'échappant de lui.*

Ah, infâme!

PYMANTE

1165   Ah, que viens-tu de faire!

DORISE, *sortie de la caverne.*

De tirer mon honneur des efforts d'un corsaire.

PYMANTE, *ramassant son épée.*

Barbare je t'aurai.

DORISE, *se cachant.*

Fuyons, il va sortir.
Qu'à propos ce buisson s'offre à me garantir.

PYMANTE, *sorti.*

Ne crois pas m'échapper, quoi que ta ruse fasse,
1170 J'ai ta mort en ma main.

DORISE, *cachée.*

Dieux! le voilà qui passe.

PYMANTE, *passe de l'autre côté du Théâtre.*

Tigresse!

DORISE, *revenant sur le Théâtre* [28].

Il est passé, je suis hors de danger,
Ainsi dorénavant mon sort puisse changer!
Ainsi dorénavant le Ciel plus favorable

Me prête en ces malheurs une main secourable !
1175 Cependant pour loyer de sa lubricité,
Son œil m'a répondu de ma pudicité,
Et dedans son cristal mon aiguille enfoncée,
Attirant ses deux mains m'a désembarrassée.
Aussi le fallait-il que ce même poinçon
1180 Qui premier de mon sexe engendra ce soupçon,
Fût l'auteur de ma prise, et de ma délivrance,
Et qu'après mon péril il fît mon assurance.
Va donc, monstre bouffi de luxure et d'orgueil,
Venge sur ces rameaux la perte de ton œil,
1185 Fais servir si tu veux, dans ta forcenerie,
Les feuilles et le vent d'objets à ta furie :
Dorise qui s'en moque, et fuit d'autre côté,
En s'éloignant de toi se met en sûreté.

SCÈNE II

PYMANTE

Qu'est-elle devenue ? Ainsi donc l'inhumaine
1190 Après un tel affront rend ma poursuite vaine !
Ainsi donc la cruelle, à guise d'un éclair,
En me frappant les yeux est disparue en l'air !
Ou plutôt, l'un perdu, l'autre m'est inutile ;
L'un s'offusque du sang qui de l'autre distille.
1195 Coule, coule, mon sang : dans de si grands malheurs
Tu dois avec raison me tenir lieu de pleurs.
Ne verser désormais que des larmes communes,
C'est pleurer lâchement de telles infortunes :
Je vois de tous côtés mon supplice approcher,
1200 N'osant me découvrir, je ne me puis cacher,
Mon forfait évident se lit dans ma disgrâce,
Et ces gouttes de sang me font suivre à la trace.
Miraculeux effet ! Pour traître que je sois,
Mon sang l'est encor plus, et sert tout à la fois
1205 De pleurs à ma douleur, d'indices à ma prise,
De peine à mon forfait, de vengeance à Dorise.
Bourreau, qui secondant son courage inhumain,
Au lieu d'orner son poil, déshonorez sa main,
Exécrable instrument de sa brutale rage,

Il tient à la main le poinçon que Dorise lui
avait laissé dans l'œil.

1210 Tu devais pour le moins respecter son image;
     Ce portrait accompli d'un chef-d'œuvre des cieux,
     Imprimé dans mon cœur, exprimé dans mes yeux,
     Quoi que te commandât son âme courroucée,
     Devait être adoré de ta pointe émoussée.
1215 Quelque secret instinct te devait figurer
     Que se prendre à mon œil c'était le déchirer.
     Et toi, belle, reviens, reviens, cruelle ingrate,
     Vois comme encor l'amour en ta faveur me flatte :
     Ce poinçon qu'à ton heur j'éprouve si fatal
1220 Ce n'est qu'à ton sujet que je lui veux du mal;
     Vois dans ces vains propos, par où mon cœur se venge,
     Moins de blâme pour lui que pour toi de louange.
     Tu n'as dans ta colère usé que de tes droits,
     Et ma vie et ma mort dépendant de tes lois,
1225 Il t'était libre encor de m'être plus funeste,
     Et c'est de ta pitié que j'en tiens ce qui reste.
     Reviens, belle, reviens, que j'offre tout blessé
     A tes ressentiments ce que tu m'as laissé.
     Lâche, et honteux retour de ma flamme insensée!
1230 Il semble que déjà ma fureur soit passée,
     Et tous mes sens, brouillés d'un désordre nouveau,
     Au lieu de ma maîtresse adorent mon bourreau.
     Remettez-vous mes sens, rassure-toi ma rage,
     Seule je te permets d'occuper mon courage,
1235 Tu n'as plus à débattre avec mes passions
     L'empire souverain dessus mes actions;
     L'amour vient d'expirer, et ses flammes dernières
     S'éteignant ont jeté leurs plus vives lumières.
     Dorise ne tient plus dedans mon souvenir
1240 Que ce qu'il faut de place aux soins de la punir.
     Je n'ai plus de penser qui n'en veuille à sa vie.
     Sus donc, qui me la rend? Destins, si votre envie,
     Implacable pour moi s'obstine à mes tourments,
     Si vous me réservez à d'autres châtiments,
1245 Faites que je mérite, en trouvant l'inhumaine,
     Par un nouveau forfait une nouvelle peine,
     Et ne me traitez pas avec tant de rigueur,
     Que mon feu ni mon fer ne touchent point son cœur.
     Mais ma fureur se joue, et demi-languissante,
1250 S'amuse au vain éclat d'une voix impuissante.
     Recourons aux effets, cherchons de toutes parts.
     Prenons dorénavant pour guides les hasards.
     Quiconque rencontré n'en saura de nouvelle,
     Que son sang aussitôt me réponde pour elle,

1255 Et ne suivant ainsi qu'une incertaine erreur
     Remplissons tous ces lieux de carnage et d'horreur.

                                        Une tempête survient.

     Mes menaces déjà font trembler tout le monde :
     Le vent fuit d'épouvante, et le tonnerre en gronde;
     L'œil du ciel s'en retire, et par un voile noir,
1260 N'y pouvant résister, se défend d'en rien voir;
     Cent nuages épais se distillant en larmes
     A force de pitié veulent m'ôter les armes;
     L'univers n'ayant pas de force à m'opposer
     Me vient offrir Dorise afin de m'apaiser.
1265 Tout est de mon parti, le Ciel même n'envoie
     Tant d'éclairs redoublés qu'afin que je la voie.
     Quelque part où la peur porte ses pas errants,
     Ils sont entrecoupés de mille gros torrents.
     O suprême faveur! Ce grand éclat de foudre
1270 Décoché sur son chef le vient de mettre en poudre.
     Ce fer, s'il est ainsi, me va tomber des mains;
     Ce coup aura sauvé le reste des humains.
     Satisfait par sa mort, mon esprit se modère,
     Et va sur sa charogne achever sa colère.

                       SCÈNE III

                       Le Prince

1275 Que d'heur en ce péril! sans me faire aucun mal,
     Le tonnerre a sous moi foudroyé mon cheval,
     Et consommant sur lui toute sa violence,
     M'a montré son respect parmi son insolence.
     Holà! quelqu'un à moi! Tous mes gens écartés,
1280 Loin de me secourir, suivent de tous côtés
     L'effroi de la tempête, ou l'ardeur de la chasse.
     Cette ardeur les emporte, ou la frayeur les glace.
     Cependant seul, à pied, je pense à tous moments
     Voir le dernier débris de tous les éléments,
1285 Dont l'obstination à se faire la guerre
     Met toute la nature au pouvoir du tonnerre.
     Dieux! si vous témoignez par là votre courroux,
     De Clitandre, ou de moi lequel menacez-vous ?
     La perte m'est égale, et la même tempête
1290 Qui l'aurait accablé tomberait sur ma tête.

Pour le moins, Dieux, s'il court quelque danger fatal,
Qu'il en ait comme moi plus de peur que de mal.
J'en découvre à la fin quelque meilleur présage;
L'haleine manque aux vents, et la force à l'orage;
1295 Les éclairs, indignés d'être éteints par les eaux,
En ont tari la source et séché les ruisseaux,
Et déjà le Soleil de ses rayons essuie
Sur ces moites rameaux le reste de la pluie;
Au lieu du bruit affreux des foudres décochés,
1300 Les petits oisillons encor demi-cachés
Poussent en tremblotant, et hasardent à peine
Leur voix qui se dérobe à la peur incertaine
Qui tient encor leur âme, et ne leur permet pas
De se croire du tout préservés du trépas.
1305 J'aurai bientôt ici quelques-uns de ma suite.
Je le juge à ce bruit.

SCÈNE IV

LE PRINCE, PYMANTE, DORISE, DEUX VENEURS

PYMANTE, *terrassant Dorise.*

      Enfin malgré ta fuite
Je te retiens barbare.

DORISE

      Hélas!

PYMANTE

      Songe à mourir;
Tout l'univers ici ne te peut secourir.

LE PRINCE

L'égorger à ma vue! ô l'indigne spectacle!
1310 Sus, sus, à ce brigand opposons un obstacle.
Arrête, scélérat!

PYMANTE

      Téméraire, où vas-tu?

LE PRINCE

Sauver ce Gentilhomme à tes pieds abattu.

DORISE

C'est le Prince : tout beau !

PYMANTE

Pymante tenant Dorise d'une main, se bat de l'autre contre le Prince.

Prince, ou non, ne m'importe.

Il m'oblige à sa mort, m'ayant vu de la sorte.

LE PRINCE

1315 Est-ce là le respect que tu dois à mon rang ?

PYMANTE

Je ne connais ici ni qualités, ni sang.
Quelque respect ailleurs que ton grade s'obtienne,
Pour assurer ma vie il faut perdre la tienne.

DORISE

S'il me demeure encor quelque peu de vigueur,
1320 Si mon débile bras ne dédit point mon cœur,
J'arrêterai le tien.

PYMANTE

Que fais-tu misérable ?

DORISE

Je détourne le coup d'un forfait exécrable.

Dorise s'embarrassant dans ses jambes le fait trébucher.

PYMANTE

Avec ces vains efforts crois-tu m'en empêcher ?

LE PRINCE

Par une heureuse adresse il l'a fait trébucher.
1325 Assassin rends l'épée.

Il saute sur Pymante, et deux Veneurs paraissent chargés des vrais habits de Pymante, Lycaste, et Dorise.

PREMIER VENEUR

Ecoute, il est fort proche.

C'est sa voix qui résonne au creux de cette roche,
Et c'est lui que tantôt nous avions entendu.

LE PRINCE, *à Dorise.*

Prends ce fer en ta main.

PYMANTE

Ah, cieux! je suis perdu.

SECOND VENEUR

Le voilà. Monseigneur, quelle aventure étrange,
1330 Et quel mauvais destin en cet état vous range?

LE PRINCE

Garrottez ce maraud, et faute d'autres liens,
Employez-y plutôt les couples de vos chiens.
Je veux qu'à mon retour une prompte justice
Lui fasse ressentir par un cruel supplice,
1335 Sans armer contre lui que les lois de l'Etat,
Que m'attaquer n'est pas un léger attentat.
Sachez que s'il échappe il y va de vos têtes.

PREMIER VENEUR

En ce cas, Monseigneur, les voilà toutes prêtes.
Admirez cependant le foudre et ses efforts,
1340 Qui, dans cette forêt, ont consommé trois corps :
En voici les habits, qui sans aucun dommage
Semblent avoir bravé la fureur de l'orage.

LE PRINCE

Tu me montres vraiment de merveilleux effets.

DORISE

Mais des marques plutôt de merveilleux forfaits.
1345 Ces habits que n'a point approché le tonnerre,
Sont aux plus criminels qui vivent sur la terre.
Connaissez-les mon Prince, et voyez devant vous
Pymante prisonnier, et Dorise à genoux.

LE PRINCE

Que ce soit là Pymante, et que tu sois Dorise!

DORISE

1350 Quelques étonnements qu'une telle surprise
Jette dans votre esprit, que vos yeux ont déçu,
D'autres le saisiront quand vous aurez tout vu.
La honte de paraître en un tel équipage
Coupe ici ma parole, et l'étouffe au passage;
1355 Souffrez que je reprenne en un coin de ces bois
Avec mes vêtements l'usage de la voix,
Pour vous conter le reste en habit plus sortable.

LE PRINCE

Cette honte me plaît ; ta prière équitable,
En faveur de ton sexe, et du secours prêté,
1360 Suspendra jusqu'alors ma curiosité.
Tandis, sans m'éloigner beaucoup de cette place,
Je vais sur ce coteau pour découvrir la chasse.
Tu l'y ramèneras, toi, s'il ne veut marcher,
Garde-le cependant au pied de ce rocher.

> *Le Prince sort et un des Veneurs s'en va avec*
> *Dorise, et l'autre mène Pymante d'un autre côté.*

SCÈNE V

CLÉON, et encore UN VENEUR [19]

CLÉON

1365 Tes avis, qui n'ont rien que de l'incertitude,
N'ôtent point mon esprit de son inquiétude,
Et ne me font pas voir le Prince en ce besoin.

3ᵉ VENEUR

Assurez-vous sur moi qu'il ne peut être loin ;
La mort de son cheval, étendu sur la terre,
1370 Et tout fumant encor d'un éclat de tonnerre,
L'ayant réduit à pied, ne lui permettra pas
En si peu de loisir d'en éloigner ses pas.

CLÉON

Ta faible conjecture a bien peu d'apparence,
Et flatte vainement ma débile espérance :
1375 Le moyen que le Prince, aussitôt remonté
De ce funeste lieu ne se soit écarté ?

3ᵉ VENEUR

Chacun, plein de frayeur au bruit de la tempête,
Qui çà, qui là cherchait où garantir sa tête,
Si bien que, séparé possible de son train,
1380 Il n'aura trouvé lors d'autre cheval en main.
Joint à cela que l'œil, au sentier où nous sommes,
N'en remarque aucuns pas mêlés à ceux des hommes.

CLÉON

Poursuivons, mais je crois que pour le rencontrer
Il faudrait quelque dieu qui nous le vînt montrer.

SCÈNE VI

CLITANDRE en prison, LE GEÔLIER

CLITANDRE

1385 Dans ces funestes lieux, où la seule inclémence
D'un rigoureux destin réduit mon innocence,
Je n'attends désormais du reste des humains
Ni faveur, ni secours, si ce n'est par tes mains.

LE GEÔLIER

A d'autres! je vois trop où tend ce préambule.
1390 Vous n'avez pas affaire à quelque homme crédule :
Tous dedans ces cachots dont je porte les clefs
Se disent comme vous de malheur accablés,
Et la justice à tous est injuste, de sorte
Que la pitié me doit faire ouvrir la porte.
1395 Mais je me tiens toujours ferme dans mon devoir.
Soyez coupable ou non, je n'en veux rien savoir :
Le Roi, quoiqu'il en soit, vous a mis en ma garde,
Il suffit; le surplus en rien ne me regarde.

CLITANDRE

Tu juges mes desseins autres qu'ils ne sont pas.
1400 Je tiens l'éloignement pire que le trépas,
Et la terre n'a point de si douce province
Où le jour m'agréât loin des yeux de mon Prince.
Hélas! si tu voulais envoyer l'avertir
Du péril dont sans lui je ne saurais sortir,
1405 Ou qu'il lui fût porté de ma part une lettre,
De la sienne en ce cas je t'ose bien promettre
Que son retour soudain des plus riches te rend.
Que cet anneau t'en serve et d'arrhe et de garant :
Tends la main, et l'esprit vers un bonheur si proche.

LE GEÔLIER

1410 Monsieur, jusqu'à présent j'ai vécu sans reproche,
Et pour me suborner promesses ni présents
N'ont et n'auront jamais de charmes suffisants.
C'est de quoi je vous donne une entière assurance.
Perdez-en le dessein avecque l'espérance;

1415 Et puisque vous dressez des pièges à ma foi,
Adieu, ce lieu devient trop dangereux pour moi.

Il sort.

CLITANDRE

Va tigre! va cruel, barbare, impitoyable!
Ce noir cachot n'a rien tant que toi d'effroyable.
Va, porte aux criminels tes regards dont l'horreur
1420 Seule aux cœurs innocents imprime la terreur.
Ton visage déjà commençait mon supplice,
Et mon injuste sort, dont tu te fais complice,
Ne t'envoyait ici que pour m'épouvanter,
Ne t'envoyait ici que pour me tourmenter.
1425 Cependant, malheureux, à qui me dois-je prendre
D'une accusation que je ne puis comprendre ?
A-t-on rien vu jamais, a-t-on rien vu de tel?
Mes gens assassinés me rendent criminel;
L'auteur du coup s'en vante, et l'on m'en calomnie;
1430 On le comble d'honneur, et moi d'ignominie;
L'échafaud qu'on m'apprête au sortir de prison,
C'est par où de ce meurtre on me fait la raison.
Mais leur déguisement d'autre côté m'étonne :
Jamais un bon dessein ne déguisa personne;
1435 Leur masque les condamne, et mon seing contrefait,
M'imputant un cartel, me charge d'un forfait.
Mon jugement s'aveugle, et, ce que je déplore,
Je me sens bien trahi, mais par qui ? je l'ignore,
Et mon esprit troublé, dans ce confus rapport,
1440 Ne voit rien de certain que ma honteuse mort.
Traître, qui que tu sois, rival, ou domestique,
Le ciel te garde encore un destin plus tragique.
N'importe, vif ou mort, les gouffres des enfers
Auront pour ton supplice encor de pires fers.
1445 Là, mille affreux bourreaux t'attendent dans les flammes,
Moins les corps sont punis, plus ils gênent les âmes,
Et par des cruautés qu'on ne peut concevoir,
Vengent les innocents par-delà leur espoir.
Et vous, que désormais je n'ose plus attendre,
1450 Prince, qui m'honoriez d'une amitié si tendre,
Et dont l'éloignement fut mon plus grand malheur,
Bien qu'un crime imputé noircisse ma valeur,
Que le prétexte faux d'une action si noire
N'aille laisser de moi qu'une sale mémoire,
1455 Permettez que mon nom, qu'un bourreau va ternir,
Dure sans infamie en votre souvenir.

Ne vous repentez point de vos faveurs passées,
Comme chez un perfide indignement placées :
J'ose, j'ose espérer qu'un jour la vérité
1460 Paraîtra toute nue à la postérité,
Et je tiens d'un tel heur l'attente si certaine,
Qu'elle adoucit déjà la rigueur de ma peine;
Mon âme s'en chatouille, et ce plaisir secret
La prépare à sortir avec moins de regret.

SCÈNE VII

LE PRINCE, DORISE en son habit de femme, PYMANTE garrotté
et conduit par TROIS VENEURS, CLÉON

LE PRINCE

1465 Vous m'avez dit tous deux d'étranges aventures.
Ah, Clitandre! ainsi donc de fausses conjectures
T'accablent, malheureux, sous le courroux du Roi,
Ce funeste récit me met tout hors de moi.

CLÉON

Hâtant un peu de pas, quelque espoir me demeure
1470 Que vous arriverez auparavant qu'il meure.

LE PRINCE

Si je n'y viens à temps, ce perfide en ce cas
A son ombre immolé ne me suffira pas.
C'est trop peu de l'auteur de tant d'énormes crimes;
Innocent il aura d'innocentes victimes.
1475 Où que soit Rosidor il le suivra de près,
Ses myrtes prétendus tourneront en cyprès.

DORISE

Souiller ainsi vos mains du sang de l'innocence!

LE PRINCE

Mon déplaisir m'en donne une entière licence.
J'en veux comme le Roi faire autant à mon tour;
1480 Et puisqu'en sa faveur on prévient mon retour,
Il est trop criminel. Mais que viens-je d'entendre?

On sonne du cor derrière.

Je me tiens presque sûr de sauver mon Clitandre,
La chasse n'est pas loin, où prenant un cheval,

Je préviendrai le coup de son malheur fatal.
1485 Il suffit de Cléon pour ramener Dorise.
Vous autres, gardez bien de lâcher votre prise;
Un supplice l'attend qui doit faire trembler
Quiconque désormais voudrait lui ressembler.

ACTE V

SCÈNE PREMIÈRE

LE PRINCE, CLITANDRE, UN PRÉVÔT, CLÉON

LE PRINCE, *parlant au Prévôt.*

Allez toujours au Roi dire qu'une innocence
1490 Légitime en ce point ma désobéissance,
Et qu'un homme sans crime avait bien mérité
Que j'usasse pour lui de quelque autorité.
Je vous suis. Cependant que mon heur est extrême,
Cher ami, que je tiens comme un autre moi-même,
1495 D'avoir su justement venir à ton secours
Lorsqu'un infâme glaive allait trancher tes jours,
Et qu'un injuste sort ne trouvant point d'obstacle
Apprêtait de ta tête un indigne spectacle!

CLITANDRE

Ainsi qu'un autre Alcide, en m'arrachant des fers,
1500 Vous m'avez autant vaut retiré des enfers;
Et moi dorénavant j'arrête mon envie
A ne servir qu'un Prince à qui je dois la vie.

LE PRINCE

Réserve pour Caliste une part de tes soins.

CLITANDRE

C'est à quoi désormais je veux songer le moins.

LE PRINCE

1505 Le moins ? Quoi! désormais Caliste en ta pensée
N'aurait plus que le rang d'une image effacée?

CLITANDRE

J'ai honte que mon cœur auprès d'elle attaché
Ait son ardeur vers vous si souvent relâché,
Si souvent pour le sien quitté votre service :
1510 C'est par là que j'avais mérité mon supplice,
Et pour m'en faire naître un juste repentir,
Il semble que les Dieux y voulaient consentir,
Mais votre heureux retour a calmé cet orage.

LE PRINCE

Je devine à peu près le fond de ton courage :
1515 La crainte de la mort en chasse des appas
Qui t'ont mis au péril d'un si honteux trépas,
Vu que sans cette amour la fourbe mal conçue
Eût manqué contre toi de prétexte, et d'issue;
Ou peut-être à présent tes désirs amoureux
1520 Se cherchent des objets un peu moins rigoureux.

CLITANDRE

Doux ou cruel, aucun désormais ne me touche.

LE PRINCE

L'amour dompte aisément l'esprit le plus farouche,
C'est à ceux de notre âge un puissant ennemi.
Tu ne connais encor ses forces qu'à demi;
1525 Ta résolution, un peu trop violente,
N'a pas bien consulté ta jeunesse bouillante.

Cléon entre.

Mais que veux-tu, Cléon, et qu'est-il arrivé ?
Pymante de vos mains se serait-il sauvé ?

CLÉON

Grâce aux Dieux, acquittés de la charge commise,
1530 Vos veneurs ont conduit Pymante, et moi Dorise;
Et je viens, Monseigneur, prendre un ordre nouveau.

LE PRINCE

Qu'on m'attende avec eux aux portes du château.

Cléon s'en va.

Allons, allons au Roi montrer ton innocence;
Les auteurs des forfaits sont en notre puissance,
1535 Et l'un d'eux, convaincu dès le premier aspect,
Ne te laissera plus aucunement suspect.

SCÈNE II

ROSIDOR, *dans son lit* [30].

Amants les mieux payés de votre longue peine,
Vous de qui l'espérance est la moins incertaine,
Et qui vous figurez, après tant de longueurs,
1540 Avoir droit sur les corps dont vous tenez les cœurs,
En est-il parmi vous de qui l'âme contente
Goûte plus de plaisirs que moi dans son attente?
En est-il parmi vous de qui l'heur à venir
D'un espoir mieux fondé se puisse entretenir?
1545 Mon esprit que captive un objet adorable
Ne l'éprouva jamais autre que favorable.
J'ignorerais encor ce que c'est que mépris
Si le sort d'un rival ne me l'avait appris.
Les flammes de Caliste à mes flammes répondent;
1550 Je ne fais point de vœux que les siens ne secondent;
Il n'est point de souhaits qui ne m'en soient permis,
Ni de contentements qui ne m'en soient promis.
Clitandre, qui jamais n'attira que sa haine,
Ne peut plus m'opposer le Prince, ni la Reine;
1555 Si mon heur de sa part avait quelque défaut
Avec sa tête on va l'ôter sur l'échafaud.
Je te plains toutefois, Clitandre, et la colère
D'un grand Roi qui te perd me semble trop sévère.
Tes desseins du succès étaient assez punis;
1560 Nous voulant séparer tu nous as réunis.
Il ne te fallait point de plus cruels supplices
Que de te voir toi-même auteur de nos délices,
Vu qu'il n'est pas à croire, après ce lâche tour,
Que le Prince ose plus traverser notre amour.
1565 Ton crime t'a rendu désormais trop infâme
Pour tenir ton parti sans s'exposer au blâme;
On devient ton complice à te favoriser.
Mais, hélas! mes pensers qui vous vient diviser?
Quel plaisir de vengeance à présent vous engage?
1570 Faut-il qu'avec Caliste un rival vous partage?

Retournez, retournez vers mon unique bien;
Que seul dorénavant il soit votre entretien,
Ne vous repaissez plus que de sa seule idée;
Faites-moi voir la mienne en son âme gardée.
1575 Ne vous arrêtez pas à peindre sa beauté,
C'est par où mon esprit est le moins enchanté.
Elle servit d'amorce à mes désirs avides;
Mais il leur faut depuis des objets plus solides;
Mon feu qu'elle alluma fût mort au premier jour,
1580 S'il n'eût été nourri d'un réciproque amour.
Oui, Caliste, et je veux toujours qu'il m'en souvienne,
J'aperçus aussitôt ta flamme que la mienne :
L'amour apprit ensemble à nos cœurs à brûler,
L'amour apprit ensemble à nos yeux à parler;
1585 Et sa timidité lui donna la prudence
De n'admettre que nous en notre confidence.
Ainsi nos passions se dérobaient à tous,
Ainsi nos feux secrets n'avaient point de jaloux,
Tant que leur sainte ardeur plus forte devenue
1590 Voulut un peu de mal à tant de retenue.
Lors on nous vit quitter ces ridicules soins,
Et nos petits larcins souffrirent les témoins.
Si je voulais baiser ou tes yeux, ou ta bouche,
Tu savais dextrement faire un peu la farouche,
1595 Et me laissant toujours de quoi me prévaloir,
Montrer également le craindre et le vouloir.
Depuis avec le temps l'amour s'est fait le maître;
Sans aucune contrainte il a voulu paraître,
Si bien que plus nos cœurs perdaient de liberté,
1600 Et plus on en voyait en notre privauté.
Ainsi dorénavant, après la foi donnée,
Nous ne respirons plus qu'un heureux hyménée,
Et ne touchant encor ses droits que de penser,
Nos feux à tout le reste osent se dispenser;
1605 Hors ce point tout est libre à l'ardeur qui nous presse.

Caliste entre, et s'assied sur son lit.

SCÈNE III

CALISTE, ROSIDOR

CALISTE

Que diras-tu mon cœur de voir que ta maîtresse
Te vient effrontément trouver jusques au lit ?

ROSIDOR

Que dirai-je sinon que pour un tel délit,
On ne m'échappe à moins de trois baisers d'amende ?

CALISTE

1610 La gentille façon d'en faire la demande !

ROSIDOR

Mon regret, dans ce lit qu'on m'oblige à garder,
C'est de ne pouvoir plus prendre sans demander ;
Autrefois, mon souci, tu sais comme j'en use.

CALISTE

En effet, il est vrai, de peur qu'on ne te refuse,
1615 Sans rien dire souvent, et par force tu prends.

ROSIDOR

Ce que, forcée ou non, de bon cœur tu me rends.

CALISTE

Tout beau : si quelquefois je souffre, et je pardonne
Le trop de liberté que ta flamme se donne,
C'est sous condition de n'y plus revenir.

ROSIDOR

1620 Si tu me rencontrais d'humeur à la tenir,
Tu chercherais bientôt moyen de t'en dédire.
Ton sexe qui défend ce que plus il désire,
Voit fort à contre-cœur...

CALISTE

Qu'on lui désobéit,
Et que notre faiblesse au plus fort le trahit.

ROSIDOR

1625 Ne dissimulons point : est-il quelque avantage
Qu'avec nous au baiser ton sexe ne partage ?

CALISTE

Vos importunités le font assez juger.

ROSIDOR

Nous ne nous en servons que pour vous obliger :
C'est par où notre ardeur supplée à votre honte,
1630 Mais l'un et l'autre y trouve également son conte,
Et toutes vous dussiez prendre en un jeu si doux,
Comme même plaisir, même intérêt que nous.

CALISTE

Ne pouvant le gagner contre toi de paroles
J'opposerai l'effet à tes raisons frivoles,
1635 Et saurai désormais si bien te refuser,
Que tu verras le goût que je prends à baiser;
Aussi bien ton orgueil en devient trop extrême.

ROSIDOR

Simple pour le punir tu te punis toi-même :
Ce dessein mal conçu te venge à tes dépens.
1640 Déjà (n'est-il pas vrai, mon heur ?) tu t'en repens ?
Et déjà la rigueur d'une telle contrainte
Dans tes yeux languissants met une douce plainte;
L'amour par tes regards murmure de ce tort,
Et semble m'avouer d'un agréable effort.

CALISTE

1645 Quoi qu'il en soit, Caliste au moins t'en désavoue.

ROSIDOR

Ce vermillon nouveau qui colore ta joue
M'invite expressément à me licencier.

CALISTE

Voilà le vrai chemin de te disgracier.

ROSIDOR

Ces refus attrayants ne sont que des remises.

CALISTE

1650 Lorsque tu te verras ces privautés permises,

Tu pourras t'assurer que nos contentements
Ne redouteront plus aucuns empêchements.

ROSIDOR

Vienne cet heureux jour! mais jusque-là, mauvaise,
N'avoir point de baisers à rafraîchir ma braise!
1655 Dussé-je être imprudent autant comme importun,
A tel prix que ce soit sache qu'il m'en faut un.

Il la baise sans résistance.

Dégoûtée, ainsi donc ta menace s'exerce?

CALISTE

Aussi n'est-il plus rien, mon cœur, qui nous traverse,
Aussi n'est-il plus rien qui s'oppose à nos vœux;
1660 La Reine qui toujours fut contraire à nos feux
Soit du piteux récit de nos hasards touchée,
Soit de trop de faveur vers un traître fâchée,
A la fin s'accommode aux volontés du Roi,
Qui d'un heureux hymen récompense ta foi.

ROSIDOR

1665 Qu'un hymen doive unir nos ardeurs mutuelles!
Ah mon heur! pour le port de si bonnes nouvelles,
C'est trop peu d'un baiser.

CALISTE

                                    Et pour moi c'est assez.

ROSIDOR

Ils n'en sont que plus doux étant un peu forcés.
Je ne m'étonne plus de te voir si privée
1670 Te mettre sur mon lit aussitôt qu'arrivée :
Tu prends possession déjà de la moitié
Comme étant toute acquise à ta chaste amitié.
Mais à quand ce beau jour qui nous doit tout permettre ?

CALISTE

Jusqu'à ta guérison on l'a voulu remettre.

ROSIDOR

1675 Allons, allons, mon cœur, je suis déjà guéri.

CALISTE

Ce n'est pas pour un jour que je veux un mari.
Tout beau : j'aurais regret, ta santé hasardée,

Si tu m'allais quitter sitôt que possédée.
Retiens un peu la bride à tes bouillants désirs,
1680 Et pour les mieux goûter assure nos plaisirs.

ROSIDOR

Que le sort a pour moi de subtiles malices!
Ce lit doit être un jour le champ de mes délices,
Et recule lui seul ce qu'il doit terminer;
Lui seul il m'interdit ce qu'il me doit donner.

CALISTE

1685 L'attente n'est pas longue, et son peu de durée...

ROSIDOR

N'augmente que la soif de mon âme altérée.

CALISTE

Cette soif s'éteindra : ta prompte guérison
Paravant qu'il soit peu t'en fera la raison.

ROSIDOR

A ce compte tu veux que je me persuade
1690 Qu'un corps puisse guérir dont le cœur est malade.

CALISTE

N'use point avec moi de ce discours moqueur :
On sait bien ce que c'est des blessures du cœur.
Les tiennes, attendant l'heure que tu souhaites,
Auront pour médecins mes yeux qui les ont faites;
1695 Je me rends désormais assidue à te voir.

ROSIDOR

Cependant, ma chère âme, il est de mon devoir
Que sans plus différer je m'en aille en personne
Remercier le Roi du bonheur qu'il nous donne.

CALISTE

Je me charge pour toi de ce remercîment.
1700 Toutefois qui saurait que pour ce compliment [31]
Une heure hors du lit ne te pût beaucoup nuire,
Je voudrais en ce cas moi-même t'y conduire,
Et j'aimerais mieux être un peu plus tard à toi
Que tes humbles devoirs manquassent vers ton Roi.

ROSIDOR

1705 Mes blessures n'ont pas en leurs faibles atteintes
Sur quoi ton amitié puisse fonder ses craintes.

CALISTE

Reprends donc tes habits.

ROSIDOR

Ne sors pas de ce lieu.

CALISTE

Je rentre incontinent.

ROSIDOR

Adieu donc, sans adieu.

SCÈNE IV

LE ROI, LE PRINCE, CLITANDRE, PYMANTE, DORISE,
CLÉON, PRÉVOT, TROIS VENEURS

LE ROI

Que souvent notre esprit, trompé de l'apparence,
1710 Règle ses mouvements avec peu d'assurance!
Qu'il est peu de lumière en nos entendements,
Et que d'incertitude en mes raisonnements!
Qui voudra désormais se fie aux impostures
Qu'en notre jugement forment les conjectures!
1715 Tu suffis pour apprendre à la postérité
Combien la vraisemblance a peu de vérité.
Jamais jusqu'à ce jour la raison en déroute
N'a conçu tant d'erreurs avecque moins de doute;
Jamais par des soupçons si faux et si pressants
1720 On n'a jusqu'à ce jour convaincu d'innocents.
J'en suis honteux, Clitandre, et mon âme confuse
De trop de promptitude en soi-même s'accuse.
Un Roi doit se donner quand il est irrité
Ou plus de retenue, ou moins d'autorité.
1725 Perds-en le souvenir, et pour moi je te jure
Qu'à force de bienfaits, j'en répare l'injure.

CLITANDRE

Que votre Majesté, Sire, n'estime pas
Qu'il faille m'attirer par de nouveaux appas.
L'honneur de vous servir m'apporte assez de gloire
1730 Et je perdrais le mien si quelqu'un pouvait croire
Que mon devoir penchât au refroidissement,

Sans le flatteur espoir d'un agrandissement.
Vous n'avez exercé qu'une juste colère :
On est trop criminel quand on vous peut déplaire ;
1735 Et tout chargé de fers ma plus forte douleur
Ne s'en osa jamais prendre qu'à mon malheur.

LE PRINCE

Monsieur, moi qui connais le fond de son courage,
Et qui n'ai jamais vu de fard en son langage,
Je tiendrais à bonheur que Votre Majesté
1740 M'acceptât pour garant de sa fidélité.

LE ROI

Ne nous arrêtons plus sur la reconnaissance
Et de mon injustice, et de son innocence ;
Passons aux criminels. Toi dont la trahison
A fait si lourdement chopper notre raison [32],
1745 Approche, scélérat. Un homme de courage
Se met souvent, non pas ? en un tel équipage ?
Attaque, le plus fort, un rival plus heureux ?
Et présumant encor cet exploit dangereux
A force de présents, et d'infâmes pratiques
1750 D'un autre cavalier corrompt les domestiques ?
Prend d'un autre le nom et contrefait son seing
Afin qu'exécutant son perfide dessein,
Sur un homme innocent tombent les conjectures ?
Parle, parle, confesse, et préviens les tortures.

PYMANTE

1755 Sire, écoutez-en donc la pure vérité.
Votre seule faveur a fait ma lâcheté,
Vous, dis-je, et cet objet dont l'amour me consomme.
Je sais ce que l'honneur voulait d'un gentilhomme ;
Mais recherchant la mort d'un qui vous est si cher,
1760 Pour en avoir les fruits, il me fallait cacher :
Reconnu pour l'auteur d'une telle surprise
Le moyen d'approcher de vous ou de Dorise ?

LE ROI

Va plus outre, impudent, pousse et m'impute encor
L'attentat sur mon fils, comme sur Rosidor ;
1765 Car je ne touche point à Dorise outragée ;
Chacun, en te voyant, la voit assez vengée,
Et coupable elle-même, elle a bien mérité
L'affront qu'elle a reçu de ta témérité.

PYMANTE

Un crime attire l'autre, et de peur d'un supplice
1770 On tâche, en étouffant ce qu'on en voit d'indice,
De paraître innocent à force de forfaits ;
Je ne suis criminel sinon manque d'effets,
Et sans l'âpre rigueur du sort qui me tourmente,
Vous pleureriez le Prince, et souffririez Pymante.
1775 Mais que tardez-vous plus ? j'ai tout dit ; punissez [33].

LE ROI

Est-ce là le regret de tes crimes passés ?
Otez-le-moi d'ici : je ne puis voir sans honte
Que de tant de forfaits il tient si peu de conte.
Dites à mon conseil que pour le châtiment
1780 J'en laisse à ses avis le libre jugement ;
Mais qu'après son arrêt je saurai reconnaître
L'amour que vers son Prince il aura fait paraître.

Pymante sort, et le Roi fait approcher Dorise.

Viens çà, toi, maintenant, monstre de cruauté,
Qui veux joindre le meurtre à la déloyauté,
1785 Détestable Alecton, que la Reine déçue
Avait naguère au rang de ses filles reçue !
Quel barbare ou plutôt quelle peste d'enfer
Se rendit ton complice et te bailla ce fer ?

DORISE

L'autre jour, dans ces bois trouvé par aventure,
1790 Sire, il donna sujet à toute l'imposture ;
Mille jaloux serpents qui me rongeaient le sein
Sur cette occasion formèrent mon dessein :
Je le cachai dès lors.

LE PRINCE

Il est tout manifeste
Que ce fer n'est sinon un misérable reste
1795 Du malheureux duel où le pauvre Arimant
Laissa son corps sans âme, et Daphné sans amant.
Mais quant à son forfait, un ver de jalousie
Jette souvent notre âme en telle frénésie
Que la raison tombée en un aveuglement
1800 Laisse notre conduite à son dérèglement :
Lors tout ce qu'il produit mérite qu'on l'excuse.

LE ROI

De si faibles raisons mon esprit ne s'abuse.

LE PRINCE

Monsieur, quoi qu'il en soit, un fils qu'elle vous rend
Sous votre bon plaisir sa défense entreprend :
1805 Innocente, ou coupable, elle assura ma vie.

LE ROI

Ma justice en ce cas la donne à ton envie ;
Ta prière obtient même avant que demander
Ce qu'aucune raison ne pouvait t'accorder.
Le pardon t'est acquis, relève-toi, Dorise,
1810 Et va dire partout, en liberté remise,
Que le Prince aujourd'hui te préserve à la fois
Des fureurs de Pymante, et des rigueurs des lois.

DORISE

Après une bonté tellement excessive,
Puisque votre clémence ordonne que je vive,
1815 Permettez désormais, Sire, que mes desseins
Prennent des mouvements plus réglés et plus sains ;
Souffrez que pour pleurer mes actions brutales
Je fasse ma retraite avecque les Vestales,
Et qu'ainsi je renferme en leur sacré séjour
1820 Une qui ne dût pas seulement voir le jour.

LE PRINCE

Te bannir de la cour après m'être obligée,
Ce serait trop montrer ma faveur négligée.

DORISE

N'arrêtez point au monde un sujet odieux,
De qui chacun d'horreur détournerait les yeux.

LE PRINCE

1825 Fusses-tu mille fois encor plus méprisable,
Ma faveur te va rendre assez considérable
Pour te faire l'objet de mille affections.
Outre l'attrait puissant de tes perfections,
Mon respect à l'amour tout le monde convie
1830 Vers celle à qui je dois, et qui me doit la vie.
Fais-le voir, mon Clitandre, et tourne ton désir
Du côté qui ton Prince a voulu te choisir :
Réunis mes faveurs t'unissant à Dorise.

CLITANDRE

Mais par cette union mon esprit se divise,

1835 Puisqu'il faut que je donne aux devoirs d'un époux
     La moitié des pensers qui ne sont dus qu'à vous.

LE PRINCE

Ce partage m'oblige, et je tiens tes pensées
Vers un si beau sujet d'autant mieux adressées,
Que je lui veux céder ce qui m'en appartient.

LE ROI

1840 Taisez-vous, j'aperçois notre blessé qui vient.

SCÈNE V

LE ROI, CLITANDRE, ROSIDOR, CALISTE, DORISE

LE ROI

Au comble de tes vœux, sûr de ton mariage,
N'es-tu point satisfait ? Que veux-tu davantage ?

ROSIDOR

L'apprendre de vous, Sire, et pour remercîments
Offrir encor ma vie à vos commandements [34].

LE ROI

1845 Si mon commandement peut sur toi quelque chose,
     Et si ma volonté de la tienne dispose,
     Embrasse un cavalier indigne des liens
     Où l'a mis aujourd'hui la trahison des siens.
1849 Le Prince heureusement l'a sauvé du supplice,
1850 Et ces deux que ton bras dérobe à ma justice,
     Corrompus par Pymante, avaient juré ta mort.
     Le suborneur depuis n'a pas eu meilleur sort,
     Et ce traître, à présent tombé sous ma puissance,
     Clitandre, fait trop voir quelle est son innocence.

ROSIDOR

1855 Sire, vous le savez, le cœur me l'avait dit,
     Et si peu que j'avais envers vous de crédit,
     Je l'employai dès lors contre votre colère.
     En moi dorénavant faites état d'un frère.

Il embrasse Clitandre.

CLITANDRE

En moi, d'un serviteur dont l'amour éperdu
1860 Ne vous querelle plus un prix qui vous est dû.

DORISE, *à Caliste.*

Si le pardon du Roi me peut donner le vôtre,
Si mon crime...

CALISTE, *en l'embrassant.*

Ah! ma sœur, tu me prends pour une autre,
Si tu crois que je veuille encor m'en souvenir.

LE ROI

Tu ne veux plus songer qu'à ce jour à venir
1865 Que Rosidor guéri termine un hyménée.
Clitandre, en attendant cette heureuse journée,
Tâchera d'allumer en son âme des feux
Pour celle que mon fils désire, et que je veux,
A qui pour réparer sa faute criminelle
1870 Je défends désormais de se montrer cruelle;
Ainsi nous verrons lors cueillir en même jour
A deux couples d'Amants les fruits de leur amour.

MÉDÉE

Tragédie

ÉPITRE DE CORNEILLE
A MONSIEUR P. T. N. G. [1]

Monsieur,

Je vous donne *Médée*, toute méchante qu'elle est, et ne vous dirai rien pour sa justification. Je vous la donne pour telle que vous la voudrez prendre, sans tâcher à prévenir ou violenter vos sentiments par un étalage des préceptes de l'art, qui doivent être fort mal entendus et fort mal pratiqués quand ils ne nous font pas arriver au but que l'art se propose. Celui de la poésie dramatique est de plaire, et les règles qu'elle nous prescrit ne sont que des adresses pour en faciliter les moyens au poète, et non pas des raisons qui puissent persuader aux spectateurs qu'une chose soit agréable quand elle leur déplaît. Ici vous trouverez le crime en son char de triomphe, et peu de personnages sur la scène dont les mœurs ne soient plus mauvaises que bonnes; mais la peinture et la poésie ont cela de commun, entre beaucoup d'autres choses, que l'une fait souvent de beaux portraits d'une femme laide, et l'autre de belles imitations d'une action qu'il ne faut pas imiter. Dans la portraiture, il n'est pas question si un visage est beau, mais s'il ressemble; et dans la poésie, il ne faut pas considérer si les mœurs sont vertueuses, mais si elles sont pareilles à celles de la personne qu'elle introduit. Aussi nous décrit-elle indifféremment les bonnes et les mauvaises actions, sans nous proposer les dernières pour exemple; et si elle nous en veut faire quelque horreur, ce n'est point par leur punition, qu'elle n'affecte pas de nous faire voir, mais par leur laideur, qu'elle s'efforce de nous représenter au naturel. Il n'est pas besoin d'avertir ici le public que celles de cette tragédie ne sont pas à imiter : elles paraissent assez à découvert pour n'en faire envie à personne. Je n'examine point si elles sont vraisemblables ou non : cette difficulté, qui est la plus déli-

cate de la poésie, et peut-être la moins entendue, demande-
rait un discours trop long pour une épître : il me suffit
qu'elles sont autorisées ou par la vérité de l'histoire, ou par
l'opinion commune des anciens. Elles vous ont agréé autrefois sur le théâtre ; j'espère qu'elles vous satisferont encore
aucunement sur le papier, et demeure,

Monsieur,

Votre très humble serviteur,
CORNEILLE

EXAMEN (1660)

Cette tragédie a été traitée en grec par Euripide, et en latin par Sénèque; et c'est sur leur exemple que je me suis autorisé à en mettre le lieu dans une place publique, quelque peu de vraisemblance qu'il y ait à y faire parler des rois, et à y voir Médée prendre les desseins de sa vengeance. Elle en fait confidence, chez Euripide, à tout le chœur, composé de Corinthiennes sujettes de Créon, et qui devaient être du moins au nombre de quinze, à qui elle dit hautement qu'elle fera périr leur roi, leur princesse et son mari, sans qu'aucune d'elles ait la moindre pensée d'en donner avis à ce prince.

Pour Sénèque, il y a quelque apparence qu'il ne lui fait pas prendre ces résolutions violentes en présence du chœur, qui n'est pas toujours sur le théâtre, et n'y parle jamais aux autres acteurs; mais je ne puis comprendre comme, dans son quatrième acte, il lui fait achever ses enchantements en place publique; et j'ai mieux aimé rompre l'unité exacte du lieu, pour faire voir Médée dans le même cabinet où elle a fait ses charmes, que de l'imiter en ce point.

Tous les deux m'ont semblé donner trop peu de défiance à Créon des présents de cette magicienne, offensée au dernier point, qu'il témoigne craindre chez l'un et chez l'autre, et dont il a d'autant plus de lieu de se défier, qu'elle lui demande instamment un jour de délai pour se préparer à partir, et qu'il croit qu'elle ne le demande que pour machiner quelque chose contre lui, et troubler les noces de sa fille.

J'ai cru mettre la chose dans un peu plus de justesse, par quelques précautions que j'y ai apportées : la première, en ce que Créuse souhaite avec passion cette robe que Médée empoisonne, et qu'elle oblige Jason à la tirer d'elle par adresse; ainsi, bien que les présents des ennemis doivent

être suspects, celui-ci ne le doit pas être, parce que ce n'est
pas tant un don qu'elle fait qu'un payement qu'on lui
arrache de la grâce que ses enfants reçoivent; la seconde,
en ce que ce n'est pas Médée qui demande ce jour de délai
qu'elle emploie à sa vengeance, mais Créon qui le lui donne
de son mouvement, comme pour diminuer quelque chose
de l'injuste violence qu'il lui fait, dont il semble avoir
honte en lui-même; et la troisième enfin, en ce qu'après les
défiances que Pollux lui en fait prendre presque par force,
il en fait faire l'épreuve sur une autre, avant que de permettre à sa fille de s'en parer.

L'épisode d'Egée n'est pas tout à fait de mon invention;
Euripide l'introduit en son troisième acte, mais seulement
comme un passant à qui Médée fait ses plaintes, et qui l'assure d'une retraite chez lui à Athènes, en considération
d'un service qu'elle promet de lui rendre. En quoi je trouve
deux choses à dire : l'une, qu'Egée, étant dans la cour de
Créon, ne parle point du tout de le voir; l'autre, que, bien
qu'il promette à Médée de la recevoir et protéger à
Athènes après qu'elle se sera vengée, ce qu'elle fait dès ce
jour-là même, il lui témoigne toutefois qu'au sortir de
Corinthe il va trouver Pitthéus à Trézène, pour consulter
avec lui sur le sens de l'oracle qu'on venait de lui rendre à
Delphes, et qu'ainsi Médée serait demeurée en assez mauvaise posture dans Athènes en l'attendant, puisqu'il tarda
manifestement quelque temps chez Pitthéus, où il fit
l'amour à sa fille Æthra, qu'il laissa grosse de Thésée, et
n'en partit point que sa grossesse ne fût constante. Pour
donner un peu plus d'intérêt à ce monarque dans l'action
de cette tragédie, je le fais amoureux de Créuse, qui lui
préfère Jason, et je porte ses ressentiments à l'enlever, afin
qu'en cette entreprise, demeurant prisonnier de ceux qui
la sauvent de ses mains, il ait obligation à Médée de sa délivrance, et que la reconnaissance qu'il lui en doit l'engage
plus fortement à sa protection, et même à l'épouser, comme
l'histoire le marque.

Pollux est de ces personnages protatiques qui ne sont
introduits que pour écouter la narration du sujet. Je pense
l'avoir déjà dit [2], et j'ajoute que ces personnages sont d'ordinaire assez difficiles à imaginer dans la tragédie, parce
que les événements publics et éclatants dont elle est composée sont connus de tout le monde, et que s'il est aisé de
trouver des gens qui les sachent pour les raconter, il n'est
pas aisé d'en trouver qui les ignorent pour les entendre;
c'est ce qui m'a fait avoir recours à cette fiction, que Pol-

lux, depuis son retour de Colchos, avait toujours été en Asie, où il n'avait rien appris de ce qui s'était passé dans la Grèce, que la mer en sépare. Le contraire arrive en la comédie : comme elle n'est que d'intrigues particulières, il n'est rien si facile que de trouver des gens qui les ignorent; mais souvent il n'y a qu'une seule personne qui les puisse expliquer : ainsi l'on n'y manque jamais de confidents quand il y a matière de confidence.

Dans la narration que fait Nérine au quatrième acte, on peut considérer que quand ceux qui écoutent ont quelque chose d'important dans l'esprit, ils n'ont pas assez de patience pour écouter le détail de ce qu'on leur vient raconter, et que c'est assez pour eux d'en apprendre l'événement en un mot; c'est ce que fait voir ici Médée, qui, ayant su que Jason a arraché Créuse à ses ravisseurs, et pris Egée prisonnier, ne veut point qu'on lui explique comment cela s'est fait. Lorsqu'on a affaire à un esprit tranquille, comme Achorée à Cléopâtre dans *La Mort de Pompée*, pour qui elle ne s'intéresse que par un sentiment d'honneur, on prend le loisir d'exprimer toutes les particularités; mais avant que d'y descendre, j'estime qu'il est bon, même alors, d'en dire tout l'effet en deux mots dès l'abord.

Surtout, dans les narrations ornées et pathétiques, il faut très soigneusement prendre garde en quelle assiette est l'âme de celui qui parle et de celui qui écoute, et se passer de cet ornement, qui ne va guère sans quelque étalage ambitieux, s'il y a la moindre apparence que l'un des deux soit trop en péril, ou dans une passion trop violente pour avoir toute la patience nécessaire au récit qu'on se propose.

J'oubliais à remarquer que la prison où je mets Egée est un spectacle désagréable, que je conseillerais d'éviter; ces grilles qui éloignent l'acteur du spectateur, et lui cachent toujours plus de la moitié de sa personne, ne manquent jamais à rendre son action fort languissante. Il arrive quelquefois des occasions indispensables de faire arrêter prisonniers sur nos théâtres quelques-uns de nos principaux acteurs; mais alors il vaut mieux se contenter de leur donner des gardes qui les suivent, et n'affaiblissent ni le spectacle ni l'action, comme dans *Polyeucte* et dans *Héraclius*. J'ai voulu rendre visible ici l'obligation qu'Egée avait à Médée; mais cela se fût mieux fait par un récit.

Je serai bien aise encore qu'on remarque la civilité de Jason envers Pollux à son départ : il l'accompagne jusque hors de la ville; et c'est une adresse de théâtre assez heu-

reusement pratiquée pour l'éloigner de Créon et Créuse
mourants, et n'en avoir que deux à la fois à faire parler. Un
auteur est bien embarrassé quand il en a trois, et qu'ils ont
tous trois une assez forte passion dans l'âme pour leur
donner une juste impatience de la pousser au-dehors; c'est
ce qui m'a obligé à faire mourir ce roi malheureux avant
l'arrivée de Jason, afin qu'il n'eût à parler qu'à Créuse;
et à faire mourir cette princesse avant que Médée se
montre sur le balcon, afin que cet amant en colère n'ait plus
à qui s'adresser qu'à elle; mais on aurait eu lieu de trouver
à dire qu'il ne fût pas auprès de sa maîtresse dans un si
grand malheur, si je n'eusse rendu raison de son éloignement.

J'ai feint que les feux que produit la robe de Médée, et
qui font périr Créon et Créuse, étaient invisibles, parce
que j'ai mis leurs personnes sur la scène dans la catastrophe.
Ce spectacle de mourants m'était nécessaire pour remplir
mon cinquième acte, qui sans cela n'eût pu atteindre à la
longueur ordinaire des nôtres; mais à dire le vrai, il n'a pas
l'effet que demande la tragédie, et ces deux mourants
importunent plus par leurs cris et par leurs gémissements,
qu'ils ne font pitié par leur malheur. La raison en est qu'ils
semblent l'avoir mérité par l'injustice qu'ils ont faite à
Médée, qui attire sur ce bien de son côté toute la faveur de l'au-
ditoire, qu'on excuse sa vengeance après l'indigne traitement qu'elle a reçu de Créon et de son mari, et qu'on a
plus de compassion du désespoir où ils l'ont réduite, que
de tout ce qu'elle leur fait souffrir.

Quant au style, il est fort inégal en ce poème : et ce que
j'y ai mêlé du mien approche si peu de ce que j'ai traduit
de Sénèque, qu'il n'est point besoin d'en mettre le texte en
marge pour faire discerner au lecteur ce qui est de lui ou
de moi. Le temps m'a donné le moyen d'amasser assez de
forces pour ne laisser pas cette différence si visible dans le
Pompée, où j'ai beaucoup pris de Lucain, et ne crois pas
être demeuré fort au-dessous de lui quand il a fallu me
passer de son secours.

ACTEURS

CRÉON, roi de Corinthe.
ÉGÉE, roi d'Athènes.
JASON, mari de Médée.
POLLUX, Argonaute, ami de Jason.
CRÉUSE, fille de Créon.
MÉDÉE, femme de Jason.
CLÉONE, gouvernante de Créuse.
NÉRINE, suivante de Médée.
THEUDAS, domestique de Créon.
TROUPE DES GARDES de Créon.

La scène est à Corinthe.

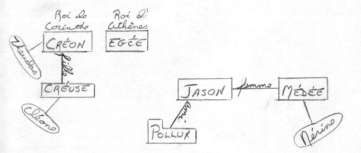

ACTE PREMIER

SCÈNE PREMIÈRE

POLLUX, JASON

POLLUX

Que je sens à la fois de surprise et de joie!
Se peut-il qu'en ces lieux enfin je vous revoie,
Que Pollux dans Corinthe ait rencontré Jason?

JASON

Vous n'y pouviez venir en meilleure saison;
5 Et pour vous rendre encor l'âme plus étonnée,
Préparez-vous à voir mon second hyménée.

POLLUX

Quoi! Médée est donc morte, ami?

JASON

Non, elle vit;
Mais un objet plus beau la chasse de mon lit.

POLLUX

Dieux! et que fera-t-elle?

JASON

Et que fit Hypsipyle [3],
10 Que pousser les éclats d'un courroux inutile?
Elle jeta des cris, elle versa des pleurs,
Elle me souhaita mille et mille malheurs;
Dit que j'étais sans foi, sans cœur, sans conscience,

Et lasse de le dire, elle prit patience.
15 Médée en son malheur en pourra faire autant :
Qu'elle soupire, pleure, et me nomme inconstant ;
Je la quitte à regret, mais je n'ai point d'excuse
Contre un pouvoir plus fort qui me donne à Créuse.

POLLUX

Créuse est donc l'objet qui vous vient d'enflammer ?
20 Je l'aurais deviné sans l'entendre nommer.
Jason ne fit jamais de communes maîtresses ;
Il est né seulement pour charmer les princesses,
Et haïrait l'amour, s'il avait sous sa loi
Rangé de moindres cœurs que des filles de roi.
25 Hypsipyle à Lemnos, sur le Phase [4] Médée,
Et Créuse à Corinthe, autant vaut, possédée,
Font bien voir qu'en tous lieux, sans le secours de Mars,
Les sceptres sont acquis à ses moindres regards.

JASON

Aussi je ne suis pas de ces amants vulgaires ;
30 J'accommode ma flamme au bien de mes affaires ;
Et sous quelque climat que me jette le sort,
Par maxime d'Etat je me fais cet effort.
    Nous voulant à Lemnos rafraîchir dans la ville,
Qu'eussions-nous fait, Pollux, sans l'amour d'Hypsipyle ?
35 Et depuis à Colchos, que fit votre Jason,
Que cajoler Médée et gagner la toison ?
Alors, sans mon amour, qu'eût fait votre vaillance ?
Eût-elle du dragon trompé la vigilance ?
Ce peuple que la terre enfantait tout armé,
40 Qui de vous l'eût défait, si Jason n'eût aimé ?
Maintenant qu'un exil m'interdit ma patrie,
Créuse est le sujet de mon idolâtrie ;
Et j'ai trouvé l'adresse, en lui faisant la cour,
De relever mon sort sur les ailes d'Amour.

POLLUX

45 Que parlez-vous d'exil ? La haine de Pélie...

JASON

Me fait, tout mort qu'il est, fuir de sa Thessalie.

POLLUX

Il est mort !

JASON

death

~~Écoutez, et vous~~ saurez comment

Son trépas seul m'~~oblige à cet~~ éloignement.

Après six ans passés, depuis notre voyage,

50 Dans les plus grands plaisirs qu'on goûte au mariage,

Mon père, tout caduc, émouvant ma pitié,

Je conjurai Médée, au nom de l'amitié...

to implore

POLLUX

J'ai su comme son art, forçant les destinées,

Lui rendit la vigueur de ses jeunes années :

55 Ce fut, s'il m'en souvient, ici que je l'appris;

D'où soudain un voyage en Asie entrepris

Fait que, nos deux séjours divisés par Neptune,

Je n'ai point su depuis quelle est votre fortune;

Je n'en fais qu'arriver.

JASON

Apprenez donc de moi

60 Le sujet qui m'oblige à lui manquer de foi.

Malgré l'aversion d'entre nos deux familles,

De mon tyran Pélie [5] elle gagne les filles,

Et leur feint de ma part tant d'outrages reçus,

Que ces faibles esprits sont aisément déçus.

65 Elle fait amitié, leur promet des merveilles,

Du pouvoir de son art leur remplit les oreilles;

Et pour mieux leur montrer comme il est infini,

Leur étale surtout mon père rajeuni.

Pour épreuve elle égorge un bélier à leurs vues,

70 Le plonge en un bain d'eaux et d'herbes inconnues,

Lui forme un nouveau sang avec cette liqueur,

Et lui rend d'un agneau la taille et la vigueur.

Les sœurs crient miracle, et chacune ravie

Conçoit pour son vieux père une pareille envie,

75 Veut un effet pareil, le demande, et l'obtient;

Mais chacune a son but. Cependant la nuit vient :

Médée, après le coup d'une si belle amorce, *allègrement, charm*

Prépare de l'eau pure et des herbes sans force,

Redouble le sommeil des gardes et du roi :

80 La suite au seul récit me fait trembler d'effroi.

A force de pitié ces filles inhumaines

De leur père endormi vont épuiser les veines :

Leur tendresse crédule, à grands coups de couteau,

Prodigue ce vieux sang, et fait place au nouveau;

85 Le coup le plus mortel s'impute à grand service;

On nomme piété ce cruel sacrifice ;
Et l'amour paternel qui fait agir leurs bras
Croirait commettre un crime à n'en commettre pas.
Médée est éloquente à leur donner courage :
90 Chacune toutefois tourne ailleurs son visage ;
Une secrète horreur condamne leur dessein,
Et refuse leurs yeux à conduire leur main.

POLLUX

A me représenter ce tragique spectacle,
Qui fait un parricide et promet un miracle,
95 J'ai de l'horreur moi-même, et ne puis concevoir
Qu'un esprit jusque-là se laisse décevoir.

JASON

Ainsi mon père Eson recouvra sa jeunesse,
Mais oyez le surplus. Ce grand courage cesse ;
L'épouvante les prend ; Médée en raille, et fuit.
100 Le jour découvre à tous les crimes de la nuit ;
Et pour vous épargner un discours inutile,
Acaste, nouveau roi, fait mutiner la ville,
Nomme Jason l'auteur de cette trahison,
Et pour venger son père assiège ma maison.
105 Mais j'étais déjà loin, aussi bien que Médée ;
Et ma famille enfin à Corinthe abordée,
Nous saluons Créon, dont la bénignité
Nous promet contre Acaste un lieu de sûreté.
Que vous dirai-je plus ? mon bonheur ordinaire
110 M'acquiert les volontés de la fille et du père ;
Si bien que de tous deux également chéri,
L'un me veut pour son gendre, et l'autre pour mari.
D'un rival couronné les grandeurs souveraines,
La majesté d'Egée, et le sceptre d'Athènes
115 N'ont rien, à leur avis, de comparable à moi,
Et banni que je suis, je leur suis plus qu'un roi.
Je vois trop ce bonheur, mais je le dissimule ;
Et bien que pour Créuse un pareil feu me brûle,
Du devoir conjugal je combats mon amour,
120 Et je ne l'entretiens que pour faire ma cour.
        Acaste cependant menace d'une guerre
Qui doit perdre Créon et dépeupler sa terre ;
Puis, changeant tout à coup ses résolutions,
Il propose la paix sous des conditions.
125 Il demande d'abord et Jason et Médée :
On lui refuse l'un, et l'autre est accordée ;

Je l'empêche, on débat, et je fais tellement,
Qu'enfin il se réduit à son bannissement.
De nouveau je l'empêche, et Créon me refuse;
130 Et pour m'en consoler il m'offre sa Créuse.
Qu'eussé-je fait, Pollux, en cette extrémité
Qui commettait ma vie avec ma loyauté ?
Car sans doute à quitter l'utile pour l'honnête,
La paix allait se faire aux dépens de ma tête;
135 Le mépris insolent des offres d'un grand roi
Aux mains d'un ennemi livrait Médée et moi.
Je l'eusse fait pourtant, si je n'eusse été père :
L'amour de mes enfants m'a fait l'âme légère;
Ma perte était la leur; et cet hymen nouveau
140 Avec Médée et moi les tire du tombeau
Eux seuls m'ont fait résoudre, et la paix s'est conclue.

POLLUX

Bien que de tous côtés l'affaire résolue
Ne laisse aucune place aux conseils d'un ami,
Je ne puis toutefois l'approuver qu'à demi.
145 Sur quoi que vous fondiez un traitement si rude,
C'est montrer pour Médée un peu d'ingratitude;
Ce qu'elle a fait pour vous est mal récompensé.
Il faut craindre après tout son courage offensé :
Vous savez mieux que moi ce que peuvent ses charmes.

JASON

150 Ce sont à sa fureur d'épouvantables armes;
Mais son bannissement nous en va garantir.

POLLUX

Gardez d'avoir sujet de vous en repentir.

JASON

Quoi qu'il puisse arriver, ami, c'est chose faite.

POLLUX

La termine le ciel comme je le souhaite!
155 Permettez cependant qu'afin de m'acquitter,
J'aille trouver le roi pour l'en féliciter.

JASON

Je vous y conduirais, mais j'attends ma princesse
Qui va sortir du temple.

POLLUX

Adieu : l'amour vous presse,
Et je serais marri qu'un soin officieux
160 Vous fît perdre pour moi des temps si précieux.

SCÈNE II

JASON

Depuis que mon esprit est capable de flamme,
Jamais un trouble égal n'a confondu mon âme.
Mon cœur, qui se partage en deux affections,
Se laisse déchirer à mille passions.
165 Je dois tout à Médée, et je ne puis sans honte
Et d'elle et de ma foi tenir si peu de conte ;
Je dois tout à Créon, et d'un si puissant roi
Je fais un ennemi, si je garde ma foi :
Je regrette Médée, et j'adore Créuse ;
170 Je vois mon crime en l'une, en l'autre mon excuse ;
Et dessus mon regret mes désirs triomphants
Ont encor le secours du soin de mes enfants.
Mais la princesse vient ; l'éclat d'un tel visage
Du plus constant du monde attirerait l'hommage,
175 Et semble reprocher à ma fidélité
D'avoir osé tenir contre tant de beauté.

SCÈNE III

JASON, CRÉUSE, CLÉONE

JASON

Que votre zèle est long, et que d'impatience
Il donne à votre amant, qui meurt en votre absence !

CRÉUSE

Je n'ai pas fait pourtant au ciel beaucoup de vœux ;
180 Ayant Jason à moi, j'ai tout ce que je veux.

JASON

Et moi, puis-je espérer l'effet d'une prière
Que ma flamme tiendrait à faveur singulière ?

Au nom de notre amour, sauvez deux jeunes fruits
Que d'un premier hymen la couche m'a produits;
185 Employez-vous pour eux, faites auprès d'un père
Qu'ils ne soient point compris en l'exil de leur mère;
C'est lui seul qui bannit ces petits malheureux,
Puisque dans les traités il n'est point parlé d'eux.

CRÉUSE

J'avais déjà pitié de leur tendre innocence,
190 Et vous y servirai de toute ma puissance,
Pourvu qu'à votre tour vous m'accordiez un point
Que jusques à tantôt je ne vous dirai point.

JASON

Dites, et quel qu'il soit, que ma reine en dispose.

CRÉUSE

Si je puis sur mon père obtenir quelque chose,
195 Vous le saurez après; je ne veux rien pour rien.

CLÉONE

Vous pourrez au palais suivre cet entretien.
On ouvre chez Médée [6], ôtez-vous de sa vue;
Vos présences rendraient sa douleur plus émue,
Et vous seriez marris que cet esprit jaloux
200 Mêlât son amertume à des plaisirs si doux.

SCÈNE IV

MÉDÉE

Souverains protecteurs des lois de l'hyménée,
Dieux garants de la foi que Jason m'a donnée,
Vous qu'il prit à témoin d'une immortelle ardeur
Quand par un faux serment il vainquit ma pudeur,
205 Voyez de quel mépris vous traite son parjure,
Et m'aidez à venger cette commune injure :
S'il me peut aujourd'hui chasser impunément,
Vous êtes sans pouvoir ou sans ressentiment.
Et vous, troupe savante en noires barbaries,
210 Filles de l'Achéron, pestes, larves, Furies,
Fières sœurs, si jamais notre commerce étroit

Sur vous et vos serpents me donna quelque droit,
Sortez de vos cachots avec les mêmes flammes
Et les mêmes tourments dont vous gênez les âmes;
215 Laissez-les quelque temps reposer dans leurs fers;
Pour mieux agir pour moi faites trêve aux enfers.
Apportez-moi du fond des antres de Mégère
La mort de ma rivale, et celle de son père,
Et si vous ne voulez mal servir mon courroux,
220 Quelque chose de pis pour mon perfide époux]:
Qu'il coure vagabond de province en province,
Qu'il fasse lâchement la cour à chaque prince;
Banni de tous côtés, sans bien et sans appui,
Accablé de frayeur, de misère, d'ennui,
225 Qu'à ses plus grands malheurs aucun ne compatisse;
Qu'il ait regret à moi pour son dernier supplice;
Et que mon souvenir jusque dans le tombeau
Attache à son esprit un éternel bourreau.
Jason me répudie! et qui l'aurait pu croire?
230 S'il a manqué d'amour, manque-t-il de mémoire?
Me peut-il bien quitter après tant de bienfaits?
M'ose-t-il bien quitter après tant de forfaits?
Sachant ce que je puis, ayant vu ce que j'ose,
Croit-il que m'offenser ce soit si peu de chose?
235 Quoi! mon père trahi, les éléments forcés,
D'un frère dans la mer les membres dispersés[7],
Lui font-ils présumer mon audace épuisée?
Lui font-ils présumer qu'à mon tour méprisée,
Ma rage contre lui n'ait par où s'assouvir,
240 Et que tout mon pouvoir se borne à le servir?
Tu t'abuses, Jason, je suis encor moi-même.
Tout ce qu'en ta faveur fit mon amour extrême,
Je le ferai par haine; et je veux pour le moins
Qu'un forfait nous sépare, ainsi qu'il nous a joints;
245 Que mon sanglant divorce, en meurtres, en carnage,
S'égale aux premiers jours de notre mariage,
Et que notre union, que rompt ton changement,
Trouve une fin pareille à son commencement.
Déchirer par morceaux l'enfant aux yeux du père
250 N'est que le moindre effet qui suivra ma colère;
Des crimes si légers furent mes coups d'essai:
Il faut bien autrement montrer ce que je sai;
Il faut faire un chef-d'œuvre, et qu'un dernier ouvrage
Surpasse de bien loin ce faible apprentissage.
255 Mais pour exécuter tout ce que j'entreprends,
Quels dieux me fourniront des secours assez grands?

Ce n'est plus vous, enfers, qu'ici je sollicite :
Vos feux sont impuissants pour ce que je médite.
Auteur de ma naissance, aussi bien que du jour,
260 Qu'à regret tu dépars à ce fatal séjour,
Soleil, qui vois l'affront qu'on va faire à ta race [8],
Donne-moi tes chevaux à conduire en ta place :
Accorde cette grâce à mon désir bouillant.
Je veux choir sur Corinthe avec ton char brûlant :
265 Mais ne crains pas de chute à l'univers funeste;
Corinthe consumé garantira le reste;
De mon juste courroux les implacables vœux
Dans ses odieux murs arrêteront tes feux.
Créon en est le prince, et prend Jason pour gendre :
270 C'est assez mériter d'être réduit en cendre,
D'y voir réduit tout l'isthme, afin de l'en punir,
Et qu'il n'empêche plus les deux mers de s'unir.

SCÈNE V

MÉDÉE, NÉRINE

MÉDÉE

Et bien! Nérine, à quand, à quand cet hyménée ?
En ont-ils choisi l'heure ? en sais-tu la journée ?
275 N'en as-tu rien appris ? n'as-tu point vu Jason ?
N'appréhende-t-il rien après sa trahison ?
Croit-il qu'en cet affront je m'amuse à me plaindre?
S'il cesse de m'aimer, qu'il commence à me craindre.
Il verra, le perfide, à quel comble d'horreur
280 De mes ressentiments peut monter la fureur.

NÉRINE

Modérez les bouillons de cette violence,
Et laissez déguiser vos douleurs au silence.
Quoi! madame, est-ce ainsi qu'il faut dissimuler ?
Et faut-il perdre ainsi des menaces en l'air ?
285 Les plus ardents transports d'une haine connue
Ne sont qu'autant d'éclairs avortés dans la nue,
Qu'autant d'avis à ceux que vous voulez punir,
Pour repousser vos coups, ou pour les prévenir.
Qui peut sans s'émouvoir supporter une offense,
290 Peut mieux prendre à son point le temps de sa vengeance;

Et sa feinte douceur, sous un appas mortel,
Mène insensiblement sa victime à l'autel.

MÉDÉE

Tu veux que je me taise et que je dissimule !
Nérine, porte ailleurs ce conseil ridicule ;
295 L'âme en est incapable en de moindres malheurs,
Et n'a point où cacher de pareilles douleurs.
Jason m'a fait trahir mon pays et mon père,
Et me laisse au milieu d'une terre étrangère,
Sans support, sans amis, sans retraite, sans bien,
300 La fable de son peuple et la haine du mien :
Nérine, après cela tu veux que je me taise !
Ne dois-je point encore en témoigner de l'aise,
De ce royal hymen souhaiter l'heureux jour,
Et forcer tous mes soins à servir son amour ?

NÉRINE

305 Madame, pensez mieux à l'éclat que vous faites.
Quelque juste qu'il soit, regardez où vous êtes ;
Considérez qu'à peine un esprit plus remis
Vous tient en sûreté parmi vos ennemis.

MÉDÉE

L'âme doit se roidir plus elle est menacée,
310 Et contre la fortune aller tête baissée,
La choquer hardiment, et sans craindre la mort
Se présenter de front à son plus rude effort.
Cette lâche ennemie a peur des grands courages,
Et sur ceux qu'elle abat redouble ses outrages.

NÉRINE

315 Que sert ce grand courage où l'on est sans pouvoir ?

MÉDÉE

Il trouve toujours lieu de se faire valoir.

NÉRINE

Forcez l'aveuglement dont vous êtes séduite,
Pour voir en quel état le sort vous a réduite.
Votre pays vous hait, votre époux est sans foi :
320 Dans un si grand revers que vous reste-t-il ?

MÉDÉE

Moi [9],
Moi, dis-je, et c'est assez.

NÉRINE

Quoi! vous seule, madame ?

MÉDÉE

Oui, tu vois en moi seule et le fer et la flamme,
Et la terre, et la mer, et l'enfer, et les cieux,
Et le sceptre des rois, et le foudre des dieux.

NÉRINE

325 L'impétueuse ardeur d'un courage sensible
A vos ressentiments figure tout possible :
Mais il faut craindre un roi fort de tant de sujets.

MÉDÉE

Mon père, qui l'était, rompit-il mes projets ?

NÉRINE

Non; mais il fut surpris, et Créon se défie. *to distrust*
330 Fuyez, qu'à ses soupçons il ne vous sacrifie.

MÉDÉE

Las! je n'ai que trop fui; cette infidélité
D'un juste châtiment punit ma lâcheté.
Si je n'eusse point fui pour la mort de Pélie,
Si j'eusse tenu bon dedans la Thessalie,
335 Il n'eût point vu Créuse, et cet objet nouveau
N'eût point de notre hymen étouffé le flambeau.

NÉRINE

Fuyez encor, de grâce.

MÉDÉE

Oui, je fuirai, Nérine;
Mais, avant, de Créon on verra la ruine.
Je brave la fortune, et toute sa rigueur
340 En m'ôtant un mari ne m'ôte pas le cœur;
Sois seulement fidèle, et sans te mettre en peine,
Laisse agir pleinement mon savoir et ma haine.

NÉRINE, *seule.*

Madame... Elle me quitte au lieu de m'écouter,
Ces violents transports la vont précipiter :
345 D'une trop juste ardeur l'inexorable envie
Lui fait abandonner le souci de sa vie.
Tâchons encore un coup d'en divertir le cours.
Apaiser sa fureur, c'est conserver ses jours.

ACTE II

SCÈNE PREMIÈRE

MÉDÉE, NÉRINE

NÉRINE

Bien qu'un péril certain suive votre entreprise,
350 Assurez-vous sur moi, je vous suis toute acquise;
Employez mon service aux flammes, au poison,
Je ne refuse rien; mais épargnez Jason.
Votre aveugle vengeance une fois assouvie,
Le regret de sa mort vous coûterait la vie,
355 Et les coups violents d'un rigoureux ennui...

MÉDÉE

Cesse de m'en parler et ne crains rien pour lui :
Ma fureur jusque-là n'oserait me séduire;
Jason m'a trop coûté pour le vouloir détruire [10];
Mon courroux lui fait grâce, et ma première ardeur
360 Soutient son intérêt au milieu de mon cœur.
Je crois qu'il m'aime encore, et qu'il nourrit en l'âme
Quelques restes secrets d'une si belle flamme,
Qu'il ne fait qu'obéir aux volontés d'un roi
Qui l'arrache à Médée en dépit de sa foi.
365 Qu'il vive, et s'il se peut, que l'ingrat me demeure;
Sinon, ce m'est assez que sa Créuse meure;
Qu'il vive cependant, et jouisse du jour
Que lui conserve encor mon immuable amour.
Créon seul et sa fille ont fait la perfidie!
370 Eux seuls termineront toute la tragédie;
Leur perte achèvera cette fatale paix.

NÉRINE

Contenez-vous, madame; il sort de son palais.

SCÈNE II

CRÉON, MÉDÉE, NÉRINE, SOLDATS

CRÉON

Quoi! je te vois encore! Avec quelle impudence
Peux-tu, sans t'effrayer, soutenir ma présence ?
375 Ignores-tu l'arrêt de ton bannissement ?
Fais-tu si peu de cas de mon commandement ?
Voyez comme elle s'enfle et d'orgueil et d'audace! *to rise; swell*
Ses yeux ne sont que feu; ses regards, que menace!
Gardes, empêchez-la de s'approcher de moi [11].
380 Va, purge mes Etats d'un monstre tel que toi;
Délivre mes sujets et moi-même de crainte.

MÉDÉE

De quoi m'accuse-t-on ? Quel crime, quelle plainte
Pour mon bannissement vous donne tant d'ardeur ?

CRÉON

Ah! l'innocence même, et la même candeur [12]!
385 Médée est un miroir de vertu signalée :
Quelle inhumanité de l'avoir exilée!
Barbare, as-tu si tôt oublié tant d'horreurs ?
Repasse tes forfaits, repasse tes erreurs,
Et de tant de pays nomme quelque contrée *land; region*
390 Dont tes méchancetés te permettent l'entrée.
Toute la Thessalie en armes te poursuit;
Ton père te déteste, et l'univers te fuit :
Me dois-je en ta faveur charger de tant de haines,
Et sur mon peuple et moi faire tomber tes peines ?
395 Va pratiquer ailleurs tes noires actions;
J'ai racheté la paix à ces conditions.

MÉDÉE

Lâche paix, qu'entre vous, sans m'avoir écoutée,
Pour m'arracher mon bien vous avez complotée!
cowardly Paix, dont le déshonneur vous demeure éternel!
peace
400 Quiconque sans l'ouïr condamne un criminel,
Son crime eût-il cent fois mérité le supplice,
D'un juste châtiment il fait une injustice.

Pourquoi est-ce qu'elle appelle son sort "un juste châtiment" ?

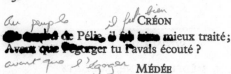

CRÉON

~~........... de~~ Péli~~e, il est bien~~ mieux traité;
~~Avant que l'égor~~ger tu l'avais écouté ?

MÉDÉE

405 Ecouta-t-il Jason, quand sa haine couverte
L'envoya sur nos bords se livrer à sa perte ?
Car comment voulez-vous que je nomme un dessein
Au-dessus de sa force et du pouvoir humain ?
Apprenez quelle était cette illustre conquête,
410 Et de combien de morts j'ai garanti sa tête.
        Il fallait <u>mettre</u> au joug deux taureaux furieux;
Des tourbillons de feux s'élançaient de leurs yeux,
Et leur maître Vulcain poussait par leur haleine
Un long embrasement dessus toute la plaine;
415 Eux domptés, on entrait en de nouveaux hasards;
Il fallait labourer les tristes champs de Mars,
Et des dents d'un serpent ensemencer leur terre,
Dont la stérilité, fertile pour la guerre,
Produisait à l'instant des es<u>cadrons</u> armés
420 Contre la même main qui les avait semés.
Mais, quoi qu'eût fait contre eux une valeur parfaite,
La toison n'était pas au bout de leur défaite :
Un dragon, enivré des plus mortels poisons
Qu'enfantent les péchés de toutes les saisons,
425 Vomissant mille traits de sa gorge enflammée,
La gardait beaucoup mieux que toute cette armée;
Jamais étoile, lune, aurore, ni soleil,
Ne virent abaisser sa paupière au sommeil :
Je l'ai seule assoupi; seule, j'ai par mes charmes
430 Mis au joug les taureaux, et défait les gendarmes.
Si lors à mon devoir mon désir limité
Eût conservé ma gloire et ma fidélité,
Si j'eusse eu de l'honneur de tant d'énormes fautes,
Que devenait Jason, et tous vos Argonautes ?
435 Sans moi, ce vaillant chef, que vous m'avez ravi,
Fût péri le premier, et tous l'auraient suivi.
Je ne me repens point d'avoir par mon adresse
Sauvé le sang des dieux et la fleur de la Grèce :
Zéthès, et Calaïs, et Pollux, et Castor,
440 Et le charmant Orphée, et le sage Nestor,
Tous vos héros enfin tiennent de moi la vie;
Je vous les verrai tous posséder sans envie :
Je vous les ai sauvés, je vous les cède tous;
Je n'en veux qu'un pour moi, n'en soyez point jaloux.

445 Pour de si bons effets laissez-moi l'infidèle :
     Il est mon crime seul, si je suis criminelle;
     Aimer cet inconstant, c'est tout ce que j'ai fait :
     Si vous me punissez, rendez-moi mon forfait.
     Est-ce user comme il faut d'un pouvoir légitime,
450 Que me faire coupable et jouir de mon crime ?

CRÉON

Va te plaindre à Colchos.

MÉDÉE

                               Le retour m'y plaira.
     Que Jason m'y remette ainsi qu'il m'en tira :
     Je suis prête à partir sous la même conduite
     Qui de ces lieux aimés précipita ma fuite.
455 O d'un injuste affront les coups les plus cruels!
     Vous faites différence entre deux criminels!
     Vous voulez qu'on l'honore, et que de deux complices
     L'un ait votre couronne, et l'autre des supplices!

CRÉON

Cesse de plus mêler ton intérêt au sien.
460 Ton Jason, pris à part, est trop homme de bien :
     Le séparant de toi, sa défense est facile;
     Jamais il n'a trahi son père ni sa ville;
     Jamais sang innocent n'a fait rougir ses mains;
     Jamais il n'a prêté son bras à tes desseins;
465 Son crime, s'il en a, c'est de t'avoir pour femme.
     Laisse-le s'affranchir d'une honteuse flamme;
     Rends-lui son innocence en t'éloignant de nous;
     Porte en d'autres climats ton insolent courroux;
     Tes herbes, tes poisons, ton cœur impitoyable,
470 Et tout ce qui jamais a fait Jason coupable.

MÉDÉE

Peignez mes actions plus noires que la nuit;
     Je n'en ai que la honte, il en a tout le fruit;
     Ce fut en sa faveur que ma savante audace
     Immola son tyran par les mains de sa race;
475 Joignez-y mon pays et mon frère : il suffit
     Qu'aucun de tant de maux ne va qu'à son profit.
     Mais vous les saviez tous quand vous m'avez reçue;
     Votre simplicité n'a point été déçue :
     En ignoriez-vous un quand vous m'avez promis
480 Un rempart assuré contre mes ennemis ?
     Ma main, saignante encor du meurtre de Pélie,

Soulevait contre moi toute la Thessalie,
Quand votre cœur, sensible à la compassion,
Malgré tous mes forfaits, prit ma protection.
485 Si l'on me peut depuis imputer quelque crime,
C'est trop peu que l'exil, ma mort est légitime :
Sinon, à quel propos me traitez-vous ainsi ?
Je suis coupable ailleurs, mais innocente ici.

CRÉON

Je ne veux plus ici d'une telle innocence,
490 Ni souffrir en ma cour ta fatale présence.
Va...

MÉDÉE

Dieux justes, vengeurs...

CRÉON

                                    Va, dis-je, en d'autres lieux
Par tes cris importuns solliciter les dieux.
Laisse-nous tes enfants : je serais trop sévère,
Si je les punissais des crimes de leur mère;
495 Et bien que je le pusse avec juste raison,
Ma fille les demande en faveur de Jason.

MÉDÉE

Barbare humanité, qui m'arrache à moi-même,
Et feint de la douceur pour m'ôter ce que j'aime!
Si Jason et Créuse ainsi l'ont ordonné,
500 Qu'ils me rendent le sang que je leur ai donné.

CRÉON

Ne me réplique plus, suis la loi qui t'est faite;
Prépare ton départ, et pense à ta retraite.
Pour en délibérer, et choisir le quartier,
De grâce ma bonté te donne un jour entier.

MÉDÉE

Quelle grâce!

CRÉON

505   Soldats, remettez-la chez elle;
Sa contestation deviendrait éternelle.

                                   Médée rentre, et Créon continue.

Quel indomptable esprit! quel arrogant maintien
Accompagnait l'orgueil d'un si long entretien!

A-t-elle rien fléchi de son humeur altière ? *haughty*
510 A-t-elle pu descendre à la moindre prière ?
Et le sacré respect de ma condition
En a-t-il arraché quelque soumission ?

SCÈNE III

CRÉON, JASON, CRÉUSE, CLÉONE, SOLDATS

CRÉON

Te voilà sans rivale, et mon pays sans guerres,
Ma fille : c'est demain qu'elle sort de nos terres.
515 Nous n'avons désormais que craindre de sa part;
Acaste est satisfait d'un si proche départ;
Et si tu peux calmer le courage d'Egée,
Qui voit par notre choix son ardeur négligée,
Fais état que demain nous assure à jamais
520 Et dedans et dehors une profonde paix.

CRÉUSE

Je ne crois pas, seigneur, que ce vieux roi d'Athènes,
Voyant aux mains d'autrui le fruit de tant de peines,
Mêle tant de faiblesse à son ressentiment,
Que son premier courroux se dissipe aisément.
525 J'espère toutefois qu'avec un peu d'adresse
Je pourrai le résoudre à perdre une maîtresse
Dont l'âge peu sortable et l'inclination
Répondaient assez mal à son affection.

JASON

Il doit vous témoigner par son obéissance
530 Combien sur son esprit vous avez de puissance;
Et s'il s'obstine à suivre un injuste courroux,
Nous saurons, ma princesse, en rabattre les coups;
Et nos préparatifs contre la Thessalie
Ont trop de quoi punir sa flamme et sa folie.

CRÉON

535 Nous n'en viendrons pas là : regarde seulement
A le payer d'estime et de remerciement.
Je voudrais pour tout autre un peu de raillerie; *mockery*
Un vieillard amoureux mérite qu'on en rie;

Mais le trône soutient la majesté des rois [13]
540 Au-dessus du mépris, comme au-dessus des lois.
On doit toujours respect au sceptre, à la couronne.
Remets tout, si tu veux, aux ordres que je donne;
Je saurai l'apaiser avec facilité,
Si tu ne te défends qu'avec civilité.

SCÈNE IV

JASON, CRÉUSE, CLÉONE

JASON

545 Que ne vous dois-je point pour cette préférence,
Où mes désirs n'osaient porter mon espérance!
C'est bien me témoigner un amour infini,
De mépriser un roi pour un pauvre banni!
A toutes ses grandeurs préférer ma misère!
550 Tourner en ma faveur les volontés d'un père!
Garantir mes enfants d'un exil rigoureux!

CRÉUSE

Qu'a pu faire de moindre un courage amoureux?
La fortune a montré dedans votre naissance
Un trait de son envie, ou de son impuissance;
555 Elle devait un sceptre au sang dont vous naissez,
Et sans lui vos vertus le méritaient assez.
L'amour, qui n'a pu voir une telle injustice,
Supplée à son défaut, ou punit sa malice,
Et vous donne, au plus fort de vos adversités,
560 Le sceptre que j'attends, et que vous méritez.
La gloire m'en demeure; et les races futures,
Comptant notre hyménée entre vos aventures,
Vanteront à jamais mon amour généreux,
Qui d'un si grand héros rompt le sort malheureux.
565 Après tout, cependant, riez de ma faiblesse;
Prête de posséder le phénix de la Grèce,
La fleur de nos guerriers, le sang de tant de dieux,
La robe de Médée a donné dans mes yeux [14];
Mon caprice, à son lustre attachant mon envie,
570 Sans elle trouve à dire au bonheur de ma vie;
C'est ce qu'ont prétendu mes desseins relevés,
Pour le prix des enfants que je vous ai sauvés.

JASON

Que ce prix est léger pour un si bon office!
Il y faut toutefois employer l'artifice :
575 Ma jalouse en fureur n'est pas femme à souffrir
Que ma main l'en dépouille afin de vous l'offrir;
Des trésors dont son père épuise la Scythie,
C'est tout ce qu'elle a pris quand elle en est sortie.

CRÉUSE

Qu'elle a fait un beau choix! jamais éclat pareil
580 Ne sema dans la nuit les clartés du soleil;
Les perles avec l'or confusément mêlées,
Mille pierres de prix sur ses bords étalées,
D'un mélange divin éblouissent les yeux;
Jamais rien d'approchant ne se fit en ces lieux.
585 Pour moi, tout aussitôt que je l'en vis parée,
Je ne fis plus d'état de la toison dorée;
Et dussiez-vous vous-même en être un peu jaloux,
J'en eus presques envie aussitôt que de vous.
Pour apaiser Médée et réparer sa perte,
590 L'épargne de mon père entièrement ouverte
Lui met à l'abandon tous les trésors du roi,
Pourvu que cette robe et Jason soient à moi.

JASON

N'en doutez point, ma reine, elle vous est acquise.
Je vais chercher Nérine, et par son entremise
595 Obtenir de Médée avec dextérité
Ce que refuserait son courage irrité.
Pour elle, vous savez que j'en fuis les approches,
J'aurais peine à souffrir l'orgueil de ses reproches;
Et je me connais mal, ou dans notre entretien
600 Son courroux s'allumant allumerait le mien.
Je n'ai point un esprit complaisant à sa rage,
Jusques à supporter sans réplique un outrage;
Et ce seraient pour moi d'éternels déplaisirs
De reculer par là l'effet de vos désirs.
605   Mais sans plus de discours, d'une maison voisine
Je vais prendre le temps que sortira Nérine.
Souffrez, pour avancer votre contentement,
Que malgré mon amour je vous quitte un moment.

CLÉONE

Madame, j'aperçois venir le roi d'Athènes.

CRÉUSE

610 Allez donc, votre vue augmenterait ses peines.

CLÉONE

Souvenez-vous de l'air dont il le faut traiter.

CRÉUSE

Ma bouche accortement saura s'en acquitter.

SCÈNE V

ÉGÉE, CRÉUSE, CLÉONE

ÉGÉE

Sur un bruit qui m'étonne, et que je ne puis croire,
Madame, mon amour, jaloux de votre gloire,
615 Vient savoir s'il est vrai que vous soyez d'accord,
Par un honteux hymen, de l'arrêt de ma mort.
Votre peuple en frémit, votre cour en murmure;
Et tout Corinthe enfin s'impute à grande injure
Qu'un fugitif, un traître, un meurtrier de rois,
620 Lui donne à l'avenir des princes et des lois;
Il ne peut endurer que l'horreur de la Grèce
Pour prix de ses forfaits épouse sa princesse,
Et qu'il faille ajouter à vos titres d'honneur :
« Femme d'un assassin et d'un empoisonneur. »

CRÉUSE

625 Laissez agir, grand roi, la raison sur votre âme,
Et ne le chargez point des crimes de sa femme.
J'épouse un malheureux, et mon père y consent,
Mais prince, mais vaillant, et surtout innocent.
Non pas que je ne faille en cette préférence;
630 De votre rang au sien je sais la différence :
Mais si vous connaissez l'amour et ses ardeurs,
Jamais pour son objet il ne prend les grandeurs;
Avouez que son feu n'en veut qu'à la personne,
Et qu'en moi vous n'aimiez rien moins que ma couronne.
635 Souvent je ne sais quoi qu'on ne peut exprimer,
Nous surprend, nous emporte, et nous force d'aimer;
Et souvent, sans raison, les objets de nos flammes

Frappent nos yeux ensemble et saisissent nos âmes.
Ainsi nous avons vu le souverain des dieux,
640 Au mépris de Junon, aimer en ces bas lieux,
Vénus quitter son Mars et négliger sa prise,
Tantôt pour Adonis, et tantôt pour Anchise;
Et c'est peut-être encore avec moins de raison
Que, bien que vous m'aimiez, je me donne à Jason. [ʒɛʒ̃]
645 D'abord dans mon esprit vous eûtes ce partage :
Je vous estimai plus, et l'aimai davantage.

ÉGÉE

Gardez ces compliments pour de moins enflammés,
Et ne m'estimez point qu'autant que vous m'aimez.
Que me sert cet aveu d'une erreur volontaire ?
650 Si vous croyez faillir, qui vous force à le faire ? *faillent*
N'accusez point l'amour ni son aveuglement;
Quand on connaît sa faute, on manque doublement.

CRÉUSE

Puis donc que vous trouvez la mienne inexcusable,
Je ne veux plus, seigneur, me confesser coupable.
655   L'amour de mon pays et le bien de l'Etat
Me défendaient l'hymen d'un si grand potentat.
Il m'eût fallu soudain vous suivre en vos provinces,
Et priver mes sujets de l'aspect de leurs princes.
Votre sceptre pour moi n'est qu'un pompeux exil;
660 Que me sert son éclat ? et que me donne-t-il ?
M'élève-t-il d'un rang plus haut que souveraine ?
Et sans le posséder ne me vois-je pas reine ?
Grâces aux immortels, dans ma condition
J'ai de quoi m'assouvir de cette ambition :
665 Je ne veux point changer mon sceptre contre un autre;
Je perdrais ma couronne en acceptant la vôtre.
Corinthe est bon sujet, mais il veut voir son roi,
Et d'un prince éloigné rejetterait la loi.
Joignez à ces raisons qu'un père un peu sur l'âge,
670 Dont ma seule présence adoucit le veuvage,
Ne saurait se résoudre à séparer de lui
De ses débiles ans l'espérance et l'appui,
Et vous reconnaîtrez que je ne vous préfère
Que le bien de l'Etat, mon pays et mon père.
675   Voilà ce qui m'oblige au choix d'un autre époux [15];
Mais comme ces raisons font peu d'effet sur vous,
Afin de redonner le repos à votre âme,
Souffrez que je vous quitte.

ÉGÉE, *seul.*

Allez, allez, madame,
Etaler vos appas et vanter vos mépris
680 A l'infâme sorcier qui charme vos esprits.
De cette indignité faites un mauvais conte;
Riez de mon ardeur, riez de votre honte;
Favorisez celui de tous vos courtisans
Qui raillera le mieux le déclin de mes ans;
685 Vous jouirez fort peu d'une telle insolence;
Mon amour outragé court à la violence;
Mes vaisseaux à la rade, assez proches du port,
N'ont que trop de soldats à faire un coup d'effort.
La jeunesse me manque, et non pas le courage :
690 Les rois ne perdent point les forces avec l'âge;
Et l'on verra, peut-être avant ce jour fini,
Ma passion vengée, et votre orgueil puni.

ACTE III

SCÈNE PREMIÈRE

NÉRINE

Malheureux instrument du malheur qui nous presse,
Que j'ai pitié de toi, déplorable princesse!
695 Avant que le soleil ait fait encore un tour,
Ta perte inévitable achève ton amour.
Ton destin te trahit, et ta beauté fatale
Sous l'appas d'un hymen t'expose à ta rivale;
Ton sceptre est impuissant à vaincre son effort;
700 Et le jour de sa fuite est celui de ta mort.
Sa vengeance à la main elle n'a qu'à résoudre [16],
Un mot du haut des cieux fait descendre le foudre,
Les mers, pour noyer tout, n'attendent que sa loi;
La terre offre à s'ouvrir sous le palais du roi;
705 L'air tient les vents tout prêts à suivre sa colère,
Tant la nature esclave a peur de lui déplaire;
Et si ce n'est assez de tous les éléments,

Les enfers vont sortir à ses commandements.
  Moi, bien que mon devoir m'attache à son service,
710 Je lui prête à regret un silence complice;
  D'un louable désir mon cœur sollicité
  Lui ferait avec joie une infidélité :
  Mais loin de s'arrêter, sa rage découverte,
  A celle de Créuse ajouterait ma perte;
715 Et mon funeste avis ne servirait de rien
  Qu'à confondre mon sang dans les bouillons du sien.
  D'un mouvement contraire à celui de mon âme,
  La crainte de la mort m'ôte celle du blâme;
  Et ma timidité s'efforce d'avancer
720 Ce que hors du péril je voudrais traverser.

SCÈNE II

JASON, NÉRINE

JASON

Nérine, eh bien, que dit, que fait notre exilée ?
Dans ton cher entretien s'est-elle consolée ?
Veut-elle bien céder à la nécessité ?

NÉRINE

Je trouve en son chagrin moins d'animosité;
725 De moment en moment son âme plus humaine
  Abaisse sa colère, et rabat de sa haine :
  Déjà son déplaisir ne vous veut plus de mal.

JASON

Fais-lui prendre pour tous un sentiment égal.
Toi, qui de mon amour connaissais la tendresse,
730 Tu peux connaître aussi quelle douleur me presse.
  Je me sens déchirer le cœur à son départ :
  Créuse en ses malheurs prend même quelque part,
  Ses pleurs en ont coulé; Créon même soupire,
  Lui préfère à regret le bien de son empire
735 Et si dans son adieu son cœur moins irrité
  En voulait mériter la libéralité,
  Si jusque-là Médée apaisait ses menaces,
  Qu'elle eût soin de partir avec ses bonnes grâces,
  Je sais (comme il est bon) que ses trésors ouverts

740 Lui seraient sans réserve entièrement offerts,
    Et malgré les malheurs où le sort l'a réduite,
    Soulageraient sa peine et soutiendraient sa fuite.

NÉRINE

    Puisqu'il faut se résoudre à ce bannissement,
    Il faut en adoucir le mécontentement.
745 Cette offre y peut servir; et par elle j'espère,
    Avec un peu d'adresse, apaiser sa colère.
    Mais, d'ailleurs, toutefois n'attendez rien de moi,
    S'il faut prendre congé de Créuse et du roi;
    L'objet de votre amour et de sa jalousie
750 De toutes ses fureurs l'aurait tôt ressaisie.

JASON

    Pour montrer sans les voir son courage apaisé,
    Je te dirai, Nérine, un moyen fort aisé;
    Et de si longue main je connais ta prudence,
    Que je t'en fais sans peine entière confidence.
755 Créon bannit Médée, et ses ordres précis
    Dans son bannissement enveloppaient ses fils :
    La pitié de Créuse a tant fait vers son père,
    Qu'ils n'auront point de part au malheur de leur mère.
    Elle lui doit par eux quelque remerciement;
760 Qu'un présent de sa part suive leur compliment :
    Sa robe, dont l'éclat sied mal à sa fortune,
    Et n'est à son exil qu'une charge importune,
    Lui gagnerait le cœur d'un prince libéral,
    Et de tous ses trésors l'abandon général.
765 D'une vaine parure, inutile à sa peine,
    Elle peut acquérir de quoi faire la reine :
    Créuse, ou je me trompe, en a quelque désir,
    Et je ne pense pas qu'elle pût mieux choisir.
    Mais la voici qui sort; souffre que je l'évite :
770 Ma rencontre la trouble, et mon aspect l'irrite.

SCÈNE III

MÉDÉE, JASON, NÉRINE

MÉDÉE

    Ne fuyez pas, Jason, de ces funestes lieux.
    C'est à moi d'en partir : recevez mes adieux.

Accoutumée à fuir, l'exil m'est peu de chose;
Sa rigueur n'a pour moi de nouveau que sa cause.
775 C'est pour vous que j'ai fui, c'est vous qui me chassez.
    Où me renvoyez-vous, si vous me bannissez ?
    Irai-je sur le Phase, où j'ai trahi mon père,
    Apaiser de mon sang les mânes de mon frère ?
    Irai-je en Thessalie, où le meurtre d'un roi
780 Pour victime aujourd'hui ne demande que moi ?
    Il n'est point de climat dont mon amour fatale
    N'ait acquis à mon nom la haine générale;
    Et ce qu'ont fait pour vous mon savoir et ma main
    M'a fait un ennemi de tout le genre humain.
785 Ressouviens-t'en, ingrat; remets-toi dans la plaine
    Que ces taureaux affreux brûlaient de leur haleine;
    Revois ce champ guerrier dont les sacrés sillons
    Elevaient contre toi de soudains bataillons;
    Ce dragon qui jamais n'eut les paupières closes
790 Et lors préfère-moi Créuse, si tu l'oses.
    Qu'ai-je épargné depuis qui fût en mon pouvoir ?
    Ai-je auprès de l'amour écouté mon devoir ?
    Pour jeter un obstacle à l'ardente poursuite
    Dont mon père en fureur touchait déjà ta fuite,
795 Semai-je avec regret mon frère par morceaux ?
    A ce funeste objet épandu sur les eaux,
    Mon père trop sensible aux droits de la nature,
    Quitta tous autres soins que de sa sépulture;
    Et par ce nouveau crime émouvant sa pitié,
800 J'arrêtai les effets de son inimitié.
    Prodigue de mon sang, honte de ma famille,
    Aussi cruelle sœur que déloyale fille,
    Ces titres glorieux plaisaient à mes amours;
    Je les pris sans horreur pour conserver tes jours.
805 Alors, certes, alors mon mérite était rare;
    Tu n'étais point honteux d'une femme barbare.
    Quand à ton père usé je rendis la vigueur,
    J'avais encor tes vœux, j'étais encor ton cœur;
    Mais cette affection mourant avec Pélie
810 Dans le même tombeau se vit ensevelie :
    L'ingratitude en l'âme et l'imprudence au front,
    Une Scythe en ton lit te fut lors un affront;
    Et moi, que tes désirs avaient tant souhaitée,
    Le dragon assoupi, la toison emportée,
815 Ton tyran massacré, ton père rajeuni,
    Je devins un objet digne d'être banni.
    Tes desseins achevés, j'ai mérité ta haine,

Il t'a fallu sortir d'une honteuse chaîne,
Et prendre une moitié qui n'a rien plus que moi,
820 Que le bandeau royal que j'ai quitté pour toi.

JASON

Ah! que n'as-tu des yeux à lire dans mon âme,
Et voir les purs motifs de ma nouvelle flamme!
Les tendres sentiments d'un amour paternel
Pour sauver mes enfants me rendent criminel,
825 Si l'on peut nommer crime un malheureux divorce,
Où le soin que j'ai d'eux me réduit et me force.
Toi-même, furieuse, ai-je peu fait pour toi
D'arracher ton trépas aux vengeances d'un roi ?
Sans moi ton insolence allait être punie :
830 A ma seule prière on ne t'a que bannie.
C'est rendre la pareille à tes grands coups d'effort :
Tu m'as sauvé la vie, et j'empêche ta mort.

MÉDÉE

On ne m'a que bannie! ô bonté souveraine!
C'est donc une faveur, et non pas une peine!
835 Je reçois une grâce au lieu d'un châtiment!
Et mon exil encor doit un remerciement!
     Ainsi l'avare soif du brigand assouvie,
Il s'impute à pitié de nous laisser la vie;
Quand il n'égorge point, il croit nous pardonner,
840 Et ce qu'il n'ôte pas, il pense le donner.

JASON

Tes discours, dont Créon de plus en plus s'offense,
Le forceraient enfin à quelque violence.
Eloigne-toi d'ici tandis qu'il t'est permis :
Les rois ne sont jamais de faibles ennemis.

MÉDÉE

845 A travers tes conseils je vois assez ta ruse :
Ce n'est là m'en donner qu'en faveur de Créuse.
Ton amour, déguisé d'un soin officieux,
D'un objet importun veut délivrer ses yeux.

JASON

N'appelle point amour un change inévitable,
850 Où Créuse fait moins que le sort qui m'accable.

MÉDÉE

Peux-tu bien, sans rougir, désavouer tes feux ?

JASON

Eh bien, soit; ses attraits captivent tous mes vœux :
Toi, qu'un amour furtif souilla de tant de crimes, *te soil*
M'oses-tu reprocher des ardeurs légitimes ?

MÉDÉE

855 Oui, je te les reproche, et de plus...

JASON

Quels forfaits ?

MÉDÉE

La trahison, le meurtre, et tous ceux que j'ai faits.

JASON

Il manque encor ce point à mon sort déplorable,
Que de tes cruautés on me fasse coupable.

MÉDÉE

Tu présumes en vain de t'en mettre à couvert;
860 Celui-là fait le crime à qui le crime sert.
Que chacun, indigné contre ceux de ta femme,
La traite en ses discours de méchante et d'infâme,
Toi seul, dont ses forfaits ont fait tout le bonheur,
Tiens-la pour innocente et défends son honneur.

JASON

865 J'ai honte de ma vie, et je hais son usage,
Depuis que je la dois aux effets de ta rage.

MÉDÉE

La honte généreuse, et la haute vertu !
Puisque tu la hais tant, pourquoi la gardes-tu ?

JASON

Au bien de nos enfants, dont l'âge faible et tendre
870 Contre tant de malheurs ne saurait se défendre :
Deviens en leur faveur d'un naturel plus doux.

MÉDÉE

Mon âme à leur sujet redouble son courroux,
Faut-il ce déshonneur pour comble à mes misères,
Qu'à mes enfants Créuse enfin donne des frères ?
875 Tu vas mêler, impie, et mettre en rang pareil
Des neveux de Sisyphe avec ceux du Soleil [17] !

JASON

Leur grandeur soutiendra la fortune des autres;
Créuse et ses enfants conserveront les nôtres.

MÉDÉE

Je l'empêcherai bien ce mélange odieux,
880 Qui déshonore ensemble et ma race et les dieux.

JASON

Lassés de tant de maux, cédons à la fortune.

MÉDÉE

Ce corps n'enferme pas une âme si commune;
Je n'ai jamais souffert qu'elle me fît la loi,
Et toujours ma fortune a dépendu de moi [18].

JASON

885 La peur que j'ai d'un sceptre...

MÉDÉE

                                        Ah! cœur rempli de feinte,
Tu masques tes désirs d'un faux titre de crainte;
Un sceptre est l'objet seul qui fait ton nouveau choix.

JASON

Veux-tu que je m'expose aux haines de deux rois [19]
Et que mon imprudence attire sur nos têtes,
890 D'un et d'autre côté, de nouvelles tempêtes?

MÉDÉE

Fuis-les, fuis-les tous deux, suis Médée à ton tour,
Et garde au moins ta foi, si tu n'as plus d'amour.

JASON

Il est aisé de fuir, mais il n'est pas facile
Contre deux rois aigris de trouver un asile.
895 Qui leur résistera, s'ils viennent à s'unir?

MÉDÉE

Qui me résistera, si je te veux punir,
Déloyal? Auprès d'eux crains-tu si peu Médée?
Que toute leur puissance, en armes débordée,
Dispute contre moi ton cœur qu'ils m'ont surpris,
900 Et ne sois du combat que le juge et le prix!
Joins-leur, si tu le veux, mon père et la Scythie,

En moi seule ils n'auront que trop forte partie.
<u>Bornes-tu mon pouvoir à celui des humains</u> ?
Contr'eux, quand il me plaît, j'arme leurs propres mains ;
905 Tu le sais, tu l'as vu, quand ces fils de la Terre
Par leurs coups mutuels terminèrent leur guerre.
    Misérable ! je puis adoucir des taureaux ;
La flamme m'obéit, et je commande aux eaux ;
L'enfer tremble, et les cieux, sitôt que je les nomme,
910 Et je ne puis toucher les volontés d'un homme !
<u>Je t'aime encor, Jason, malgré ta lâcheté ;</u>
Je ne m'offense plus de ta légèreté :
Je sens à tes regards décroître ma colère ;
De moment en moment ma fureur se modère ;
915 Et je cours sans regret à mon bannissement,
Puisque j'en vois sortir ton établissement.
<u>Je n'ai plus qu'une grâce à demander ensuite :</u>
<u>Souffre que mes enfants accompagnent ma fuite ;</u>
Que je t'admire encore en chacun de leurs traits,
920 Que je t'aime et te baise en ces petits portraits ;
<u>Et que leur cher objet, entretenant ma flamme,</u>
<u>Te présente à mes yeux aussi bien qu'à mon âme.</u>

JASON

<u>Ah ! reprends ta colère, elle a moins de rigueur.</u>
<u>M'enlever mes enfants, c'est m'arracher le cœur ;</u>
925 Et Jupiter tout prêt à m'écraser du foudre,
Mon trépas à la main, ne pourrait m'y résoudre.
C'est pour eux que je change ; et la Parque, sans eux,
Seule de notre hymen pourrait rompre les nœuds.

MÉDÉE

Cet amour paternel, qui te fournit d'excuses,
930 <u>Me fait souffrir aussi que tu me les refuses,</u>
<u>Je ne t'en presse plus ; et prête à me bannir,</u>
<u>Je ne veux plus de toi qu'un léger souvenir.</u>

JASON

Ton amour vertueux fait ma plus grande gloire ;
Ce serait me trahir qu'en perdre la mémoire :
935 Et le mien envers toi, qui demeure éternel,
T'en laisse en cet adieu le serment solennel.
    Puissent briser mon chef les traits les plus sévères
Que lancent des grands dieux les plus âpres colères ;
Qu'ils s'unissent ensemble afin de me punir,
940 <u>Si je ne perds la vie avant ton souvenir !</u>

SCÈNE IV

MÉDÉE, NÉRINE

MÉDÉE

J'y donnerai bon ordre; il est en ta puissance
D'oublier mon amour, mais non pas ma vengeance;
Je la saurai graver en tes esprits glacés
Par des coups trop profonds pour en être effacés.
945   Il aime ses enfants, ce courage inflexible :
Son faible est découvert [20]; par eux il est sensible,
Par eux mon bras, armé d'une juste rigueur,
Va trouver des chemins à lui percer le cœur.

NÉRINE

Madame, épargnez-les, épargnez vos entrailles;
950 N'avancez point par là vos propres funérailles :
Contre un sang innocent pourquoi vous irriter,
Si Créuse en vos lacs se vient précipiter ?
Elle-même s'y jette, et Jason vous la livre.

MÉDÉE

Tu flattes mes désirs.

NÉRINE

                              Que je cesse de vivre,
955 Si ce que je vous dis n'est pure vérité !

MÉDÉE

Ah ! ne me tiens donc plus l'âme en perplexité !

NÉRINE

Madame, il faut garder que quelqu'un ne nous voie,
Et du palais du roi découvre notre joie :
Un dessein éventé succède rarement.

MÉDÉE

960 Rentrons donc, et mettons nos secrets sûrement.

ACTE IV

SCÈNE PREMIÈRE

MÉDÉE, NÉRINE

MÉDÉE, *seule dans sa grotte magique.*

C'est trop peu de Jason que ton œil me dérobe,
C'est trop peu de mon lit, tu veux encor ma robe,
Rivale insatiable; et c'est encor trop peu,
Si, la force à la main, tu l'as sans mon aveu;
965 Il faut que par moi-même elle te soit offerte,
Que perdant mes enfants, j'achète encor leur perte;
Il en faut un hommage à tes divins attraits,
Et des remerciements au vol que tu me fais.
Tu l'auras; mon refus serait un nouveau crime :
970 Mais je t'en veux parer pour être ma victime,
Et sous un faux semblant de libéralité,
Soûler et ma vengeance et ton avidité.
      Le charme est achevé, tu peux entrer, Nérine.

Nérine entre, et Médée continue.

Mes maux dans ces poisons trouvent leur médecine :
975 Vois combien de serpents à mon commandement
D'Afrique jusqu'ici n'ont tardé qu'un moment,
Et contraints d'obéir à mes charmes funestes,
Ont sur ce don fatal vomi toutes leurs pestes.
L'amour à tous mes sens ne fut jamais si doux
980 Que ce triste appareil à mon esprit jaloux.
Ces herbes ne sont pas d'une vertu commune;
Moi-même en les cueillant je fis pâlir la lune,
Quand, les cheveux flottants, le bras et le pied nu,
J'en dépouillai jadis un climat inconnu.
985 Vois mille autres venins : cette liqueur épaisse
Mêle du sang de l'hydre avec celui de Nesse;
Python eut cette langue; et ce plumage noir

Est celui qu'une harpie en fuyant laissa choir ;
Par ce tison Althée assouvit sa colère,
990 Trop pitoyable sœur et trop cruelle mère ;
Ce feu tomba du ciel avecque Phaéthon,
Cet autre vient des flots du pierreux Phlégéthon ;
Et celui-ci jadis remplit en nos contrées
Des taureaux de Vulcain les gorges ensoufrées.
995 Enfin, tu ne vois là poudres, racines, eaux,
Dont le pouvoir mortel n'ouvrît mille tombeaux ;
Ce présent déceptif [21] a bu toute leur force,
Et bien mieux que mon bras vengera mon divorce.
Mes tyrans par leur perte apprendront que jamais...
1000 Mais d'où vient ce grand bruit que j'entends au palais ?

NÉRINE

Du bonheur de Jason et du malheur d'Egée :
Madame, peu s'en faut, qu'il ne vous ait vengée.
    Ce généreux vieillard, ne pouvant supporter
Qu'on lui vole à ses yeux ce qu'il croit mériter,
1005 Et que sur sa couronne et sa persévérance
L'exil de votre époux ait eu la préférence,
A tâché par la force à repousser l'affront
Que ce nouvel hymen lui porte sur le front.
Comme cette beauté, pour lui toute de glace,
1010 Sur les bords de la mer contemplait la bonace,
Il la voit mal suivie, et prend un si beau temps
A rendre ses désirs et les vôtres contents.
De ses meilleurs soldats une troupe choisie
Enferme la princesse, et sert sa jalousie ;
1015 L'effroi qui la surprend la jette en pâmoison ;
Et tout ce qu'elle peut, c'est de nommer Jason.
Ses gardes à l'abord font quelque résistance,
Et le peuple leur prête une faible assistance ;
Mais l'obstacle léger de ces débiles cœurs
1020 Laissait honteusement Créuse à leurs vainqueurs :
Déjà presque en leur bord elle était enlevée...

MÉDÉE

Je devine la fin, mon traître l'a sauvée.

NÉRINE

Oui, madame, et de plus Egée est prisonnier ;
Votre époux à son myrte ajoute ce laurier :
1025 Mais apprenez comment.

MÉDÉE

N'en dis pas davantage :
Je ne veux point savoir ce qu'a fait son courage;
Il suffit que son bras a travaillé pour nous,
Et rend une victime à mon juste courroux.
Nérine, mes douleurs auraient peu d'allégeance,
1030 Si cet enlèvement l'ôtait à ma vengeance;
Pour quitter son pays en est-on malheureux ?
Ce n'est pas son exil, c'est sa mort que je veux;
Elle aurait trop d'honneur de n'avoir que ma peine,
Et de verser des pleurs pour être deux fois reine.
1035 Tant d'invisibles feux enfermés dans ce don,
Que d'un titre plus vrai j'appelle ma rançon,
Produiront des effets bien plus doux à ma haine.

NÉRINE

Par là vous vous vengez, et sa perte est certaine :
Mais contre la fureur de son père irrité
1040 Où pensez-vous trouver un lieu de sûreté ?

MÉDÉE

Si la prison d'Egée a suivi sa défaite,
Tu peux voir qu'en l'ouvrant je m'ouvre une retraite,
Et que ses fers brisés, malgré leurs attentats,
A ma protection engagent ses Etats.
1045 Dépêche seulement, et cours vers ma rivale
Lui porter de ma part cette robe fatale :
Mène-lui mes enfants, et fais-les, si tu peux,
Présenter par leur père à l'objet de ses vœux.

NÉRINE

Mais, madame, porter cette robe empestée,
1050 Que de tant de poisons vous avez infectée,
C'est pour votre Nérine un trop funeste emploi :
Avant que sur Créuse ils agiraient sur moi [22].

MÉDÉE

Ne crains pas leur vertu, mon charme la modère,
Et lui défend d'agir que sur elle et son père;
1055 Pour un si grand effet prends un cœur plus hardi,
Et sans me répliquer, fais ce que je te dis.

SCÈNE II

CRÉON, POLLUX, SOLDATS

CRÉON

Nous devons bien chérir cette valeur parfaite
Qui de nos ravisseurs nous donne la défaite.
Invincible héros, c'est à votre secours
1060 Que je dois désormais le bonheur de mes jours;
C'est vous seul aujourd'hui dont la main vengeresse
Rend à Créon sa fille, à Jason sa maîtresse,
Met Egée en prison et son orgueil à bas,
Et fait mordre la terre à ses meilleurs soldats.

POLLUX

1065 Grand roi, l'heureux succès de cette délivrance
Vous est beaucoup mieux dû qu'à mon peu de vaillance :
C'est vous seul et Jason, dont les bras indomptés
Portaient avec effroi la mort de tous côtés,
Pareils à deux lions dont l'ardente furie
1070 Dépeuple en un moment toute une bergerie.
L'exemple glorieux de vos faits plus qu'humains
Echauffait mon courage et conduisait mes mains :
J'ai suivi, mais de loin, des actions si belles,
Qui laissaient à mon bras tant d'illustres modèles.
1075 Pourrait-on reculer en combattant sous vous,
Et n'avoir point de cœur à seconder vos coups ?

CRÉON

Votre valeur, qui souffre en cette repartie,
Ote toute croyance à votre modestie;
Mais puisque le refus d'un honneur mérité
1080 N'est pas un petit trait de générosité,
Je vous laisse en jouir. Auteur de la victoire,
Ainsi qu'il vous plaira, départez-en la gloire;
Comme elle est votre bien, vous pouvez la donner.
Que prudemment les dieux savent tout ordonner!
1085 Voyez, brave guerrier, comme votre arrivée
Au jour de nos malheurs se trouve réservée,
Et qu'au point que le sort osait nous menacer,
Ils nous ont envoyé de quoi le terrasser.
Digne sang de leur roi, demi-dieu magnanime,

1090 Dont la vertu ne peut recevoir trop d'estime,
Qu'avons-nous plus à craindre ? et quel destin jaloux,
Tant que nous vous aurons, s'osera prendre à nous ?

POLLUX

Appréhendez pourtant, grand prince,

CRÉON

Et quoi ?

POLLUX

Médée,

Qui par vous de son lit se voit dépossédée.
1095 Je crains qu'il ne vous soit malaisé d'empêcher
Qu'un gendre valeureux ne vous coûte bien cher.
Après l'assassinat d'un monarque et d'un frère,
Peut-il être de sang qu'elle épargne ou révère ?
Accoutumée au meurtre, et savante en poison,
1100 Voyez ce qu'elle a fait pour acquérir Jason ;
Et ne présumez pas, quoi que Jason vous die,
Que pour le conserver elle soit moins hardie.

CRÉON

C'est de quoi mon esprit n'est plus inquiété ;
Par son bannissement j'ai fait ma sûreté ;
1105 Elle n'a que fureur et que vengeance en l'âme,
Mais, en si peu de temps, que peut faire une femme ?
Je n'ai prescrit qu'un jour de terme à son départ.

POLLUX

C'est peu pour une femme, et beaucoup pour son art ;
Sur le pouvoir humain ne réglez pas les charmes.

CRÉON

1110 Quelques puissants qu'ils soient, je n'en ai point d'alarmes ;
Et quand bien ce délai devrait tout hasarder,
Ma parole est donnée, et je la veux garder.

SCÈNE III

CRÉON, POLLUX, CLÉONE

CRÉON

Que font nos deux amants, Cléone ?

CLÉONE

La princesse,
Seigneur, près de Jason reprend son allégresse;
1115 Et ce qui sert beaucoup à son contentement,
C'est de voir que Médée est sans ressentiment.

CRÉON

Et quel dieu si propice a calmé son courage ?

CLÉONE

Jason, et ses enfants, qu'elle vous laisse en gage.
La grâce que pour eux madame obtient de vous
1120 A calmé les transports de son esprit jaloux.
Le plus riche présent qui fût en sa puissance
A ses remerciements joint sa reconnaissance.
Sa robe sans pareille, et sur qui nous voyons
Du Soleil son aïeul briller mille rayons,
1125 Que la princesse même avait tant souhaitée,
Par ces petits héros lui vient d'être apportée,
Et fait voir clairement les merveilleux effets
Qu'en un cœur irrité produisent les bienfaits.

CRÉON

Eh bien, qu'en dites-vous ? Qu'avons-nous plus à
[craindre ?

POLLUX

1130 Si vous ne craignez rien, que je vous trouve à plaindre !

CRÉON

Un si rare présent montre un esprit remis.

POLLUX

J'eus toujours pour suspects les dons des ennemis.
Ils font assez souvent ce que n'ont pu leurs armes;
Je connais de Médée et l'esprit et les charmes,

1135 Et veux bien m'exposer au plus cruel trépas,
Si ce rare présent n'est un mortel appas.

CRÉON

Ses enfants si chéris qui nous servent d'otages,
Nous peuvent-ils laisser quelque sorte d'ombrages ?

POLLUX

Peut-être que contre eux s'étend sa trahison,
1140 Qu'elle ne les prend plus que pour ceux de Jason,
Et qu'elle s'imagine, en haine de leur père,
Que n'étant plus sa femme, elle n'est plus leur mère.
Renvoyez-lui, seigneur, ce don pernicieux,
Et ne vous chargez point d'un poison précieux.

CLÉONE

1145 Madame cependant en est toute ravie,
Et de s'en voir parée elle brûle d'envie.

POLLUX

Où le péril égale et passe le plaisir,
Il faut se faire force, et vaincre son désir.
Jason, dans son amour, a trop de complaisance
1150 De souffrir qu'un tel don s'accepte en sa présence.

CRÉON

Sans rien mettre au hasard, je saurai dextrement
Accorder vos soupçons et son contentement.
Nous verrons dès ce soir, sur une criminelle,
Si ce présent nous cache une embûche mortelle.
1155 Nise, pour ses forfaits destinée à mourir,
Ne peut par cette épreuve injustement périr;
Heureuse, si sa mort nous rendait ce service,
De nous en découvrir le funeste artifice!
Allons-y de ce pas, et ne consumons plus
1160 De temps ni de discours en débats superflus.

SCÈNE IV

ÉGÉE, *en prison* [23].

Demeure affreuse des coupables,
Lieux maudits, funeste séjour,
Dont jamais avant mon amour
Les sceptres n'ont été capables,
1165 Redoublez puissamment votre mortel effroi,

Et joignez à mes maux une si vive atteinte,
Que mon âme chassée, ou s'enfuyant de crainte,
Dérobe à mes vainqueurs le supplice d'un roi.

> Le triste bonheur où j'aspire!
1170 Je ne veux que hâter ma mort,
> Et n'accuse mon mauvais sort
> Que de souffrir que je respire.
Puisqu'il me faut mourir, que je meure à mon choix;
Le coup m'en sera doux, s'il est sans infamie :
1175 Prendre l'ordre à mourir d'une main ennemie,
C'est mourir, pour un roi, beaucoup plus d'une fois.

> Malheureux prince, on te méprise
> Quand tu t'arrêtes à servir :
> Si tu t'efforces de ravir,
1180 Ta prison suit ton entreprise.
Ton amour qu'on dédaigne et ton vain attentat
D'un éternel affront vont souiller ta mémoire :
L'un t'a déjà coûté ton repos et ta gloire;
L'autre te va coûter ta vie et ton Etat.

1185 Destin, qui punis mon audace,
> Tu n'as que de justes rigueurs;
> Et s'il est d'assez tendres cœurs
> Pour compatir à ma disgrâce,
Mon feu de leur tendresse étouffe la moitié,
1190 Puisqu'à bien comparer mes fers avec ma flamme,
Un vieillard amoureux mérite plus de blâme
Qu'un monarque en prison n'est digne de pitié.

> Cruel auteur de ma misère,
> Peste des cœurs, tyran des rois,
1195 Dont les impérieuses lois
> N'épargnent pas même ta mère,
Amour, contre Jason tourne ton trait fatal;
Au pouvoir de tes dards je remets ma vengeance : *sting*
Atterre son orgueil, et montre ta puissance
1200 A perdre également l'un et l'autre rival.

> Qu'une implacable jalousie
> Suive son nuptial flambeau;
> Que sans cesse un objet nouveau
> S'empare de sa fantaisie;
1205 Que Corinthe à sa vue accepte un autre roi;
Qu'il puisse voir sa race à ses yeux égorgée;
Et, pour dernier malheur, qu'il ait le sort d'Egée,
Et devienne à mon âge amoureux comme moi!

SCÈNE V

ÉGÉE, MÉDÉE

ÉGÉE

Mais d'où vient ce bruit sourd ? quelle pâle lumière
1210 Dissipe ces horreurs et frappe ma paupière ?
Mortel, qui que tu sois, détourne ici tes pas,
Et de grâce m'apprends l'arrêt de mon trépas,
L'heure, le lieu, le genre ; et si ton cœur sensible
A la compassion peut se rendre accessible,
1215 Donne-moi les moyens d'un généreux effort
Qui des mains des bourreaux affranchisse ma mort.

MÉDÉE

Je viens l'en affranchir. Ne craignez plus, grand prince ;
Ne pensez qu'à revoir votre chère province ;

> *Elle donne un coup de baguette sur la porte*
> *de la prison, qui s'ouvre aussitôt ; et en ayant*
> *tiré Egée, elle en donne encore un sur ses fers,*
> *qui tombent.*

Ni grilles ni verrous ne tiennent contre moi.
1220   Cessez, indignes fers, de captiver un roi ;
Est-ce à vous à presser les bras d'un tel monarque ?
Et vous, reconnaissez Médée à cette marque,
Et fuyez un tyran dont le forcènement
Joindrait votre supplice à mon bannissement ;
1225 Avec la liberté reprenez le courage.

ÉGÉE

Je les reprends tous deux pour vous en faire hommage,
Princesse, de qui l'art propice aux malheureux
Oppose un tel miracle à mon sort rigoureux ;
Disposez de ma vie, et du sceptre d'Athènes ;
1230 Je dois et l'une et l'autre à qui brise mes chaînes.
Si votre heureux secours me tire de danger,
Je ne veux en sortir qu'afin de vous venger ;
Et si je puis jamais avec votre assistance
Arriver jusqu'aux lieux de mon obéissance,
1235 Vous me verrez, suivi de mille bataillons,
Sur ces murs renversés planter mes pavillons,
Punir leur traître roi de vous avoir bannie,

Dedans le sang des siens noyer sa tyrannie,
Et remettre en vos mains et Créuse et Jason,
1240 Pour venger votre exil plutôt que ma prison.

MÉDÉE

Je veux une vengeance et plus haute et plus prompte ;
Ne l'entreprenez pas, votre offre me fait honte :
Emprunter le secours d'aucun pouvoir humain,
D'un reproche éternel diffamerait ma main.
1245 En est-il, après tout, aucun qui ne me cède ?
Qui force la nature, a-t-il besoin qu'on l'aide ?
Laissez-moi le souci de venger mes ennuis,
Et par ce que j'ai fait, jugez ce que je puis ;
L'ordre en est tout donné, n'en soyez point en peine :
1250 C'est demain que mon art fait triompher ma haine ;
Demain je suis Médée, et je tire raison
De mon bannissement et de votre prison.

ÉGÉE

Quoi ! madame, faut-il que mon peu de puissance
Empêche les devoirs de ma reconnaissance ?
1255 Mon sceptre ne peut-il être employé pour vous ?
Et vous serai-je ingrat autant que votre époux ?

MÉDÉE

Si je vous ai servi, tout ce que j'en souhaite,
C'est de trouver chez vous une sûre retraite,
Où de mes ennemis menaces ni présents
1260 Ne puissent plus troubler le repos de mes ans.
Non pas que je les craigne ; eux et toute la terre
A leur confusion me livreraient la guerre ;
Mais je hais ce désordre, et n'aime pas à voir
Qu'il me faille pour vivre user de mon savoir [24].

ÉGÉE

1265 L'honneur de recevoir une si grande hôtesse
De mes malheurs passés efface la tristesse.
Disposez d'un pays qui vivra sous vos lois,
Si vous l'aimez assez pour lui donner des rois ;
Si mes ans ne vous font mépriser ma personne,
1270 Vous y partagerez mon lit et ma couronne :
Sinon, sur mes sujets faites état d'avoir,
Ainsi que sur moi-même, un absolu pouvoir.
Allons, madame, allons ; et par votre conduite
Faites la sûreté que demande ma fuite.

MÉDÉE

1275 Ma vengeance n'aurait qu'un succès imparfait :
Je ne me venge pas, si je n'en vois l'effet;
Je dois à mon courroux l'heur d'un si doux spectacle.
Allez, prince, et sans moi ne craignez point d'obstacle.
Je vous suivrai demain par un chemin nouveau.
1280 Pour votre sûreté conservez cet anneau;
Sa secrète vertu, qui vous fait invisible,
Rendra votre départ de tous côtés paisible.
    Ici, pour empêcher l'alarme que le bruit
De votre délivrance aurait bientôt produit,
1285 Un fantôme pareil et de taille et de face,
Tandis que vous fuirez, remplira votre place.
Partez sans plus tarder, prince chéri des dieux,
Et quittez pour jamais ces détestables lieux.

ÉGÉE

J'obéis sans réplique, et je pars sans remise.
1290 Puisse d'un prompt succès votre grande entreprise
Combler nos ennemis d'un mortel désespoir,
Et me donner bientôt le bien de vous revoir!

ACTE V

SCÈNE PREMIÈRE

MÉDÉE, THEUDAS

THEUDAS

Ah, déplorable prince! ah, fortune cruelle!
Que je porte à Jason une triste nouvelle!

MÉDÉE, *lui donnant un coup de baguette*
qui le fait demeurer immobile.

1295 Arrête, misérable, et m'apprends quel effet
A produit chez le roi le présent que j'ai fait.

THEUDAS

Dieux! je suis dans les fers d'une invisible chaîne!

MÉDÉE

Dépêche, ou ces longueurs attireront ma haine.

THEUDAS

Apprenez donc l'effet le plus prodigieux
1300 Que jamais la vengeance ait offert à nos yeux.
    Votre robe a fait peur, et sur Nise éprouvée,
En dépit des soupçons, sans péril s'est trouvée;
Et cette épreuve a su si bien les assurer,
Qu'incontinent Créuse a voulu s'en parer;
1305 Mais cette infortunée à peine l'a vêtue,
Qu'elle sent aussitôt une ardeur qui la tue :
Un feu subtil s'allume, et ses brandons épars
Sur votre don fatal courent de toutes parts;
Et Cléone et le roi s'y jettent pour l'éteindre;
1310 Mais (ô nouveau sujet de pleurer et de plaindre!)
Ce feu saisit le roi; ce prince en un moment
Se trouve enveloppé du même embrasement.

MÉDÉE

Courage! enfin il faut que l'un et l'autre meure.

THEUDAS

La flamme disparaît, mais l'ardeur leur demeure;
1315 Et leurs habits charmés, malgré nos vains efforts,
Sont des brasiers secrets attachés à leurs corps;
Qui veut les dépouiller lui-même les déchire,
Et ce nouveau secours est un nouveau martyre.

MÉDÉE

Que dit mon déloyal? que fait-il là-dedans?

THEUDAS

1320 Jason, sans rien savoir de tous ces accidents,
S'acquitte des devoirs d'une amitié civile
A conduire Pollux hors des murs de la ville,
Qui va se rendre en hâte aux noces de sa sœur,
Dont bientôt Ménélas doit être possesseur;
1325 Et j'allais lui porter ce funeste message.

MÉDÉE *lui donne un autre coup de baguette.*
Va, tu peux maintenant achever ton voyage.

SCÈNE II

MÉDÉE

Est-ce assez, ma vengeance, est-ce assez de deux morts ?
Consulte avec loisir tes plus ardents transports.
Des bras de mon perfide arracher une femme,
1330 Est-ce pour assouvir les fureurs de mon âme ?
Que n'a-t-elle déjà des enfants de Jason,
Sur qui plus pleinement venger sa trahison !
Suppléons-y des miens ; immolons avec joie
Ceux qu'à me dire adieu Créuse me renvoie :
1335 Nature, je le puis sans violer ta loi ;
Ils viennent de sa part, et ne sont plus à moi.
Mais ils sont innocents ; aussi l'était mon frère ;
Ils sont trop criminels d'avoir Jason pour père ;
Il faut que leur trépas redouble son tourment ;
1340 Il faut qu'il souffre en père aussi bien qu'en amant.
Mais quoi ! j'ai beau contre eux animer mon audace,
La pitié la combat, et se met en sa place :
Puis, cédant tout à coup la place à ma fureur,
J'adore les projets qui me faisaient horreur :
1345 De l'amour aussitôt je passe à la colère,
Des sentiments de femme aux tendresses de mère [25].
   Cessez dorénavant, pensers irrésolus,
D'épargner des enfants que je ne verrai plus.
Chers fruits de mon amour, si je vous ai fait naître,
1350 Ce n'est pas seulement pour caresser un traître :
Il me prive de vous, et je l'en vais priver.
Mais ma pitié renaît, et revient me braver ;
Je n'exécute rien, et mon âme éperdue
Entre deux passions demeure suspendue.
1355 N'en délibérons plus, mon bras en résoudra.
Je vous perds, mes enfants ; mais Jason vous perdra ;
Il ne vous verra plus... Créon sort tout en rage ;
Allons à son trépas joindre ce triste ouvrage.

SCÈNE III

CRÉON, DOMESTIQUES

CRÉON

    Loin de me soulager vous croissez mes tourments ;
1360 Le poison à mon corps unit mes vêtements ;
    Et ma peau, qu'avec eux votre secours m'arrache,
    Pour suivre votre main de mes os se détache.
    Voyez comme mon sang en coule à gros ruisseaux :
    Ne me déchirez plus, officieux bourreaux ;
1365 Votre pitié pour moi s'est assez hasardée ;
    Fuyez, ou ma fureur vous prendra pour Médée.
    C'est avancer ma mort que de me secourir ;
    Je ne veux que moi-même à m'aider à mourir.
    Quoi ! vous continuez, canailles infidèles !
1370 Plus je vous le défends, plus vous m'êtes rebelles !
    Traîtres, vous sentirez encor ce que je puis ;
    Je serai votre roi, tout mourant que je suis ;
    Si mes commandements ont trop peu d'efficace,
    Ma rage pour le moins me fera faire place :
1375 Il faut ainsi payer votre cruel secours.

Il se défait d'eux et les chasse à coups d'épée.

SCÈNE IV

CRÉON, CRÉUSE, CLÉONE

CRÉUSE

    Où fuyez-vous de moi, cher auteur de mes jours ?
    Fuyez-vous l'innocente et malheureuse source
    D'où prennent tant de maux leur effroyable course ?
    Ce feu qui me consume et dehors et dedans
1380 Vous venge-t-il trop peu de mes vœux imprudents ?
    Je ne puis excuser mon indiscrète envie
    Qui donne le trépas à qui je dois la vie :
    Mais soyez satisfait des rigueurs de mon sort,
    Et cessez d'ajouter votre haine à ma mort.

385 L'ardeur qui me dévore, et que j'ai méritée,
Surpasse en cruauté l'aigle de Prométhée,
Et je crois qu'Ixion au choix des châtiments
Préférerait sa roue à mes embrasements.

CRÉON

Si ton jeune désir eut beaucoup d'imprudence,
390 Ma fille, j'y devais opposer ma défense.
Je n'impute qu'à moi l'excès de mes malheurs,
Et j'ai part en ta faute ainsi qu'en tes douleurs.
Si j'ai quelque regret, ce n'est pas à ma vie,
Que le déclin des ans m'aurait bientôt ravie :
395 La jeunesse des tiens, si beaux, si florissants,
Me porte au fond du cœur des coups bien plus pressants.
     Ma fille, c'est donc là ce royal hyménée
Dont nous pensions toucher la pompeuse journée!
La Parque impitoyable en éteint le flambeau,
400 Et pour lit nuptial il te faut un tombeau!
Ah! rage, désespoir, destins, feux, poisons, charmes,
Tournez tous contre moi vos plus cruelles armes :
S'il faut vous assouvir par la mort de deux rois,
Faites en ma faveur que je meure deux fois,
405 Pourvu que mes deux morts emportent cette grâce
De laisser ma couronne à mon unique race,
Et cet espoir si doux, qui m'a toujours flatté,
De revivre à jamais en sa postérité.

CRÉUSE

Cléone, soutenez, je chancelle, je tombe;
410 Mon reste de vigueur sous mes douleurs succombe;
Je sens que je n'ai plus à souffrir qu'un moment.
Ne me refusez pas ce triste allégement,
Seigneur, et si pour moi quelque amour vous demeure,
Entre vos bras mourants permettez que je meure.
415 Mes pleurs arroseront vos mortels déplaisirs;
Je mêlerai leurs eaux à vos brûlants soupirs.
     Ah! je brûle, je meurs, je ne suis plus que flamme;
De grâce, hâtez-vous de recevoir mon âme.
Quoi! vous vous éloignez [26]!

CRÉON

                              Oui, je ne verrai pas,
420 Comme un lâche témoin, ton indigne trépas :
Il faut, ma fille, il faut que ma main me délivre

De l'infâme regret de t'avoir pu survivre.
Invisible ennemi, sors avecque mon sang.

Il se tue avec un poignard.

CRÉUSE

Courez à lui, Cléone; il se perce le flanc.

CRÉON

1425 Retourne; c'en est fait. Ma fille, adieu; j'expire,
Et ce dernier soupir met fin à mon martyre :
Je laisse à ton Jason le soin de nous venger.

CRÉUSE

Vain et triste confort! soulagement léger!
Mon père...

CLÉONE

Il ne vit plus; sa grande âme est partie.

CRÉUSE

1430 Donnez donc à la mienne une même sortie;
Apportez-moi ce fer qui, de ses maux vainqueur,
Est déjà si savant à traverser le cœur.
    Ah! je sens fers, et feux, et poison tout ensemble;
Ce que souffrait mon père à mes peines s'assemble.
1435 Hélas! que de douceurs aurait un prompt trépas!
Dépêchez-vous, Cléone, aidez mon faible bras.

CLÉONE

Ne désespérez point : les dieux, plus pitoyables,
A nos justes clameurs se rendront exorables,
Et vous conserveront, en dépit du poison,
1440 Et pour reine à Corinthe, et pour femme à Jason.
Il arrive, et surpris, il change de visage;
Je lis dans sa pâleur une secrète rage,
Et son étonnement va passer en fureur.

SCÈNE V

JASON, CRÉUSE, CLÉONE, THEUDAS

JASON

Que vois-je ici, grands dieux! quel spectacle d'horreur!
1445 Où que puissent mes yeux porter ma vue errante,

Je vois ou Créon mort, ou Créuse mourante.
Ne t'en va pas, belle âme, attends encore un peu,
Et le sang de Médée éteindra tout ce feu;
Prends le triste plaisir de voir punir son crime,
450 De te voir immoler cette infâme victime;
Et que ce scorpion, sur la plaie écrasé [27],
Fournisse le remède au mal qu'il a causé.

CRÉUSE

Il n'en faut point chercher au poison qui me tue :
Laisse-moi le bonheur d'expirer à ta vue :
455 Souffre que j'en jouisse en ce dernier moment :
Mon trépas fera place à ton ressentiment;
Le mien cède à l'ardeur dont je suis possédée;
J'aime mieux voir Jason que la mort de Médée.
Approche, cher amant, et retiens ces transports;
460 Mais garde de toucher ce misérable corps;
Ce brasier, que le charme ou répand ou modère,
A négligé Cléone, et dévoré mon père :
Au gré de ma rivale il est contagieux.
Jason, ce m'est assez de mourir à tes yeux :
465 Empêche les plaisirs qu'elle attend de ta peine,
N'attire point ces feux esclaves de sa haine.
   Ah, quel âpre tourment! quels douloureux abois!
Et que je sens de morts sans mourir une fois!

JASON

Quoi! vous m'estimez donc si lâche que de vivre,
470 Et de si beaux chemins sont ouverts pour vous suivre?
Ma reine, si l'hymen n'a pu joindre nos corps,
Nous joindrons nos esprits, nous joindrons nos deux morts;
Et l'on verra Caron passer chez Rhadamante,
Dans une même barque, et l'amant et l'amante.
475 Hélas! vous recevez, par ce présent charmé,
Le déplorable prix de m'avoir trop aimé;
Et puisque cette robe a causé votre perte,
Je dois être puni de vous l'avoir offerte.
Quoi! ce poison m'épargne, et ces feux impuissants
480 Refusent de finir les douleurs que je sens!
Il faut donc que je vive, et vous m'êtes ravie!
Justes dieux! quel forfait me condamne à la vie?
Est-il quelque tourment plus grand pour mon amour
Que de la voir mourir, et de souffrir le jour?
485 Non, non; si par ces feux mon attente est trompée,
J'ai de quoi m'affranchir au bout de mon épée;

Et l'exemple du roi, de sa main transpercé,
Qui nage dans les flots du sang qu'il a versé,
Instruit suffisamment un généreux courage
1490 Des moyens de braver le destin qui l'outrage.

CRÉUSE

Si Créuse eut jamais sur toi quelque pouvoir,
Ne t'abandonne point aux coups du désespoir.
Vis pour sauver ton nom de cette ignominie
Que Créuse soit morte, et Médée impunie;
1495 Vis pour garder le mien en ton cœur affligé,
Et du moins ne meurs point que tu ne sois vengé.
   Adieu : donne la main; que, malgré ta jalouse,
J'emporte chez Pluton le nom de ton épouse.
Ah, douleurs! C'en est fait, je meurs à cette fois,
1500 Et perds en ce moment la vie avec la voix.
Si tu m'aimes...

JASON

                    Ce mot lui coupe la parole;
Et je ne suivrai pas son âme qui s'envole!
Mon esprit, retenu par ses commandements,
Réserve encor ma vie à de pires tourments!
1505 Pardonne, chère épouse, à mon obéissance;
Mon déplaisir mortel défère à ta puissance,
Et de mes jours maudits tout prêt de triompher,
De peur de te déplaire, il n'ose m'étouffer.
   Ne perdons point de temps, courons chez la sorcière
1510 Délivrer par sa mort mon âme prisonnière.
Vous autres, cependant, enlevez ces deux corps :
Contre tous ses démons mes bras sont assez forts,
Et la part que votre aide aurait en ma vengeance
Ne m'en permettait pas une entière allégeance.
1515 Préparez seulement des gênes, des bourreaux;
Devenez inventifs en supplices nouveaux,
Qui la fassent mourir tant de fois sur leur tombe,
Que son coupable sang leur vaille une hécatombe;
Et si cette victime, en mourant mille fois,
1520 N'apaise point encor les mânes de deux rois,
Je serai la seconde; et mon esprit fidèle
Ira gêner là-bas son âme criminelle,
Ira faire assembler pour sa punition
Les peines de Tityé à celle d'Ixion.

*Cléone et le reste emportent le corps de Créon
et de Créuse, et Jason continue seul.*

1525   Mais leur puis-je imputer ma mort en sacrifice ?
        Elle m'est un plaisir, et non pas un supplice.
        Mourir, c'est seulement auprès d'eux me ranger,
        C'est rejoindre Créuse, et non pas la venger.
        Instruments des fureurs d'une mère insensée,
1530   Indignes rejetons de mon amour passée,
        Quel malheureux destin vous avait réservés
        A porter le trépas à qui vous a sauvés ?
        C'est vous, petits ingrats, que, malgré la nature,
        Il me faut immoler dessus leur sépulture [28].
1535   Que la sorcière en vous commence de souffrir ;
        Que son premier tourment soit de vous voir mourir.
        Toutefois qu'ont-ils fait, qu'obéir à leur mère ?

SCÈNE VI

MÉDÉE, JASON

MÉDÉE, *en haut sur un balcon.*

        Lâche, ton désespoir encore en délibère ?
        Lève les yeux, perfide, et reconnais ce bras
1540   Qui t'a déjà vengé de ces petits ingrats ;
        Ce poignard que tu vois vient de chasser leurs âmes,
        Et noyer dans leur sang les restes de nos flammes.
        Heureux père et mari, ma fuite et leur tombeau
        Laissent la place vide à ton hymen nouveau.
1545   Rejouis-t'en, Jason, va posséder Créuse :
        Tu n'auras plus ici personne qui t'accuse ;
        Ces gages de nos feux ne feront plus pour moi
        De reproches secrets à ton manque de foi.

JASON

        Horreur de la nature, exécrable tigresse !

MÉDÉE

1550   Va, bienheureux amant, cajoler ta maîtresse :
        A cet objet si cher tu dois tous tes discours ;
        Parler encore à moi, c'est trahir tes amours.
        Va lui, va lui conter tes rares aventures,
        Et contre mes effets ne combats point d'injures.

JASON

1555 Quoi! tu m'oses braver, et ta brutalité
Pense encore échapper à mon bras irrité ?
Tu redoubles ta peine avec cette insolence.

MÉDÉE

Et que peut contre moi ta débile vaillance ?
Mon art faisait ta force, et tes exploits guerriers
1560 Tiennent de mon secours ce qu'ils ont de lauriers.

JASON

Ah! c'est trop en souffrir; il faut qu'un prompt supplice
De tant de cruautés à la fin te punisse.
Sus, sus, brisons la porte, enfonçons la maison;
Que des bourreaux soudain m'en fassent la raison.
1565 Ta tête répondra de tant de barbaries.

MÉDÉE, *en l'air dans un char tiré par deux dragons.*

Que sert de t'emporter à ces vaines furies ?
Epargne, cher époux, des efforts que tu perds;
Vois les chemins de l'air qui me sont tous ouverts;
C'est par là que je fuis, et que je t'abandonne
1570 Pour courir à l'exil que ton change m'ordonne.
Suis-moi, Jason, et trouve en ces lieux désolés
Des postillons pareils à mes dragons ailés.
Enfin je n'ai pas mal employé la journée
Que la bonté du roi, de grâce, m'a donnée;
1575 Mes désirs sont contents. Mon père et mon pays,
Je ne me repens plus de vous avoir trahis;
Avec cette douceur j'en accepte le blâme.
Adieu, parjure : apprends à connaître ta femme,
Souviens-toi de sa fuite, et songe, une autre fois,
1580 Lequel est plus à craindre ou d'elle ou de deux rois [29].

SCÈNE VII

JASON

O dieux! ce char volant, disparu dans la nue,
La dérobe à sa peine, aussi bien qu'à ma vue;
Et son impunité triomphe arrogamment
Des projets avortés de mon ressentiment.
1585 Créuse, enfants, Médée, amour, haine, vengeance,

Où dois-je, désormais, chercher quelque allégeance ?
Où suivre l'inhumaine, et dessous quels climats
Porter les châtiments de tant d'assassinats ?
Va, furie, exécrable, en quelque coin de terre
1590 Que t'emporte ton char, j'y porterai la guerre.
J'apprendrai ton séjour de tes sanglants effets,
Et te suivrai partout au bruit de tes forfaits.
Mais que me servira cette vaine poursuite,
Si l'air est un chemin toujours libre à ta fuite,
1595 Si toujours tes dragons sont prêts à t'enlever,
Si toujours tes forfaits ont de quoi me braver ?
Malheureux, ne perds point contre une telle audace
De ta juste fureur l'impuissante menace ;
Ne cours point à ta honte, et fuis l'occasion
1600 D'accroître sa victoire et ta confusion.
Misérable ! perfide ! ainsi donc ta faiblesse
Epargne la sorcière, et trahit ta princesse !
Est-ce là le pouvoir qu'ont sur toi ses désirs,
Et ton obéissance à ses derniers soupirs ?
1605 Venge-toi, pauvre amant, Créuse le commande ;
Ne lui refuse point un sang qu'elle demande ;
Ecoute les accents de sa mourante voix,
Et vole sans rien craindre à ce que tu lui dois.
A qui sait bien aimer il n'est rien d'impossible.
1610 Eusses-tu pour retraite un roc inaccessible,
Tigresse, tu mourras ; et malgré ton savoir,
Mon amour te verra soumise à son pouvoir ;
Mes yeux se repaîtront des horreurs de ta peine :
Ainsi le veut Créuse, ainsi le veut ma haine.
1615 Mais quoi ! je vous écoute, impuissantes chaleurs !
Allez, n'ajoutez plus de comble à mes malheurs.
Entreprendre une mort que le ciel s'est gardée,
C'est préparer encore un triomphe à Médée.
Tourne avec plus d'effet sur toi-même ton bras,
1620 Et punis-toi, Jason, de ne la punir pas.
Vains transports, où sans fruit mon désespoir s'amuse,
Cessez de m'empêcher de rejoindre Créuse.
Ma reine, ta belle âme, en partant de ces lieux,
M'a laissé la vengeance, et je la laisse aux dieux ;
1625 Eux seuls, dont le pouvoir égale la justice,
Peuvent de la sorcière achever le supplice.
Trouve-le bon, chère ombre, et pardonne à mes feux
Si je vais te revoir plus tôt que tu ne veux.

Il se tue [30].

LE CID

Tragi-Comédie

A MADAME DE COMBALET [1]

Madame,

Ce portrait vivant que je vous offre représente un héros assez reconnaissable aux lauriers dont il est couvert. Sa vie a été une suite continuelle de victoires; son corps, porté dans son armée, a gagné des batailles après sa mort; et son nom, au bout de six cents ans, vient encore triompher en France. Il y a trouvé une réception trop favorable pour se repentir d'être sorti de son pays, et d'avoir appris à parler une autre langue que la sienne. Ce succès a passé mes plus ambitieuses espérances, et m'a surpris d'abord; mais il a cessé de m'étonner depuis que j'ai vu la satisfaction que vous avez témoignée quand il a paru devant vous. Alors j'ai osé me promettre de lui tout ce qui en est arrivé, et j'ai cru qu'après les éloges dont vous l'avez honoré, cet applaudissement universel ne lui pouvait manquer. Et véritablement, Madame, on ne peut douter avec raison de ce que vaut une chose qui a le bonheur de vous plaire; le jugement que vous en faites est la marque assurée de son prix; et comme vous donnez toujours libéralement aux véritables beautés l'estime qu'elles méritent, les fausses n'ont jamais le pouvoir de vous éblouir. Mais votre générosité ne s'arrête pas à des louanges stériles pour les ouvrages qui vous agréent; elle prend plaisir à s'étendre utilement sur ceux qui les produisent, et ne dédaigne point d'employer en leur faveur ce grand crédit que votre qualité et vos vertus vous ont acquis. J'en ai ressenti des effets qui me sont trop avantageux pour m'en taire, et je ne vous dois pas moins de remerciements pour moi que pour *Le Cid*. C'est une reconnaissance qui m'est glorieuse, puisqu'il m'est impossible de publier que je vous ai de grandes obligations, sans publier en même temps que vous m'avez assez estimé pour

vouloir que je vous en eusse. Aussi, Madame, si je souhaite quelque durée pour cet heureux effort de ma plume, ce n'est point pour apprendre mon nom à la postérité, mais seulement pour laisser des marques éternelles de ce que je vous dois, et faire lire à ceux qui naîtront dans les autres siècles la protestation que je fais d'être toute ma vie,
        Madame,

                            Votre très humble, très obéissant
                              et très obligé serviteur,
                              CORNEILLE

AVERTISSEMENT [2]

MARIANA, *Historia de Espana*, l. IV, chap. v.

« Avia pocos dias antes hecho campo con D. Gomez,
« conde de Gormas. Vencióle, y dióle la muerte. La que
« resultó deste caso, fué que casó con doña Ximena, hija
« y heredera del mismo conde. Ella misma requirio al rey
« que se le diesse por marido (ca estaua muy prendada de
« sus partes) o le castigasse conforme a las leyes, por la
« muerte que dio a su padre. Hizóse el casamiento, que a
« todos estaua á cuento, con el qual por el gran dote de su
« esposa, que se allegó al estado que el tenia de su padre,
« se aumentó en poder y riquezas [3]. »

Voilà ce qu'a prêté l'histoire à D. Guillen de Castro, qui
a mis ce fameux événement sur le théâtre avant moi. Ceux
qui entendent l'espagnol y remarqueront deux circonstances : l'une, que Chimène ne pouvant s'empêcher de
reconnaître et d'aimer les belles qualités qu'elle voyait en
D. Rodrigue, quoiqu'il eût tué son père *(estaua prendada
de sus partes)*, alla proposer elle-même au roi cette généreuse alternative, ou qu'il le lui donnât pour mari, ou qu'il
le fît punir suivant les lois; l'autre, que ce mariage se fît
au gré de tout le monde *(a todos estaua a cuento)*. Deux
chroniques du *Cid* ajoutent qu'il fut célébré par l'arche-
vêque de Séville, en présence du roi et de toute sa cour;
mais je me suis contenté du texte de l'historien, parce que
toutes les deux ont quelque chose qui sent le roman, et
peuvent ne persuader pas davantage que celles que nos
Français ont faites de Charlemagne et de Roland. Ce que
j'ai rapporté de Mariana suffit pour faire voir l'état qu'on
fit de Chimène et de son mariage dans son siècle même, où
elle vécut en un tel éclat, que les rois d'Aragon et de
Navarre tinrent à honneur d'être ses gendres, en épousant
ses deux filles. Quelques-uns ne l'ont pas si bien traitée
dans le nôtre, et sans parler de ce qu'on a dit de la Chimène

du théâtre, celui qui a composé l'histoire d'Espagne en
français l'a notée, dans son livre, de s'être tôt et aisément
consolée de la mort de son père, et a voulu taxer de légèreté une action qui fut imputée à grandeur de courage par
ceux qui en furent les témoins. Deux romances espagnoles,
que je vous donnerai en suite de cet *Avertissement*, parlent
encore plus en sa faveur. Ces sortes de petits poèmes sont
comme des originaux décousus de leurs anciennes histoires ;
et je serais ingrat envers la mémoire de cette héroïne, si,
après l'avoir fait connaître en France, et m'y être fait
connaître par elle, je ne tâchais de la tirer de la honte qu'on
lui a voulu faire ⁴, parce qu'elle a passé par mes mains. Je
vous donne donc ces pièces justificatives de la réputation
où elle a vécu, sans dessein de justifier la façon dont je l'ai
fait parler français. Le temps l'a fait pour moi, et les tra-
ductions qu'on en a faites en toutes les langues qui servent
aujourd'hui à la scène, et chez tous les peuples où l'on voit
des théâtres, je veux dire en italien, flamand et anglais, sont
d'assez glorieuses apologies contre tout ce qu'on en a dit.
Je n'y ajouterai pour toute chose qu'environ une douzaine
de vers espagnols qui semblent faits exprès pour la
défendre. Ils sont du même auteur qui l'a traitée avant
moi, D. Guillen de Castro, qui, dans une autre comédie
qu'il intitule *Engañarse engañando,* fait dire à une princesse
de Béarn :

> *A mirar*
> *Bien el mundo, que el tener*
> *Apetitos que vencer,*
> *Y ocasiones que dexar.*
> *Examinan el valor*
> *En la muger, yo dixera*
> *Lo que siento, porque fuera*
> *Luzimiento de mi honor.*
> *Pero malicias fundadas*
> *En honras mal entendidas*
> *De tentaciones vencidas*
> *Hazen culpas declaradas :*
> *Yassi, la que el dessear*
> *Con el resistir appunta,*
> *Vence dos vezes, si junta*
> *Con el resistir el callar* ⁵.

C'est, si je ne me trompe, comme agit Chimène dans mon
ouvrage en présence du roi et de l'infante. Je dis en pré-

sence du roi et de l'infante, parce que quand elle est seule,
ou avec sa confidente, ou avec son amant, c'est une autre
chose. Ses mœurs sont inégalement égales, pour parler en
termes de notre Aristote, et changent suivant les circonstances des lieux, des personnes, des temps et des occasions,
en conservant toujours le même principe.

Au reste, je me sens obligé de désabuser le public de
deux erreurs qui s'y sont glissées touchant cette tragédie,
et qui semblent avoir été autorisées par mon silence. La
première est que j'aie convenu de juges [6] touchant son
mérite, et m'en sois rapporté au sentiment de ceux qu'on a
priés d'en juger. Je m'en tairais encore, si ce faux bruit
n'avait été jusque chez M. de Balzac dans sa province, ou,
pour me servir de ses paroles mêmes, dans son désert, et si
je n'en avais vu depuis peu les marques dans cette admirable lettre qu'il a écrite sur ce sujet, et qui ne fait pas la
moindre richesse des deux derniers trésors qu'il nous a
donnés. Or, comme tout ce qui part de sa plume regarde
toute la postérité, maintenant que mon nom est assuré de
passer jusqu'à elle dans cette lettre incomparable, il me
serait honteux qu'il y passât avec cette tache, et qu'on pût
à jamais me reprocher d'avoir compromis de ma réputation.
C'est une chose qui jusqu'à présent est sans exemple; et
de tous ceux qui ont été attaqués comme moi, aucun que
je sache n'a eu assez de faiblesse pour convenir d'arbitres
avec ses censeurs; et s'ils ont laissé tout le monde dans la
liberté publique d'en juger, ainsi que j'ai fait, ça été sans
s'obliger, non plus que moi, à en croire personne. Outre
que, dans la conjoncture où étaient alors les affaires du
Cid, il ne fallait pas être grand devin pour prévoir ce que
nous en avons vu arriver. A moins que d'être tout à fait
stupide, on ne pouvait pas ignorer que, comme les questions de cette nature ne concernent ni la religion, ni l'Etat [7],
on en peut décider par les règles de la prudence humaine,
aussi bien que par celles du théâtre, et tourner sans scrupule
le sens du bon Aristote du côté de la politique. Ce n'est pas
que je sache si ceux qui ont jugé du Cid en ont jugé suivant leur sentiment ou non, ni même que je veuille dire
qu'ils en aient bien ou mal jugé, mais seulement que ce n'a
jamais été de mon consentement qu'ils en ont jugé, et que
peut-être je l'aurais justifié sans beaucoup de peine, si la
même raison qui les a fait parler ne m'avait obligé à me
taire. Aristote ne s'est pas expliqué si clairement dans sa
Poétique, que nous n'en puissions faire ainsi que les philo-
sophes, qui le tirent chacun à leur parti dans leurs opinions

contraires ; et comme c'est un pays inconnu pour beaucoup de monde, les plus zélés partisans du *Cid* en ont cru ses censeurs sur leur parole, et se sont imaginé avoir pleinement satisfaits à toutes leurs objections, quand ils ont soutenu qu'il importait peu qu'il fût selon les règles d'Aristote et qu'Aristote en avait fait pour son siècle et pour des Grecs, et non pas pour le nôtre et pour des Français.

Cette seconde erreur, que mon silence a affermie, n'est pas moins injurieuse à Aristote qu'à moi. Ce grand homme a traité la poétique avec tant d'adresse et de jugement, que les préceptes qu'il nous en a laissés sont de tous les temps et de tous les peuples ; et bien loin de s'amuser au détail des bienséances et des agréments, qui peuvent être divers, selon que ces deux circonstances sont diverses, il a été droit aux mouvements de l'âme dont la nature ne change point. Il a montré quelles passions la tragédie doit exciter dans celles de ses auditeurs ; il a cherché quelles conditions sont nécessaires, et aux personnes qu'on introduit, et aux événements qu'on représente, pour les y faire naître ; il en a laissé des moyens qui auraient produit leur effet partout dès la création du monde, et qui seront capables de le produire encore partout, tant qu'il y aura des théâtres et des acteurs ; et pour le reste, que les lieux et les temps peuvent changer, il l'a négligé et n'a pas même prescrit le nombre des actes, qui n'a été réglé que par Horace beaucoup après lui.

Et certes, je serais le premier qui condamnerais *Le Cid*, s'il péchait contre ces grandes et souveraines maximes que nous tenons de ce philosophe ; mais bien loin d'en demeurer d'accord, j'ose dire que cet heureux poème n'a si extraordinairement réussi que parce qu'on y voit les deux maîtresses conditions (permettez-moi cette épithète) que demande ce grand maître aux excellentes tragédies, et qui se trouvent si rarement assemblées dans un même ouvrage, qu'un des plus doctes commentateurs de ce divin traité qu'il en a fait, soutient que toute l'antiquité ne les a vues se rencontrer que dans le seul *Œdipe*. La première est que celui qui souffre et est persécuté ne soit ni tout méchant, ni tout vertueux, mais un homme plus vertueux que méchant, qui, par quelque trait de faiblesse humaine qui ne soit pas un crime, tombe dans un malheur qu'il ne mérite pas ; l'autre, que la persécution et le péril ne viennent point d'un ennemi, ni d'un indifférent, mais d'une personne qui doive aimer celui qui souffre et en être aimée. Et voilà, pour en parler sainement, la véritable et seule cause de tout le

succès du *Cid*, en qui l'on ne peut méconnaître ces deux
conditions, sans s'aveugler soi-même, pour lui faire injustice. J'achève donc en m'acquittant de ma parole; et après
vous avoir dit en passant ces deux mots pour le Cid du
théâtre, je vous donne, en faveur de la Chimène de l'histoire, les deux romances que je vous ai promises.

J'oubliais à vous dire que quantité de mes amis ayant
jugé à propos que je rendisse compte au public de ce que
j'avais emprunté de l'auteur espagnol dans cet ouvrage, et
m'ayant témoigné le souhaiter, j'ai bien voulu leur donner
cette satisfaction. Vous trouverez donc tout ce que j'en ai
traduit imprimé d'une autre lettre, avec un chiffre au commencement, qui servira de marque de renvoi pour trouver
les vers espagnols au bas de la même page. Je garderai ce
même ordre dans *La Mort de Pompée*, pour les vers de
Lucain, ce qui n'empêchera pas que je ne continue aussi
ce même changement de lettre toutes les fois que mes
acteurs rapportent quelque chose qui s'est dit ailleurs que
sur le théâtre, où vous n'imputerez rien qu'à moi si vous
n'y voyez ce chiffre pour marque, et le texte d'un autre
auteur au-dessous.

ROMANCE PRIMERO

Delante el rey de León
Doña Ximena una tarde
Se pone á pedir justicia
Por la muerte de su padre.

Para contra el Cid la pide,
Don Rodrigo de Bivare,
Que buerfana la dexó,
Niña, y de muy poca edade.

Si tengo razon, ó non,
Bien, rey, lo alcanzas y sabes,
Que los negocios de honra
No pueden dissimularse.

Cada día que amanece
Veo al lobo de mi sangre
Caballero en un caballo
Por darme mayor pesare.

Mandale, buen rey, pues puedes
Que no me ronde mi calle,
Que no se venga en mugeres
El hombre que mucho vale.

Si mi padre afrentó al suyo,
Bien ha vengado á su padre,
Que si honras pagaron muertes,
Para su disculpa bastan.

Encommendada me tienes,
No consientas que me agravien,
Que el que á mi se fiziere,
A tu corona se faze.

Calledes, doña Ximena,
Que me dades pena grande,
Que yo daré buen remedio,
Para todos vuestros males.

Al Cid no le he de ofender,
Que es hombre que mucho vale,
Y me defiende mis reynos,
Y quiero que me los guarde.

Pero yo faré un partido
Con el, que no os este male,
De tomalle la palabra
Para que con vos se case.

Contenta quedó Ximena,
Con la merced que le faze,
Que quien huerfana la fizó
Aquesse mesmo la ampare.

ROMANCE SEGUNDO

A Ximena y á Rodrigo
Prendió el rey palabra, y mano,
De juntarlos para en uno
En presencia de Layn Calvo.

Las enemistades viejas
Con amor se conformaron,
Que donde preside el amor
Se olvidan muchos agravios.

. . . .

Llegaron juntos los novios,
Y al dar la mano, y abraco,
El Cid mirando á la novia,
Le dixó toto turbado.

Maté á tu padre, Ximena,
Pero no á desaguisado,
Matéle de hombre à hombre,
Para vengar cierto agravio.

Maté hombre, y hombre doy,
Aqui estoy á tu mandado.
Y en lugar del muerto padre
Cobraste un marido honrado.

A todos pareció bien,
Su discrecion ala baron,
Y assi se hizieron las bodas
De Rodrigo el Castellano [8].

EXAMEN (1660)

Ce poème a tant d'avantages du côté du sujet et des pensées brillantes dont il est semé, que la plupart de ses auditeurs n'ont pas voulu voir les défauts de sa conduite, et ont laissé enlever leurs suffrages au plaisir que leur a donné sa représentation. Bien que ce soit celui de tous mes ouvrages réguliers où je me suis permis le plus de licence, il passe encore pour le plus beau auprès de ceux qui ne s'attachent pas à la dernière sévérité des règles, et depuis vingt-trois ans qu'il tient sa place sur nos théâtres, l'histoire ni l'effort de l'imagination n'y ont rien fait voir qui en ait effacé l'éclat. Aussi a-t-il les deux grandes conditions que demande Aristote aux tragédies parfaites, et dont l'assemblage se rencontre si rarement chez les anciens ni chez les modernes; il les assemble même plus fortement et plus noblement que les espèces que pose ce philosophe. Une maîtresse que son devoir force à poursuivre la mort de son amant, qu'elle tremble d'obtenir, a les passions plus vives et plus allumées que tout ce qui peut se passer entre un mari et sa femme, une mère et son fils, un frère et sa sœur, et la haute vertu dans un naturel sensible à ses passions, qu'elle dompte sans les affaiblir, et à qui elle laisse toute leur force pour en triompher plus glorieusement, a quelque chose de plus touchant, de plus élevé et de plus aimable que cette médiocre bonté, capable d'une faiblesse et même d'un crime, où nos anciens étaient contraints d'arrêter le caractère le plus parfait des rois et des princes dont ils faisaient leurs héros, afin que ces taches et ces forfaits, défigurant ce qu'ils leur laissaient de vertu, s'accommodassent au goût et aux souhaits de leurs spectateurs, et fortifiassent l'horreur qu'ils avaient conçue de leur domination et de la monarchie.

Rodrigue suit ici son devoir sans rien relâcher de sa passion : Chimène fait la même chose à son tour, sans laisser ébranler son dessein par la douleur où elle se voit abîmée par là; et si la présence de son amant lui fait faire quelque faux pas, c'est une glissade dont elle se relève à l'heure même; et non seulement elle connaît si bien sa faute qu'elle nous en avertit, mais elle fait un prompt désaveu de tout ce qu'une vue si chère lui a pu arracher. Il n'est point besoin qu'on lui reproche qu'il lui est honteux de souffrir l'entretien de son amant après qu'il a tué son père; elle avoue que c'est la seule prise que la médisance aura sur elle. Si elle s'emporte jusqu'à lui dire qu'elle veut bien qu'on sache qu'elle l'adore et le poursuit, ce n'est point une résolution si ferme, qu'elle l'empêche de cacher son amour de tout son possible lorsqu'elle est en la présence du roi. S'il lui échappe de l'encourager au combat contre don Sanche par ces paroles :

Sors vainqueur d'un combat dont Chimène est le prix,

elle ne se contente pas de s'enfuir de honte au même moment; mais sitôt qu'elle est avec Elvire, à qui elle ne déguise rien de ce qui se passe dans son âme, et que la vue de ce cher objet ne lui fait plus de violence, elle forme un souhait plus raisonnable, qui satisfait sa vertu et son amour tout ensemble, et demande au ciel que le combat se termine :

Sans faire aucun des deux ni vaincu ni vainqueur.

Si elle ne dissimule point qu'elle penche du côté de Rodrigue, de peur d'être à don Sanche, pour qui elle a de l'aversion, cela ne détruit point la protestation qu'elle a faite un peu auparavant que, malgré la loi de ce combat, et les promesses que le roi a faites à Rodrigue, elle lui fera mille autres ennemis, s'il en sort victorieux. Ce grand éclat même qu'elle laisse faire à son amour après qu'elle le croit mort, est suivi d'une opposition vigoureuse à l'exécution de cette loi qui la donne à son amant, et elle ne se tait qu'après que le roi l'a différée, et lui a laissé lieu d'espérer qu'avec le temps il y pourra survenir quelque obstacle. Je sais bien que le silence passe d'ordinaire pour une marque de consentement; mais quand les rois parlent, c'en est une de contradiction : on ne manque jamais à leur applaudir quand on entre dans leurs sentiments; et le seul moyen de leur contredire avec le respect qui leur est dû, c'est de se taire, quand leurs ordres ne sont pas si pressants qu'on ne puisse remettre à s'excuser de leur obéir lorsque le temps en sera venu, et conserver cependant une espérance légitime d'un empêchement qu'on ne peut encore déterminément prévoir.

Il est vrai que, dans ce sujet, il faut se contenter de tirer Rodrigue de péril, sans le pousser jusqu'à son mariage avec Chimène. Il est historique et a plu en son temps; mais bien sûrement il déplairait au nôtre; et j'ai peine à voir que Chimène y consente chez l'auteur espagnol, bien qu'il donne plus de trois ans de durée à la comédie qu'il en a faite. Pour ne pas contredire l'histoire, j'ai cru ne me pouvoir dispenser d'en jeter quelque idée, mais avec incertitude de l'effet [a], et ce n'était que par là que je pouvais accorder la bienséance du théâtre avec la vérité de l'événement.

Les deux visites que Rodrigue fait à sa maîtresse ont quelque chose qui choque cette bienséance de la part de celle qui les souffre; la rigueur du devoir voulait qu'elle refusât de lui parler, et s'enfermât dans son cabinet au lieu de l'écouter; mais permettez-moi de dire avec un des premiers esprits de notre siècle, « que leur conversation « est remplie de si beaux sentiments, que plusieurs n'ont « pas connu ce défaut, et que ceux qui l'ont connu l'ont « toléré ». J'irai plus outre, et dirai que tous presque ont souhaité que ces entretiens se fissent; et j'ai remarqué aux premières représentations qu'alors que ce malheureux amant se présentait devant elle, il s'élevait un certain frémissement dans l'assemblée, qui marquait une curiosité merveilleuse, et un redoublement d'attention pour ce qu'ils

avaient à se dire dans un état si pitoyable. Aristote dit
« qu'il y a des absurdités qu'il faut laisser dans un poème,
« quand on peut espérer qu'elles seront bien reçues ; et il
« est du devoir du poète, en ce cas, de les couvrir de tant de
« brillants, qu'elles puissent éblouir ». Je laisse au jugement de mes auditeurs si je me suis assez bien acquitté de
ce devoir pour justifier par là ces deux scènes. Les pensées
de la première des deux sont quelquefois trop spirituelles
pour partir de personnes fort affligées ; mais, outre que je
n'ai fait que la paraphraser de l'espagnol, si nous ne nous
permettions quelque chose de plus ingénieux que le cours
ordinaire de la passion, nos poèmes ramperaient souvent,
et les grandes douleurs ne mettraient dans la bouche de nos
acteurs que des exclamations et des hélas. Pour ne déguiser
rien, cette offre que fait Rodrigue de son épée à Chimène,
et cette protestation de se laisser tuer par don Sanche, ne
me plairaient pas maintenant. Ces beautés étaient de mise
en ce temps-là, et ne le seraient plus en celui-ci. La première est dans l'original espagnol, et l'autre est tirée sur
ce modèle. Toutes les deux ont fait leur effet en ma faveur ;
mais je ferais scrupule d'en étaler de pareilles à l'avenir sur
notre théâtre.

J'ai dit ailleurs [10] ma pensée touchant l'infante et le roi ;
il reste néanmoins quelque chose à examiner sur la manière
dont ce dernier agit, qui ne paraît pas assez vigoureuse, en
ce qu'il ne fait pas arrêter le comte après le soufflet donné,
et n'envoie pas des gardes [11] à don Diègue et à son fils. Sur
quoi on peut considérer que don Fernand étant le premier
roi de Castille, et ceux qui en avaient été maîtres auparavant lui n'ayant eu titre que de comtes, il n'était peut-être
pas assez absolu sur les grands seigneurs de son royaume
pour le pouvoir faire. Chez don Guillem de Castro, qui a
traité ce sujet avant moi, et qui devait mieux connaître que
moi quelle était l'autorité de ce premier monarque de son
pays, le soufflet se donne en sa présence et en celle de deux
ministres d'Etat, qui lui conseillent, après que le comte
s'est retiré fièrement et avec bravade, et que don Diègue a
fait la même chose en soupirant, de ne le pousser point à
bout, parce qu'il a quantité d'amis dans les Asturies, qui se
pourraient révolter, et prendre parti avec les Maures dont
son Etat est environné. Ainsi il se résout d'accommoder
l'affaire sans bruit, et recommande le secret à ces deux
ministres, qui ont été seuls témoins de l'action. C'est sur cet
exemple que je me suis cru bien fondé à le faire agir plus
mollement qu'on ne ferait en ce temps-ci, où l'autorité

royale est plus absolue. Je ne pense pas non plus qu'il fasse une faute bien grande de ne jeter point l'alarme de nuit dans sa ville, sur l'avis incertain qu'il a du dessein des Maures, puisqu'on faisait bonne garde sur les murs et sur le port ; mais il est inexcusable de n'y donner aucun ordre après leur arrivée, et de laisser tout faire à Rodrigue. La loi du combat qu'il propose à Chimène avant que de le permettre à don Sanche contre Rodrigue, n'est pas si injuste que quelques-uns ont voulu le dire, parce qu'elle est plutôt une menace pour la faire dédire de la demande de ce combat, qu'un arrêt qu'il lui veuille faire exécuter. Cela paraît en ce qu'après la victoire de Rodrigue il n'en exige pas précisément l'effet de sa parole, et la laisse en état d'espérer que cette condition n'aura point de lieu.

Je ne puis dénier que la règle des vingt et quatre heures presse trop les incidents de cette pièce. La mort du comte et l'arrivée des Maures s'y pouvaient entre-suivre d'aussi près qu'elles font, parce que cette arrivée est une surprise qui n'a point de communication, ni de mesures à prendre avec le reste ; mais il n'en va pas ainsi du combat de don Sanche, dont le roi était le maître, et pouvait lui choisir un autre temps que deux heures après la fuite des Maures. Leur défaite avait assez fatigué Rodrigue toute la nuit pour mériter deux ou trois jours de repos, et même il y avait quelque apparence qu'il n'en était pas échappé sans blessures, quoique je n'en aie rien dit, parce qu'elles n'auraient fait que nuire à la conclusion de l'action.

Cette même règle presse aussi trop Chimène de demander justice au roi la seconde fois. Elle l'avait fait le soir d'auparavant, et n'avait aucun sujet d'y retourner le lendemain matin pour en importuner le roi, dont elle n'avait encore aucun lieu de se plaindre, puisqu'elle ne pouvait encore dire qu'il lui eût manqué de promesse. Le roman lui aurait donné sept ou huit jours de patience avant que de l'en presser de nouveau ; mais les vingt et quatre heures ne l'ont pas permis : c'est l'incommodité de la règle. Passons à celle de l'unité de lieu, qui ne m'a pas donné moins de gêne en cette pièce.

Je l'ai placé dans Séville, bien que don Fernand n'en ait jamais été le maître, et j'ai été obligé à cette falsification, pour former quelque vraisemblance à la descente des Maures, dont l'armée ne pouvait venir si vite par terre que par eau. Je ne voudrais pas assurer toutefois que le flux de la mer monte effectivement jusque-là ; mais comme dans notre Seine il fait encore plus de chemin qu'il ne lui en

faut faire sur le Guadalquivir pour battre les murailles de
cette ville, cela peut suffire à fonder quelque probabilité
parmi nous, pour ceux qui n'ont point été sur le lieu même.

Cette arrivée des Maures ne laisse pas d'avoir ce défaut,
que j'ai marqué ailleurs [12], qu'ils se présentent d'eux-
mêmes, sans être appelés dans la pièce directement ni
indirectement par aucun acteur du premier acte. Ils ont
plus de justesse dans l'irrégularité de l'auteur espagnol.
Rodrigue, n'osant plus se montrer à la cour, les va combattre sur la frontière, et ainsi le premier acteur les va chercher, et leur donne place dans le poème; au contraire de ce
qui arrive ici, où ils semblent se venir faire de fête exprès
pour en être battus, et lui donner moyen de rendre à son
roi un service d'importance qui lui fasse obtenir sa grâce.
C'est une seconde incommodité de la règle dans cette tragédie.

Tout s'y passe donc dans Séville, et garde ainsi quelque
espèce d'unité de lieu en général; mais le lieu particulier
change de scène en scène, et tantôt c'est le palais du roi,
tantôt l'appartement de l'infante, tantôt la maison de Chimène, et tantôt une rue ou place publique. On le détermine
aisément pour les scènes détachées; mais pour celles qui
ont leur liaison ensemble, comme les quatre dernières du
premier acte, il est malaisé d'en choisir un qui convienne
à toutes. Le comte et don Diègue se querellent au sortir
du palais; cela se peut passer dans une rue; mais, après le
soufflet reçu, don Diègue ne peut pas demeurer en cette
rue à faire ses plaintes, attendant que son fils survienne,
qu'il ne soit tout aussitôt environné de peuple, et ne reçoive
l'offre de quelques amis. Ainsi il serait plus à propos qu'il
se plaignît dans sa maison, où le met l'Espagnol, pour laisser aller ses sentiments en liberté; mais, en ce cas, il faudrait délier les scènes comme il a fait. En l'état où elles
sont ici, on peut dire qu'il faut quelquefois aider au
théâtre, et suppléer favorablement ce qui ne s'y peut représenter. Deux personnes s'y arrêtent pour parler, et quelquefois il faut présumer qu'ils marchent, ce qu'on ne peut
exposer sensiblement à la vue, parce qu'ils échapperaient
aux yeux avant que d'avoir pu dire ce qu'il est nécessaire
qu'ils fassent savoir à l'auditeur. Ainsi, par une fiction de
théâtre, on peut s'imaginer que don Diègue et le comte,
sortant du palais du roi, avancent toujours en se querellant,
et sont arrivés devant la maison de ce premier lorsqu'il
reçoit le soufflet qui l'oblige à y entrer pour y chercher du
secours. Si cette fiction poétique ne vous satisfait point,

laissons-le dans la place publique, et disons que le concours du peuple autour de lui après cette offense, et les offres de service que lui font les premiers amis qui s'y rencontrent, sont des circonstances que le roman ne doit pas oublier; mais que ces menues actions ne servant de rien à la principale, il n'est pas besoin que le poëte s'en embarrasse sur la scène. Horace l'en dispense par ces vers :

Hoc amet, hoc spernat promissi carminis auctor;
Pleraque negligat.

Et ailleurs,

Semper ad eventum festinet [13].

C'est ce qui m'a fait négliger, au troisième acte, de donner à don Diègue, pour aide à chercher son fils, aucun des cinq cents amis qu'il avait chez lui. Il y a grande apparence que quelques-uns d'eux l'y accompagnaient, et même que quelques autres le cherchaient pour lui d'un autre côté; mais ces accompagnements inutiles de personnes qui n'ont rien à dire, puisque celui qu'ils accompagnent a seul tout l'intérêt à l'action, ces sortes d'accompagnements, dis-je, ont toujours mauvaise grâce au théâtre, et d'autant plus que les comédiens n'emploient à ces personnages muets que leurs moucheurs de chandelles et leurs valets, qui ne savent quelle posture tenir.

Les funérailles du Comte étaient encore une chose fort embarrassante, soit qu'elles se soient faites avant la fin de la pièce, soit que le corps ait demeuré en présence dans son hôtel, attendant qu'on y donnât ordre. Le moindre mot que j'en eusse laissé dire, pour en prendre soin, eût rompu toute la chaleur de l'attention, et rempli l'auditeur d'une fâcheuse idée. J'ai cru plus à propos de les dérober à son imagination par mon silence, aussi bien que le lieu précis de ces quatre scènes du premier acte dont je viens de parler; et je m'assure que cet artifice m'a si bien réussi, que peu de personnes ont pris garde à l'un ni à l'autre, et que la plupart des spectateurs, laissant emporter leurs esprits à ce qu'ils ont vu de pathétique en ce poëme, ne se sont point avisés de réfléchir sur ces deux considérations.

J'achève par une remarque sur ce que dit Horace, que ce qu'on expose à la vue touche bien plus que ce qu'on n'apprend que par un récit.

C'est sur quoi je me suis fondé pour faire voir le soufflet

que reçoit don Diègue, et cacher aux yeux la mort du
comte, afin d'acquérir et conserver à mon premier acteur
l'amitié des auditeurs, si nécessaire pour réussir au théâtre.
L'indignité d'un affront fait à un vieillard, chargé d'années
et de victoires, les jette aisément dans le parti de l'offensé;
et cette mort, qu'on vient dire au roi tout simplement
sans aucune narration touchante, n'excite point en eux la com-
misération qu'y eût fait naître le spectacle de son sang,
et ne leur donne aucune aversion pour ce malheureux
amant, qu'ils ont vu forcé par ce qu'il devait à son honneur
d'en venir à cette extrémité, malgré l'intérêt et la tendresse
de son amour.

ACTEURS

D. FERNAND[14], premier roi de Castille.
Dᵃ URRAQUE, infante de Castille.
D. DIÈGUE, père de don Rodrigue.
D. GOMÈS, comte de Gormas, père de Chimène.
D. RODRIGUE, amant de Chimène.
D. SANCHE, amoureux de Chimène.
D. ARIAS, } gentilshommes castillans.
D. ALONSE,
CHIMÈNE, fille de don Gomès.
LÉONOR, gouvernante de l'infante.
ELVIRE, gouvernante de Chimène.
UN PAGE de l'infante.

La scène est à Séville.

ACTE PREMIER [15]

SCÈNE PREMIÈRE [16]

CHIMÈNE, ELVIRE

CHIMÈNE

Elvire, m'as-tu fait un rapport bien sincère ?
Ne déguises-tu rien de ce qu'a dit mon père ?

ELVIRE

Tous mes sens à moi-même en sont encor charmés :
Il estime Rodrigue autant que vous l'aimez,
5 Et si je ne m'abuse à lire dans son âme,
Il vous commandera de répondre à sa flamme.

CHIMÈNE

Dis-moi donc, je te prie, une seconde fois
Ce qui te fait juger qu'il approuve mon choix;
Apprends-moi de nouveau quel espoir j'en dois prendre;
10 Un si charmant discours ne se peut trop entendre;
Tu ne peux trop promettre aux feux de notre amour
La douce liberté de se montrer au jour.
Que t'a-t-il répondu sur la secrète brigue
Que font auprès de toi don Sanche et don Rodrigue ?
15 N'as-tu point trop fait voir quelle inégalité
Entre ces deux amants me penche d'un côté ?

ELVIRE

Non, j'ai peint votre cœur dans une indifférence
Qui n'enfle d'aucun d'eux ni détruit l'espérance,
Et sans les voir d'un œil trop sévère ou trop doux,
20 Attend l'ordre d'un père à choisir un époux.

Texte de 1637

SCÈNE PREMIÈRE : Le Comte, Elvire

ELVIRE

Entre tous ces amants dont la jeune ferveur
Adore votre fille et brigue ma faveur,
Don Rodrigue et don Sanche à l'envi font paraître
Le beau feu qu'en leurs cœurs ses beautés ont fait naître.
Ce n'est pas que Chimène écoute leurs soupirs,
Ou d'un regard propice anime leurs désirs :
Au contraire, pour tous dedans l'indifférence,
Elle n'ôte à pas un ni donne l'espérance.
Et sans les voir d'un œil trop sévère ou trop doux,
C'est de votre seul choix qu'elle attend un époux.

LE COMTE

Elle est dans le devoir ; tous deux sont dignes d'elle,
(Vers 26 à 38 de l'édition définitive, puis)
Va l'en entretenir ; mais dans cet entretien
Cache mon entretien et découvre le sien.
Je veux qu'à mon retour nous en parlions ensemble ;
L'heure à présent m'appelle au conseil qui s'assemble ;
Le roi doit à son fils choisir un gouverneur,
Ou plutôt m'élever à ce haut rang d'honneur ;
Ce que pour lui mon bras chaque jour exécute,
Me défend de penser qu'aucun me le dispute.

SCÈNE II : Chimène, Elvire

ELVIRE, *seule.*

Quelle douce nouvelle à ces jeunes amants
Et que tout se dispose à leurs contentements !

CHIMÈNE

Eh bien ! Elvire, enfin que faut-il que j'espère ?
Que dois-je devenir, et que t'a dit mon père ?

ELVIRE

Deux mots dont tous vos sens doivent être charmés :
Il estime Rodrigue autant que vous l'aimez.

CHIMÈNE

L'excès de ce bonheur me met en défiance :
Puis-je à de tels discours donner quelque croyance ?

ELVIRE

Il passe bien plus outre, il approuve ses feux.
Et vous doit commander de répondre à ses vœux.
Jugez après cela, puisque tantôt son père
Au sortir du conseil doit proposer l'affaire,
S'il pouvait avoir lieu de mieux prendre son temps,
Et si tous vos désirs seront bientôt contents.
(Vers 53-58 de l'édition définitive)

Ce respect l'a ravi, sa bouche et son visage
M'en ont donné sur l'heure un digne témoignage,
Et puisqu'il vous en faut encor faire un récit,
Voici d'eux et de vous ce qu'en hâte il m'a dit :
25 « Elle est dans le devoir, tous deux sont dignes d'elle,
Tous deux formés d'un sang noble, vaillant, fidèle,
Jeunes, mais qui font lire aisément dans leurs yeux
L'éclatante vertu de leurs braves aïeux.
Don Rodrigue surtout n'a trait en son visage
30 Qui d'un homme de cœur ne soit la haute image,
Et sort d'une maison si féconde en guerriers,
Qu'ils y prennent naissance au milieu des lauriers.
La valeur de son père en son temps sans pareille,
Tant qu'a duré sa force, a passé pour merveille ;
35 Ses rides sur son front ont gravé ses exploits,
Et nous disent encor ce qu'il fut autrefois.
Je me promets du fils ce que j'ai vu du père ;
Et ma fille, en un mot, peut l'aimer et me plaire. »
Il allait au conseil, dont l'heure qui pressait
40 A tranché ce discours qu'à peine il commençait ;
Mais à ce peu de mots je crois que sa pensée
Entre vos deux amants n'est pas fort balancée.
Le roi doit à son fils élire un gouverneur,
Et c'est lui que regarde un tel degré d'honneur ;
45 Ce choix n'est pas douteux, et sa rare vaillance
Ne peut souffrir qu'on craigne aucune concurrence.
Comme ses hauts exploits le rendent sans égal,
Dans un espoir si juste il sera sans rival ;
Et puisque don Rodrigue a résolu son père
50 Au sortir du conseil à proposer l'affaire,
Je vous laisse à juger s'il prendra bien son temps,
Et si tous vos désirs seront bientôt contents.

CHIMÈNE

Il semble toutefois que mon âme troublée
Refuse cette joie, et s'en trouve accablée :
55 Un moment donne au sort des visages divers,
Et dans ce grand bonheur je crains un grand revers.

ELVIRE

Vous verrez cette crainte heureusement déçue.

CHIMÈNE

Allons, quoi qu'il en soit, en attendre l'issue.

SCÈNE II

L'INFANTE, LÉONOR, UN PAGE

L'INFANTE

Page, allez avertir Chimène de ma part [17]
60 Qu'aujourd'hui pour me voir elle attend un peu tard,
Et que mon amitié se plaint de sa paresse.

Le page rentre.

LÉONOR

Madame, chaque jour même désir vous presse;
Et dans son entretien je vous vois chaque jour
Demander en quel point se trouve son amour.

L'INFANTE

65 Ce n'est pas sans sujet : je l'ai presque forcée
A recevoir les traits dont son âme est blessée.
Elle aime don Rodrigue, et le tient de ma main,
Et par moi don Rodrigue a vaincu son dédain;
Ainsi de ces amants ayant formé les chaînes,
70 Je dois prendre intérêt à voir finir leurs peines.

LÉONOR

Madame, toutefois parmi leurs bons succès
Vous montrez un chagrin qui va jusqu'à l'excès.
Cet amour, qui tous deux les comble d'allégresse,
Fait-il de ce grand cœur la profonde tristesse,
75 Et ce grand intérêt que vous prenez pour eux
Vous rend-il malheureuse alors qu'ils sont heureux ?
Mais je vais trop avant, et deviens indiscrète.

L'INFANTE

Ma tristesse redouble à la tenir secrète.
Ecoute, écoute enfin comme j'ai combattu,
80 Ecoute quels assauts brave encor ma vertu.
L'amour est un tyran qui n'épargne personne :
Ce jeune cavalier [18], cet amant que je donne,
Je l'aime.

LÉONOR

Vous l'aimez!

L'INFANTE

               Mets la main sur mon cœur,
Et vois comme il se trouble au nom de son vainqueur,
85 Comme il le reconnaît.

LÉONOR

              Pardonnez-moi, madame,
Si je sors du respect pour blâmer cette flamme,
Une grande princesse à ce point s'oublier
Que d'admettre en son cœur un simple cavalier !
Et que dirait le roi, que dirait la Castille ?
90 Vous souvient-il encor de qui vous êtes fille ?

L'INFANTE

Il m'en souvient si bien que j'épandrai mon sang,
Avant que je m'abaisse à démentir mon rang.
Je te répondrais bien que dans les belles âmes
Le seul mérite a droit de produire des flammes ;
95 Et si ma passion cherchait à s'excuser,
Mille exemples fameux pourraient l'autoriser :
Mais je n'en veux point suivre où ma gloire s'engage ;
La surprise des sens n'abat point mon courage ;
Et je me dis toujours qu'étant fille de roi
100 Tout autre qu'un monarque est indigne de moi.
Quand je vis que mon cœur ne se pouvait défendre,
Moi-même je donnai ce que je n'osais prendre.
Je mis, au lieu de moi, Chimène en ses liens,
Et j'allumai leurs feux pour éteindre les miens.
105 Ne t'étonne donc plus si mon âme gênée
Avec impatience attend leur hyménée ;
Tu vois que mon repos en dépend aujourd'hui.
Si l'amour vit d'espoir, il périt avec lui ;
C'est un feu qui s'éteint, faute de nourriture ;
110 Et malgré la rigueur de ma triste aventure,
Si Chimène a jamais Rodrigue pour mari
Mon espérance est morte, et mon esprit guéri.
Je souffre cependant un tourment incroyable.
Jusques à cet hymen Rodrigue m'est aimable :
115 Je travaille à le perdre, et le perds à regret ;
Et de là prend son cours mon déplaisir secret.
Je vois avec chagrin que l'amour me contraigne
A pousser des soupirs pour ce que je dédaigne ;
Je sens en deux partis mon esprit divisé.
120 Si mon courage est haut, mon cœur est embrasé.

Cet hymen m'est fatal, je le crains, et souhaite :
Je n'ose en espérer qu'une joie imparfaite.
Ma gloire et mon amour ont pour moi tant d'appas,
Que je meurs s'il s'achève ou ne s'achève pas.

LÉONOR

125 Madame, après cela je n'ai rien à vous dire,
Sinon que de vos maux avec vous je soupire;
Je vous blâmais tantôt, je vous plains à présent.
Mais puisque dans un mal si doux et si cuisant
Votre vertu combat et son charme et sa force,
130 En repousse l'assaut, en rejette l'amorce,
Elle rendra le calme à vos esprits flottants.
Espérez donc tout d'elle, et du secours du temps,
Espérez tout du ciel, il a trop de justice
Pour laisser la vertu dans un si long supplice [19].

L'INFANTE

135 Ma plus douce espérance est de perdre l'espoir.

LE PAGE

Par vos commandements Chimène vous vient voir.

L'INFANTE, à Léonor.

Allez l'entretenir en cette galerie.

LÉONOR

Voulez-vous demeurer dedans la rêverie ?

L'INFANTE

Non, je veux seulement, malgré mon déplaisir,
140 Remettre mon visage un peu plus à loisir.
Je vous suis. Juste ciel, d'où j'attends mon remède,
Mets enfin quelque borne au mal qui me possède,
Assure mon repos, assure mon honneur.
Dans le bonheur d'autrui je cherche mon bonheur,
145 Cet hyménée à trois également importe;
Rends son effet plus prompt, ou mon âme plus forte.
D'un lien conjugal joindre ces deux amants,
C'est briser tous mes fers et finir mes tourments.
Mais je tarde un peu trop, allons trouver Chimène,
150 Et par son entretien soulager notre peine.

SCÈNE III

LE COMTE, D. DIÈGUE

LE COMTE

Enfin vous l'emportez, et la faveur du roi
Vous élève en un rang [20] qui n'était dû qu'à moi,
Il vous fait gouverneur du prince de Castille.

D. DIÈGUE

Cette marque d'honneur qu'il met dans ma famille
155 Montre à tous qu'il est juste, et fait connaître assez
Qu'il sait récompenser les services passés.

LE COMTE

Pour grands que soient les rois, ils sont ce que nous
[sommes :
Ils peuvent se tromper comme les autres hommes;
Et ce choix sert de preuve à tous les courtisans
160 Qu'ils savent mal payer les services présents.

D. DIÈGUE

Ne parlons plus d'un choix dont votre esprit s'irrite;
La faveur l'a pu faire autant que le mérite,
Mais on doit ce respect au pouvoir absolu,
De n'examiner rien quand un roi l'a voulu.
165 A l'honneur qu'il m'a fait ajoutez-en un autre;
Joignons d'un sacré nœud ma maison à la vôtre :
Vous n'avez qu'une fille, et moi je n'ai qu'un fils;
Leur hymen nous peut rendre à jamais plus qu'amis :
Faites-nous cette grâce, et l'acceptez pour gendre.

LE COMTE

170 A des partis plus hauts ce beau fils doit prétendre;
Et le nouvel éclat de votre dignité
Lui doit enfler le cœur d'une autre vanité.
    Exercez-la, monsieur, et gouvernez le prince;
Montrez-lui comme il faut régir une province,
175 Faire trembler partout les peuples sous la loi,
Remplir les bons d'amour et les méchants d'effroi;
Joignez à ces vertus celles d'un capitaine :
Montrez-lui comme il faut s'endurcir à la peine,

Dans le métier de Mars se rendre sans égal,
180 Passer les jours entiers et les nuits à cheval,
Reposer tout armé, forcer une muraille,
Et ne devoir qu'à soi le gain d'une bataille.
Instruisez-le d'exemple, et rendez-le parfait,
Expliquant à ses yeux vos leçons par l'effet.

D. Diègue

185 Pour s'instruire d'exemple, en dépit de l'envie,
Il lira seulement l'histoire de ma vie.
    Là, dans un long tissu de belles actions,
Il verra comme il faut dompter des nations,
Attaquer une place, ordonner une armée,
190 Et sur de grands exploits bâtir sa renommée.

Le Comte

Les exemples vivants sont d'un autre pouvoir;
Un prince dans un livre apprend mal son devoir.
Et qu'a fait après tout ce grand nombre d'années,
Que ne puisse égaler une de mes journées [21]?
195 Si vous fûtes vaillant, je le suis aujourd'hui,
Et ce bras du royaume est le plus ferme appui.
Grenade et l'Aragon tremblent quand ce fer brille;
Mon nom sert de rempart à toute la Castille :
Sans moi, vous passeriez bientôt sous d'autres lois,
200 Et vous auriez bientôt vos ennemis pour rois.
Chaque jour, chaque instant, pour rehausser ma gloire,
Met lauriers sur lauriers, victoire sur victoire :
Le prince à mes côtés ferait dans les combats
L'essai de son courage à l'ombre de mon bras;
205 Il apprendrait à vaincre en me regardant faire;
Et pour répondre en hâte à son grand caractère,
Il verrait...

D. Diègue

    Je le sais, vous servez bien le roi,
Je vous ai vu combattre et commander sous moi :
Quand l'âge dans mes nerfs a fait couler sa glace,
210 Votre rare valeur a bien rempli ma place;
Enfin, pour épargner les discours superflus,
Vous êtes aujourd'hui ce qu'autrefois je fus.
Vous voyez toutefois qu'en cette concurrence
Un monarque entre nous met quelque différence.

Le Comte

215 Ce que je méritais, vous l'avez emporté.

D. DIÈGUE

Qui l'a gagné sur vous l'avait mieux mérité.

LE COMTE

Qui peut mieux l'exercer en est bien le plus digne.

D. DIÈGUE

En être refusé n'en est pas un bon signe.

LE COMTE

Vous l'avez eu par brigue, étant vieux courtisan.

220 L'éclat de mes hauts faits fut mon seul partisan.

LE COMTE

Parlons-en mieux, le roi fait honneur à votre âge.

D. DIÈGUE

Le roi, quand il en fait, le mesure au courage.

LE COMTE

Et par là cet honneur n'était dû qu'à mon bras.

D. DIÈGUE

Qui n'a pu l'obtenir ne le méritait pas.

LE COMTE

225 Ne le méritait pas! moi ?

D. DIÈGUE

Vous.

LE COMTE

                    Ton impudence,
Téméraire vieillard, aura sa récompense.

Il lui donne un soufflet.

D. DIÈGUE, *mettant l'épée à la main.*

Achève, et prends ma vie après un tel affront,
Le premier dont ma race ait vu rougir son front.

LE COMTE

Et que penses-tu faire avec tant de faiblesse ?

D. DièGUE

230 O Dieu! ma force usée en ce besoin me laisse!

Le Comte

Ton épée est à moi, mais tu serais trop vain,
Si ce honteux trophée avait chargé ma main.
   Adieu. Fais lire au prince, en dépit de l'envie,
Pour son instruction, l'histoire de ta vie;
235 D'un insolent discours ce juste châtiment
Ne lui servira pas d'un petit ornement [22].

SCÈNE IV

D. DIÈGUE

O rage! ô désespoir! ô vieillesse ennemie!
N'ai-je donc tant vécu que pour cette infamie?
Et ne suis-je blanchi dans les travaux guerriers
240 Que pour voir en un jour flétrir tant de lauriers?
Mon bras qu'avec respect toute l'Espagne admire,
Mon bras, qui tant de fois a sauvé cet empire,
Tant de fois affermi le trône de son roi,
Trahit donc ma querelle, et ne fait rien pour moi?
245 O cruel souvenir de ma gloire passée!
Œuvre de tant de jours en un jour effacée!
Nouvelle dignité fatale à mon bonheur!
Précipice élevé d'où tombe mon honneur!
Faut-il de votre éclat voir triompher le comte,
250 Et mourir sans vengeance, ou vivre dans la honte?
Comte, sois de mon prince à présent gouverneur;
Ce haut rang n'admet point un homme sans honneur;
Et ton jaloux orgueil par cet affront insigne
Malgré le choix du roi, m'en a su rendre indigne.
255 Et toi, de mes exploits glorieux instrument,
Mais d'un corps tout de glace inutile ornement,
Fer, jadis tant à craindre, et qui, dans cette offense,
M'as servi de parade, et non pas de défense,
Va, quitte désormais le dernier des humains,
260 Passe, pour me venger, en de meilleures mains [23].

SCÈNE V

D. DIÈGUE, D. RODRIGUE

D. DIÈGUE

Rodrigue, as-tu du cœur ?

D. RODRIGUE

Tout autre que mon père
L'éprouverait sur l'heure.

D. DIÈGUE

Agréable colère !
Digne ressentiment à ma douleur bien doux !
Je reconnais mon sang à ce noble courroux ;
265 Ma jeunesse revit en cette ardeur si prompte.
Viens, mon fils, viens, mon sang, viens réparer ma honte ;
Viens me venger.

D. RODRIGUE

De quoi ?

D. DIÈGUE

D'un affront si cruel,
Qu'à l'honneur de tous deux il porte un coup mortel :
D'un soufflet. L'insolent en eût perdu la vie ;
270 Mais mon âge a trompé ma généreuse envie ;
Et ce fer que mon bras ne peut plus soutenir,
Je le remets au tien pour venger et punir.
Va contre un arrogant éprouver ton courage :
Ce n'est que dans le sang qu'on lave un tel outrage ;
275 Meurs, ou tue. Au surplus, pour ne te point flatter,
Je te donne à combattre un homme à redouter ;
Je l'ai vu, tout couvert de sang et de poussière,
Porter partout l'effroi dans une armée entière.
J'ai vu par sa valeur cent escadrons rompus ;
280 Et pour t'en dire encor quelque chose de plus,
Plus que brave soldat, plus que grand capitaine,
C'est...

D. RODRIGUE

De grâce, achevez.

D. DièGUE

Le père de Chimène.

D. RODRIGUE

Le...

D. DièGUE

Ne réplique point, je connais ton amour,
Mais qui peut vivre infâme est indigne du jour;
285 Plus l'offenseur est cher, et plus grande est l'offense.
Enfin tu sais l'affront, et tu tiens la vengeance :
Je ne te dis plus rien. Venge-moi, venge-toi;
Montre-toi digne fils d'un père tel que moi.
Accablé des malheurs où le destin me range,
290 Je vais les déplorer. Va, cours, vole, et nous venge.

SCÈNE VI

D. RODRIGUE

Percé jusques au fond du cœur [24]
D'une atteinte imprévue aussi bien que mortelle,
Misérable vengeur d'une juste querelle,
Et malheureux objet d'une injuste rigueur,
295 Je demeure immobile, et mon âme abattue
Cède au coup qui me tue.
Si près de voir mon feu récompensé,
O Dieu, l'étrange peine!
En cet affront mon père est l'offensé,
300   Et l'offenseur le père de Chimène!

Que je sens de rudes combats!
Contre mon propre honneur mon amour s'intéresse :
Il faut venger un père, et perdre une maîtresse.
L'un m'anime le cœur, l'autre retient mon bras.
305 Réduit au triste choix ou de trahir ma flamme,
Ou de vivre en infâme,
Des deux côtés mon mal est infini.
O Dieu, l'étrange peine!
Faut-il laisser un affront impuni ?
310   Faut-il punir le père de Chimène ?

Père, maîtresse, honneur, amour,
Noble et dure contrainte, aimable tyrannie [25],
Tous mes plaisirs sont morts, ou ma gloire ternie.
L'un me rend malheureux, l'autre indigne du jour.
315 Cher et cruel espoir d'une âme généreuse,
          Mais ensemble amoureuse,
       Digne ennemi de mon plus grand bonheur,
          Fer qui causes ma peine,
       M'es-tu donné pour venger mon honneur ?
320   M'es-tu donné pour perdre ma Chimène ?

          Il vaut mieux courir au trépas.
Je dois à ma maîtresse aussi bien qu'à mon père ;
J'attire en me vengeant sa haine et sa colère ;
J'attire ses mépris en ne me vengeant pas.
325 A mon plus doux espoir l'un me rend infidèle,
          Et l'autre indigne d'elle.
       Mon mal augmente à le vouloir guérir ;
          Tout redouble ma peine.
       Allons, mon âme ; et puisqu'il faut mourir,
330   Mourons du moins sans offenser Chimène.

          Mourir sans tirer ma raison !
Rechercher un trépas si mortel à ma gloire !
Endurer que l'Espagne impute à ma mémoire
D'avoir mal soutenu l'honneur de ma maison !
335 Respecter un amour dont mon âme égarée
          Voit la perte assurée !
       N'écoutons plus ce penser suborneur,
          Qui ne sert qu'à ma peine.
       Allons, mon bras, sauvons du moins l'honneur,
340   Puisqu'après tout il faut perdre Chimène.

          Oui, mon esprit s'était déçu.
Je dois tout à mon père avant qu'à ma maîtresse :
Que je meure au combat, ou meure de tristesse,
Je rendrai mon sang pur comme je l'ai reçu.
345 Je m'accuse déjà de trop de négligence ;
          Courons à la vengeance ;
       Et tout honteux d'avoir tant balancé,
          Ne soyons plus en peine,
       Puisqu'aujourd'hui mon père est l'offensé,
350   Si l'offenseur est père de Chimène.

ACTE II

SCÈNE PREMIÈRE

D. ARIAS, LE COMTE

LE COMTE

Je l'avoue entre nous, mon sang un peu trop chaud
S'est trop ému d'un mot, et l'a porté trop haut;
Mais puisque c'en est fait, le coup est sans remède.

D. ARIAS

Qu'aux volontés du roi ce grand courage cède :
355 Il y prend grande part, et son cœur irrité
Agira contre vous de pleine autorité.
Aussi vous n'avez point de valable défense.
Le rang de l'offensé, la grandeur de l'offense,
Demandent des devoirs et des submissions
360 Qui passent le commun des satisfactions.

LE COMTE

Le roi peut, à son gré, disposer de ma vie.

D. ARIAS

De trop d'emportement votre faute est suivie.
Le roi vous aime encore; apaisez son courroux.
Il a dit : « Je le veux »; désobéirez-vous ?

LE COMTE

365 Monsieur, pour conserver tout ce que j'ai d'estime,
Désobéir un peu n'est pas un si grand crime;
Et quelque grand qu'il soit, mes services présents
Pour le faire abolir sont plus que suffisants [26].

D. ARIAS

Quoi qu'on fasse d'illustre et de considérable,
370 Jamais à son sujet un roi n'est redevable.

Vous vous flattez beaucoup, et vous devez savoir
Que qui sert bien son roi ne fait que son devoir.
Vous vous perdrez, monsieur, sur cette confiance.

Le Comte

Je ne vous en croirai qu'après l'expérience.

D. Arias

375 Vous devez redouter la puissance d'un roi.

Le Comte

Un jour seul ne perd pas un homme tel que moi.
Que toute sa grandeur s'arme pour mon supplice,
Tout l'Etat périra, s'il faut que je périsse.

D. Arias

Quoi! vous craignez si peu le pouvoir souverain...

Le Comte

380 D'un sceptre qui sans moi tomberait de sa main.
Il a trop d'intérêt lui-même en ma personne,
Et ma tête en tombant ferait choir sa couronne.

D. Arias

Souffrez que la raison remette vos esprits.
Prenez un bon conseil.

Le Comte

                         Le conseil en est pris.

D. Arias

385 Que lui dirai-je enfin? je lui dois rendre conte.

Le Comte

Que je ne puis du tout consentir à ma honte.

D. Arias

Mais songez que les rois veulent être absolus.

Le Comte

Le sort en est jeté, monsieur, n'en parlons plus.

D. Arias

Adieu donc, puisqu'en vain je tâche à vous résoudre :
390 Avec tous vos lauriers, craignez encor le foudre [27].

LE COMTE

Je l'attendrai sans peur.

D. ARIAS

Mais non pas sans effet.

LE COMTE

Nous verrons donc par là don Diègue satisfait.

Il est seul.

Qui ne craint point la mort ne craint point les menaces.
J'ai le cœur au-dessus des plus fières disgrâces ;
395 Et l'on peut me réduire à vivre sans bonheur,
Mais non pas me résoudre à vivre sans honneur.

SCÈNE II

LE COMTE, D. RODRIGUE

D. RODRIGUE

A moi, comte, deux mots.

LE COMTE

Parle.

D. RODRIGUE

Ote-moi d'un doute.
Connais-tu bien don Diègue ?

LE COMTE

Oui.

D. RODRIGUE

Parlons bas ; écoute.
Sais-tu que ce vieillard fut la même vertu,
400 La vaillance et l'honneur de son temps ? le sais-tu ?

LE COMTE

Peut-être.

D. RODRIGUE

Cette ardeur que dans les yeux je porte,
Sais-tu que c'est son sang ? le sais-tu ?

LE COMTE

Que m'importe ?

D. RODRIGUE

A quatre pas d'ici je te le fais savoir.

LE COMTE

Jeune présomptueux !

D. RODRIGUE

Parle sans t'émouvoir.
405 Je suis jeune, il est vrai ; mais aux âmes bien nées
La valeur n'attend point le nombre des années.

LE COMTE

Te mesurer à moi ! qui t'a rendu si vain,
Toi qu'on n'a jamais vu les armes à la main !

D. RODRIGUE

Mes pareils à deux fois ne se font point connaître,
410 Et pour leurs coups d'essai veulent des coups de maître.

LE COMTE

Sais-tu bien qui je suis ?

D. RODRIGUE

Oui ; tout autre que moi
Au seul bruit de ton nom pourrait trembler d'effroi.
Les palmes dont je vois ta tête si couverte
Semblent porter écrit le destin de ma perte.
415 J'attaque en téméraire un bras toujours vainqueur,
Mais j'aurai trop de force, ayant assez de cœur.
A qui venge son père il n'est rien d'impossible.
Ton bras est invaincu, mais non pas invincible.

LE COMTE

Ce grand cœur qui paraît aux discours que tu tiens
420 Par tes yeux, chaque jour, se découvrait aux miens ;
Et croyant voir en toi l'honneur de la Castille,
Mon âme avec plaisir te destinait ma fille.
Je sais ta passion, et suis ravi de voir
Que tous ses mouvements cèdent à ton devoir ;
425 Qu'ils n'ont point affaibli cette ardeur magnanime ;
Que ta haute vertu répond à mon estime ;

Et que, voulant pour gendre un cavalier parfait,
Je ne me trompais point au choix que j'avais fait.
Mais je sens que pour toi ma pitié s'intéresse;
430 J'admire ton courage, et je plains ta jeunesse.
Ne cherche point à faire un coup d'essai fatal;
Dispense ma valeur d'un combat inégal;
Trop peu d'honneur pour moi suivrait cette victoire :
A vaincre sans péril, on triomphe sans gloire.
435 On te croirait toujours abattu sans effort;
Et j'aurais seulement le regret de ta mort.

D. RODRIGUE

D'une indigne pitié ton audace est suivie :
Qui m'ose ôter l'honneur craint de m'ôter la vie!

LE COMTE

Retire-toi d'ici.

D. RODRIGUE

Marchons sans discourir.

LE COMTE

Es-tu si las de vivre ?

D. RODRIGUE

440   As-tu peur de mourir ?

LE COMTE

Viens, tu fais ton devoir, et le fils dégénère
Qui survit un moment à l'honneur de son père.

SCÈNE III

L'INFANTE, CHIMÈNE, LÉONOR

L'INFANTE

Apaise, ma Chimène, apaise ta douleur,
Fais agir ta constance en ce coup de malheur,
445 Tu reverras le calme après ce faible orage,
Ton bonheur n'est couvert que d'un peu de nuage,
Et tu n'as rien perdu pour le voir différer.

CHIMÈNE

Mon cœur outré d'ennuis n'ose rien espérer.
Un orage si prompt qui trouble une bonace
450 D'un naufrage certain nous porte la menace;
Je n'en saurais douter, je péris dans le port.
J'aimais, j'étais aimée, et nos pères d'accord;
Et je vous en contais la charmante nouvelle
Au malheureux moment que naissait leur querelle,
455 Dont le récit fatal, sitôt qu'on vous l'a fait,
D'une si douce attente a ruiné l'effet.
    Maudite ambition, détestable manie,
Dont les plus généreux souffrent la tyrannie!
Honneur impitoyable à mes plus chers désirs,
460 Que tu me vas coûter de pleurs et de soupirs!

L'INFANTE

Tu n'as dans leur querelle aucun sujet de craindre :
Un moment l'a fait naître, un moment va l'éteindre.
Elle a fait trop de bruit pour ne pas s'accorder,
Puisque déjà le roi les veut accommoder;
465 Et tu sais que mon âme, à tes ennuis sensible,
Pour en tarir la source y fera l'impossible.

CHIMÈNE

Les accommodements ne font rien en ce point :
De si mortels affronts ne se réparent point.
En vain on fait agir la force ou la prudence;
470 Si l'on guérit le mal, ce n'est qu'en apparence.
La haine que les cœurs conservent au-dedans
Nourrit des feux cachés, mais d'autant plus ardents.

L'INFANTE

Le saint nœud qui joindra don Rodrigue et Chimène
Des pères ennemis dissipera la haine;
475 Et nous verrons bientôt votre amour le plus fort
Par un heureux hymen étouffer ce discord.

CHIMÈNE

Je le souhaite ainsi plus que je ne l'espère :
Don Diègue est trop altier, et je connais mon père.
Je sens couler des pleurs que je veux retenir;
480 Le passé me tourmente, et je crains l'avenir.

L'INFANTE

Que crains-tu? d'un vieillard l'impuissante faiblesse?

CHIMÈNE

Rodrigue a du courage.

L'INFANTE

Il a trop de jeunesse.

CHIMÈNE

Les hommes valeureux le sont du premier coup.

L'INFANTE

Tu ne dois pas pourtant le redouter beaucoup :
485 Il est trop amoureux pour te vouloir déplaire;
Et deux mots de ta bouche arrêtent sa colère.

CHIMÈNE

S'il ne m'obéit point, quel comble à mon ennui!
Et s'il peut m'obéir, que dira-t-on de lui?
Etant né ce qu'il est, souffrir un tel outrage!
490 Soit qu'il cède ou résiste au feu qui me l'engage,
Mon esprit ne peut qu'être ou honteux ou confus
De son trop de respect, ou d'un juste refus.

L'INFANTE

Chimène a l'âme haute, et quoique intéressée,
Elle ne peut souffrir une basse pensée;
495 Mais si jusques au jour de l'accommodement
Je fais mon prisonnier de ce parfait amant,
Et que j'empêche ainsi l'effet de son courage,
Ton esprit amoureux n'aura-t-il point d'ombrage?

CHIMÈNE

Ah! madame, en ce cas je n'ai plus de souci.

SCÈNE IV

L'INFANTE, CHIMÈNE, LÉONOR, LE PAGE

L'INFANTE

500 Page, cherchez Rodrigue, et l'amenez ici.

LE PAGE

Le comte de Gormas et lui...

CHIMÈNE

Bon Dieu ! je tremble.

L'INFANTE

Parlez.

LE PAGE

De ce palais ils sont sortis ensemble.

CHIMÈNE

Seuls ?

LE PAGE

Seuls, et qui semblaient tout bas se quereller.

CHIMÈNE

Sans doute ils sont aux mains, il n'en faut plus parler.
505 Madame, pardonnez à cette promptitude.

SCÈNE V

L'INFANTE, LÉONOR

L'INFANTE

Hélas ! que dans l'esprit je sens d'inquiétude !
Je pleure ses malheurs, son amant me ravit ;
Mon repos m'abandonne, et ma flamme revit.
Ce qui va séparer Rodrigue de Chimène
510 Fait renaître à la fois mon espoir et ma peine ;
Et leur division, que je vois à regret,
Dans mon esprit charmé jette un plaisir secret.

LÉONOR

Cette haute vertu qui règne dans votre âme
Se rend-elle si tôt à cette lâche flamme ?

L'INFANTE

515 Ne la nomme point lâche, à présent que chez moi
Pompeuse et triomphante elle me fait la loi ;
Porte-lui du respect, puisqu'elle m'est si chère.
Ma vertu la combat, mais malgré moi, j'espère ;
Et d'un si fol espoir mon cœur mal défendu
520 Vole après un amant que Chimène a perdu.

LÉONOR

Vous laissez choir ainsi ce glorieux courage,
Et la raison chez vous perd ainsi son usage ?

L'INFANTE

Ah ! qu'avec peu d'effet on entend la raison,
Quand le cœur est atteint d'un si charmant poison !
525 Et lorsque le malade aime sa maladie,
Qu'il a peine à souffrir que l'on y remédie !

LÉONOR

Votre espoir vous séduit, votre mal vous est doux ;
Mais enfin ce Rodrigue est indigne de vous.

L'INFANTE

Je ne le sais que trop ; mais si ma vertu cède,
530 Apprends comme l'amour flatte un cœur qu'il possède.
    Si Rodrigue une fois sort vainqueur du combat,
Si dessous sa valeur ce grand guerrier s'abat,
Je puis en faire cas, je puis l'aimer sans honte.
Que ne fera-t-il point, s'il peut vaincre le comte !
535 J'ose m'imaginer qu'à ses moindres exploits
Les royaumes entiers tomberont sous ses lois ;
Et mon amour flatteur déjà me persuade
Que je le vois assis au trône de Grenade,
Les Maures subjugués trembler en l'adorant,
540 L'Aragon recevoir ce nouveau conquérant,
Le Portugal se rendre, et ses nobles journées
Porter delà les mers ses hautes destinées,
Du sang des Africains arroser ses lauriers ;
Enfin tout ce qu'on dit des plus fameux guerriers,
545 Je l'attends de Rodrigue après cette victoire,
Et fais de son amour un sujet de ma gloire.

LÉONOR

Mais, madame, voyez où vous portez son bras,
Ensuite d'un combat qui peut-être n'est pas [28].

L'INFANTE

Rodrigue est offensé, le comte a fait l'outrage ;
550 Ils sont sortis ensemble, en faut-il davantage ?

LÉONOR

Eh bien ! ils se battront, puisque vous le voulez ;
Mais Rodrigue ira-t-il si loin que vous allez ?

L'Infante

Que veux-tu ? je suis folle, et mon esprit s'égare ;
Tu vois par là quels maux cet amour me prépare.
555 Viens dans mon cabinet consoler mes ennuis ;
Et ne me quitte point dans le trouble où je suis.

SCÈNE VI

D. FERNAND, D. ARIAS, D. SANCHE

D. Fernand

Le comte est donc si vain et si peu raisonnable !
Ose-t-il croire encor son crime pardonnable ?

D. Arias

Je l'ai de votre part longtemps entretenu.
560 J'ai fait mon pouvoir, sire, et n'ai rien obtenu.

D. Fernand

Justes cieux ! ainsi donc un sujet téméraire
A si peu de respect et de soin de me plaire !
Il offense don Diègue, et méprise son roi !
Au milieu de ma cour il me donne la loi !
565 Qu'il soit brave guerrier, qu'il soit grand capitaine,
Je saurai bien rabattre une humeur si hautaine ;
Fût-il la valeur même, et le dieu des combats,
Il verra ce que c'est que de n'obéir pas.
Quoi qu'ait pu mériter une telle insolence,
570 Je l'ai voulu d'abord traiter sans violence ;
Mais puisqu'il en abuse, allez dès aujourd'hui,
Soit qu'il résiste ou non, vous assurer de lui.

D. Sanche

Peut-être un peu de temps le rendrait moins rebelle ;
On l'a pris tout bouillant encor de sa querelle ;
575 Sire, dans la chaleur d'un premier mouvement,
Un cœur si généreux se rend malaisément.
Il voit bien qu'il a tort, mais une âme si haute
N'est pas sitôt réduite à confesser sa faute.

D. FERNAND

Don Sanche, taisez-vous, et soyez averti
580 Qu'on se rend criminel à prendre son parti.

D. SANCHE

J'obéis, et me tais ; mais, de grâce encor, sire,
Deux mots en sa défense.

D. FERNAND

                Et que pouvez-vous dire ?

D. SANCHE

Qu'une âme accoutumée aux grandes actions
Ne se peut abaisser à des submissions :
585 Elle n'en conçoit point qui s'expliquent sans honte :
Et c'est à ce mot seul qu'a résisté le comte.
Il trouve en son devoir un peu trop de rigueur,
Et vous obéirait, s'il avait moins de cœur [29].
Commandez que son bras, nourri dans les alarmes,
590 Répare cette injure à la pointe des armes ;
Il satisfera, sire ; et vienne qui voudra,
Attendant qu'il l'ait su, voici qui répondra.

D. FERNAND

Vous perdez le respect ; mais je pardonne à l'âge,
Et j'excuse l'ardeur en un jeune courage.
595   Un roi, dont la prudence a de meilleurs objets,
Est meilleur ménager du sang de ses sujets :
Je veille pour les miens, mes soucis les conservent,
Comme le chef a soin des membres qui le servent.
Ainsi votre raison n'est pas raison pour moi :
600 Vous parlez en soldat, je dois agir en roi ;
Et quoi qu'on veuille dire, et quoi qu'il ose croire,
Le comte à m'obéir ne peut perdre sa gloire.
D'ailleurs l'affront me touche, il a perdu d'honneur
Celui que de mon fils j'ai fait le gouverneur ;
605 S'attaquer à mon choix, c'est se prendre à moi-même,
Et faire un attentat sur le pouvoir suprême.
N'en parlons plus. Au reste, on a vu dix vaisseaux
De nos vieux ennemis arborer les drapeaux ;
Vers la bouche du fleuve ils ont osé paraître.

D. ARIAS

610 Les Maures ont appris par force à vous connaître,
Et tant de fois vaincus, ils ont perdu le cœur
De se plus hasarder contre un si grand vainqueur.

D. FERNAND

Ils ne verront jamais, sans quelque jalousie,
Mon sceptre, en dépit d'eux, régir l'Andalousie ;
615 Et ce pays si beau, qu'ils ont trop possédé,
Avec un œil d'envie est toujours regardé.
C'est l'unique raison qui m'a fait dans Séville
Placer depuis dix ans le trône de Castille [30],
Pour les voir de plus près, et d'un ordre plus prompt
620 Renverser aussitôt ce qu'ils entreprendront.

D. ARIAS

Ils savent aux dépens de leurs plus dignes têtes
Combien votre présence assure vos conquêtes :
Vous n'avez rien à craindre.

D. FERNAND

                        Et rien à négliger.
Le trop de confiance attire le danger ;
625 Et vous n'ignorez pas qu'avec fort peu de peine
Un flux de pleine mer jusqu'ici les amène.
Toutefois j'aurais tort de jeter dans les cœurs,
L'avis étant mal sûr, de paniques terreurs.
L'effroi que produirait cette alarme inutile.
630 Dans la nuit qui survient troublerait trop la ville :
Faites doubler la garde aux murs et sur le port.
C'est assez pour ce soir.

SCÈNE VII

D. FERNAND, D. SANCHE, D. ALONSE

D. ALONSE

                    Sire, le comte est mort.
Don Diègue, par son fils, a vengé son offense.

D. FERNAND

Dès que j'ai su l'affront, j'ai prévu la vengeance ;
635 Et j'ai voulu dès lors prévenir ce malheur.

D. ALONSE

Chimène à vos genoux apporte sa douleur ;
Elle vient toute en pleurs vous demander justice

D. Fernand

Bien qu'à ses déplaisirs mon âme compatisse,
Ce que le comte a fait semble avoir mérité
640 Ce digne châtiment de sa témérité.
Quelque juste pourtant que puisse être sa peine,
Je ne puis sans regret perdre un tel capitaine.
Après un long service à mon Etat rendu,
Après son sang pour moi mille fois répandu,
645 A quelques sentiments que son orgueil m'oblige,
Sa perte m'affaiblit, et son trépas m'afflige.

SCÈNE VIII

D. FERNAND, D. DIÈGUE, CHIMÈNE, D. SANCHE,
D. ARIAS, D. ALONSE

Chimène

Sire, sire, justice!

D. Diègue

Ah! sire, écoutez-nous.

Chimène

Je me jette à vos pieds.

D. Diègue

J'embrasse vos genoux.

Chimène

Je demande justice.

D. Diègue

Entendez ma défense.

Chimène

650 D'un jeune audacieux punissez l'insolence :
Il a de votre sceptre abattu le soutien,
Il a tué mon père.

D. Diègue

Il a vengé le sien.

Chimène

Au sang de ses sujets un roi doit la justice.

D. Diègue

Pour la juste vengeance il n'est point de supplice.

D. Fernand

655 Levez-vous l'un et l'autre, et parlez à loisir.
Chimène, je prends part à votre déplaisir;
D'une égale douleur je sens mon âme atteinte.
Vous parlerez après; ne troublez pas sa plainte.

Chimène

Sire, mon père est mort; mes yeux ont vu son sang
660 Couler à gros bouillons de son généreux flanc;
Ce sang qui tant de fois garantit vos murailles,
Ce sang qui tant de fois vous gagna des batailles,
Ce sang qui tout sorti fume encor de courroux
De se voir répandu pour d'autres que pour vous,
665 Qu'au milieu des hasards n'osait verser la guerre,
Rodrigue en votre cour vient d'en couvrir la terre.
J'ai couru sur le lieu, sans force et sans couleur,
Je l'ai trouvé sans vie. Excusez ma douleur,
Sire, la voix me manque à ce récit funeste;
670 Mes pleurs et mes soupirs vous diront mieux le reste.

D. Fernand

Prends courage, ma fille, et sache qu'aujourd'hui
Ton roi te veut servir de père au lieu de lui.

Chimène

Sire, de trop d'honneur ma misère est suivie.
Je vous l'ai déjà dit, je l'ai trouvé sans vie;
675 Son flanc était ouvert; et pour mieux m'émouvoir,
Son sang sur la poussière écrivait mon devoir;
Ou plutôt sa valeur en cet état réduite
Me parlait par sa plaie, et hâtait ma poursuite;
Et pour se faire entendre au plus juste des rois,
680 Par cette triste bouche elle empruntait ma voix [31].
Sire, ne souffrez pas que sous votre puissance
Règne devant vos yeux une telle licence;
Que les plus valeureux, avec impunité,
Soient exposés aux coups de la témérité;
685 Qu'un jeune audacieux triomphe de leur gloire,
Se baigne dans leur sang, et brave leur mémoire.
Un si vaillant guerrier qu'on vient de vous ravir
Eteint, s'il n'est vengé, l'ardeur de vous servir.

Enfin mon père est mort, j'en demande vengeance,
690 Plus pour votre intérêt que pour mon allégeance.
Vous perdez en la mort d'un homme de son rang;
Vengez-la par une autre, et le sang par le sang.
Immolez, non à moi, mais à votre couronne,
Mais à votre grandeur, mais à votre personne;
695 Immolez, dis-je, sire, au bien de tout l'Etat
Tout ce qu'enorgueillit un si haut attentat.

D. FERNAND

Don Diègue, répondez.

D. DIÈGUE

           Qu'on est digne d'envie
Lorsqu'en perdant la force on perd aussi la vie,
Et qu'un long âge apprête aux hommes généreux,
700 Au bout de leur carrière, un destin malheureux!
Moi, dont les longs travaux ont acquis tant de gloire,
Moi, que jadis partout a suivi la victoire,
Je me vois aujourd'hui, pour avoir trop vécu,
Recevoir un affront et demeurer vaincu.
705 Ce que n'a pu jamais combat, siège, embuscade,
Ce que n'a pu jamais Aragon ni Grenade,
Ni tous vos ennemis, ni tous mes envieux,
Le comte en votre cour l'a fait presque à vos yeux,
Jaloux de votre choix, et fier de l'avantage
710 Que lui donnait sur moi l'impuissance de l'âge.
Sire, ainsi ces cheveux blanchis sous le harnois,
Ce sang pour vous servir prodigué tant de fois,
Ce bras, jadis l'effroi d'une armée ennemie,
Descendaient au tombeau tous chargés d'infamie,
715 Si je n'eusse produit un fils digne de moi,
Digne de son pays, et digne de son roi.
Il m'a prêté sa main, il a tué le comte;
Il m'a rendu l'honneur, il a lavé ma honte.
Si montrer du courage et du ressentiment,
720 Si venger un soufflet mérite un châtiment,
Sur moi seul doit tomber l'éclat de la tempête :
Quand le bras a failli, l'on en punit la tête.
Qu'on nomme crime, ou non, ce qui fait nos débats,
Sire, j'en suis la tête, il n'en est que le bras.
725 Si Chimène se plaint qu'il a tué son père,
Il ne l'eût jamais fait si je l'eusse pu faire.
Immolez donc ce chef que les ans vont ravir,
Et conservez pour vous le bras qui peut servir.

Aux dépens de mon sang satisfaites Chimène :
730 Je n'y résiste point, je consens à ma peine;
Et, loin de murmurer d'un rigoureux décret,
Mourant sans déshonneur, je mourrai sans regret.

D. FERNAND

L'affaire est d'importance, et, bien considérée,
Mérite en plein conseil d'être délibérée.
735 Don Sanche, remettez Chimène en sa maison.
Don Diègue aura ma cour et sa foi pour prison.
Qu'on me cherche son fils. Je vous ferai justice.

CHIMÈNE

Il est juste, grand roi, qu'un meurtrier périsse.

D. FERNAND

Prends du repos, ma fille, et calme tes douleurs.

CHIMÈNE

740 M'ordonner du repos, c'est croître mes malheurs.

ACTE III

SCÈNE PREMIÈRE

D. RODRIGUE, ELVIRE

ELVIRE

Rodrigue, qu'as-tu fait ? où viens-tu, misérable ?

D. RODRIGUE

Suivre le triste cours de mon sort déplorable.

ELVIRE

Où prends-tu cette audace et ce nouvel orgueil
De paraître en des lieux que tu remplis de deuil ?
745 Quoi! viens-tu jusqu'ici braver l'ombre du comte ?
Ne l'as-tu pas tué ?

D. Rodrigue

                    Sa vie était ma honte;
Mon honneur de ma main a voulu cet effort.

Elvire

Mais chercher ton asile en la maison du mort!
Jamais un meurtrier en fit-il son refuge ?

D. Rodrigue

750 Et je n'y viens aussi que m'offrir à mon juge.
Ne me regarde plus d'un visage étonné;
Je cherche le trépas après l'avoir donné.
Mon juge est mon amour, mon juge est ma Chimène :
Je mérite la mort de mériter sa haine,
755 Et j'en viens recevoir, comme un bien souverain,
Et l'arrêt de sa bouche, et le coup de sa main.

Elvire

Fuis plutôt de ses yeux, fuis de sa violence;
A ses premiers transports dérobe ta présence.
Va, ne t'expose point aux premiers mouvements
760 Que poussera l'ardeur de ses ressentiments.

D. Rodrigue

Non, non, ce cher objet à qui j'ai pu déplaire
Ne peut pour mon supplice avoir trop de colère;
Et j'évite cent morts qui me vont accabler,
Si pour mourir plus tôt je puis la redoubler.

Elvire

765 Chimène est au palais, de pleurs toute baignée,
Et n'en reviendra point que bien accompagnée.
Rodrigue, fuis, de grâce, ôte-moi de souci.
Que ne dira-t-on point si l'on te voit ici ?
Veux-tu qu'un médisant, pour comble à sa misère,
770 L'accuse d'y souffrir l'assassin de son père ?
Elle va revenir; elle vient, je la voi :
Du moins pour son honneur, Rodrigue, cache-toi.

SCÈNE II

D. SANCHE, CHIMÈNE, ELVIRE

D. SANCHE

Oui, madame, il vous faut de sanglantes victimes :
Votre colère est juste, et vos pleurs légitimes ;
775 Et je n'entreprends pas, à force de parler,
Ni de vous adoucir, ni de vous consoler.
Mais si de vous servir je puis être capable,
Employez mon épée à punir le coupable ;
Employez mon amour à venger cette mort :
780 Sous vos commandements mon bras sera trop fort.

CHIMÈNE

Malheureuse !

D. SANCHE

De grâce, acceptez mon service.

CHIMÈNE

J'offenserais le roi, qui m'a promis justice.

D. SANCHE

Vous savez qu'elle marche avec tant de langueur,
Qu'assez souvent le crime échappe à sa longueur ;
785 Son cours lent et douteux fait trop perdre de larmes.
Souffrez qu'un cavalier vous venge par les armes :
La voie en est plus sûre, et plus prompte à punir.

CHIMÈNE

C'est le dernier remède ; et s'il y faut venir,
Et que de mes malheurs cette pitié vous dure,
790 Vous serez libre alors de venger mon injure.

D. SANCHE

C'est l'unique bonheur où mon âme prétend ;
Et pouvant l'espérer, je m'en vais trop content.

SCÈNE III

CHIMÈNE, ELVIRE

CHIMÈNE

Enfin je me vois libre, et je puis, sans contrainte,
De mes vives douleurs te faire voir l'atteinte;
795 Je puis donner passage à mes tristes soupirs;
Je puis t'ouvrir mon âme et tous mes déplaisirs.
Mon père est mort, Elvire; et la première épée
Dont s'est armé Rodrigue, a sa trame coupée.
Pleurez, pleurez, mes yeux, et fondez-vous en eau!
800 La moitié de ma vie a mis l'autre au tombeau [32],
Et m'oblige à venger, après ce coup funeste,
Celle que je n'ai plus sur celle qui me reste.

ELVIRE

Reposez-vous, madame.

CHIMÈNE

                      Ah! que mal à propos
Dans un malheur si grand tu parles de repos!
805 Par où sera jamais ma douleur apaisée,
Si je ne puis haïr la main qui l'a causée?
Et que dois-je espérer qu'un tourment éternel,
Si je poursuis un crime, aimant le criminel!

ELVIRE

Il vous prive d'un père, et vous l'aimez encore!

CHIMÈNE

810 C'est peu de dire aimer, Elvire, je l'adore;
Ma passion s'oppose à mon ressentiment;
Dedans mon ennemi je trouve mon amant;
Je sens qu'en dépit de toute ma colère,
Rodrigue dans mon cœur combat encor mon père.
815 Il l'attaque, il le presse, il cède, il se défend,
Tantôt fort, tantôt faible, et tantôt triomphant :
Mais en ce dur combat de colère et de flamme,
Il déchire mon cœur sans partager mon âme;
Et quoi que mon amour ait sur moi de pouvoir,
820 Je ne consulte point pour suivre mon devoir;

Je cours sans balancer où mon honneur m'oblige.
Rodrigue m'est bien cher, son intérêt m'afflige ;
Mon cœur prend son parti ; mais, malgré son effort,
Je sais ce que je suis, et que mon père est mort.

ELVIRE

825 Pensez-vous le poursuivre ?

CHIMÈNE

Ah ! cruelle pensée !
Et cruelle poursuite où je me vois forcée !
Je demande sa tête, et crains de l'obtenir :
Ma mort suivra la sienne, et je le veux punir !

ELVIRE

Quittez, quittez, madame, un dessein si tragique ;
830 Ne vous imposez point de loi si tyrannique.

CHIMÈNE

Quoi ! mon père étant mort et presque entre mes bras,
Son sang criera vengeance, et je ne l'orrai pas !
Mon cœur, honteusement surpris par d'autres charmes,
Croira ne lui devoir que d'impuissantes larmes !
835 Et je pourrai souffrir qu'un amour suborneur
Sous un lâche silence étouffe mon honneur !

ELVIRE

Madame, croyez-moi, vous serez excusable
D'avoir moins de chaleur contre un objet aimable ;
Contre un amant si cher, Vous avez assez fait,
840 Vous avez vu le roi ; n'en pressez point l'effet,
Ne vous obstinez point en cette humeur étrange.

CHIMÈNE

Il y va de ma gloire, il faut que je me venge ;
Et de quoi que nous flatte un désir amoureux,
Toute excuse est honteuse aux esprits généreux.

ELVIRE

845 Mais vous aimez Rodrigue, il ne peut vous déplaire.

CHIMÈNE

Je l'avoue.

ELVIRE

Après tout que pensez-vous donc faire ?

CHIMÈNE

Pour conserver ma gloire et finir mon ennui,
Le poursuivre, le perdre, et mourir après lui.

SCÈNE IV

D. RODRIGUE, CHIMÈNE, ELVIRE

D. RODRIGUE

Eh bien! sans vous donner la peine de poursuivre,
850 Assurez-vous l'honneur de m'empêcher de vivre [33].

CHIMÈNE

Elvire, où sommes-nous, et qu'est-ce que je voi ?
Rodrigue en ma maison! Rodrigue devant moi!

D. RODRIGUE

N'épargnez point mon sang; goûtez, sans résistance,
La douceur de ma perte et de votre vengeance.

CHIMÈNE

855 Hélas!

D. RODRIGUE

Ecoute-moi.

CHIMÈNE

Je me meurs.

D. RODRIGUE

Un moment.

CHIMÈNE

Va, laisse-moi mourir.

D. RODRIGUE

Quatre mots seulement;
Après, ne me réponds qu'avecque cette épée.

CHIMÈNE

Quoi! du sang de mon père encor toute trempée!

D. RODRIGUE

Ma Chimène...

CHIMÈNE

Ote-moi cet objet odieux,
860 Qui reproche ton crime et ta vie à mes yeux.

D. RODRIGUE

Regarde-le plutôt pour exciter ta haine,
Pour croître ta colère, et pour hâter ma peine.

CHIMÈNE

Il est teint de mon sang.

D. RODRIGUE

Plonge-le dans le mien,
Et fais-lui perdre ainsi la teinture du tien.

CHIMÈNE

865 Ah! quelle cruauté, qui tout en un jour tue
Le père par le fer, la fille par la vue!
Ote-moi cet objet, je ne le puis souffrir :
Tu veux que je t'écoute, et tu me fais mourir!

D. RODRIGUE

Je fais ce que tu veux, mais sans quitter l'envie
870 De finir par tes mains ma déplorable vie;
Car enfin n'attends pas de mon affection
Un lâche repentir d'une bonne action.
L'irréparable effet d'une chaleur trop prompte
Déshonorait mon père, et me couvrait de honte.
875 Tu sais comme un soufflet touche un homme de cœur.
J'avais part à l'affront, j'en ai cherché l'auteur :
Je l'ai vu, j'ai vengé mon honneur et mon père;
Je je ferais encor, si j'avais à le faire.
Ce n'est pas qu'en effet, contre mon père et moi,
880 Ma flamme assez longtemps n'ait combattu pour toi :
Juge de son pouvoir : dans une telle offense
J'ai pu délibérer si j'en prendrais vengeance.
Réduit à te déplaire, ou souffrir un affront,
J'ai pensé qu'à son tour mon bras était trop prompt,
885 Je me suis accusé de trop de violence;
Et ta beauté, sans doute, emportait la balance,
A moins que d'opposer à tes plus forts appas
Qu'un homme sans honneur ne te méritait pas;
Que malgré cette part que j'avais en ton âme,
890 Qui m'aima généreux me haïrait infâme;

Qu'écouter ton amour, obéir à sa voix,
C'était m'en rendre indigne et diffamer ton choix.
Je te le dis encore, et, quoique j'en soupire,
Jusqu'au dernier soupir je veux bien le redire :
895 Je t'ai fait une offense, et j'ai dû m'y porter
Pour effacer ma honte, et pour te mériter ;
Mais, quitte envers l'honneur, et quitte envers mon père,
C'est maintenant à toi que je viens satisfaire :
C'est pour t'offrir mon sang qu'en ce lieu tu me vois.
900 J'ai fait ce que j'ai dû, je fais ce que je dois.
Je sais qu'un père mort t'arme contre mon crime ;
Je ne t'ai pas voulu dérober ta victime :
Immole avec courage au sang qu'il a perdu
Celui qui met sa gloire à l'avoir répandu.

CHIMÈNE

905 Ah ! Rodrigue ! il est vrai, quoique ton ennemie,
Je ne puis te blâmer d'avoir fui l'infamie ;
Et, de quelque façon qu'éclatent mes douleurs,
Je ne t'accuse point, je pleure mes malheurs.
Je sais ce que l'honneur, après un tel outrage,
910 Demandait à l'ardeur d'un généreux courage :
Tu n'as fait le devoir que d'un homme de bien ;
Mais aussi, le faisant, tu m'as appris le mien.
Ta funeste valeur m'instruit par ta victoire ;
Elle a vengé ton père et soutenu ta gloire :
915 Même soin me regarde, et j'ai, pour m'affliger,
Ma gloire à soutenir, et mon père à venger.
Hélas ! ton intérêt ici me désespère.
Si quelque autre malheur m'avait ravi mon père,
Mon âme aurait trouvé dans le bien de te voir
920 L'unique allégement qu'elle eût pu recevoir ;
Et contre ma douleur j'aurais senti des charmes,
Quand une main si chère eût essuyé mes larmes.
Mais il me faut te perdre après l'avoir perdu ;
Cet effort sur ma flamme à mon honneur est dû ;
925 Et cet affreux devoir, dont l'ordre m'assassine,
Me force à travailler moi-même à ta ruine.
Car enfin n'attends pas de mon affection
De lâches sentiments pour ta punition [34].
De quoi qu'en ta faveur notre amour m'entretienne,
930 Ma générosité doit répondre à la tienne :
Tu t'es, en m'offensant, montré digne de moi ;
Je me dois, par ta mort, montrer digne de toi.

D. RODRIGUE

Ne diffère donc plus ce que l'honneur t'ordonne :
Il demande ma tête, et je te l'abandonne;
935 Fais-en un sacrifice à ce noble intérêt,
Le coup m'en sera doux, aussi bien que l'arrêt.
Attendre après mon crime une lente justice,
C'est reculer ta gloire autant que mon supplice.
Je mourrai trop heureux mourant d'un coup si beau.

CHIMÈNE

Va, je suis ta partie, et non pas ton bourreau.
940 Si tu m'offres ta tête, est-ce à moi de la prendre ?
Je la dois attaquer, mais tu dois la défendre;
C'est d'un autre que toi qu'il me faut l'obtenir,
Et je dois te poursuivre, et non pas te punir.

D. RODRIGUE

945 De quoi qu'en ma faveur notre amour t'entretienne,
Ta générosité doit répondre à la mienne;
Et pour venger un père emprunter d'autres bras,
Ma Chimène, crois-moi, c'est n'y répondre pas :
Ma main seule du mien a su venger l'offense,
950 Ta main seule du tien doit prendre la vengeance.

CHIMÈNE

Cruel! à quel propos sur ce point t'obstiner ?
Tu t'es vengé sans aide, et tu m'en veux donner!
Je suivrai ton exemple, et j'ai trop de courage
Pour souffrir qu'avec toi ma gloire se partage.
955 Mon père et mon honneur ne veulent rien devoir
Aux traits de ton amour, ni de ton désespoir.

D. RODRIGUE

Rigoureux point d'honneur! hélas! quoi que je fasse,
Ne pourrai-je à la fin obtenir cette grâce ?
Au nom d'un père mort, ou de notre amitié,
960 Punis-moi par vengeance, ou du moins par pitié.
Ton malheureux amant aura bien moins de peine
A mourir par ta main qu'à vivre avec ta haine.

CHIMÈNE

Va, je ne te hais point.

D. RODRIGUE

Tu le dois.

CHIMÈNE

Je ne puis.

D. RODRIGUE

Crains-tu si peu le blâme, et si peu les faux bruits ?
965 Quand on saura mon crime, et que ta flamme dure,
Que ne publieront point l'envie et l'imposture !
Force-les au silence, et, sans plus discourir,
Sauve ta renommée en me faisant mourir.

CHIMÈNE

Elle éclate bien mieux en te laissant la vie ;
970 Et je veux que la voix de la plus noire envie
Elève au ciel ma gloire et plaigne mes ennuis,
Sachant que je t'adore et que je te poursuis.
Va-t'en, ne montre plus à ma douleur extrême
Ce qu'il faut que je perde, encore que je l'aime.
975 Dans l'ombre de la nuit cache bien ton départ ;
Si l'on te voit sortir, mon honneur court hasard.
La seule occasion qu'aura la médisance,
C'est de savoir qu'ici j'ai souffert ta présence :
Ne lui donne point lieu d'attaquer ma vertu.

D. RODRIGUE

980 Que je meure !

CHIMÈNE

Va-t'en.

D. RODRIGUE

A quoi te résous-tu ?

CHIMÈNE

Malgré des feux si beaux qui troublent ma colère,
Je ferai mon possible à bien venger mon père ;
Mais, malgré la rigueur d'un si cruel devoir,
Mon unique souhait est de ne rien pouvoir.

D. RODRIGUE

985 O miracle d'amour !

CHIMÈNE

O comble de misères !

D. RODRIGUE

Que de maux et de pleurs nous coûteront nos pères !

CHIMÈNE

Rodrigue, qui l'eût cru ?

D. RODRIGUE

Chimène, qui l'eût dit ?

CHIMÈNE

Que notre heur fût si proche, et sitôt se perdît ?

D. RODRIGUE

Et que si près du port, contre toute apparence,
990 Un orage si prompt brisât notre espérance ?

CHIMÈNE

Ah! mortelles douleurs!

D. RODRIGUE

Ah! regrets superflus!

CHIMÈNE

Va-t'en, encore un coup, je ne t'écoute plus.

D. RODRIGUE

Adieu; je vais traîner une mourante vie,
Tant que par ta poursuite elle me soit ravie.

CHIMÈNE

995 Si j'en obtiens l'effet, je t'engage ma foi
De ne respirer pas un moment après toi.
Adieu; sors, et surtout garde bien qu'on te voie.

ELVIRE

Madame, quelques maux que le ciel nous envoie...

CHIMÈNE

Ne m'importune plus, laisse-moi soupirer.
1000 Je cherche le silence et la nuit pour pleurer.

SCÈNE V

D. DIÈGUE

Jamais nous ne goûtons de parfaite allégresse :
Nos plus heureux succès sont mêlés de tristesse;

Toujours quelques soucis en ces événements
Troublent la pureté de nos contentements.
1005 Au milieu du bonheur mon âme en sent l'atteinte :
Je nage dans la joie, et je tremble de crainte.
J'ai vu mort l'ennemi qui m'avait outragé;
Et je ne saurais voir la main qui m'a vengé.
En vain je m'y travaille, et d'un soin inutile,
1010 Tout cassé que je suis, je cours toute la ville :
Ce peu que mes vieux ans m'ont laissé de vigueur
Se consume sans fruit à chercher ce vainqueur.
A toute heure, en tous lieux, dans une nuit si sombre,
Je pense l'embrasser, et n'embrasse qu'une ombre;
1015 Et mon amour, déçu par cet objet trompeur,
Se forme des soupçons qui redoublent ma peur.
Je ne découvre point de marques de sa fuite;
Je crains du comte mort les amis et la suite;
Leur nombre m'épouvante et confond ma raison.
1020 Rodrigue ne vit plus, ou respire en prison.
Justes cieux! me trompé-je encore à l'apparence,
Ou si je vois enfin mon unique espérance ?
C'est lui, n'en doutons plus; mes vœux sont exaucés,
Ma crainte est dissipée, et mes ennuis cessés.

SCÈNE VI

D. DIÈGUE, D. RODRIGUE

D. DIÈGUE

1025 Rodrigue, enfin le ciel permet que je te voie!

D. RODRIGUE

Hélas!

D. DIÈGUE

Ne mêle point de soupirs à ma joie;
Laisse-moi prendre haleine afin de te louer.
Ma valeur n'a point lieu de te désavouer;
Tu l'as bien imitée, et ton illustre audace
1030 Fait bien revivre en toi les héros de ma race;
C'est d'eux que tu descends, c'est de moi que tu viens;
Ton premier coup d'épée égale tous les miens;

Et d'une belle ardeur ta jeunesse animée
Par cette grande épreuve atteint ma renommée.
1035 Appui de ma vieillesse, et comble de mon heur,
Touche ces cheveux blancs à qui tu rends l'honneur;
Viens baiser cette joue, et reconnais la place
Où fut empreint l'affront que ton courage efface.

D. RODRIGUE

L'honneur vous en est dû; je ne pouvais pas moins
1040 Étant sorti de vous et nourri par vos soins.
Je m'en tiens trop heureux, et mon âme est ravie
Que mon coup d'essai plaise à qui je dois la vie;
Mais parmi vos plaisirs ne soyez point jaloux
Si je m'ose à mon tour satisfaire après vous.
1045 Souffrez qu'en liberté mon désespoir éclate;
Assez et trop longtemps votre discours le flatte.
Je ne me repens point de vous avoir servi;
Mais rendez-moi le bien que ce coup m'a ravi.
Mon bras pour vous venger, armé contre ma flamme,
1050 Par ce coup glorieux m'a privé de mon âme.
Ne me dites plus rien; pour vous j'ai tout perdu :
Ce que je vous devais, je vous l'ai bien rendu.

D. DIÈGUE

Porte, porte plus haut le fruit de ta victoire :
Je t'ai donné la vie, et tu me rends ma gloire;
1055 Et d'autant que l'honneur m'est plus cher que le jour,
D'autant plus maintenant je te dois de retour [35].
Mais d'un cœur magnanime éloigne ces faiblesses;
Nous n'avons qu'un honneur, il est tant de maîtresses!
L'amour n'est qu'un plaisir, l'honneur est un devoir.

D. RODRIGUE

1060 Ah! que me dites-vous ?

D. DIÈGUE

Ce que tu dois savoir.

D. RODRIGUE

Mon honneur offensé sur moi-même se venge;
Et vous m'osez pousser à la honte du change!
L'infamie est pareille, et suit également
Le guerrier sans courage et le perfide amant.
1065 A ma fidélité ne faites point d'injure;
Souffrez-moi généreux sans me rendre parjure;

Mes liens sont trop forts pour être ainsi rompus;
Ma foi m'engage encor si je n'espère plus;
Et, ne pouvant quitter ni posséder Chimène,
1070 Le trépas que je cherche est ma plus douce peine.

D. DIÈGUE

Il n'est pas temps encor de chercher le trépas :
Ton prince et ton pays ont besoin de ton bras.
La flotte qu'on craignait, dans ce grand fleuve entrée,
Croit surprendre la ville et piller la contrée.
1075 Les Maures vont descendre, et le flux et la nuit
Dans une heure à nos murs les amènent sans bruit.
La cour est en désordre, et le peuple en alarmes;
On n'entend que des cris, on ne voit que des larmes.
Dans ce malheur public mon bonheur a permis
1080 Que j'ai trouvé chez moi cinq cents de mes amis,
Qui, sachant mon affront, poussés d'un même zèle,
Se venaient tous offrir à venger ma querelle.
Tu les as prévenus; mais leurs vaillantes mains
Se tremperont bien mieux au sang des Africains.
1085 Va marcher à leur tête où l'honneur te demande,
C'est toi que veut pour chef leur généreuse bande.
De ces vieux ennemis va soutenir l'abord :
Là, si tu veux mourir, trouve une belle mort;
Prends-en l'occasion, puisqu'elle t'est offerte;
1090 Fais devoir à ton roi son salut à ta perte;
Mais reviens-en plutôt les palmes sur le front.
Ne borne pas ta gloire à venger un affront,
Porte-la plus avant, force par ta vaillance
Ce monarque au pardon, et Chimène au silence;
1095 Si tu l'aimes, apprends que revenir vainqueur
C'est l'unique moyen de regagner son cœur.
Mais le temps est trop cher pour le perdre en paroles;
Je t'arrête en discours, et je veux que tu voles.
Viens, suis-moi, va combattre, et montrer à ton roi
1100 Que ce qu'il perd au comte il le recouvre en toi.

ACTE IV

SCÈNE PREMIÈRE

CHIMÈNE, ELVIRE

CHIMÈNE

N'est-ce point un faux bruit ? le sais-tu bien, Elvire ?

ELVIRE

Vous ne croiriez jamais comme chacun l'admire,
Et porte jusqu'au ciel, d'une commune voix,
De ce jeune héros les glorieux exploits.
1105 Les Maures devant lui n'ont paru qu'à leur honte;
Leur abord fut bien prompt, leur fuite encor plus prompte;
Trois heures de combat laissent à nos guerriers
Une victoire entière et deux rois prisonniers.
La valeur de leur chef ne trouvait point d'obstacles.

CHIMÈNE

1110 Et la main de Rodrigue a fait tous ces miracles ?

ELVIRE

De ses nobles efforts ces deux rois sont le prix;
Sa main les a vaincus, et sa main les a pris.

CHIMÈNE

De qui peux-tu savoir ces nouvelles étranges ?

ELVIRE

Du peuple qui partout fait sonner ses louanges,
1115 Le nomme de sa joie et l'objet et l'auteur,
Son ange tutélaire et son libérateur.

CHIMÈNE

Et le roi, de quel œil voit-il tant de vaillance ?

ELVIRE

Rodrigue n'ose encor paraître en sa présence ;
Mais don Diègue ravi lui présente enchaînés,
1120 Au nom de ce vainqueur, ces captifs couronnés,
Et demande pour grâce à ce généreux prince
Qu'il daigne voir la main qui sauve la province.

CHIMÈNE

Mais n'est-il point blessé ?

ELVIRE

                                    Je n'en ai rien appris.
Vous changez de couleur ! reprenez vos esprits.

CHIMÈNE

1125 Reprenons donc aussi ma colère affaiblie :
Pour avoir soin de lui faut-il que je m'oublie ?
On le vante, on le loue, et mon cœur y consent !
Mon honneur est muet, mon devoir impuissant !
Silence, mon amour, laisse agir ma colère :
1130 S'il a vaincu deux rois, il a tué mon père ;
Ces tristes vêtements, où je lis mon malheur,
Sont les premiers effets qu'ait produits sa valeur ;
Et quoi qu'on die ailleurs d'un cœur si magnanime,
Ici tous les objets me parlent de son crime.
1135 Vous qui rendez la force à mes ressentiments,
Voiles, crêpes, habits, lugubres ornements,
Pompe que me prescrit sa première victoire,
Contre ma passion soutenez bien ma gloire ;
Et lorsque mon amour prendra trop de pouvoir,
1140 Parlez à mon esprit de mon triste devoir,
Attaquez sans rien craindre une main triomphante.

ELVIRE

Modérez ces transports, voici venir l'infante.

SCÈNE II

L'INFANTE, CHIMÈNE, LÉONOR, ELVIRE

L'INFANTE

Je ne viens pas ici consoler tes douleurs ;
Je viens plutôt mêler mes soupirs à tes pleurs.

Chimène

1145 Prenez bien plutôt part à la commune joie,
Et goûtez le bonheur que le ciel vous envoie,
Madame, autre que moi n'a droit de soupirer.
Le péril dont Rodrigue a su nous retirer,
Et le salut public que vous rendent ses armes,
1150 A moi seule aujourd'hui souffrent encor les larmes :
Il a sauvé la ville, il a servi son roi;
Et son bras valeureux n'est funeste qu'à moi.

L'Infante

Ma Chimène, il est vrai qu'il a fait des merveilles.

Chimène

Déjà ce bruit fâcheux a frappé mes oreilles;
1155 Et je l'entends partout publier hautement
Aussi brave guerrier que malheureux amant.

L'Infante

Qu'a de fâcheux pour toi ce discours populaire ?
Ce jeune Mars qu'il loue a su jadis te plaire;
Il possédait ton âme, il vivait sous tes lois;
1160 Et vanter sa valeur, c'est honorer ton choix.

Chimène

Chacun peut la vanter avec quelque justice,
Mais pour moi sa louange est un nouveau supplice.
On aigrit ma douleur en l'élevant si haut :
Je vois ce que je perds quand je vois ce qu'il vaut.
1165 Ah! cruels déplaisirs à l'esprit d'une amante!
Plus j'apprends son mérite, et plus mon feu s'augmente :
Cependant mon devoir est toujours le plus fort,
Et malgré mon amour va poursuivre sa mort.

L'Infante

Hier ce devoir te mit en une haute estime;
1170 L'effort que tu te fis parut si magnanime,
Si digne d'un grand cœur, que chacun à la cour
Admirait ton courage et plaignait ton amour.
Mais croirais-tu l'avis d'une amitié fidèle ?

Chimène

Ne vous obéir pas me rendrait criminelle.

L'Infante

1175 Ce qui fut juste alors ne l'est plus aujourd'hui.
Rodrigue maintenant est notre unique appui,
L'espérance et l'amour d'un peuple qui l'adore,
Le soutien de Castille, et la terreur du More.
Le roi même est d'accord de cette vérité,
1180 Que ton père en lui seul se voit ressuscité;
Et si tu veux enfin qu'en deux mots je m'explique,
Tu poursuis en sa mort la ruine publique.
Quoi ? pour venger un père est-il jamais permis
De livrer sa patrie aux mains des ennemis ?
1185 Contre nous ta poursuite est-elle légitime ?
Et pour être punis avons-nous part au crime ?
Ce n'est pas qu'après tout tu doives épouser
Celui qu'un père mort t'obligeait d'accuser :
Je te voudrais moi-même en arracher l'envie :
1190 Ote-lui ton amour, mais laisse-nous sa vie.

Chimène

Ah! ce n'est pas à moi d'avoir tant de bonté;
Le devoir qui m'aigrit n'a rien de limité.
Quoique pour ce vainqueur mon amour s'intéresse,
Quoiqu'un peuple l'adore et qu'un roi le caresse,
1195 Qu'il soit environné des plus vaillants guerriers,
J'irai sous mes cyprès accabler ses lauriers.

L'Infante

C'est générosité quand, pour venger un père,
Notre devoir attaque une tête si chère;
Mais c'en est une encor d'un plus illustre rang,
1200 Quand on donne au public les intérêts du sang.
Non, crois-moi, c'est assez que d'éteindre ta flamme [36] :
Il sera trop puni s'il n'est plus dans ton âme.
Que le bien du pays t'impose cette loi :
Aussi bien que crois-tu que t'accorde le roi ?

Chimène

1205 Il peut me refuser, mais je ne puis me taire.

L'Infante

Pense bien, ma Chimène, à ce que tu veux faire.
Adieu : tu pourras seule y penser à loisir.

Chimène

Après mon père mort, je n'ai point à choisir.

SCÈNE III

D. FERNAND, D. DIÈGUE, D. ARIAS,
D. RODRIGUE, D. SANCHE

D. FERNAND

Généreux héritier d'une illustre famille
1210 Qui fut toujours la gloire et l'appui de Castille,
Race de tant d'aïeux en valeur signalés,
Que l'essai de la tienne a sitôt égalés,
Pour te récompenser ma force est trop petite;
Et j'ai moins de pouvoir que tu n'as de mérite.
1215 Le pays délivré d'un si rude ennemi,
Mon sceptre dans ma main par la tienne affermi,
Et les Maures défaits avant qu'en ces alarmes
J'eusse pu donner ordre à repousser leurs armes,
Ne sont point des exploits qui laissent à ton roi
1220 Le moyen ni l'espoir de s'acquitter vers toi.
Mais deux rois tes captifs feront ta récompense :
Ils t'ont nommé tous deux leur Cid en ma présence.
Puisque Cid en leur langue est autant que seigneur,
Je ne t'envierai pas ce beau titre d'honneur.
1225   Sois désormais le Cid; qu'à ce grand nom tout cède;
Qu'il comble d'épouvante et Grenade et Tolède,
Et qu'il marque à tous ceux qui vivent sous mes lois
Et ce que tu me vaux, et ce que je te dois.

D. RODRIGUE

Que votre majesté, sire, épargne ma honte.
1230 D'un si faible service elle fait trop de conte,
Et me force à rougir devant un si grand roi
De mériter si peu l'honneur que j'en reçoi.
Je sais trop que je dois au bien de votre empire
Et le sang qui m'anime, et l'air que je respire;
1235 Et quand je les perdrai pour un si digne objet,
Je ferai seulement le devoir d'un sujet.

D. FERNAND

Tous ceux que ce devoir à mon service engage
Ne s'en acquittent pas avec même courage;
Et lorsque la valeur ne va point dans l'excès,
1240 Elle ne produit point de si rares succès.

Souffre donc qu'on te loue, et de cette victoire
Apprends-moi plus au long la véritable histoire.

D. RODRIGUE

Sire, vous avez su qu'en ce danger pressant,
Qui jeta dans la ville un effroi si puissant,
1245 Une troupe d'amis chez mon père assemblée
Sollicita mon âme encor toute troublée...
Mais, sire, pardonnez à ma témérité,
Si j'osai l'employer sans votre autorité :
Le péril approchait; leur brigade était prête;
1250 Me montrant à la cour, je hasardais ma tête [37].
Et s'il fallait la perdre, il m'était bien plus doux
De sortir de la vie en combattant pour vous.

D. FERNAND

J'excuse ta chaleur à venger ton offense;
Et l'Etat défendu me parle en ta défense :
1255 Crois que dorénavant Chimène a beau parler,
Je ne l'écoute plus que pour la consoler.
Mais poursuis.

D. RODRIGUE

Sous moi donc cette troupe s'avance,
Et porte sur le front une mâle assurance.
Nous partîmes cinq cents; mais par un prompt renfort,
1260 Nous nous vîmes trois mille en arrivant au port,
Tant, à nous voir marcher avec un tel visage,
Les plus épouvantés reprenaient de courage!
J'en cache les deux tiers, aussitôt qu'arrivés,
Dans le fond des vaisseaux qui lors furent trouvés;
1265 Le reste, dont le nombre augmentait à toute heure,
Brûlant d'impatience, autour de moi demeure,
Se couche contre terre, et sans faire aucun bruit
Passe une bonne part d'une si belle nuit.
Par mon commandement la garde en fait de même,
1270 Et se tenant cachée, aide à mon stratagème;
Et je feins hardiment d'avoir reçu de vous
L'ordre qu'on me voit suivre et que je donne à tous.
Cette obscure clarté qui tombe des étoiles
Enfin avec le flux nous fait voir trente voiles;
1275 L'onde s'enfle dessous, et d'un commun effort
Les Maures et la mer montent jusques au port.
On les laisse passer; tout leur paraît tranquille;
Point de soldats au port, point aux murs de la ville.

Notre profond silence abusant leurs esprits,
1280 Ils n'osent plus douter de nous avoir surpris;
Ils abordent sans peur, ils ancrent, ils descendent,
Et courent se livrer aux mains qui les attendent.
Nous nous levons alors, et tous en même temps
Poussons jusques au ciel mille cris éclatants.
1285 Les nôtres, à ces cris, de nos vaisseaux répondent;
Ils paraissent armés, les Maures se confondent,
L'épouvante les prend à demi descendus;
Avant que de combattre ils s'estiment perdus.
Ils couraient au pillage, et rencontrent la guerre;
1290 Nous les pressons sur l'eau, nous les pressons sur terre,
Et nous faisons courir des ruisseaux de leur sang,
Avant qu'aucun résiste ou reprenne son rang.
Mais bientôt, malgré nous, leurs princes les rallient,
Leur courage renaît, et leurs terreurs s'oublient :
1295 La honte de mourir sans avoir combattu
Arrête leur désordre, et leur rend leur vertu.
Contre nous de pied ferme ils tirent leurs alfanges;
De notre sang au leur font d'horribles mélanges.
Et la terre, et le fleuve, et leur flotte, et le port,
1300 Sont des champs de carnage où triomphe la mort.
    O combien d'actions, combien d'exploits célèbres
Sont demeurés sans gloire au milieu des ténèbres,
Où chacun, seul témoin des grands coups qu'il donnait,
Ne pouvait discerner où le sort inclinait!
1305 J'allais de tous côtés encourager les nôtres,
Faire avancer les uns et soutenir les autres,
Ranger ceux qui venaient, les pousser à leur tour,
Et ne l'ai pu savoir jusques au point du jour.
Mais enfin sa clarté montre notre avantage;
1310 Le Maure voit sa perte, et perd soudain courage :
Et voyant un renfort qui nous vient secourir,
L'ardeur de vaincre cède à la peur de mourir.
Ils gagnent leurs vaisseaux, ils en coupent les chables,
Poussent jusques aux cieux des cris épouvantables,
1315 Font retraite en tumulte, et sans considérer
Si leurs rois avec eux peuvent se retirer.
Pour souffrir ce devoir leur frayeur est trop forte;
Le flux les apporta, le reflux les remporte;
Cependant que leurs rois, engagés parmi nous,
1320 Et quelque peu des leurs, tous percés de nos coups,
Disputent vaillamment et vendent bien leur vie.
A se rendre moi-même en vain je les convie :

Le cimeterre au poing ils ne m'écoutent pas;
Mais voyant à leurs pieds tomber tous leurs soldats,
1325 Et que seuls désormais en vain ils se défendent,
Ils demandent le chef; je me nomme, ils se rendent.
Je vous les envoyai tous deux en même temps;
Et le combat cessa faute de combattants.
  C'est de cette façon que pour votre service...

SCÈNE IV

D. FERNAND, D. DIÈGUE, D. RODRIGUE, D. ARIAS,
D. ALONSE, D. SANCHE

D. ALONSE

1330 Sire, Chimène vient vous demander justice.

D. FERNAND

La fâcheuse nouvelle, et l'importun devoir!
Va, je ne la veux pas obliger à te voir.
Pour tous remerciements il faut que je te chasse :
Mais avant que sortir, viens, que ton roi t'embrasse.

D. Rodrigue rentre.

D. DIÈGUE

1335 Chimène le poursuit, et voudrait le sauver.

D. FERNAND

On m'a dit qu'elle l'aime, et je vais l'éprouver.
Montrez un œil plus triste.

SCÈNE V

D. FERNAND, D. DIÈGUE, D. ARIAS, D. SANCHE
D. ALONSE, CHIMÈNE, ELVIRE

D. FERNAND

                              Enfin soyez contente,
Chimène, le succès répond à votre attente :
Si de nos ennemis Rodrigue a le dessus,
1340 Il est mort à nos yeux des coups qu'il a reçus [88];

Rendez grâces au ciel qui vous en a vengée.

A D. Diègue.

Voyez comme déjà sa couleur est changée.

D. Diègue

Mais voyez qu'elle pâme, et d'un amour parfait,
Dans cette pâmoison, sire, admirez l'effet.
1345 Sa douleur a trahi les secrets de son âme,
Et ne vous permet plus de douter de sa flamme.

Chimène

Quoi! Rodrigue est donc mort?

D. Fernand

Non, non, il voit le jour,
Et te conserve encore un immuable amour :
Calme cette douleur qui pour lui s'intéresse.

Chimène

1350 Sire, on pâme de joie, ainsi que de tristesse :
Un excès de plaisirs nous rend tout languissants;
Et quand il surprend l'âme, il accable les sens.

D. Fernand

Tu veux qu'en ta faveur nous croyions l'impossible?
Chimène, ta douleur a paru trop visible.

Chimène

1355 Eh bien! sire, ajoutez ce comble à mon malheur,
Nommez ma pâmoison l'effet de ma douleur :
Un juste déplaisir à ce point m'a réduite;
Son trépas dérobait sa tête à ma poursuite;
S'il meurt des coups reçus pour le bien du pays,
1360 Ma vengeance est perdue et mes desseins trahis :
Une si belle fin m'est trop injurieuse.
Je demande sa mort, mais non pas glorieuse,
Non pas dans un éclat qui l'élève si haut,
Non pas au lit d'honneur, mais sur un échafaud;
1365 Qu'il meure pour mon père, et non pour la patrie;
Que son nom soit taché, sa mémoire flétrie.
Mourir pour le pays n'est pas un triste sort;
C'est s'immortaliser par une belle mort.
J'aime donc sa victoire, et je le puis sans crime;
1370 Elle assure l'Etat, et me rend ma victime,

Mais noble, mais fameuse entre tous les guerriers,
Le chef, au lieu de fleurs, couronné de lauriers;
Et pour dire en un mot ce que j'en considère,
Digne d'être immolée aux mânes de mon père...
1375   Hélas! à quel espoir me laissé-je emporter!
Rodrigue de ma part n'a rien à redouter;
Que pourraient contre lui des larmes qu'on méprise?
Pour lui tout votre empire est un lieu de franchise;
Là, sous votre pouvoir, tout lui devient permis;
1380   Il triomphe de moi comme des ennemis,
Dans leur sang répandu la justice étouffée
Aux crimes du vainqueur sert d'un nouveau trophée;
Nous en croissons la pompe, et le mépris des lois
Nous fait suivre son char au milieu de deux rois.

D. FERNAND

1385   Ma fille, ces transports ont trop de violence.
Quand on rend la justice on met tout en balance:
On a tué ton père, il était l'agresseur;
Et la même équité m'ordonne la douceur.
Avant que d'accuser ce que j'en fais paraître,
1390   Consulte bien ton cœur: Rodrigue en est le maître.
Et ta flamme en secret rend grâces à ton roi,
Dont la faveur conserve un tel amant pour toi.

CHIMÈNE

Pour moi! mon ennemi! l'objet de ma colère!
L'auteur de mes malheurs! l'assassin de mon père!
1395   De ma juste poursuite on fait si peu de cas
Qu'on me croit obliger en ne m'écoutant pas!
Puisque vous refusez la justice à mes larmes,
Sire, permettez-moi de recourir aux armes;
C'est par là seulement qu'il a su m'outrager,
1400   Et c'est aussi par là que je me dois venger.
A tous vos cavaliers je demande sa tête;
Oui, qu'un d'eux me l'apporte, et je suis sa conquête;
Qu'ils le combattent, sire; et le combat fini,
J'épouse le vainqueur, si Rodrigue est puni.
1405   Sous votre autorité souffrez qu'on le publie.

D. FERNAND

Cette vieille coutume en ces lieux établie,
Sous couleur de punir un injuste attentat,
Des meilleurs combattants affaiblit un Etat;

Souvent de cet abus le succès déplorable
1410 Opprime l'innocent et soutient le coupable [39].
J'en dispense Rodrigue; il m'est trop précieux
Pour l'exposer aux coups d'un sort capricieux;
Et quoi qu'ait pu commettre un cœur si magnanime,
Les Maures en fuyant ont emporté son crime.

D. DIÈGUE

1415 Quoi! sire, pour lui seul vous renversez des lois
Qu'a vu toute la cour observer tant de fois!
Que croira votre peuple, et que dira l'envie,
Si sous votre défense il ménage sa vie,
Et s'en fait un prétexte à ne paraître pas
1420 Où tous les gens d'honneur cherchent un beau trépas ?
De pareilles faveurs terniraient trop sa gloire :
Qu'il goûte sans rougir les fruits de sa victoire.
Le comte eut de l'audace, il l'en a su punir :
Il l'a fait en brave homme, et le doit maintenir.

D. FERNAND

1425 Puisque vous le voulez, j'accorde qu'il le fasse :
Mais d'un guerrier vaincu mille prendraient la place,
Et le prix que Chimène au vainqueur a promis
De tous mes cavaliers feraient ses ennemis :
L'opposer seul à tous serait trop d'injustice;
1430 Il suffit qu'une fois il entre dans la lice.
    Choisis qui tu voudras, Chimène, et choisis bien;
Mais après ce combat ne demande plus rien.

D. DIÈGUE

N'excusez point par là ceux que son bras étonne;
Laissez un champ ouvert où n'entrera personne.
1435 Après ce que Rodrigue a fait voir aujourd'hui,
Quel courage assez vain s'oserait prendre à lui ?
Qui se hasarderait contre un tel adversaire ?
Qui serait ce vaillant, ou bien ce téméraire ?

D. SANCHE

Faites ouvrir le champ : vous voyez l'assaillant;
1440 Je suis ce téméraire, ou plutôt ce vaillant.
    Accordez cette grâce à l'ardeur qui me presse.
Madame, vous savez quelle est votre promesse.

D. FERNAND

Chimène, remets-tu ta querelle en sa main ?

CHIMÈNE

Sire, je l'ai promis.

D. FERNAND

Soyez prêt à demain.

D. DIÈGUE

1445 Non, sire, il ne faut pas différer davantage :
On est toujours trop prêt quand on a du courage.

D. FERNAND

Sortir d'une bataille, et combattre à l'instant !

D. DIÈGUE

Rodrigue a pris haleine en vous la racontant.

D. FERNAND

Du moins une heure ou deux je veux qu'il se délasse ;
1450 Mais de peur qu'en exemple un tel combat ne passe,
Pour témoigner à tous qu'à regret je promets
Un sanglant procédé qui ne me plut jamais,
De moi ni de ma cour il n'aura la présence.

Il parle à D. Arias.

Vous seul des combattants jugerez la vaillance.
1455 Ayez soin que tous deux fassent en gens de cœur,
Et, le combat fini, m'amenez le vainqueur.
Qui qu'il soit, même prix est acquis à sa peine ;
Je le veux de ma main présenter à Chimène,
Et que pour récompense il reçoive sa foi.

CHIMÈNE

1460 Quoi ! sire, m'imposer une si dure loi !

D. FERNAND

Tu t'en plains ; mais ton feu, loin d'avouer ta plainte,
Si Rodrigue est vainqueur, l'accepte sans contrainte.
Cesse de murmurer contre un arrêt si doux ;
Qui que ce soit des deux, j'en ferai ton époux.

ACTE V

SCÈNE PREMIÈRE

D. RODRIGUE, CHIMÈNE

Chimène

1465 Quoi ! Rodrigue, en plein jour ! d'où te vient cette audace [40] ?
Va, tu me perds d'honneur ; retire-toi, de grâce.

D. Rodrigue

Je vais mourir, madame, et vous viens en ce lieu,
Avant le coup mortel, dire un dernier adieu :
Cet immuable amour qui sous vos lois m'engage
1470 N'ose accepter ma mort sans vous en faire hommage.

Chimène

Tu vas mourir !

D. Rodrigue

Je cours à ces heureux moments
Qui vont livrer ma vie à vos ressentiments.

Chimène

Tu vas mourir ! Don Sanche est-il si redoutable
Qu'il donne l'épouvante à ce cœur indomptable ?
1475 Qui t'a rendu si faible ? ou qui le rend si fort ?
Rodrigue va combattre, et se croit déjà mort !
Celui qui n'a pas craint les Maures, ni mon père,
Va combattre don Sanche, et déjà désespère !
Ainsi donc au besoin ton courage s'abat ?

D. Rodrigue

1480 Je cours à mon supplice, et non pas au combat ;
Et ma fidèle ardeur sait bien m'ôter l'envie,
Quand vous cherchez ma mort, de défendre ma vie.
   J'ai toujours même cœur ; mais je n'ai point de bras
Quand il faut conserver ce qui ne vous plaît pas ;

1485 Et déjà cette nuit m'aurait été mortelle,
     Si j'eusse combattu pour ma seule querelle;
     Mais défendant mon roi, son peuple et mon pays,
     A me défendre mal je les aurais trahis.
     Mon esprit généreux ne hait pas tant la vie,
1490 Qu'il en veuille sortir par une perfidie.
     Maintenant qu'il s'agit de mon seul intérêt,
     Vous demandez ma mort, j'en accepte l'arrêt.
     Votre ressentiment choisit la main d'un autre
     (Je ne méritais pas de mourir de la vôtre) :
1495 On ne me verra point en repousser les coups;
     Je dois plus de respect à qui combat pour vous,
     Et ravi de penser que c'est de vous qu'ils viennent,
     Puisque c'est votre honneur que ses armes soutiennent
     Je vais lui présenter mon estomac ouvert,
1500 Adorant en sa main la vôtre qui me perd.

CHIMÈNE

     Si d'un triste devoir la juste violence,
     Qui me fait malgré moi poursuivre ta vaillance,
     Prescrit à ton amour une si forte loi
     Qu'il te rend sans défense à qui combat pour moi,
1505 En cet aveuglement ne perds pas la mémoire
     Qu'ainsi que de ta vie il y va de ta gloire,
     Et que, dans quelque éclat que Rodrigue ait vécu,
     Quand on le saura mort, on le croira vaincu.
        Ton honneur t'est plus cher que je ne te suis chère,
1510 Puisqu'il trempe tes mains dans le sang de mon père,
     Et te fait renoncer, malgré ta passion,
     A l'espoir le plus doux de ma possession :
     Je t'en vois cependant faire si peu de conte,
     Que sans rendre combat tu veux qu'on te surmonte.
1515 Quelle inégalité ravale ta vertu ?
     Pourquoi ne l'as-tu plus ? ou pourquoi l'avais-tu ?
     Quoi! n'es-tu généreux que pour me faire outrage ?
     S'il ne faut m'offenser, n'as-tu point de courage ?
     Et traites-tu mon père avec tant de rigueur,
1520 Qu'après l'avoir vaincu tu souffres un vainqueur ?
     Va, sans vouloir mourir, laisse-moi te poursuivre,
     Et défends ton honneur, si tu veux ne plus vivre.

D. RODRIGUE

     Après la mort du comte, et les Maures défaits,
     Faudrait-il à ma gloire encore d'autres effets ?

1525 Elle peut dédaigner le soin de me défendre;
     On sait que mon courage ose tout entreprendre,
     Que ma valeur peut tout, et que dessous les cieux,
     Auprès de mon honneur, rien ne m'est précieux.
     Non, non, en ce combat, quoi que vous veuillez croire,
1530 Rodrigue peut mourir sans hasarder sa gloire,
     Sans qu'on l'ose accuser d'avoir manqué de cœur,
     Sans passer pour vaincu, sans souffrir un vainqueur.
     On dira seulement : « Il adorait Chimène;
     Il n'a pas voulu vivre et mériter sa haine;
1535 Il a cédé lui-même à la rigueur du sort
     Qui forçait sa maîtresse à poursuivre sa mort :
     Elle voulait sa tête; et son cœur magnanime,
     S'il l'en eût refusée, eût pensé faire un crime.
     Pour venger son honneur il perdit son amour,
1540 Pour venger sa maîtresse il a quitté le jour,
     Préférant (quelque espoir qu'eût son âme asservie)
     Son honneur à Chimène, et Chimène à sa vie [41]. »
     Ainsi donc vous verrez ma mort en ce combat,
     Loin d'obscurcir ma gloire, en rehausser l'éclat;
1545 Et cet honneur suivra mon trépas volontaire,
     Que tout autre que moi n'eût pu vous satisfaire.

CHIMÈNE

     Puisque, pour t'empêcher de courir au trépas,
     Ta vie et ton honneur sont de faibles appas,
     Si jamais je t'aimai, cher Rodrigue, en revanche,
1550 Défends-toi maintenant pour m'ôter à don Sanche;
     Combats pour m'affranchir d'une condition
     Qui me donne à l'objet de mon aversion.
     Te dirai-je encor plus ? va, songe à ta défense,
     Pour forcer mon devoir, pour m'imposer silence;
1555 Et si tu sens pour moi ton cœur encore épris,
     Sors vainqueur d'un combat dont Chimène est le prix.
     Adieu : ce mot lâché me fait rougir de honte.

D. RODRIGUE

     Est-il quelque ennemi qu'à présent je ne dompte ?
     Paraissez, Navarrais, Maures et Castillans,
1560 Et tout ce que l'Espagne a nourri de vaillants;
     Unissez-vous ensemble, et faites une armée,
     Pour combattre une main de la sorte animée :
     Joignez tous vos efforts contre un espoir si doux;
     Pour en venir à bout, c'est trop peu que de vous.

SCÈNE II

L'INFANTE

1565 T'écouterai-je encor, respect de ma naissance,
         Qui fais un crime de mes feux ?
T'écouterai-je, amour, dont la douce puissance
Contre ce fier tyran fait révolter mes vœux ?
         Pauvre princesse, auquel des deux
1570   Dois-tu prêter obéissance ?
Rodrigue, ta valeur te rend digne de moi ;
Mais, pour être vaillant, tu n'es pas fils de roi.

Impitoyable sort, dont la rigueur sépare
         Ma gloire d'avec mes désirs,
1575 Est-il dit que le choix d'une vertu si rare
Coûte à ma passion de si grands déplaisirs ?
         O cieux ! à combien de soupirs
         Faut-il que mon cœur se prépare,
Si jamais il n'obtient sur un si long tourment
1580 Ni d'éteindre l'amour, ni d'accepter l'amant ?

Mais c'est trop de scrupule, et ma raison s'étonne
         Du mépris d'un si digne choix :
Bien qu'aux monarques seuls ma naissance me donne,
Rodrigue, avec honneur je vivrai sous tes lois.
1585   Après avoir vaincu deux rois,
         Pourrais-tu manquer de couronne ?
Et ce grand nom de Cid que tu viens de gagner
Ne fait-il pas trop voir sur qui tu dois régner ?

Il est digne de moi, mais il est à Chimène ;
1590   Le don que j'en ai fait me nuit.
Entre eux la mort d'un père a si peu mis de haine,
Que le devoir du sang à regret le poursuit :
         Ainsi n'espérons aucun fruit
         De son crime, ni de ma peine,
1595 Puisque pour me punir le destin a permis
Que l'amour dure même entre deux ennemis.

SCÈNE III

L'INFANTE, LÉONOR

L'INFANTE

Où viens-tu, Léonor ?

LÉONOR

Vous applaudir, madame,
Sur le repos qu'enfin a retrouvé votre âme.

L'INFANTE

D'où viendrait ce repos dans un comble d'ennui ?

LÉONOR

1600 Si l'amour vit d'espoir, et s'il meurt avec lui,
Rodrigue ne peut plus charmer votre courage.
Vous savez le combat où Chimène l'engage ;
Puisqu'il faut qu'il y meure, ou qu'il soit son mari,
Votre espérance est morte, et votre esprit guéri.

L'INFANTE

1605 Ah ! qu'il s'en faut encor !

LÉONOR

Que pouvez-vous prétendre ?

L'INFANTE

Mais plutôt quel espoir me pourrais-tu défendre ?
Si Rodrigue combat sous ces conditions,
Pour en rompre l'effet j'ai trop d'inventions.
L'amour, ce doux auteur de mes cruels supplices,
1610 Aux esprits des amants apprend trop d'artifices.

LÉONOR

Pourrez-vous quelque chose, après qu'un père mort
N'a pu dans leurs esprits allumer de discord ?
Car Chimène aisément montre, par sa conduite,
Que la haine aujourd'hui ne fait pas sa poursuite.
1615 Elle obtient un combat, et pour son combattant
C'est le premier offert qu'elle accepte à l'instant :

Elle n'a point recours à ces mains généreuses
Que tant d'exploits fameux rendent si glorieuses;
Don Sanche lui suffit, et mérite son choix
1620 Parce qu'il va s'armer pour la première fois;
Elle aime en ce duel son peu d'expérience;
Comme il est sans renom, elle est sans défiance;
Et sa facilité vous doit bien faire voir
Qu'elle cherche un combat qui force son devoir,
1625 Qui livre à son Rodrigue une victoire aisée,
Et l'autorise enfin à paraître apaisée.

L'INFANTE

Je le remarque assez, et toutefois mon cœur
A l'envi de Chimène adore ce vainqueur.
A quoi me résoudrai-je, amante infortunée ?

LÉONOR

1630 A vous mieux souvenir de qui vous êtes née;
Le ciel vous doit un roi, vous aimez un sujet !

L'INFANTE

Mon inclination a bien changé d'objet.
Je n'aime plus Rodrigue, un simple gentilhomme;
Non, ce n'est plus ainsi que mon amour le nomme;
1635 Si j'aime, c'est l'auteur de tant de beaux exploits,
C'est le valeureux Cid, le maître de deux rois.
   Je me vaincrai pourtant, non de peur d'aucun blâme,
Mais pour ne troubler pas une si belle flamme;
Et quand pour m'obliger on l'aurait couronné,
1640 Je ne veux point reprendre un bien que j'ai donné.
Puisqu'en un tel combat sa victoire est certaine,
Allons encore un coup le donner à Chimène.
Et toi, qui vois les traits dont mon cœur est percé,
Viens me voir achever comme j'ai commencé.

SCÈNE IV

CHIMÈNE, ELVIRE

CHIMÈNE

1645 Elvire, que je souffre! et que je suis à plaindre!
Je ne sais qu'espérer; et je vois tout à craindre;

Aucun vœu ne m'échappe où j'ose consentir;
Je ne souhaite rien sans un prompt repentir.
A deux rivaux pour moi je fais prendre les armes :
1650 Le plus heureux succès me coûtera des larmes;
Et quoi qu'en ma faveur en ordonne le sort,
Mon père est sans vengeance, ou mon amant est mort.

ELVIRE

D'un et d'autre côté, je vous vois soulagée :
Ou vous avez Rodrigue, ou vous êtes vengée;
1655 Et quoi que le destin puisse ordonner de vous,
Il soutient votre gloire, et vous donne un époux.

CHIMÈNE

Quoi! l'objet de ma haine, ou de tant de colère!
L'assassin de Rodrigue, ou celui de mon père!
De tous les deux côtés on me donne un mari
1660 Encor tout teint du sang que j'ai le plus chéri;
De tous les deux côtés mon âme se rebelle :
Je crains plus que la mort la fin de ma querelle.
Allez, vengeance, amour, qui troublez mes esprits,
Vous n'avez point pour moi de douceurs à ce prix;
1665 Et toi, puissant moteur du destin qui m'outrage,
Termine ce combat sans aucun avantage,
Sans faire aucun des deux ni vaincu ni vainqueur.

ELVIRE

Ce serait vous traiter avec trop de rigueur.
Ce combat pour votre âme est un nouveau supplice,
1670 S'il vous laisse obligée à demander justice,
A témoigner toujours ce haut ressentiment,
Et poursuivre toujours la mort de votre amant.
Madame, il vaut bien mieux que sa rare vaillance,
Lui couronnant le front, vous impose silence;
1675 Que la loi du combat étouffe vos soupirs,
Et que le roi vous force à suivre vos désirs.

CHIMÈNE

Quand il sera vainqueur, crois-tu que je me rende ?
Mon devoir est trop fort, et ma perte est trop grande;
Et ce n'est pas assez, pour leur faire la loi,
1680 Que celle du combat et le vouloir du roi.
Il peut vaincre don Sanche avec fort peu de peine,
Mais non pas avec lui la gloire de Chimène;
Et quoi qu'à sa victoire un monarque ait promis,
Mon honneur lui fera mille autres ennemis.

ELVIRE

1685 Gardez, pour vous punir de cet orgueil étrange,
Que le ciel à la fin ne souffre qu'on vous venge.
Quoi! vous voulez encor refuser le bonheur
De pouvoir maintenant vous taire avec honneur ?
Que prétend ce devoir, et qu'est-ce qu'il espère ?
1690 La mort de votre amant vous rendra-t-elle un père ?
Est-ce trop peu pour vous que d'un coup de malheur ?
Faut-il perte sur perte, et douleur sur douleur ?
Allez, dans le caprice où votre humeur s'obstine,
Vous ne méritez pas l'amant qu'on vous destine;
1695 Et nous verrons du ciel l'équitable courroux
Vous laisser, par sa mort, don Sanche pour époux.

CHIMÈNE

Elvire, c'est assez des peines que j'endure,
Ne les redouble point de ce funeste augure.
Je veux, si je le puis, les éviter tous deux;
1700 Sinon, en ce combat Rodrigue a tous mes vœux :
Non qu'une folle ardeur de son côté me penche;
Mais, s'il était vaincu, je serais à don Sanche.
Cette appréhension fait naître mon souhait...
Que vois-je, malheureuse ? Elvire, c'en est fait.

SCÈNE V

D. SANCHE, CHIMÈNE, ELVIRE

D. SANCHE

1705 Obligé d'apporter à vos pieds cette épée...

CHIMÈNE

Quoi! du sang de Rodrigue encor toute trempée ?
Perfide, oses-tu bien te montrer à mes yeux,
Après m'avoir ôté ce que j'aimais le mieux ?
     Eclate, mon amour, tu n'as plus rien à craindre :
1710 Mon père est satisfait, cesse de te contraindre;
Un même coup a mis ma gloire en sûreté,
Mon âme au désespoir, ma flamme en liberté.

D. Sanche

D'un esprit plus rassis...

Chimène

Tu me parles encore,
Exécrable assassin d'un héros que j'adore !
1715 Va, tu l'as pris en traître ; un guerrier si vaillant
N'eût jamais succombé sous un tel assaillant.
N'espère rien de moi, tu ne m'as point servie !
En croyant me venger, tu m'as ôté la vie [42].

D. Sanche

Etrange impression, qui, loin de m'écouter...

Chimène

1720 Veux-tu que de sa mort je t'écoute vanter,
Que j'entende à loisir avec quelle insolence
Tu peindras son malheur, mon crime et ta vaillance ?

SCÈNE VI

D. FERNAND, D. DIÈGUE, D. ARIAS, D. SANCHE,
D. ALONSE, CHIMÈNE, ELVIRE

Chimène

Sire, il n'est plus besoin de vous dissimuler
Ce que tous mes efforts ne vous ont pu celer.
1725 J'aimais, vous l'avez su ; mais, pour venger mon père,
J'ai bien voulu proscrire une tête si chère :
Votre majesté, sire, elle-même a pu voir
Comme j'ai fait céder mon amour au devoir.
Enfin Rodrigue est mort, et sa mort m'a changée
1730 D'implacable ennemie en amante affligée.
J'ai dû cette vengeance à qui m'a mise au jour,
Et je dois maintenant ces pleurs à mon amour.
Don Sanche m'a perdue en prenant ma défense,
Et du bras qui me perd je suis la récompense !
1735 Sire, si la pitié peut émouvoir un roi,
De grâce, révoquez une si dure loi ;
Pour prix d'une victoire où je perds ce que j'aime,
Je lui laisse mon bien ; qu'il me laisse à moi-même ;

Qu'en un cloître sacré je pleure incessamment,
1740 Jusqu'au dernier soupir, mon père et mon amant.

D. Diègue

Enfin elle aime, sire, et ne croit plus un crime
D'avouer par sa bouche un amour légitime.

D. Fernand

Chimène, sors d'erreur, ton amant n'est pas mort,
Et don Sanche vaincu t'a fait un faux rapport.

D. Sanche

1745 Sire, un peu trop d'ardeur, malgré moi l'a déçue :
Je venais du combat lui raconter l'issue.
Ce généreux guerrier, dont son cœur est charmé,
« Ne crains rien, m'a-t-il dit, quand il m'a désarmé :
Je laisserais plutôt la victoire incertaine,
1750 Que de répandre un sang hasardé pour Chimène ;
Mais puisque mon devoir m'appelle auprès du roi,
Va de notre combat l'entretenir pour moi,
De la part du vainqueur lui porter ton épée. »
Sire, j'y suis venu : cet objet l'a trompée ;
1755 Elle m'a cru vainqueur, me voyant de retour,
Et soudain sa colère a trahi son amour
Avec tant de transport et tant d'impatience,
Que je n'ai pu gagner un moment d'audience.
    Pour moi, bien que vaincu, je me répute heureux ;
1760 Et malgré l'intérêt de mon cœur amoureux,
Perdant infiniment j'aime encor ma défaite,
Qui fait le beau succès d'une amour si parfaite.

D. Fernand

Ma fille, il ne faut point rougir d'un si beau feu,
Ni chercher les moyens d'en faire un désaveu ;
1765 Une louable honte en vain t'en sollicite ;
Ta gloire est dégagée, et ton devoir est quitte ;
Ton père est satisfait, et c'était le venger
Que mettre tant de fois ton Rodrigue en danger.
Tu vois comme le ciel autrement en dispose.
1770 Ayant tant fait pour lui, fais pour toi quelque chose,
Et ne sois point rebelle à mon commandement,
Qui te donne un époux aimé si chèrement.

SCÈNE VII

D. FERNAND, D. DIÈGUE, D. ARIAS, D. RODRIGUE,
D. ALONSE, D. SANCHE, L'INFANTE, CHIMÈNE,
LÉONOR, ELVIRE

L'INFANTE

Sèche tes pleurs, Chimène, et reçois sans tristesse
Ce généreux vainqueur des mains de ta princesse.

D. RODRIGUE

1775 Ne vous offensez point, sire, si devant vous
Un respect amoureux me jette à ses genoux.
Je ne viens point ici demander ma conquête :
Je viens tout de nouveau vous apporter ma tête,
Madame; mon amour n'emploiera point pour moi
1780 Ni la loi du combat, ni le vouloir du roi.
Si tout ce qui s'est fait est trop peu pour un père,
Dites par quels moyens il vous faut satisfaire.
Faut-il combattre encor mille et mille rivaux,
Aux deux bouts de la terre étendre mes travaux,
1785 Forcer moi seul un camp, mettre en fuite une armée,
Des héros fabuleux passer la renommée ?
Si mon crime par là se peut enfin laver,
J'ose tout entreprendre, et puis tout achever :
Mais si ce fier honneur, toujours inexorable,
1790 Ne se peut apaiser sans la mort du coupable,
N'armez plus contre moi le pouvoir des humains :
Ma tête est à vos pieds, vengez-vous par vos mains;
Vos mains seules ont droit de vaincre un invincible;
Prenez une vengeance à tout autre impossible;
1795 Mais du moins que ma mort suffise à me punir.
Ne me bannissez point de votre souvenir;
Et, puisque mon trépas conserve votre gloire,
Pour vous en revancher conservez ma mémoire,
Et dites quelquefois, en déplorant mon sort :
1800 « S'il ne m'avait aimée, il ne serait pas mort. »

CHIMÈNE

Relève-toi, Rodrigue. Il faut l'avouer, sire,
Je vous en ai trop dit pour m'en pouvoir dédire.
Rodrigue a des vertus que je ne puis haïr :
Et quand un roi commande, on lui doit obéir.

1805 Mais, à quoi que déjà vous m'ayez condamnée,
Pourrez-vous à vos yeux souffrir cet hyménée ?
Et quand de mon devoir vous voulez cet effort,
Toute votre justice en est-elle d'accord ?
Si Rodrigue à l'Etat devient si nécessaire,
1810 De ce qu'il fait pour vous dois-je être le salaire,
Et me livrer moi-même au reproche éternel
D'avoir trempé mes mains dans le sang paternel ?

D. Fernand

Le temps assez souvent a rendu légitime
Ce qui semblait d'abord ne se pouvoir sans crime.
1815 Rodrigue t'a gagnée, et tu dois être à lui.
Mais, quoique sa valeur t'ait conquise aujourd'hui,
Il faudrait que je fusse ennemi de ta gloire
Pour lui donner sitôt le prix de sa victoire.
Cet hymen différé ne rompt point une loi
1820 Qui, sans marquer de temps, lui destine ta foi.
Prends un an, si tu veux, pour essuyer tes larmes [43].
    Rodrigue, cependant il faut prendre les armes.
Après avoir vaincu les Maures sur nos bords,
Renversé leurs desseins, repoussé leurs efforts,
1825 Va jusqu'en leur pays leur reporter la guerre,
Commander mon armée et ravager leur terre.
A ce nom seul de Cid ils trembleront d'effroi ;
Ils t'ont nommé seigneur, et te voudront pour roi.
Mais parmi tes hauts faits sois-lui toujours fidèle ;
1830 Reviens-en, s'il se peut, encor plus digne d'elle ;
Et par tes grands exploits fais-toi si bien priser,
Qu'il lui soit glorieux alors de t'épouser.

D. Rodrigue

Pour posséder Chimène, et pour votre service,
Que peut-on m'ordonner que mon bras n'accomplisse ?

Texte de 1637

1805 Sire, quelle apparence, à ce triste hyménée,
Qu'un même jour commence et finisse mon deuil,
Mette en mon lit Rodrigue et mon père au cercueil ?
C'est trop d'intelligence avec son homicide,
Vers ses mânes sacrés c'est me rendre perfide,
Et souiller mon honneur d'un reproche éternel.

1835 Quoi qu'absent de ses yeux il me faille endurer,
     Sire, ce m'est trop d'heur de pouvoir espérer.

D. Fernand

Espère en ton courage, espère en ma promesse;
Et possédant déjà le cœur de ta maîtresse,
Pour vaincre un point d'honneur qui combat contre toi,
1840 Laisse faire le temps, ta vaillance et ton roi.

HORACE

Tragédie

A Mgr LE CARDINAL DUC DE RICHELIEU

Monseigneur,

Je n'aurais jamais eu la témérité de présenter à Votre Eminence ce mauvais portrait d'Horace, si je n'eusse considéré qu'après tant de bienfaits que j'ai reçus d'elle [1], le silence où mon respect m'a retenu jusqu'à présent passerait pour ingratitude, et que quelque juste défiance que j'aie de mon travail, je dois avoir encore plus de confiance en votre bonté. C'est d'elle que je tiens tout ce que je suis ; et ce n'est pas sans rougir que, pour toute reconnaissance, je vous fais un présent si peu digne de vous, et si peu proportionné à ce que je vous dois. Mais, dans cette confusion, qui m'est commune avec tous ceux qui écrivent, j'ai cet avantage qu'on ne peut, sans quelque injustice, condamner mon choix, et que ce généreux Romain, que je mets aux pieds de Votre Eminence, eût pu paraître devant elle avec moins de honte, si les forces de l'artisan eussent répondu à la dignité de la matière ; j'en ai pour garant l'auteur dont je l'ai tirée, qui commence à décrire cette fameuse histoire par ce glorieux éloge, « qu'il n'y a presque aucune chose plus noble dans toute l'antiquité [2] ». Je voudrais que ce qu'il a dit de l'action se pût dire de la peinture que j'en ai faite, non pour en tirer plus de vanité, mais seulement pour vous offrir quelque chose un peu moins indigne de vous être offert. Le sujet était capable de plus de grâces s'il eût été traité d'une main plus savante ; mais du moins il a reçu de la mienne toutes celles qu'elle était capable de lui donner, et qu'on pouvait raisonnablement attendre d'une muse de province, qui, n'étant pas assez heureuse pour jouir souvent des regards de Votre Eminence, n'a pas les mêmes lumières à se conduire qu'ont celles qui en sont continuellement éclairées. Et certes, Monseigneur, ce changement visible qu'on remarque en mes ouvrages depuis que j'ai l'honneur d'être à Votre Eminence, qu'est-ce autre chose qu'un effet des grandes idées qu'elle m'inspire quand elle daigne souffrir que je lui' rende mes devoirs ? et à quoi peut-on attribuer ce qui s'y mêle de mauvais, qu'aux teintures grossières que je reprends quand je demeure abandonné à ma propre faiblesse ? Il faut, Monseigneur, que tous ceux qui donnent leurs veilles au théâtre publient hautement avec moi que nous vous avons deux obligations très signalées : l'une, d'avoir ennobli le but de l'art; l'autre, de nous en avoir facilité les connaissances. Vous avez ennobli le but de l'art, puisque, au lieu de celui de plaire au peuple que nous prescrivent nos maîtres, et dont les deux plus honnêtes gens de leur siècle, Scipion et Lélie, ont autrefois protesté de se contenter, vous nous avez donné celui de vous plaire et de vous divertir; et qu'ainsi nous ne rendons pas un petit service à l'Etat, puisque, contribuant à vos divertissements, nous contribuons à l'entretien d'une santé qui lui est si précieuse et si nécessaire. Vous nous en avez facilité les connaissances, puisque nous n'avons plus besoin d'autre étude pour les acquérir que d'attacher nos yeux sur Votre Eminence quand elle honore de sa présence et de son attention le récit de nos poèmes. C'est là que, lisant sur son visage ce qui lui plaît et ce qui ne lui plaît pas, nous nous instruisons avec certitude de ce qui est bon et de ce qui est mauvais, et tirons des règles infaillibles de ce qu'il faut suivre et de ce qu'il faut éviter : c'est là que j'ai souvent appris en deux heures ce que mes livres n'eussent pu m'apprendre en dix ans; c'est là que j'ai puisé ce qui m'a valu l'applaudissement du public; et c'est là qu'avec votre faveur j'espère puiser assez pour être un jour une œuvre digne de vos mains. Ne trouvez donc pas mauvais, Monseigneur, que pour vous remercier de ce que j'ai de réputation, dont je vous suis entièrement redevable, j'emprunte quatre vers d'un autre Horace que celui que je vous présente, et que je vous exprime par eux les plus véritables sentiments de mon âme :

Totum muneris hoc tui est,
Quod monstror digito prœtereuntium
Scenœ non levis artifex :
Quod spiro et placeo, si placeo, tuum est[3].

Je n'ajouterai qu'une vérité à celle-ci, en vous suppliant de croire que je suis et serai toute ma vie très passionnément,

Monseigneur,
De Votre Eminence,
Le très humble, très obéissant
Et très fidèle serviteur,
CORNEILLE

TITUS LIVIUS

(XXIII) ... Bellum utrinque summa ope parabatur, civili simillimum bello, prope inter parentes natosque, Trojanam utramque prolem, quum Lavinium ab Troja, ab Lavinio Alba, ab Albanorum stirpe regum oriundi Romani essent. Eventus tamen belli minus miserabilem dimicationem fecit, quod nec acie certatum est, et tectis modo dirutis alterius urbis, duo populi in unum confusi sunt. Albani priores ingenti exercitu in agrum romanum impetum fecere. Castra ab urbe haud plus quinque millia passuum locant, fossa circumdant : fossa Cluilia ab nomine ducis per aliquot secula appellata est, donec cum re nomen quoque vetustate abolevit. In his castris Cluilius albanus rex moritur ; dictatorem Albani Metium Suffetium creant. Interim Tullus ferox, præcipue morte regis, magnum que Deorum numen, ab ipso capite orsum, in omne nomen albanum expetiturum pœnas ob bellum impium dictitans, nocte, præteritis hostium castris, infesto exercitu in agrum albanum pergit. Ea res ab stativis excivit Metium ; ducit quam proxime ad hostem potest ; inde legatum præmissum nuntiare Tullo jubet, priusquam dimicent, opus esse colloquio : si secum congressus sit, satis scire ea se allaturum, quæ nihilo minus ad rem romanam, quam ad albanam pertineant. Haud aspernatus Tullus, tametsi vana afferrentur ; suos in aciem educit ; exeunt contra et Albani. Postquam instructi utrinque stabant, cum paucis procerum in medium duces procedunt. Ibi infit Albanus injurias, et non redditas res ex fœdere quæ repetitæ sint, et : « Ego regem nostrum Cluilium causam hujusce esse belli audisse videor, nec te dubito, Tulle, eadem præ te ferre. Sed si vera potius quam dictu speciosa dicenda sunt, cupido imperii duos cognatos vicinosque populos ad arma stimulat ; neque recte an perperam interpretor : fuerit ista ejus deliberatio qui bellum suscepit ; me Albani gerendo bello ducem creavere. Illud te, Tulle, monitum velim : etrusca res quanta circa nos teque maxime sit, quo propior es Volscis, hoc magis scis; multum illi terra, plurimum mari pollent. Memor esto, jam quum signum pugnæ dabis, has duas acies spectaculo fore, ut fessos confectosque, simul victorem ac victum aggrediantur. Itaque, si nos Dii amant, quoniam non contenti libertate certa, in dubiam imperii servitiique aleam imus, ineamus aliquam viam, qua utri utris imperent, sine magna clade, sine multo sanguine utriusque populi decerni possit. » Haud displicet res Tullo, quamquam tum indole animi, tum spe victoriæ ferocior erat. Quærentibus utrinque ratio initur, cui et fortuna ipsa præbuit materiam.

(XXIV) Forte in duobus tum exercitibus erant tergemini fratres, nec ætate, nec viribus dispares. Horatios Curiatiosque fuisse satis constat, NEC FERME RES ANTIQUA ALIA EST NOBILIOR; tamen in re tam clara nominum error manet, utrius populi Horatii, utrius Curiatii fuerint. Auctores utroque trahunt; plures tamen invenio, qui Romanos Horatios vocent : hos ut sequar, inclinat animus. Cum tergeminis agunt reges, ut pro sua quisque patria dimicent ferro : ibi imperium fore, unde victoria fuerit. Nihil recusatur, tempus et locus convenit. Priusquam dimicarent fœdus ictum inter Romanos et Albanos est his legibus : ut cujus populi cives eo certamine vicissent, is alteri populo cum bona pace imperitaret...

(XXV) Fœdere icto, tergemini, sicut convenerat, arma capiunt. Quum sui utrosque adhortarentur, Deos patrios, patriam ac parentes, quidquid civium domi, quidquid in exercitu sit, illorum tunc arma, illorum intueri manus, feroces et suopte ingenio, et pleni adhortantium vocibus, in medium inter duas acies procedunt. Consederant utrinque pro castris duo exercitus, periculi magis præsentis, quam curæ expertes : quippe imperium agebatur, in tam paucorum virtute atque fortuna positum. Itaque erecti suspensique in minime gratum spectaculum animo intenduntur. Datur signum; infestisque armis, velut acies, terni juvenes magnorum exercituum animos gerentes concurrunt. Nec his, nec illis periculum suum, sed publicum imperium servitiumque observatur animo, futuraque ea deinde patriæ fortuna, quam ipsi fecissent. Ut primo statim concursu increpuere arma, micantesque fulsere gladii, horror ingens spectantes perstringit, et neutro inclinata spe, torpebat vox spiritusque. Consertis deinde manibus, quum jam non motus tantum corporum, agita-

tioque anceps telorum armorumque, sed vulnera quoque
et sanguis spectaculo essent, duo Romani, super alium
alius, vulneratis tribus Albanis, exspirantes corruerunt.
Ad quorum casum quum clamasset gaudio albanus exercitus, romanas legiones jam spes tota, nondum tamen cura
deseruerat, exanimes vice unius, quem tres Curiatii
circumsteterant. Forte is integer fuit, ut universis solus
nequaquam par, sic adversus singulos ferox. Ergo ut segre-
garet pugnam eorum, capessit fugam, ita ratus secuturos,
ut quemque vulnere affectum corpus sineret. Jam aliquan-
tum spatii ex eo loco ubi pugnatum est aufugerat, quum
respiciens videt magnis intervallis sequentes, unum haud
procul ab sese abesse. In eum magno impetu rediit; et
dum albanus exercitus inclamat Curiatiis, uti opem ferant
fratri, jam Horatius, cæso hoste victor, secundam pugnam
petebat. Tunc clamore, qualis ex insperato faventium solet,
Romani adjuvant militem suum; et ille defungi prœlio fes-
tinat. Prius itaque quam alter, qui nec procul aberat, conse-
qui posset, et alterum Curiatium conficit. Jamque æquato
Marte singuli supererant, sed nec spe, nec viribus pares :
alterum intactum ferro corpus, et geminata victoria ferocem
in certamen tertium dabant; alter fessum vulnere, fessum
cursu trahens corpus, victusque fratrum ante se strage,
victori objicitur hosti. Nec illud prœlium fuit. Romanus
exsultans : « Duos, inquit, fratrum manibus dedi : tertium
causæ belli hujusce, ut Romanus Albano imperet, dabo. »
Male sustinenti arma gladium superne jugulo defigit,
jacentem spoliat. Romani ovantes ac gratulantes Horatium
accipiunt : eo majore cum gaudio, quo propius metum res
fuerat. Ad sepulturam inde suorum nequaquam paribus
animis vertuntur : quippe imperio alteri aucti, alteri
ditionis alienæ facti. Sepulcra exstant, quo quisque loco
cecidit : duo romana uno loco propius Albam, tria albana
Romam versus; sed distantia locis, et ut pugnatum est.

(XXVI) Priusquam inde digrederentur, roganti Metio
ex fœdere icto quid imperaret, imperat Tullus uti juven-
tutem in armis habeat : usurum se eorum opera, si bellum
cum Veïentibus foret. Ita exercitus inde domos abducti.
Princeps Horatius ibat, tergemina spolia præ se gerens, cui
soror virgo, quæ desponsata uni ex Curiatiis fuerat, obviam
ante portam Capenam fuit; cognitoque super humeros
fratris paludamento sponsi, quod ipsa confecerat, solvit
crines, et flebiliter nomine sponsum mortuum appellat.
Movet feroci juveni animum comploratio sororis in
victoria sua tantoque gaudio publico. Stricto itaque

gladio, simul verbis increpans, transfigit puellam. « Abi
hinc cum immaturo amore ad sponsum, inquit, oblita
fratrum mortuorum vivique, oblita patriæ. Sic eat quæ-
cumque Romana lugebit hostem. » Atrox visum id facinus
patribus plebique, sed recens meritum facto obstabat :
tamen raptus in jus ad Regem. Rex, ne ipse tam tristis
ingratique ad vulgus judicii, aut secundum judicium
supplicii auctor esset, concilio populi advocato : « Duum-
viros, inquit, qui Horatio perduellionem judicent secundum
legem, facio. » Lex horrendi carminis erat : « Duumviri
perduellionem judicent. Si a duumviris provocarit, provo-
catione certato ; si vincent, caput obnubito, infelici arbori
reste suspendito, verberato, vel intra pomœrium, vel extra
pomœrium. » Hac lege duumviri creati, qui se absolvere
non rebantur ea lege, ne innoxium quidem, posse. Quum
condemnassent, tum alter ex his : « P. Horati, tibi perduellionem judico, inquit. I, lictor, colliga manus. » Accesserat
lictor, injiciebatque laqueum : tum Horatius, auctore Tullo
clemente legis interprete : « Provoco, » inquit. Ita de pro-
vocatione certatum ad populum est. Moti homines sunt in
eo judicio, maxime P. Horatio patre proclamante se filiam
jure cæsam judicare : ni ita esset, patrio jure in filium
animadversurum fuisse. Orabat deinde, ne se, quem paulo
ante cum egregia stirpe conspexissent, orbum liberis
facerent. Inter hæc senex, juvenem amplexus, spolia
Curiatiorum fixa eo loco, qui nunc Pila Horatia appellatur,
ostentans : « Hunccine, aiebat, quem modo decoratum
ovantemque victoria incedentem vidistis, Quirites, eum
sub furca vinctum inter verbera et cruciatus videre
potestis ? quod vix Albanorum oculi tam deforme spectaculum ferre possent. I, lictor, colliga manus, quæ paulo
ante armatæ imperium populo romano pepererunt. I, caput
obnube liberatoris urbis hujus ; arbori infelici suspende ;
verbera, vel intra pomœrium, modo inter illam pilam et
spolia hostium, vel extra pomœrium, modo inter sepulcra
Curiatiorum. Quo enim ducere hunc juvenem potestis,
ubi non sua decora eum a tanta fœditate supplicii vindi-
cent ? » Non tulit populus nec patris lacrimas, nec ipsius
parem in omni periculo animum ; absolveruntque admira-
tione magis virtutis quam jure causæ. Itaque, ut cædes
manifesta aliquo tamen piaculo lueretur, imperatum patri,
ut filium expiaret pecunia publica. Is, quibusdam piacu-
laribus sacrificiis factis, quæ deinde genti Horatiæ tradita
sunt, transmisso per viam tigillo, capite adoperto, velut
sub jugum misit juvenem. Id hodie quoque publice semper

refectum manet : sororium tigillum vocant. Horatiæ sepul-
crum, quo loco corruerat icta, constructum est saxo qua-
drato.

EXAMEN (1660)

C'est une croyance assez générale que cette pièce pourrait
passer pour la plus belle des miennes, si les derniers actes
répondaient aux premiers. Tous veulent que la mort de
Camille en gâte la fin [4], et j'en demeure d'accord; mais
je ne sais si tous en savent la raison. On l'attribue communément à ce qu'on voit cette mort sur la scène; ce qui
serait plutôt la faute de l'actrice que la mienne, parce que,
quand elle voit son frère mettre l'épée à la main, la frayeur,
si naturelle au sexe, lui doit faire prendre la fuite, et
recevoir le coup derrière le théâtre, comme je le marque
dans cette impression. D'ailleurs, si c'est une règle de ne
le point ensanglanter, elle n'est pas du temps d'Aristote,
qui nous apprend que pour émouvoir puissamment il faut
de grands déplaisirs, des blessures et des morts en spectacle. Horace ne veut pas que nous y hasardions les événements trop dénaturés, comme de Médée qui tue ses
enfants; mais je ne vois pas qu'il en fasse une règle générale
pour toutes sortes de morts, ni que l'emportement d'un
homme passionné pour sa patrie contre une sœur qui la
maudit en sa présence avec des imprécations horribles, soit
de même nature que la cruauté de cette mère. Sénèque
l'expose aux yeux du peuple, en dépit d'Horace; et, chez
Sophocle, Ajax ne se cache point au spectateur lorsqu'il se
tue. L'adoucissement que j'apporte dans le second de ces
discours pour rectifier la mort de Clytemnestre ne peut
être propre ici à celle de Camille. Quand elle s'enferrerait
d'elle-même par désespoir en voyant son frère l'épée à la
main [5], ce frère ne laisserait pas d'être criminel de l'avoir
tirée contre elle, puisqu'il n'y a point de troisième personne
sur le théâtre à qui il pût adresser le coup qu'elle recevrait,
comme peut faire Oreste à Egisthe. D'ailleurs, l'histoire est
trop connue pour retrancher le péril qu'il court d'une mort
infâme après l'avoir tuée; et la défense que lui prête son
père pour obtenir sa grâce n'aurait aucun plus de lieu, s'il demeu-
rait innocent. Quoi qu'il en soit, voyons si cette action n'a
pu causer la chute de ce poème que par là, et si elle n'a
point d'autre irrégularité que de blesser les yeux.

Comme je n'ai point accoutumé de dissimuler mes
défauts, j'en trouve ici deux ou trois assez considérables.

Le premier est que cette action, qui devient la principale de la pièce, est momentanée, et n'a point cette juste grandeur que lui demande Aristote, et qui consiste en un commencement, un milieu et une fin. Elle surprend tout d'un coup; et toute la préparation que j'y ai donnée par la peinture de la vertu farouche d'Horace, et par la défense qu'il fait à sa sœur de regretter qui que ce soit de lui ou de son amant qui meure au combat, n'est point suffisante pour faire attendre un emportement si extraordinaire, et servir de commencement à cette action.

Le second défaut est que cette mort fait une action double par le second péril où tombe Horace après être sorti du premier. L'unité de péril d'un héros dans la tragédie fait l'unité d'action; et quand il en est garanti, la pièce est finie, si ce n'est que la sortie même de ce péril l'engage si nécessairement dans un autre, que la liaison et la continuité des deux n'en fassent qu'une action; ce qui n'arrive point ici, où Horace revient triomphant sans aucun besoin de tuer sa sœur, ni même de parler à elle; et l'action serait suffisamment terminée à sa victoire. Cette chute d'un péril en l'autre, sans nécessité, fait ici un effet d'autant plus mauvais, que d'un péril public, où il y va de tout l'Etat, il tombe en un péril particulier, où il n'y va que de sa vie; et, pour dire encore plus, d'un péril illustre, où il ne peut succomber que glorieusement, en un péril infâme, dont il ne peut sortir sans tache. Ajoutez, pour troisième imperfection, que Camille, qui ne tient que le second rang dans les trois premiers actes, et y laisse le premier à Sabine, prend le premier en ces deux derniers, où cette Sabine n'est plus considérable; et qu'ainsi, s'il y a égalité dans les mœurs, il n'y en a point dans la dignité des personnages, où se doit étendre ce précepte d'Horace :

Servetur ad imum
Qualis ab incepto processerit, et sibi constet [6].

Ce défaut en Rodelinde a été une des principales causes du mauvais succès de *Pertharite*, et je n'ai point encore vu sur nos théâtres cette inégalité de rang en un même acteur, qui n'ait produit un très méchant effet. Il serait bon d'en établir une règle inviolable.

Du côté du temps, l'action n'est point trop pressée, et n'a rien qui ne me semble vraisemblable. Pour le lieu, bien que l'unité y soit exacte, elle n'est pas sans quelque contrainte. Il est constant qu'Horace et Curiace n'ont point de raison de se séparer du reste de la famille pour com-

mencer le second acte ; et c'est une adresse de théâtre de
n'en donner aucune, quand on n'en peut donner de bonnes.
L'attachement de l'auditeur à l'action présente souvent ne
lui permet pas de descendre à l'examen sévère de cette
justesse, et ce n'est pas un crime que de s'en prévaloir
pour l'éblouir, quand il est malaisé de le satisfaire.

Le personnage de Sabine est assez heureusement inventé,
et trouve sa vraisemblance aisée dans le rapport à l'histoire,
qui marque assez d'amitié et d'égalité entre les deux
familles pour avoir pu faire cette double alliance.

Elle ne sert pas davantage à l'action que l'Infante à celle
du *Cid*, et ne fait que se laisser toucher diversement, comme
elle, à la diversité des événements. Néanmoins on a généralement approuvé celle-ci, et condamné l'autre. J'en ai
cherché la raison, et j'en ai trouvé deux : l'une est la liaison
des scènes, qui semble, s'il m'est permis de parler ainsi,
incorporer Sabine dans cette pièce, au lieu que, dans *Le
Cid*, toutes celles de l'Infante sont détachées, et paraissent
hors œuvre :

> *Tantum series juncturaque pollet*[7].

L'autre, qu'ayant une fois posé Sabine pour femme
d'Horace, il est nécessaire que tous les incidents de ce
poème lui donnent les sentiments qu'elle en témoigne
avoir, par l'obligation qu'elle a de prendre intérêt à ce qui
regarde son mari et ses frères ; mais l'Infante n'est point
obligée d'en prendre aucun en ce qui touche le Cid ; et si
elle a quelque inclination secrète pour lui, il n'est point
besoin qu'elle en fasse rien paraître, puisqu'elle ne produit
aucun effet.

L'oracle qui est proposé au premier acte trouve son vrai
sens à la conclusion du cinquième. Il semble clair d'abord,
et porte l'imagination à un sens contraire ; et je les aimerais
mieux de cette sorte sur nos théâtres, que ceux qu'on fait
entièrement obscurs, parce que la surprise de leur véritable effet en est plus belle. J'en ai usé ainsi encore dans
l'*Andromède* et dans l'*Œdipe*. Je ne dis pas la même chose
des songes, qui peuvent faire encore un grand ornement
dans la protase, pourvu qu'on ne s'en serve pas souvent.
Je voudrais qu'ils eussent l'idée de la fin véritable de la
pièce, mais avec quelque confusion qui n'en permît pas
l'intelligence entière. C'est ainsi que je m'en suis servi
deux fois, ici et dans *Polyeucte*, mais avec plus d'éclat et
d'artifice dans ce dernier poème, où il marque toutes les
particularités de l'événement, qu'en celui-ci, où il ne fait

qu'exprimer une ébauche tout à fait informe de ce qui doit arriver de funeste.

Il passe pour constant que le second acte est un des plus pathétiques qui soient sur la scène, et le troisième un des plus artificieux. Il est soutenu de la seule narration de la moitié du combat des trois frères, qui est coupée très heureusement pour laisser Horace le père dans la colère et le déplaisir, et lui donner ensuite un beau retour à la joie dans le quatrième. Il a été à propos, pour le jeter dans cette erreur, de se servir de l'impatience d'une femme qui suit brusquement sa première idée, et présume le combat achevé, parce qu'elle a vu deux des Horaces par terre, et le troisième en fuite. Un homme, qui doit être plus posé et plus judicieux, n'eût pas été propre à donner cette fausse alarme; il eût dû prendre plus de patience, afin d'avoir plus de certitude de l'événement, et n'eût pas été excusable de se laisser emporter si légèrement, par les apparences, à présumer le mauvais succès d'un combat dont il n'eût pas vu la fin.

Bien que le roi n'y paraisse qu'au cinquième, il y est mieux dans sa dignité que dans Le Cid, parce qu'il a intérêt pour tout son Etat dans le reste de la pièce; et bien qu'il n'y parle point, il ne laisse pas d'y agir comme roi. Il vient aussi dans ce cinquième comme roi qui veut honorer par cette visite un père dont les fils lui ont conservé sa couronne, et acquis celle d'Albe au prix de leur sang. S'il y fait l'office de juge, ce n'est que par accident; et il le fait dans ce logis même d'Horace, par la seule contrainte qu'impose la règle de l'unité de lieu. Tout ce cinquième est encore une des causes du peu de satisfaction que laisse cette tragédie : il est tout en plaidoyers, et ce n'est pas là la place des harangues ni des longs discours : ils peuvent être supportés en un commencement de pièce, où l'action n'est pas encore échauffée; mais le cinquième acte doit plus agir que discourir. L'attention de l'auditeur, déjà lassée, se rebute de ces conclusions qui traînent et tirent la fin en longueur.

Quelques-uns ne veulent pas que Valère y soit un digne accusateur d'Horace [8], parce que dans la pièce il n'a pas fait voir assez de passion pour Camille; à quoi je réponds que ce n'est pas à dire qu'il n'en eût une très forte, mais qu'un amant mal voulu ne pouvait se montrer de bonne grâce à sa maîtresse dans le jour qui la rejoignait à un amant aimé. Il n'y avait point de place pour lui au premier acte, et encore moins au second; il fallait qu'il tînt son rang à l'armée pendant le troisième; et il se montre au quatrième, sitôt que la mort de son rival fait quelque ouverture à son espérance : il tâche à gagner les bonnes grâces du père par la commission qu'il prend du roi de lui apporter les glorieuses nouvelles de l'honneur que ce prince lui veut faire; et, par occasion, il lui apprend la victoire de son fils, qu'il ignorait. Il ne manque pas d'amour durant les trois premiers actes, mais d'un temps propre à le témoigner; et, dès la première scène de la pièce, il paraît bien qu'il rendait assez de soins à Camille, puisque Sabine s'en alarme pour son frère. S'il ne prend pas le procédé de France, il faut considérer qu'il est Romain, et dans Rome, où il n'aurait pu entreprendre un duel contre un autre Romain sans faire un crime d'Etat, et que j'en aurais fait un de théâtre, si j'avais habillé un Romain à la française.

ACTEURS

TULLE, roi de Rome.
LE VIEIL HORACE, chevalier romain.
HORACE, son fils.
CURIACE, gentilhomme d'Albe, amant de Camille.
VALÈRE, chevalier romain, amoureux de Camille.
SABINE, femme d'Horace, et sœur de Curiace.
CAMILLE, amante de Curiace, et sœur d'Horace.
JULIE, dame romaine, confidente de Sabine et de Camille.
FLAVIAN, soldat de l'armée d'Albe.
PROCULE, soldat de l'armée de Rome.

La scène est à Rome, dans une salle de la maison d'Horace.

ACTE PREMIER

SCÈNE PREMIÈRE

SABINE, JULIE

SABINE

Approuvez ma faiblesse, et souffrez ma douleur;
Elle n'est que trop juste en un si grand malheur :
Si près de voir sur soi fondre de tels orages,
L'ébranlement sied bien aux plus fermes courages;
5 Et l'esprit le plus mâle et le moins abattu
Ne saurait sans désordre exercer sa vertu.
Quoique le mien s'étonne à ces rudes alarmes,
Le trouble de mon cœur ne peut rien sur mes larmes,
Et, parmi les soupirs qu'il pousse vers les cieux,
10 Ma constance du moins règne encor sur mes yeux :
Quand on arrête là les déplaisirs d'une âme,
Si l'on fait moins qu'un homme, on fait plus qu'une
Commander à ses pleurs en cette extrémité,   [femme;
C'est montrer pour le sexe assez de fermeté.

JULIE

15 C'en est peut-être assez pour une âme commune,
Qui du moindre péril se fait une infortune;
Mais de cette faiblesse un grand cœur est honteux;
Il ose espérer tout dans un succès douteux.
Les deux camps sont rangés au pied de nos murailles;
20 Mais Rome ignore encor comme on perd des batailles.
Loin de trembler pour elle, il lui faut applaudir :
Puisqu'elle va combattre, elle va s'agrandir.
Bannissez, bannissez une frayeur si vaine,
Et concevez des vœux dignes d'une Romaine.

SABINE

25 Je suis Romaine, hélas! puisqu'Horace est Romain;
J'en ai reçu le titre en recevant sa main⁹;
Mais ce nœud me tiendrait en esclave enchaînée,
S'il m'empêchait de voir en quels lieux je suis née.
Albe, où j'ai commencé de respirer le jour,
30 Albe, mon cher pays, et mon premier amour,
Lorsqu'entre nous et toi je vois la guerre ouverte,
Je crains notre victoire autant que notre perte.
   Rome, si tu te plains que c'est là te trahir,
Fais-toi des ennemis que je puisse haïr.
35 Quand je vois de tes murs leur armée et la nôtre,
Mes trois frères dans l'une et mon mari dans l'autre,
Puis-je former des vœux, et sans impiété
Importuner le ciel pour ta félicité ?
Je sais que ton Etat, encore en sa naissance,
40 Ne saurait, sans la guerre, affermir sa puissance;
Je sais qu'il doit s'accroître, et que tes grands destins
Ne le borneront pas chez les peuples latins;
Que les dieux t'ont promis l'empire de la terre,
Et que tu n'en peux voir l'effet que par la guerre :
45 Bien loin de m'opposer à cette noble ardeur
Qui suit l'arrêt des dieux et court à ta grandeur,
Je voudrais déjà voir tes troupes couronnées,
D'un pas victorieux franchir les Pyrénées.
Va jusqu'en l'Orient pousser tes bataillons;
50 Va sur les bords du Rhin planter tes pavillons :
Fais trembler sous tes pas les colonnes d'Hercule;
Mais respecte une ville à qui tu dois Romule.
Ingrate, souviens-toi que du sang de ses rois
Tu tiens ton nom, tes murs, et tes premières lois.
55 Albe est ton origine; arrête, et considère
Que tu portes le fer dans le sein de ta mère.
Tourne ailleurs les efforts de tes bras triomphants;
Sa joie éclatera dans l'heur de ses enfants;
Et, se laissant ravir à l'amour maternelle,
60 Ses vœux seront pour toi, si tu n'es plus contre elle.

JULIE

Ce discours me surprend, vu que depuis le temps
Qu'on a contre son peuple armé nos combattants,
Je vous ai vu pour elle autant d'indifférence
Que si d'un sang romain vous aviez pris naissance.
65 J'admirais la vertu qui réduisait en vous
Vos plus chers intérêts à ceux de votre époux;

Et je vous consolais au milieu de vos plaintes,
Comme si notre Rome eût fait toutes vos craintes.

SABINE

Tant qu'on ne s'est choqué qu'en de légers combats,
70 Trop faibles pour jeter un des partis à bas,
Tant qu'un espoir de paix a pu flatter ma peine,
Oui, j'ai fait vanité d'être toute Romaine.
Si j'ai vu Rome heureuse avec quelque regret,
Soudain j'ai condamné ce mouvement secret;
75 Et si j'ai ressenti, dans ses destins contraires,
Quelque maligne joie en faveur de mes frères,
Soudain, pour l'étouffer rappelant ma raison,
J'ai pleuré quand la gloire entrait dans leur maison.
Mais aujourd'hui qu'il faut que l'une ou l'autre tombe,
80 Qu'Albe devienne esclave, ou que Rome succombe,
Et qu'après la bataille il ne demeure plus
Ni d'obstacle aux vainqueurs, ni d'espoir aux vaincus,
J'aurais pour mon pays une cruelle haine,
Si je pouvais encore être toute Romaine,
85 Et si je demandais votre triomphe aux dieux,
Au prix de tant de sang qui m'est si précieux.
Je m'attache un peu moins aux intérêts d'un homme :
Je ne suis point pour Albe, et ne suis plus pour Rome;
Je crains pour l'une et l'autre en ce dernier effort,
90 Et serai du parti qu'affligera le sort.
Egale à tous les deux jusques à la victoire,
Je prendrai part aux maux sans en prendre à la gloire;
Et je garde, au milieu de tant d'âpres rigueurs,
Mes larmes aux vaincus, et ma haine aux vainqueurs.

JULIE

95 Qu'on voit naître souvent de pareilles traverses,
En des esprits divers, des passions diverses!
Et qu'à nos yeux Camille agit bien autrement!
Son frère est votre époux, le vôtre est son amant :
Mais elle voit d'un œil bien différent du vôtre
100 Son sang dans une armée, et son amour dans l'autre.
    Lorsque vous conserviez un esprit tout romain,
Le sien irrésolu, le sien tout incertain,
De la moindre mêlée appréhendait l'orage,
De tous les deux partis détestait l'avantage,
105 Au malheur des vaincus donnait toujours ses pleurs,
Et nourrissait ainsi d'éternelles douleurs.

Mais hier, quand elle sut qu'on avait pris journée,
Et qu'enfin la bataille allait être donnée,
Une soudaine joie éclatant sur son front...

SABINE

110 Ah! que je crains, Julie, un changement si prompt!
Hier dans sa belle humeur elle entretint Valère;
Pour ce rival, sans doute, elle quitte mon frère;
Son esprit, ébranlé par les objets présents,
Ne trouve point d'absent aimable après deux ans.
115 Mais excusez l'ardeur d'une amour fraternelle;
Le soin que j'ai de lui me fait craindre tout d'elle :
Je forme des soupçons d'un trop léger sujet :
Près d'un jour si funeste on change peu d'objet.
Les âmes rarement sont de nouveau blessées,
120 Et dans un si grand trouble on a d'autres pensées;
Mais on n'a pas aussi de si doux entretiens,
Ni de contentements qui soient pareils aux siens.

JULIE

Les causes, comme à vous, m'en semblent fort obscures.
Je ne me satisfais d'aucunes conjectures.
125 C'est assez de constance en un si grand danger
Que de le voir, l'attendre, et ne point s'affliger;
Mais certes c'en est trop d'aller jusqu'à la joie.

SABINE

Voyez qu'un bon génie à propos nous l'envoie.
Essayez sur ce point à la faire parler;
130 Elle vous aime assez pour ne vous rien celer.
Je vous laisse. Ma sœur, entretenez Julie :
J'ai honte de montrer tant de mélancolie,
Et mon cœur, accablé de mille déplaisirs,
Cherche la solitude à cacher ses soupirs.

SCÈNE II

CAMILLE, JULIE

CAMILLE

135 Qu'elle a tort de vouloir que je vous entretienne!
Croit-elle ma douleur moins vive que la sienne

Et que, plus insensible à de si grands malheurs,
A mes tristes discours je mêle moins de pleurs ?
De pareilles frayeurs mon âme est alarmée;
140 Comme elle je perdrai dans l'une et l'autre armée :
Je verrai mon amant, mon plus unique bien,
Mourir pour son pays, ou détruire le mien;
Et cet objet d'amour devenir, pour ma peine,
Digne de mes soupirs, ou digne de ma haine.
145 Hélas !

JULIE

Elle est pourtant plus à plaindre que vous.
On peut changer d'amant, mais non changer d'époux.
Oubliez Curiace, et recevez Valère,
Vous ne tremblerez plus pour le parti contraire,
Vous serez toute nôtre, et votre esprit remis
150 N'aura plus rien à perdre au camp des ennemis.

CAMILLE

Donnez-moi des conseils qui soient plus légitimes,
Et plaignez mes malheurs sans m'ordonner des crimes,
Quoiqu'à peine à mes maux je puisse résister,
J'aime mieux les souffrir que de les mériter.

JULIE

155 Quoi ! vous appelez crime un change raisonnable ?

CAMILLE

Quoi ! le manque de foi vous semble pardonnable ?

JULIE

Envers un ennemi qui peut nous obliger ?

CAMILLE

D'un serment solennel qui peut nous dégager ?

JULIE

Vous déguisez en vain une chose trop claire :
160 Je vous vis encore hier entretenir Valère,
Et l'accueil gracieux qu'il recevait de vous
Lui permet de nourrir un espoir assez doux.

CAMILLE

Si je l'entretins hier et lui fis bon visage,
N'en imaginez rien qu'à son désavantage;

165 De mon contentement un autre était l'objet.
    Mais pour sortir d'erreur sachez-en le sujet :
    Je garde à Curiace une amitié trop pure
    Pour souffrir plus longtemps qu'on m'estime parjure.
       Il vous souvient qu'à peine on voyait de sa sœur ¹⁰
170 Par un heureux hymen mon frère possesseur,
    Quand, pour comble de joie, il obtint de mon père
    Que de ses chastes feux je serais le salaire.
    Ce jour nous fut propice et funeste à la fois :
    Unissant nos maisons, il désunit nos rois;
175 Un même instant conclut notre hymen et la guerre,
    Fit naître notre espoir et le jeta par terre,
    Nous ôta tout, sitôt qu'il nous eut tout promis;
    Et, nous faisant amants, il nous fit ennemis.
    Combien nos déplaisirs parurent lors extrêmes!
180 Combien contre le ciel il vomit de blasphèmes!
    Et combien de ruisseaux coulèrent de mes yeux!
    Je ne vous le dis point, vous vîtes nos adieux;
    Vous avez vu depuis les troubles de mon âme :
    Vous savez pour la paix quels vœux a faits ma flamme,
185 Et quels pleurs j'ai versés à chaque événement,
    Tantôt pour mon pays, tantôt pour mon amant.
    Enfin mon désespoir, parmi ces longs obstacles,
    M'a fait avoir recours à la voix des oracles.
    Ecoutez si celui qui me fut hier rendu
190 Eut droit de rassurer mon esprit éperdu.
    Ce Grec si renommé, qui depuis tant d'années
    Au pied de l'Aventin prédit nos destinées ¹¹,
    Lui qu'Apollon jamais n'a fait parler à faux,
    Me promit par ces vers la fin de mes travaux :
195 « Albe et Rome demain prendront une autre face;
    Tes vœux sont exaucés, elles auront la paix,
    Et tu seras unie avec ton Curiace,
    Sans qu'aucun mauvais sort t'en sépare jamais. »
       Je pris sur cet oracle une entière assurance,
200 Et comme le succès passait mon espérance,
    J'abandonnai mon âme à des ravissements
    Qui passaient les transports des plus heureux amants.
    Jugez de leur excès : je rencontrai Valère,
    Et, contre sa coutume, il ne put me déplaire;
205 Il me parla d'amour sans me donner d'ennui :
    Je ne m'aperçus pas que je parlais à lui;
    Je ne lui pus montrer de mépris ni de glace :
    Tout ce que je voyais me semblait Curiace;

Tout ce qu'on me disait me parlait de ses feux;
210 Tout ce que je disais l'assurait de mes vœux.
Le combat général aujourd'hui se hasarde;
J'en sus hier la nouvelle, et je n'y pris pas garde;
Mon esprit rejetait ces funestes objets,
Charmé des doux pensers d'hymen et de la paix.
215 La nuit a dissipé des erreurs si charmantes;
Mille songes affreux, mille images sanglantes,
Ou plutôt mille amas de carnage et d'horreur,
M'ont arraché ma joie, et rendu ma terreur.
J'ai vu du sang, des morts, et n'ai rien vu de suite;
220 Un spectre en paraissant prenait soudain la fuite;
Ils s'effaçaient l'un l'autre; et chaque illusion
Redoublait mon effroi par sa confusion.

JULIE

C'est en contraire sens qu'un songe s'interprète.

CAMILLE

Je le dois croire ainsi, puisque je le souhaite;
225 Mais je me trouve enfin, malgré tous mes souhaits,
Au jour d'une bataille, et non pas d'une paix.

JULIE

Par là finit la guerre, et la paix lui succède.

CAMILLE

Dure à jamais le mal, s'il y faut ce remède!
Soit que Rome y succombe ou qu'Albe ait le dessous,
230 Cher amant, n'attends plus d'être un jour mon époux;
Jamais, jamais ce nom ne sera pour un homme
Qui soit ou le vainqueur, ou l'esclave de Rome.
   Mais quel objet nouveau se présente en ces lieux ?
Est-ce toi, Curiace ? en croirai-je mes yeux ?

SCÈNE III

CURIACE, CAMILLE, JULIE

CURIACE

235 N'en doutez point, Camille, et revoyez un homme
Qui n'est ni le vainqueur ni l'esclave de Rome;

Cessez d'appréhender de voir rougir mes mains
Du poids honteux des fers ou du sang des Romains.
J'ai cru que vous aimiez assez Rome et la gloire
240 Pour mépriser ma chaîne et haïr ma victoire;
Et comme également en cette extrémité
Je craignais la victoire et la captivité...

CAMILLE

Curiace, il suffit, je devine le reste :
Tu fuis une bataille à tes vœux si funeste [12],
245 Et ton cœur, tout à moi, pour ne me perdre pas,
Dérobe à ton pays le secours de ton bras.
Qu'un autre considère ici ta renommée,
Et te blâme, s'il veut, de m'avoir trop aimée;
Ce n'est point à Camille à t'en mésestimer;
250 Plus ton amour paraît, plus elle doit t'aimer;
Et si tu dois beaucoup aux lieux qui t'ont vu naître,
Plus tu quittes pour moi, plus tu le fais paraître.
Mais as-tu vu mon père ? et peut-il endurer
Qu'ainsi dans sa maison tu t'oses retirer ?
255 Ne préfère-t-il point l'Etat à sa famille ?
Ne regarde-t-il point Rome plus que sa fille ?
Enfin, notre bonheur est-il bien affermi ?
T'a-t-il vu comme gendre ou bien comme ennemi ?

CURIACE

Il m'a vu comme gendre, avec une tendresse
260 Qui témoignait assez une entière allégresse;
Mais il ne m'a point vu, par une trahison,
Indigne de l'honneur d'entrer dans sa maison.
Je n'abandonne point l'intérêt de ma ville;
J'aime encor mon honneur en adorant Camille.
265 Tant qu'a duré la guerre, on m'a vu constamment
Aussi bon citoyen que véritable amant.
D'Albe avec mon amour j'accordais la querelle;
Je soupirais pour vous en combattant pour elle;
Et s'il fallait encor que l'on en vînt aux coups,
270 Je combattrais pour elle en soupirant pour vous.
Oui, malgré les désirs de mon âme charmée,
Si la guerre durait, je serais dans l'armée :
C'est la paix qui chez vous me donne un libre accès,
La paix à qui nos feux doivent ce beau succès.

CAMILLE

275 La paix! Et le moyen de croire un tel miracle ?

JULIE

Camille, pour le moins croyez-en votre oracle,
Et sachons pleinement par quels heureux effets
L'heure d'une bataille a produit cette paix.

CURIACE

L'aurait-on jamais cru ? Déjà les deux armées,
280 D'une égale chaleur au combat animées,
Se menaçaient des yeux, et marchant fièrement,
N'attendaient, pour donner, que le commandement,
Quand notre dictateur devant les rangs s'avance,
Demande à votre prince un moment de silence,
285 Et l'ayant obtenu : « Que faisons-nous, Romains,
Dit-il, et quel démon nous fait venir aux mains ?
Souffrons que la raison éclaire enfin nos âmes :
Nous sommes vos voisins, nos filles sont vos femmes,
Et l'hymen nous a joints par tant et tant de nœuds,
290 Qu'il est peu de nos fils qui ne soient vos neveux ;
Nous ne sommes qu'un sang et qu'un peuple en deux villes :
Pourquoi nous déchirer par des guerres civiles,
Où la mort des vaincus affaiblit les vainqueurs,
Et le plus beau triomphe est arrosé de pleurs ?
295 Nos ennemis communs attendent avec joie
Qu'un des partis défait leur donne l'autre en proie,
Lassé, demi-rompu, vainqueur, mais, pour tout fruit,
Dénué d'un secours par lui-même détruit.
Ils ont assez longtemps joui de nos divorces ;
300 Contre eux dorénavant joignons toutes nos forces,
Et noyons dans l'oubli ces petits différends
Qui de si bons guerriers font de mauvais parents.
Que si l'ambition de commander aux autres
Fait marcher aujourd'hui vos troupes et les nôtres,
305 Pourvu qu'à moins de sang nous voulions l'apaiser,
Elle nous unira, loin de nous diviser.
Nommons des combattants pour la cause commune ;
Que chaque peuple aux siens attache sa fortune ;
Et suivant ce que d'eux ordonnera le sort,
310 Que le faible parti prenne loi du plus fort ;
Mais, sans indignité pour des guerriers si braves,
Qu'ils deviennent sujets sans devenir esclaves,
Sans honte, sans tribut, et sans autre rigueur
Que de suivre en tous lieux les drapeaux du vainqueur.
315 Ainsi nos deux Etats ne feront qu'un empire. »
Il semble qu'à ces mots notre discorde expire :

Chacun, jetant les yeux dans un rang ennemi,
Reconnaît un beau-frère, un cousin, un ami;
Ils s'étonnent comment leurs mains, de sang avides,
320 Volaient, sans y penser, à tant de parricides,
Et font paraître un front couvert tout à la fois
D'horreur pour la bataille, et d'ardeur pour ce choix.
Enfin l'offre s'accepte, et la paix désirée
Sous ces conditions est aussitôt jurée :
325 Trois combattront pour tous; mais pour les mieux choisir
Nos chefs ont voulu prendre un peu plus de loisir :
Le vôtre est au sénat, le nôtre dans sa tente.

CAMILLE

O dieux, que ce discours rend mon âme contente!

CURIACE

Dans deux heures au plus, par un commun accord,
330 Le sort de nos guerriers réglera notre sort.
Cependant tout est libre, attendant qu'on les nomme.
Rome est dans notre camp, et notre camp dans Rome;
D'un et d'autre côté l'accès étant permis,
Chacun va renouer avec ses vieux amis.
335 Pour moi, ma passion m'a fait suivre vos frères;
Et mes désirs ont eu des succès si prospères,
Que l'auteur de vos jours m'a promis à demain
Le bonheur sans pareil de vous donner la main.
Vous ne deviendrez pas rebelle à sa puissance ?

CAMILLE

340 Le devoir d'une fille est en l'obéissance.

CURIACE

Venez donc recevoir ce doux commandement [13],
Qui doit mettre le comble à mon contentement.

CAMILLE

Je vais suivre vos pas, mais pour revoir mes frères,
Et savoir d'eux encor la fin de nos misères.

JULIE

345 Allez, et cependant au pied de nos autels
J'irai rendre pour vous grâces aux immortels.

ACTE II

SCÈNE PREMIÈRE

HORACE, CURIACE

CURIACE

Ainsi Rome n'a point séparé son estime;
Elle eût cru faire ailleurs un choix illégitime :
Cette superbe ville en vos frères et vous
350 Trouve les trois guerriers qu'elle préfère à tous,
Et son illustre ardeur d'oser plus que les autres
D'une seule maison brave toutes les nôtres;
Nous croirons, à la voir toute entière en vos mains,
Que hors les fils d'Horace il n'est point de Romains.
355 Ce choix pouvait combler trois familles de gloire,
Consacrer hautement leurs noms à la mémoire :
Oui, l'honneur que reçoit la vôtre par ce choix
En pouvait à bon titre immortaliser trois;
Et puisque c'est chez vous que mon heur et ma flamme
360 M'ont fait placer ma sœur, et choisir une femme,
Ce que je vais vous être et ce que je vous suis
Me font y prendre part autant que je le puis;
Mais un autre intérêt tient ma joie en contrainte,
Et parmi ses douceurs mêle beaucoup de crainte.
365 La guerre en tel éclat a mis votre valeur,
Que je tremble pour Albe et prévois son malheur :
Puisque vous combattez, sa perte est assurée;
En vous faisant nommer, le destin l'a jurée.
Je vois trop dans ce choix ses funestes projets,
370 Et me compte déjà pour un de vos sujets.

HORACE

Loin de trembler pour Albe, il vous faut plaindre Rome,
Voyant ceux qu'elle oublie, et les trois qu'elle nomme.
C'est un aveuglement pour elle bien fatal
D'avoir tant à choisir, et de choisir si mal.

375 Mille de ses enfants beaucoup plus dignes d'elle
Pouvaient bien mieux que nous soutenir sa querelle;
Mais quoique ce combat me promette un cercueil,
La gloire de ce choix m'enfle d'un juste orgueil;
Mon esprit en conçoit une mâle assurance;
380 J'ose espérer beaucoup de mon peu de vaillance;
Et du sort envieux quels que soient les projets,
Je ne me compte point pour un de vos sujets.
Rome a trop cru de moi; mais mon âme ravie
Remplira son attente ou quittera la vie.
385 Qui veut mourir, ou vaincre, est vaincu rarement;
Ce noble désespoir périt malaisément.
Rome, quoi qu'il en soit, ne sera point sujette
Que mes derniers soupirs n'assurent ma défaite.

CURIACE

Hélas! c'est bien ici que je dois être plaint.
390 Ce que veut mon pays, mon amitié le craint.
Dures extrémités, de voir Albe asservie,
Ou sa victoire au prix d'une si chère vie,
Et que l'unique bien où tendent ses désirs
S'achète seulement par vos derniers soupirs!
395 Quels vœux puis-je former, et quel bonheur attendre?
De tous les deux côtés, j'ai des pleurs à répandre;
De tous les deux côtés mes désirs sont trahis.

HORACE

Quoi! vous me pleureriez mourant pour mon pays!
Pour un cœur généreux ce trépas a des charmes;
400 La gloire qui le suit ne souffre point de larmes,
Et je le recevrais en bénissant mon sort,
Si Rome et tout l'Etat perdaient moins en ma mort.

CURIACE

A vos amis pourtant permettez de le craindre;
Dans un si beau trépas ils sont les seuls à plaindre:
405 La gloire en est pour vous, et la perte pour eux;
Il vous fait immortel, et les rend malheureux:
On perd tout quand on perd un ami si fidèle.
Mais Flavian m'apporte ici quelque nouvelle.

SCÈNE II

HORACE, CURIACE, FLAVIAN

CURIACE

Albe de trois guerriers a-t-elle fait le choix ?

FLAVIAN

410 Je viens pour vous l'apprendre.

CURIACE

Eh bien ! qui sont les trois !

FLAVIAN

Vos deux frères et vous.

CURIACE

Qui ?

FLAVIAN

Vous et vos deux frères.
Mais pourquoi ce front triste et ces regards sévères ?
Ce choix vous déplaît-il ?

CURIACE

Non, mais il me surprend :
Je m'estimais trop peu pour un honneur si grand.

FLAVIAN

415 Dirai-je au dictateur, dont l'ordre ici m'envoie,
Que vous le recevez avec si peu de joie ?
Ce morne et froid accueil me surprend à mon tour.

CURIACE

Dis-lui que l'amitié, l'alliance et l'amour
Ne pourront empêcher que les trois Curiaces
420 Ne servent leur pays contre les trois Horaces.

FLAVIAN

Contre eux ! Ah ! c'est beaucoup me dire en peu de mots.

CURIACE

Porte-lui ma réponse, et nous laisse en repos.

SCÈNE III

HORACE, CURIACE

CURIACE

Que désormais le ciel, les enfers et la terre
Unissent leurs fureurs à nous faire la guerre;
425 Que les hommes, les dieux, les démons et le sort
Préparent contre nous un général effort;
Je mets à faire pis, en l'état où nous sommes,
Le sort, et les démons, et les dieux, et les hommes.
Ce qu'ils ont de cruel, et d'horrible, et d'affreux,
430 L'est bien moins que l'honneur qu'on nous fait à tous deux.

HORACE

Le sort qui de l'honneur nous ouvre la barrière
Offre à notre constance une illustre matière;
Il épuise sa force à former un malheur
Pour mieux se mesurer avec notre valeur;
435 Et comme il voit en nous des âmes peu communes,
Hors de l'ordre commun il nous fait des fortunes.
   Combattre un ennemi pour le salut de tous,
Et contre un inconnu s'exposer seul aux coups,
D'une simple vertu c'est l'effet ordinaire,
440 Mille déjà l'ont fait, mille pourraient le faire;
Mourir pour le pays est un si digne sort,
Qu'on briguerait en foule une si belle mort.
Mais vouloir au public immoler ce qu'on aime,
S'attacher au combat contre un autre soi-même,
445 Attaquer un parti qui prend pour défenseur
Le frère d'une femme et l'amant d'une sœur,
Et rompant tous ces nœuds, s'armer pour la patrie
Contre un sang qu'on voudrait racheter de sa vie,
Une telle vertu n'appartenait qu'à nous.
450 L'éclat de son grand nom lui fait peu de jaloux,
Et peu d'hommes au cœur l'ont assez imprimée
Pour oser aspirer à tant de renommée.

CURIACE

Il est vrai que nos noms ne sauraient plus périr.
L'occasion est belle, il nous la faut chérir.

455 Nous serons les miroirs d'une vertu bien rare;
     Mais votre fermeté tient un peu du barbare :
     Peu, même des grands cœurs, tireraient vanité
     D'aller par ce chemin à l'immortalité;
     A quelque prix qu'on mette une telle fumée,
460 L'obscurité vaut mieux que tant de renommée.
          Pour moi, je l'ose dire, et vous l'avez pu voir,
     Je n'ai point consulté pour suivre mon devoir;
     Notre longue amitié, l'amour, ni l'alliance,
     N'ont pu mettre un moment mon esprit en balance;
465 Et puisque par ce choix Albe montre en effet [14]
     Qu'elle m'estime autant que Rome vous a fait,
     Je crois faire pour elle autant que vous pour Rome;
     J'ai le cœur aussi bon, mais enfin je suis homme :
     Je vois que votre honneur demande tout mon sang,
470 Que tout le mien consiste à vous percer le flanc,
     Près d'épouser la sœur, qu'il faut tuer le frère,
     Et que pour mon pays j'ai le sort si contraire.
     Encor qu'à mon devoir je coure sans terreur,
     Mon cœur s'en effarouche, et j'en frémis d'horreur;
475 J'ai pitié de moi-même, et jette un œil d'envie
     Sur ceux dont notre guerre a consumé la vie,
     Sans souhait toutefois de pouvoir reculer.
     Ce triste et fier honneur m'émeut sans m'ébranler :
     J'aime ce qu'il me donne, et je plains ce qu'il m'ôte;
480 Et si Rome demande une vertu plus haute,
     Je rends grâces aux dieux de n'être pas Romain,
     Pour conserver encor quelque chose d'humain.

HORACE

     Si vous n'êtes Romain, soyez digne de l'être;
     Et si vous m'égalez, faites-le mieux paraître.
485   La solide vertu dont je fais vanité
     N'admet point de faiblesse avec sa fermeté;
     Et c'est mal de l'honneur entrer dans la carrière
     Que dès le premier pas regarder en arrière.
     Notre malheur est grand, il est au plus haut point;
490 Je l'envisage entier, mais je n'en frémis point :
     Contre qui que ce soit que mon pays m'emploie,
     J'accepte aveuglément cette gloire avec joie;
     Celle de recevoir de tels commandements
     Doit étouffer en nous tous autres sentiments.
495 Qui, près de le servir, considère autre chose,
     A faire ce qu'il doit lâchement se dispose;

Ce droit saint et sacré rompt tout autre lien.
Rome a choisi mon bras, je n'examine rien.
Avec une allégresse aussi pleine et sincère
500 Que j'épousai la sœur, je combattrai le frère;
Et, pour trancher enfin ces discours superflus,
Albe vous a nommé, je ne vous connais plus [15].

CURIACE

Je vous connais encore, et c'est ce qui me tue;
Mais cette âpre vertu ne m'était pas connue;
505 Comme notre malheur elle est au plus haut point :
Souffrez que je l'admire et ne l'imite point.

HORACE

Non, non, n'embrassez pas de vertu par contrainte;
Et puisque vous trouvez plus de charme à la plainte,
En toute liberté goûtez un bien si doux.
510 Voici venir ma sœur pour se plaindre avec vous.
Je vais revoir la vôtre, et résoudre son âme
A se bien souvenir qu'elle est toujours ma femme,
A vous aimer encor, si je meurs par vos mains,
Et prendre en son malheur des sentiments romains.

SCÈNE IV

HORACE, CURIACE, CAMILLE

HORACE

515 Avez-vous su l'état qu'on fait de Curiace,
Ma sœur?

CAMILLE

Hélas! mon sort a bien changé de face.

HORACE

Armez-vous de constance, et montrez-vous ma sœur;
Et si par mon trépas il retourne vainqueur,
Ne le recevez point en meurtrier d'un frère,
520 Mais en homme d'honneur qui fait ce qu'il doit faire,
Qui sert bien son pays, et sait montrer à tous,
Par sa haute vertu, qu'il est digne de vous.
Comme si je vivais, achevez l'hyménée;
Mais si ce fer aussi tranche sa destinée,

525 Faites à ma victoire un pareil traitement,
Ne me reprochez point la mort de votre amant.
Vos larmes vont couler, et votre cœur se presse;
Consumez avec lui toute cette faiblesse.
Querellez ciel et terre, et maudissez le sort;
530 Mais après le combat ne pensez plus au mort [16].

A Curiace.

Je ne vous laisserai qu'un moment avec elle,
Puis nous irons ensemble où l'honneur nous appelle.

SCÈNE V

CURIACE, CAMILLE

CAMILLE

Iras-tu, Curiace ? et ce funeste honneur [17]
Te plaît-il aux dépens de tout notre bonheur ?

CURIACE

535 Hélas ! je vois trop bien qu'il faut, quoi que je fasse,
Mourir, ou de douleur, ou de la main d'Horace.
Je vais comme au supplice à cet illustre emploi;
Je maudis mille fois l'état qu'on fait de moi;
Je hais cette valeur qui fait qu'Albe m'estime;
540 Ma flamme au désespoir passe jusques au crime,
Elle se prend au ciel, et l'ose quereller.
Je vous plains, je me plains; mais il y faut aller.

CAMILLE

Non; je te connais mieux, tu veux que je te prie,
Et qu'ainsi mon pouvoir t'excuse à ta patrie.
545 Tu n'es que trop fameux par tes autres exploits :
Albe a reçu par eux tout ce que tu lui dois.
Autre n'a mieux que toi soutenu cette guerre;
Autre de plus de morts n'a couvert notre terre :
Ton nom ne peut plus croître, il ne lui manque rien;
550 Souffre qu'un autre ici puisse ennoblir le sien.

CURIACE

Que je souffre à mes yeux qu'on ceigne une autre tête
Des lauriers immortels que la gloire m'apprête,

Ou que tout mon pays reproche à ma vertu
Qu'il aurait triomphé si j'avais combattu,
555 Et que sous mon amour ma valeur endormie
Couronne tant d'exploits d'une telle infamie!
Non, Albe, après l'honneur que j'ai reçu de toi,
Tu ne succomberas ni vaincras que par moi;
Tu m'as commis ton sort, je t'en rendrai bon compte,
560 Et vivrai sans reproche, ou périrai sans honte [18].

CAMILLE

Quoi! tu ne veux pas voir qu'ainsi tu me trahis!

CURIACE

Avant que d'être à vous je suis à mon pays.

CAMILLE

Mais te priver pour lui toi-même d'un beau-frère,
Ta sœur de son mari!

CURIACE

               Telle est notre misère :
565 Le choix d'Albe et de Rome ôte toute douceur
Aux noms jadis si doux de beau-frère et de sœur.

CAMILLE

Tu pourras donc, cruel, me présenter sa tête,
Et demander ma main pour prix de ta conquête!

CURIACE

Il n'y faut plus penser; en l'état où je suis,
570 Vous aimer sans espoir, c'est tout ce que je puis.
Vous en pleurez, Camille ?

CAMILLE

               Il faut bien que je pleure :
Mon insensible amant ordonne que je meure;
Et quand l'hymen pour nous allume son flambeau,
Il l'éteint de sa main pour m'ouvrir le tombeau.
575 Ce cœur impitoyable à ma perte s'obstine,
Et dit qu'il m'aime encore alors qu'il m'assassine.

CURIACE

Que les pleurs d'une amante ont de puissants discours!
Et qu'un bel œil est fort avec un tel secours!

Que mon cœur s'attendrit à cette triste vue!
580 Ma constance contre elle à regret s'évertue.
    N'attaquez plus ma gloire avec tant de douleurs,
Et laissez-moi sauver ma vertu de vos pleurs;
Je sens qu'elle chancelle, et défend mal la place :
Plus je suis votre amant, moins je suis Curiace.
585 Faible d'avoir déjà combattu l'amitié,
Vaincrait-elle à la fois l'amour et la pitié ?
Allez, ne m'aimez plus, ne versez plus de larmes,
Ou j'oppose l'offense à de si fortes armes;
Je me défendrai mieux contre votre courroux,
590 Et, pour le mériter, je n'ai plus d'yeux pour vous :
Vengez-vous d'un ingrat, punissez un volage.
Vous ne vous montrez point sensible à cet outrage!
Je n'ai plus d'yeux pour vous, vous en avez pour moi!
En faut-il plus encor ? je renonce à ma foi.
595   Rigoureuse vertu dont je suis la victime,
Ne peux-tu résister sans le secours d'un crime [19] ?

CAMILLE

Ne fais point d'autre crime, et j'atteste les dieux
Qu'au lieu de t'en haïr, je t'en aimerai mieux;
Oui, je te chérirai, tout ingrat et perfide,
600 Et cesse d'aspirer au nom de fratricide.
Pourquoi suis-je Romaine, ou que n'es-tu Romain ?
Je te préparerais des lauriers de ma main;
Je t'encouragerais, au lieu de te distraire;
Et je te traiterais comme j'ai fait mon frère.
605 Hélas! j'étais aveugle en mes vœux aujourd'hui,
J'en ai fait contre toi quand j'en ai fait pour lui.
    Il revient; quel malheur, si l'amour de sa femme
Ne peut non plus sur lui que le mien sur ton âme!

SCÈNE VI

HORACE, CURIACE, SABINE, CAMILLE

CURIACE

Dieux, Sabine le suit! Pour ébranler mon cœur,
610 Est-ce peu de Camille ? y joignez-vous ma sœur ?
Et, laissant a ses pleurs vaincre ce grand courage,
L'amenez-vous ici chercher même avantage ?

SABINE

Non, non, mon frère, non, je ne viens en ce lieu
Que pour vous embrasser et pour vous dire adieu.
615 Votre sang est trop bon, n'en craignez rien de lâche,
Rien dont la fermeté de ces grands cœurs se fâche :
Si ce malheur illustre ébranlait l'un de vous,
Je le désavouerais pour frère ou pour époux.
Pourrai-je toutefois vous faire une prière
620 Digne d'un tel époux et digne d'un tel frère ?
Je veux d'un coup si noble ôter l'impiété,
A l'honneur qui l'attend rendre sa pureté,
La mettre en son éclat sans mélange de crimes ;
Enfin, je vous veux faire ennemis légitimes.
625   Du saint nœud qui vous joint je suis le seul lien :
Quand je ne serai plus, vous ne vous serez rien.
Brisez votre alliance, et rompez-en la chaîne ;
Et puisque votre honneur veut des effets de haine,
Achetez par ma mort le droit de vous haïr :
630 Albe le veut, et Rome : il faut leur obéir.
Qu'un de vous deux me tue, et que l'autre me venge :
Alors votre combat n'aura plus rien d'étrange,
Et du moins l'un des deux sera juste agresseur,
Ou pour venger sa femme, ou pour venger sa sœur.
635 Mais quoi ? vous souilleriez une gloire si belle,
Si vous vous animiez par quelque autre querelle :
Le zèle du pays vous défend de tels soins ;
Vous feriez peu pour lui si vous vous étiez moins ;
Il lui faut, et sans haine, immoler un beau-frère.
640 Ne différez donc plus ce que vous devez faire ;
Commencez par sa sœur à répandre son sang,
Commencez par sa femme à lui percer le flanc,
Commencez par Sabine à faire de vos vies
Un digne sacrifice à vos chères patries :
645 Vous êtes ennemis en ce combat fameux,
Vous d'Albe, vous de Rome, et moi de toutes deux.
Quoi ? me réservez-vous à voir une victoire [20]
Où, pour haut appareil d'une pompeuse gloire,
Je verrai les lauriers d'un frère ou d'un mari
650 Fumer encor d'un sang que j'aurai tant chéri ?
Pourrai-je entre vous deux régler alors mon âme,
Satisfaire aux devoirs et de sœur et de femme,
Embrasser le vainqueur en pleurant le vaincu ?
Non, non, avant ce coup Sabine aura vécu :

655 Ma mort le préviendra, de qui que je l'obtienne;
    Le refus de vos mains y condamne la mienne [21].
    Sus donc, qui vous retient? Allez, cœurs inhumains,
    J'aurai trop de moyens pour y forcer vos mains;
    Vous ne les aurez point au combat occupées,
660 Que ce corps au milieu n'arrête vos épées,
    Et, malgré vos refus, il faudra que leurs coups
    Se fassent jour ici pour aller jusqu'à vous.

HORACE

O ma femme!

CURIACE

O ma sœur!

CAMILLE

Courage! ils s'amollissent.

SABINE

Vous poussez des soupirs! vos visages pâlissent!
665 Quelle peur vous saisit? Sont-ce là ces grands cœurs,
    Ces héros qu'Albe et Rome ont pris pour défenseurs?

HORACE

Que t'ai-je fait, Sabine? et quelle est mon offense [22],
Qui t'oblige à chercher une telle vengeance?
Que t'a fait mon honneur? et par quel droit viens-tu
670 Avec toute ta force attaquer ma vertu?
    Du moins contente-toi de l'avoir étonnée,
    Et me laisse achever cette grande journée.
    Tu me viens de réduire en un étrange point;
    Aime assez ton mari pour n'en triompher point.
675 Va-t'en, et ne rends plus la victoire douteuse;
    La dispute déjà m'en est assez honteuse.
    Souffre qu'avec honneur je termine mes jours.

SABINE

Va, cesse de me craindre; on vient à ton secours.

SCÈNE VII

LE VIEIL HORACE, HORACE, CURIACE, SABINE, CAMILLE

LE VIEIL HORACE

Qu'est ceci, mes enfants ? écoutez-vous vos flammes ?
680 Et perdez-vous encor le temps avec des femmes ?
Prêts à verser du sang, regardez-vous des pleurs ?
Fuyez, et laissez-les déplorer leurs malheurs.
Leurs plaintes ont pour vous trop d'art et de tendresse ;
Elles vous feraient part enfin de leur faiblesse,
685 Et ce n'est qu'en fuyant qu'on pare de tels coups.

SABINE

N'appréhendez rien d'eux, ils sont dignes de vous.
Malgré tous nos efforts vous en devez attendre
Ce que vous souhaitez et d'un fils et d'un gendre ;
Et si notre faiblesse ébranlait leur honneur,
690 Nous vous laissons ici pour leur rendre du cœur.
      Allons, ma sœur, allons, ne perdons plus de larmes ;
Contre tant de vertus ce sont de faibles armes.
Ce n'est qu'au désespoir qu'il nous faut recourir :
Tigres, allez combattre, et nous, allons mourir.

SCÈNE VIII

LE VIEIL HORACE, HORACE, CURIACE

HORACE

695 Mon père, retenez des femmes qui s'emportent,
Et de grâce, empêchez surtout qu'elles ne sortent.
Leur amour importun viendrait avec éclat
Par des cris et des pleurs troubler notre combat ;
Et ce qu'elles nous sont ferait qu'avec justice
700 On nous imputerait ce mauvais artifice ;
L'honneur d'un si beau choix serait trop acheté,
Si l'on nous soupçonnait de quelque lâcheté.

LE VIEIL HORACE

J'en aurai soin. Allez, vos frères vous attendent;
Ne pensez qu'aux devoirs que vos pays demandent.

CURIACE

705 Quel adieu vous dirai-je ? et par quels compliments...

LE VIEIL HORACE

Ah! n'attendrissez point ici mes sentiments;
Pour vous encourager ma voix manque de termes;
Mon cœur ne forme point de pensers assez fermes;
Moi-même en cet adieu j'ai les larmes aux yeux.
710 Faites votre devoir, et laissez faire aux dieux.

ACTE III

SCÈNE PREMIÈRE

SABINE

Prenons parti, mon âme, en de telles disgrâces [23] :
Soyons femme d'Horace, ou sœur des Curiaces;
Cessons de partager nos inutiles soins;
Souhaitons quelque chose, et craignons un peu moins.
715 Mais, las! quel parti prendre en un sort si contraire ?
Quel ennemi choisir, d'un époux ou d'un frère ?
La nature ou l'amour parle pour chacun d'eux,
Et la loi du devoir m'attache à tous les deux.
Sur leurs hauts sentiments réglons plutôt les nôtres;
720 Soyons femme de l'un ensemble et sœur des autres :
Regardons leur honneur comme un souverain bien;
Imitons leur constance, et ne craignons plus rien.
La mort qui les menace est une mort si belle,
Qu'il en faut sans frayeur attendre la nouvelle.
725 N'appelons point alors les destins inhumains;
Songeons pour quelle cause, et non par quelles mains;
Revoyons les vainqueurs, sans penser qu'à la gloire
Que toute leur maison reçoit de leur victoire;

Et sans considérer aux dépens de quel sang
730 Leur vertu les élève en cet illustre rang,
Faisons nos intérêts de ceux de leur famille :
En l'une je suis femme, en l'autre je suis fille,
Et tiens à toutes deux par de si forts liens,
Qu'on ne peut triompher que par les bras des miens.
735 Fortune, quelques maux que ta rigueur m'envoie,
J'ai trouvé les moyens d'en tirer de la joie,
Et puis voir aujourd'hui le combat sans terreur,
Les morts sans désespoir, les vainqueurs sans horreur.
     Flatteuse illusion, erreur douce et grossière,
740 Vain effort de mon âme, impuissante lumière,
De qui le faux brillant prend droit de m'éblouir,
Que tu sais peu durer, et tôt t'évanouir !
Pareille à ces éclairs qui, dans le fort des ombres,
Poussent un jour qui fuit, et rend les nuits plus sombres,
745 Tu n'as frappé mes yeux d'un moment de clarté
Que pour les abîmer dans plus d'obscurité.
Tu charmais trop ma peine, et le ciel, qui s'en fâche,
Me vend déjà bien cher ce moment de relâche.
Je sens mon triste cœur percé de tous les coups
750 Qui m'ôtent maintenant un frère ou mon époux.
Quand je songe à leur mort, quoi que je me propose,
Je songe par quels bras, et non pour quelle cause,
Et ne vois les vainqueurs en leur illustre rang
Que pour considérer aux dépens de quel sang.
755 La maison des vaincus touche seule mon âme ;
En l'une je suis fille, en l'autre je suis femme,
Et tiens à toutes deux par de si forts liens,
Qu'on ne peut triompher que par la mort des miens.
C'est là donc cette paix que j'ai tant souhaitée !
760 Trop favorables dieux, vous m'avez écoutée !
Quels foudres lancez-vous quand vous vous irritez,
Si même vos faveurs ont tant de cruautés ?
Et de quelle façon punissez-vous l'offense,
Si vous traitez ainsi les vœux de l'innocence ?

SCÈNE II

SABINE, JULIE

SABINE

765 En est-ce fait, Julie ? et que m'apportez-vous ?
Est-ce la mort d'un frère, ou celle d'un époux ?

Le funeste succès de leurs armes impies
De tous les combattants a-t-il fait des hosties ?
Et m'enviant l'horreur que j'aurais des vainqueurs,
770 Pour tous tant qu'ils étaient demande-t-il mes pleurs ?

JULIE

Quoi ! ce qui s'est passé, vous l'ignorez encore ?

SABINE

Vous faut-il étonner de ce que je l'ignore ?
Et ne savez-vous point que de cette maison
Pour Camille et pour moi l'on fait une prison ?
775 Julie, on nous renferme, on a peur de nos larmes ;
Sans cela nous serions au milieu de leurs armes,
Et, par les désespoirs d'une chaste amitié,
Nous aurions des deux camps tiré quelque pitié.

JULIE

Il n'était pas besoin d'un si tendre spectacle ;
780 Leur vue à leur combat apporte assez d'obstacle.
Sitôt qu'ils ont paru prêts à se mesurer,
On a dans les deux camps entendu murmurer :
A voir de tels amis, des personnes si proches,
Venir pour leur patrie aux mortelles approches,
785 L'un s'émeut de pitié, l'autre est saisi d'horreur,
L'autre d'un si grand zèle admire la fureur ;
Tel porte jusqu'aux cieux leur vertu sans égale,
Et tel l'ose nommer sacrilège et brutale.
Ces divers sentiments n'ont pourtant qu'une voix ;
790 Tous accusent leurs chefs, tous détestent leur choix ;
Et ne pouvant souffrir un combat si barbare,
On s'écrie, on s'avance, enfin on les sépare.

SABINE

Que je vous dois d'encens, grands dieux, qui m'exaucez !

JULIE

Vous n'êtes pas, Sabine, encore où vous pensez :
795 Vous pouvez espérer, vous avez moins à craindre ;
Mais il vous reste encore assez de quoi vous plaindre.
En vain d'un sort si triste on les veut garantir ;
Ces cruels généreux n'y peuvent consentir :
La gloire de ce choix leur est si précieuse,
800 Et charme tellement leur âme ambitieuse,

Qu'alors qu'on les déplore ils s'estiment heureux,
Et prennent pour affront la pitié qu'on a d'eux.
Le trouble des deux camps souille leur renommée;
Ils combattront plutôt et l'une et l'autre armée,
805 Et mourront par les mains qui leur font d'autres lois.
Que pas un d'eux renonce aux honneurs d'un tel choix.

SABINE

Quoi! dans leur dureté ces cœurs d'acier s'obstinent!

JULIE

Oui; mais d'autre côté les deux camps se mutinent,
Et leurs cris des deux parts poussés en même temps
810 Demandent la bataille, ou d'autres combattants.
La présence des chefs à peine est respectée,
Leur pouvoir est douteux, leur voix mal écoutée,
Le roi même s'étonne; et pour dernier effort :
« Puisque chacun, dit-il, s'échauffe en ce discord,
815 Consultons des grands dieux la majesté sacrée,
Et voyons si ce change à leurs bontés agrée.
Quel impie osera se prendre à leur vouloir,
Lorsqu'en un sacrifice ils nous l'auront fait voir ? »
Il se tait, et ces mots semblent être des charmes;
820 Même aux six combattants ils arrachent les armes;
Et ce désir d'honneur qui leur ferme les yeux,
Tout aveugle qu'il est, respecte encor les dieux.
Leur plus bouillante ardeur cède à l'avis de Tulle,
Et soit par déférence, ou par un prompt scrupule,
825 Dans l'une et l'autre armée on s'en fait une loi,
Comme si toutes deux le connaissaient pour roi.
Le reste s'apprendra par la mort des victimes.

SABINE

Les dieux n'avoueront point un combat plein de crimes;
J'en espère beaucoup, puisqu'il est différé,
830 Et je commence à voir ce que j'ai désiré.

SCÈNE III

SABINE, CAMILLE, JULIE

SABINE

Ma sœur, que je vous die une bonne nouvelle.

CAMILLE

Je pense la savoir, s'il faut la nommer telle;
On l'a dite à mon père, et j'étais avec lui;
Mais je n'en conçois rien qui flatte mon ennui :
835 Ce délai de nos maux rendra leurs coups plus rudes;
Ce n'est qu'un plus long terme à nos inquiétudes;
Et tout l'allégement qu'il en faut espérer,
C'est de pleurer plus tard ceux qu'il faudra pleurer.

SABINE

Les dieux n'ont pas en vain inspiré ce tumulte.

CAMILLE

840 Disons plutôt, ma sœur, qu'en vain on les consulte.
Ces mêmes dieux à Tulle ont inspiré ce choix;
Et la voix du public n'est pas toujours leur voix;
Ils descendent bien moins dans de si bas étages,
Que dans l'âme des rois, leurs vivantes images
845 De qui l'indépendance et sainte autorité [24]
Est un rayon secret de leur divinité.

JULIE

C'est vouloir sans raison vous former des obstacles
Que de chercher leur voix ailleurs qu'en leurs oracles;
Et vous ne vous pouvez figurer tout perdu,
850 Sans démentir celui qui vous fut hier rendu.

CAMILLE

Un oracle jamais ne se laisse comprendre;
On l'entend d'autant moins que plus on croit l'entendre;
Et, loin de s'assurer sur un pareil arrêt,
Qui n'y voit rien d'obscur doit croire que tout l'est.

SABINE

855 Sur ce qui fait pour nous prenons plus d'assurance,
Et souffrons les douceurs d'une juste espérance.
Quand la faveur du ciel ouvre à demi ses bras,
Qui ne s'en promet rien ne la mérite pas;
Il empêche souvent qu'elle ne se déploie;
860 Et lorsqu'elle descend, son refus la renvoie [25].

CAMILLE

Le ciel agit sans nous en ces événements,
Et ne les règle point dessus nos sentiments.

JULIE

Il ne vous a fait peur que pour vous faire grâce.
Adieu : je vais savoir comme enfin tout se passe.
865 Modérez vos frayeurs; j'espère à mon retour
Ne vous entretenir que de propos d'amour,
Et que nous n'emploierons la fin de la journée
Qu'aux doux préparatifs d'un heureux hyménée.

SABINE

J'ose encor l'espérer.

CAMILLE

Moi, je n'espère rien.

JULIE

870 L'effet vous fera voir que nous en jugeons bien.

SCÈNE IV

SABINE, CAMILLE

SABINE

Parmi nos déplaisirs souffrez que je vous blâme :
Je ne puis approuver tant de trouble en votre âme.
Que feriez-vous, ma sœur, au point où je me vois,
Si vous aviez à craindre autant que je le dois,
875 Et si vous attendiez de leurs armes fatales
Des maux pareils aux miens, et des pertes égales ?

CAMILLE

Parlez plus sainement de vos maux et des miens :
Chacun voit ceux d'autrui d'un autre œil que les siens;
Mais, à bien regarder ceux où le ciel me plonge,
880 Les vôtres auprès d'eux vous sembleront un songe.
La seule mort d'Horace est à craindre pour vous.
Des frères ne sont rien à l'égal d'un époux;
L'hymen qui nous attache en une autre famille
Nous détache de celle où l'on a vécu fille;
885 On voit d'un œil divers des nœuds si différents,
Et pour suivre un mari l'on quitte ses parents;
Mais si près d'un hymen, l'amant que donne un père
Nous est moins qu'un époux, et non pas moins qu'un frère;

Nos sentiments entre eux demeurent suspendus,
890 Notre choix impossible, et nos vœux confondus.
Ainsi, ma sœur, du moins vous avez dans vos plaintes
Où porter vos souhaits et terminer vos craintes;
Mais si le ciel s'obstine à nous persécuter,
Pour moi, j'ai tout à craindre, et rien à souhaiter.

SABINE

895 Quand il faut que l'un meure et par les mains de l'autre,
C'est un raisonnement bien mauvais que le vôtre.
     Quoique ce soient, ma sœur, des nœuds bien différents,
C'est sans les oublier qu'on quitte ses parents :
L'hymen n'efface point ces profonds caractères;
900 Pour aimer un mari, l'on ne hait pas ses frères;
La nature en tout temps garde ses premiers droits;
Aux dépens de leur vie on ne fait point de choix :
Aussi bien qu'un époux ils sont d'autres nous-mêmes;
Et tous maux sont pareils alors qu'ils sont extrêmes;
905 Mais l'amant qui vous charme et pour qui vous brûlez
Ne vous est, après tout, que ce que vous voulez;
Une mauvaise humeur, un peu de jalousie,
En fait assez souvent passer la fantaisie.
Ce que peut le caprice, osez-le par raison,
910 Et laissez votre sang hors de comparaison :
C'est crime qu'opposer des liens volontaires
A ceux que la naissance a rendus nécessaires.
Si donc le ciel s'obstine à nous persécuter,
Seule j'ai tout à craindre, et rien à souhaiter;
915 Mais pour vous, le devoir vous donne, dans vos plaintes,
Où porter vos souhaits, et terminer vos craintes.

CAMILLE

Je le vois bien, ma sœur, vous n'aimâtes jamais :
Vous ne connaissez point ni l'amour ni ses traits :
On peut lui résister quand il commence à naître,
920 Mais non pas le bannir quand il s'est rendu maître,
Et que l'aveu d'un père, engageant notre foi,
A fait de ce tyran un légitime roi :
Il entre avec douceur, mais il règne par force;
Et quand l'âme une fois a goûté son amorce,
925 Vouloir ne plus aimer, c'est ce qu'elle ne peut,
Puisqu'elle ne peut plus vouloir que ce qu'il veut :
Ses chaînes sont pour nous aussi fortes que belles [26].

SCÈNE V

LE VIEIL HORACE, SABINE, CAMILLE

LE VIEIL HORACE

Je viens vous apporter de fâcheuses nouvelles,
Mes filles ; mais en vain je voudrais vous celer
930 Ce qu'on ne vous saurait longtemps dissimuler :
Vos frères sont aux mains, les dieux ainsi l'ordonnent.

SABINE

Je veux bien l'avouer, ces nouvelles m'étonnent :
Et je m'imaginais dans la divinité
Beaucoup moins d'injustice, et bien plus de bonté.
935 Ne nous consolez point : contre tant d'infortune
La pitié parle en vain, la raison importune.
Nous avons en nos mains la fin de nos douleurs,
Et qui veut bien mourir peut braver les malheurs.
Nous pourrions aisément faire en votre présence
940 De notre désespoir une fausse constance ;
Mais quand on peut sans honte être sans fermeté,
L'affecter au-dehors, c'est une lâcheté ;
L'usage d'un tel art, nous le laissons aux hommes,
Et ne voulons passer que pour ce que nous sommes.
945   Nous ne demandons point qu'un courage si fort
S'abaisse à notre exemple à se plaindre du sort.
Recevez sans frémir ces mortelles alarmes ;
Voyez couler nos pleurs sans y mêler vos larmes ;
Enfin, pour toute grâce, en de tels déplaisirs,
950 Gardez votre constance, et souffrez nos soupirs.

LE VIEIL HORACE

Loin de blâmer les pleurs que je vous vois répandre,
Je crois faire beaucoup de m'en pouvoir défendre,
Et céderais peut-être à de si rudes coups,
Si je prenais ici même intérêt que vous :
955 Non qu'Albe par son choix m'ait fait haïr vos frères,
Tous trois me sont encor des personnes bien chères ;
Mais enfin l'amitié n'est pas du même rang
Et n'a point les effets de l'amour ni du sang ;
Je ne sens point pour eux la douleur qui tourmente
960 Sabine comme sœur, Camille comme amante ;

Je puis les regarder comme nos ennemis,
Et donne sans regret mes souhaits à mes fils.
Ils sont, grâces aux dieux, dignes de leur patrie;
Aucun étonnement n'a leur gloire flétrie;
965 Et j'ai vu leur honneur croître de la moitié,
Quand ils ont des deux camps refusé la pitié.
Si par quelque faiblesse ils l'avaient mendiée,
Si leur haute vertu ne l'eût répudiée,
Ma main bientôt sur eux m'eût vengé hautement
970 De l'affront que m'eût fait ce mol consentement.
Mais, lorsqu'en dépit d'eux on en a voulu d'autres,
Je ne le cède point, j'ai joint mes vœux aux vôtres.
Si le ciel pitoyable eût écouté ma voix,
Albe serait réduite à faire un autre choix;
975 Nous pourrions voir tantôt triompher les Horaces
Sans voir leurs bras souillés du sang des Curiaces,
Et de l'événement d'un combat plus humain
Dépendrait maintenant l'honneur du nom romain.
La prudence des dieux autrement en dispose;
980 Sur leur ordre éternel mon esprit se repose :
Il s'arme en ce besoin de générosité,
Et du bonheur public fait sa félicité.
Tâchez d'en faire autant pour soulager vos peines,
Et songez toutes deux que vous êtes Romaines :
985 Vous l'êtes devenue, et vous l'êtes encor;
Un si glorieux titre est un digne trésor.
Un jour, un jour viendra que par toute la terre
Rome se fera craindre à l'égal du tonnerre,
Et que, tout l'univers tremblant dessous ses lois,
990 Ce grand nom deviendra l'ambition des rois :
Les dieux à notre Enée ont promis cette gloire [27].

SCÈNE VI

LE VIEIL HORACE, SABINE, CAMILLE, JULIE

LE VIEIL HORACE

Nous venez-vous, Julie, apprendre la victoire ?

JULIE

Mais plutôt du combat les funestes effets :
Rome est sujette d'Albe, et vos fils sont défaits;
995 Des trois les deux sont morts, son époux seul vous reste.

LE VIEIL HORACE

O d'un triste combat effet vraiment funeste !
Rome est sujette d'Albe, et pour l'en garantir
Il n'a pas employé jusqu'au dernier soupir !
Non, non, cela n'est point, on vous trompe, Julie ;
1000 Rome n'est point sujette, ou mon fils est sans vie :
Je connais mieux mon sang, il sait mieux son devoir.

JULIE

Mille, de nos remparts, comme moi l'ont pu voir.
Il s'est fait admirer tant qu'ont duré ses frères ;
Mais comme il s'est vu seul contre trois adversaires,
1005 Près d'être enfermé d'eux, sa fuite l'a sauvé.

LE VIEIL HORACE

Et nos soldats trahis ne l'ont point achevé !
Dans leurs rangs à ce lâche ils ont donné retraite !

JULIE

Je n'ai rien voulu voir après cette défaite.

CAMILLE

O mes frères !

LE VIEIL HORACE

                              Tout beau, ne les pleurez pas tous ;
1010 Deux jouissent d'un sort dont leur père est jaloux.
Que des plus nobles fleurs leur tombe soit couverte ;
La gloire de leur mort m'a payé de leur perte :
Ce bonheur a suivi leur courage invaincu,
Qu'ils ont vu Rome libre autant qu'ils ont vécu,
1015 Et ne l'auront point vue obéir qu'à son prince,
Ni d'un Etat voisin devenir la province.
Pleurez l'autre, pleurez l'irréparable affront
Que sa fuite honteuse imprime à notre front ;
Pleurez le déshonneur de toute notre race,
1020 Et l'opprobre éternel qu'il laisse au nom d'Horace.

JULIE

Que vouliez-vous qu'il fît contre trois ?

LE VIEIL HORACE

                                                    Qu'il mourût,
Ou qu'un beau désespoir alors le secourût.
N'eût-il que d'un moment reculé sa défaite,
Rome eût été du moins un peu plus tard sujette ;

1025 Il eût avec honneur laissé mes cheveux gris,
     Et c'était de sa vie un assez digne prix.
        Il est de tout son sang comptable à sa patrie,
     Chaque goutte épargnée a sa gloire flétrie;
     Chaque instant de sa vie, après ce lâche tour,
1030 Met d'autant plus ma honte avec la sienne au jour.
     J'en romprai bien le cours, et ma juste colère,
     Contre un indigne fils usant des droits d'un père,
     Saura bien faire voir, dans sa punition,
     L'éclatant désaveu d'une telle action.

SABINE

1035 Ecoutez un peu moins ces ardeurs généreuses,
     Et ne nous rendez point tout à fait malheureuses.

LE VIEIL HORACE

     Sabine, votre cœur se console aisément;
     Nos malheurs jusqu'ici vous touchent faiblement.
     Vous n'avez point encor de part à nos misères;
1040 Le ciel vous a sauvé votre époux et vos frères :
     Si nous sommes sujets, c'est de votre pays :
     Vos frères sont vainqueurs quand nous sommes trahis;
     Et voyant le haut point où leur gloire se monte,
     Vous regardez fort peu ce qui nous vient de honte.
1045 Mais votre trop d'amour pour cet infâme époux
     Vous donnera bientôt à plaindre comme à nous :
     Vos pleurs en sa faveur sont de faibles défenses;
     J'atteste des grands dieux les suprêmes puissances,
     Qu'avant ce jour fini, ces mains, ces propres mains
1050 Laveront dans son sang la honte des Romains.

SABINE

     Suivons-le promptement, la colère l'emporte.
     Dieux ! verrons-nous toujours des malheurs de la sorte ?
     Nous faudra-t-il toujours en craindre de plus grands,
     Et toujours redouter la main de nos parents [28] ?

ACTE IV

SCÈNE PREMIÈRE

LE VIEIL HORACE, CAMILLE

LE VIEIL HORACE

1055 Ne me parlez jamais en faveur d'un infâme;
Qu'il me fuie à l'égal des frères de sa femme :
Pour conserver un sang qu'il tient si précieux,
Il n'a rien fait encor s'il n'évite mes yeux.
Sabine y peut mettre ordre, ou derechef j'atteste
1060 Le souverain pouvoir de la troupe céleste...

CAMILLE

Ah! mon père, prenez un plus doux sentiment;
Vous verrez Rome même en user autrement;
Et de quelque malheur que le ciel l'ait comblée,
Excuser la vertu sous le nombre accablée.

LE VIEIL HORACE

1065 Le jugement de Rome est peu pour mon regard,
Camille, je suis père, et j'ai mes droits à part.
Je sais trop comme agit la vertu véritable :
C'est sans en triompher que le nombre l'accable;
Et sa mâle vigueur, toujours en même point,
1070 Succombe sous la force, et ne lui cède point.
Taisez-vous, et sachons ce que nous veut Valère.

SCÈNE II

LE VIEIL HORACE, VALÈRE, CAMILLE

VALÈRE

Envoyé par le roi pour consoler un père,
Et pour lui témoigner...

LE VIEIL HORACE

N'en prenez aucun soin :
C'est un soulagement dont je n'ai pas besoin ;
1075 Et j'aime mieux voir morts que couverts d'infamie
Ceux que vient de m'ôter une main ennemie.
Tous deux pour leur pays sont morts en gens d'honneur ;
Il me suffit.

VALÈRE

Mais l'autre est un rare bonheur ;
De tous les trois chez vous il doit tenir la place.

LE VIEIL HORACE

1080 Que n'a-t-on vu périr en lui le nom d'Horace !

VALÈRE

Seul vous le maltraitez après ce qu'il a fait.

LE VIEIL HORACE

C'est à moi seul aussi de punir son forfait.

VALÈRE

Quel forfait trouvez-vous en sa bonne conduite ?

LE VIEIL HORACE

Quel éclat de vertu trouvez-vous en sa fuite ?

VALÈRE

1085 La fuite est glorieuse en cette occasion.

LE VIEIL HORACE

Vous redoublez ma honte et ma confusion.
Certes, l'exemple est rare et digne de mémoire
De trouver dans la fuite un chemin à la gloire.

VALÈRE

Quelle confusion, et quelle honte à vous
1090 D'avoir produit un fils qui nous conserve tous,
Qui fait triompher Rome, et lui gagne un empire ?
A quels plus grands honneurs faut-il qu'un père aspire ?

LE VIEIL HORACE

Quels honneurs, quel triomphe, et quel empire enfin,
Lorsqu'Albe sous ses lois range notre destin ?

VALÈRE

1095 Que parlez-vous ici d'Albe et de sa victoire ?
Ignorez-vous encor la moitié de l'histoire ?

LE VIEIL HORACE

Je sais que par sa fuite il a trahi l'Etat.

VALÈRE

Oui, s'il eût en fuyant terminé le combat ;
Mais on a bientôt vu qu'il ne fuyait qu'en homme
1100 Qui savait ménager l'avantage de Rome.

LE VIEIL HORACE

Quoi, Rome donc triomphe !

VALÈRE

Apprenez, apprenez
La valeur de ce fils qu'à tort vous condamnez.
Resté seul contre trois, mais en cette aventure
Tous trois étant blessés, et lui seul sans blessure,
1105 Trop faible pour eux tous, trop fort pour chacun d'eux,
Il sait bien se tirer d'un pas si dangereux ;
Il fuit pour mieux combattre, et cette prompte ruse
Divise adroitement trois frères qu'elle abuse.
Chacun le suit d'un pas ou plus ou moins pressé,
1110 Selon qu'il se rencontre ou plus ou moins blessé ;
Leur ardeur est égale à poursuivre sa fuite ;
Mais leurs coups inégaux séparent leur poursuite.
Horace, les voyant l'un de l'autre écartés,
Se retourne, et déjà les croit demi-domptés :
1115 Il attend le premier, et c'était votre gendre.
L'autre, tout indigné qu'il ait osé l'attendre,
En vain en l'attaquant fait paraître un grand cœur,
Le sang qu'il a perdu ralentit sa vigueur.
Albe à son tour commence à craindre un sort contraire ;
1120 Elle crie au second qu'il secoure son frère ;
Il se hâte et s'épuise en efforts superflus ;
Il trouve en les joignant que son frère n'est plus.

CAMILLE

Hélas !

VALÈRE

Tout hors d'haleine il prend pourtant sa place,
Et redouble bientôt la victoire d'Horace :

1125 Son courage sans force est un débile appui ;
Voulant venger son frère, il tombe auprès de lui.
L'air résonne des cris qu'au ciel chacun envoie ;
Albe en jette d'angoisse, et les Romains de joie.
    Comme notre héros se voit près d'achever,
1130 C'est peu pour lui de vaincre, il veut encor braver :
« J'en viens d'immoler deux aux mânes de mes frères ;
Rome aura le dernier de mes trois adversaires ;
C'est à ses intérêts que je vais l'immoler »,
Dit-il ; et tout d'un temps on le voit y voler.
1135 La victoire entre eux deux n'était pas incertaine ;
L'Albain percé de coups ne se traînait qu'à peine,
Et comme une victime aux marches de l'autel,
Il semblait présenter sa gorge au coup mortel :
Aussi le reçoit-il, peu s'en faut, sans défense,
1140 Et son trépas de Rome établit la puissance.

LE VIEIL HORACE

O mon fils ! ô ma joie ! ô l'honneur de nos jours !
O d'un Etat penchant l'inespéré secours !
Vertu digne de Rome, et sang digne d'Horace !
Appui de ton pays, et gloire de ta race !
1145 Quand pourrai-je étouffer dans tes embrassements
L'erreur dont j'ai formé de si faux sentiments ?
Quand pourra mon amour baigner avec tendresse
Ton front victorieux de larmes d'allégresse ?

VALÈRE

Vos caresses bientôt pourront se déployer :
1150 Le roi dans un moment vous le va renvoyer,
Et remet à demain la pompe qu'il prépare
D'un sacrifice aux dieux pour un bonheur si rare ;
Aujourd'hui seulement on s'acquitte vers eux
Par des chants de victoire et par de simples vœux.
1155 C'est où le roi le mène, et tandis il m'envoie
Faire office vers vous de douleur et de joie ;
Mais cet office encor n'est pas assez pour lui ;
Il y viendra lui-même, et peut-être aujourd'hui :
Il croit mal reconnaître une vertu si pure [29]
1160 Si de sa propre bouche il ne vous en assure,
S'il ne vous dit chez vous combien vous doit l'Etat.

LE VIEIL HORACE

De tels remerciements ont pour moi trop d'éclat.
Et je me tiens déjà trop payé par les vôtres
Du service d'un fils et du sang des deux autres.

VALÈRE

1165 Il ne sait ce que c'est d'honorer à demi ;
Et son sceptre arraché des mains de l'ennemi
Fait qu'il tient cet honneur qu'il lui plaît de vous faire
Au-dessous du mérite et du fils et du père.
Je vais lui témoigner quels nobles sentiments
1170 La vertu vous inspire en tous vos mouvements,
Et combien vous montrez d'ardeur pour son service.

LE VIEIL HORACE

Je vous devrai beaucoup pour un si bon office.

SCÈNE III

LE VIEIL HORACE, CAMILLE

LE VIEIL HORACE

Ma fille, il n'est plus temps de répandre des pleurs,
Il sied mal d'en verser où l'on voit tant d'honneurs :
1175 On pleure injustement des pertes domestiques,
Quand on en voit sortir des victoires publiques.
Rome triomphe d'Albe, et c'est assez pour nous :
Tous nos maux à ce prix doivent nous être doux.
En la mort d'un amant vous ne perdez qu'un homme
1180 Dont la perte est aisée à réparer dans Rome ;
Après cette victoire, il n'est point de Romain
Qui ne soit glorieux de vous donner la main.
Il me faut à Sabine en porter la nouvelle ;
Ce coup sera sans doute assez rude pour elle,
1185 Et ses trois frères morts par la main d'un époux
Lui donneront des pleurs bien plus justes qu'à vous ;
Mais j'espère aisément en dissiper l'orage,
Et qu'un peu de prudence aidant son grand courage
Fera bientôt régner sur un si noble cœur
1190 Le généreux amour qu'elle doit au vainqueur.
Cependant étouffez cette lâche tristesse ;
Recevez-le, s'il vient, avec moins de faiblesse ;
Faites-vous voir sa sœur, et qu'en un même flanc
Le ciel vous a tous deux formés d'un même sang.

SCÈNE IV

CAMILLE

1195 Oui, je lui ferai voir, par d'infaillibles marques,
     Qu'un véritable amour brave la main des Parques,
     Et ne prend point de lois de ces cruels tyrans
     Qu'un astre injurieux nous donne pour parents.
     Tu blâmes ma douleur, tu l'oses nommer lâche;
1200 Je l'aime d'autant plus que plus elle te fâche,
     Impitoyable père, et par un juste effort
     Je la veux rendre égale aux rigueurs de mon sort.
        En vit-on jamais un dont les rudes traverses
     Prissent en moins de rien tant de faces diverses?
1205 Qui fût doux tant de fois, et tant de fois cruel,
     Et portât tant de coups avant le coup mortel?
     Vit-on jamais une âme en un jour plus atteinte
     De joie et de douleur, d'espérance et de crainte,
     Asservie en esclave à plus d'événements,
1210 Et le piteux jouet de plus de changements?
     Un oracle m'assure, un songe me travaille;
     La paix calme l'effroi que me fait la bataille;
     Mon hymen se prépare, et presque en un moment
     Pour combattre mon frère on choisit mon amant;
1215 Ce choix me désespère, et tous le désavouent;
     La partie est rompue, et les dieux la renouent;
     Rome semble vaincue, et seul des trois Albains,
     Curiace en mon sang n'a point trempé ses mains.
     O dieux! sentais-je alors des douleurs trop légères
1220 Pour le malheur de Rome et la mort de deux frères?
     Et me flattais-je trop quand je croyais pouvoir
     L'aimer encor sans crime et nourrir quelque espoir?
     Sa mort m'en punit bien, et la façon cruelle
     Dont mon âme éperdue en reçoit la nouvelle :
1225 Son rival me l'apprend, et, faisant à mes yeux
     D'un si triste succès le récit odieux,
     Il porte sur le front une allégresse ouverte,
     Que le bonheur public fait bien moins que ma perte,
     Et bâtissant en l'air sur le malheur d'autrui,
1230 Aussi bien que mon frère il triomphe de lui.
     Mais ce n'est rien encore au prix de ce qui reste :
     On demande ma joie en un jour si funeste.

Il me faut applaudir aux exploits du vainqueur,
Et baiser une main qui me perce le cœur.
1235 En un sujet de pleurs si grand, si légitime,
Se plaindre est une honte, et soupirer un crime;
Leur brutale vertu veut qu'on s'estime heureux,
Et si l'on n'est barbare on n'est point généreux.
      Dégénérons, mon cœur, d'un si vertueux père;
1240 Soyons indigne sœur d'un si généreux frère :
C'est gloire de passer pour un cœur abattu,
Quand la brutalité fait la haute vertu.
Eclatez, mes douleurs; à quoi bon vous contraindre ?
Quand on a tout perdu, que saurait-on plus craindre ?
1245 Pour ce cruel vainqueur n'ayez point de respect;
Loin d'éviter ses yeux, croissez à son aspect;
Offensez sa victoire, irritez sa colère,
Et prenez, s'il se peut, plaisir à lui déplaire.
Il vient; préparons-nous à montrer constamment
1250 Ce que doit une amante à la mort d'un amant.

SCÈNE V

HORACE, CAMILLE, PROCULE

*Procule porte en sa main les trois épées des
Curiaces.*

HORACE

Ma sœur, voici le bras qui venge nos deux frères,
Le bras qui rompt le cours de nos destins contraires,
Qui nous rend maîtres d'Albe; enfin voici le bras
Qui seul fait aujourd'hui le sort de deux Etats;
1255 Vois ces marques d'honneur, ces témoins de ma gloire,
Et rends ce que tu dois à l'heur de ma victoire [30].

CAMILLE

Recevez donc mes pleurs, c'est ce que je lui dois.

HORACE

Rome n'en veut point voir après de tels exploits,
Et nos deux frères morts dans le malheur des armes
1260 Sont trop payés de sang pour exiger des larmes :
Quand la perte est vengée, on n'a plus rien perdu.

CAMILLE

Puisqu'ils sont satisfaits par le sang épandu,
Je cesserai pour eux de paraître affligée,
Et j'oublierai leur mort que vous avez vengée ;
1265 Mais qui me vengera de celle d'un amant
Pour me faire oublier sa perte en un moment ?

HORACE

Que dis-tu, malheureuse ?

CAMILLE

O mon cher Curiace !

HORACE

O d'une indigne sœur insupportable audace !
D'un ennemi public dont je reviens vainqueur
1270 Le nom est dans ta bouche et l'amour dans ton cœur !
Ton ardeur criminelle à la vengeance aspire !
Ta bouche la demande, et ton cœur la respire !
Suis moins ta passion, règle mieux tes désirs,
Ne me fais plus rougir d'entendre tes soupirs :
1275 Tes flammes désormais doivent être étouffées ;
Bannis-les de ton âme, et songe à mes trophées ;
Qu'ils soient dorénavant ton unique entretien.

CAMILLE

Donne-moi donc, barbare, un cœur comme le tien ;
Et si tu veux enfin que je t'ouvre mon âme,
1280 Rends-moi mon Curiace, ou laisse agir ma flamme ;
Ma joie et mes douleurs dépendaient de son sort ;
Je l'adorais vivant, et je le pleure mort.
Ne cherche plus ta sœur où tu l'avais laissée ;
Tu ne revois en moi qu'une amante offensée,
1285 Qui, comme une furie attachée à tes pas,
Te veut incessamment reprocher son trépas.
Tigre altéré de sang, qui me défends les larmes,
Qui veux que dans sa mort je trouve encor des charmes,
Et que jusques au ciel élevant tes exploits,
1290 Moi-même je le tue une seconde fois !
Puissent tant de malheurs accompagner ta vie,
Que tu tombes au point de me porter envie !
Et toi bientôt souiller par quelque lâcheté
Cette gloire si chère à ta brutalité !

HORACE

1295 O ciel! qui vit jamais une pareille rage!
Crois-tu donc que je sois insensible à l'outrage,
Que je souffre en mon sang ce mortel déshonneur?
Aime, aime cette mort qui fait notre bonheur,
Et préfère du moins au souvenir d'un homme
1300 Ce que doit ta naissance aux intérêts de Rome.

CAMILLE

Rome, l'unique objet de mon ressentiment!
Rome, à qui vient ton bras d'immoler mon amant!
Rome, qui t'a vu naître, et que ton cœur adore!
Rome enfin que je hais parce qu'elle t'honore!
1305 Puissent tous ses voisins ensemble conjurés
Saper ses fondements encor mal assurés!
Et si ce n'est assez de toute l'Italie,
Que l'Orient contre elle à l'Occident s'allie;
Que cent peuples unis des bouts de l'univers
1310 Passent pour la détruire et les monts et les mers!
Qu'elle-même sur soi renverse ses murailles,
Et de ses propres mains déchire ses entrailles;
Que le courroux du ciel allumé par mes vœux
Fasse pleuvoir sur elle un déluge de feux!
1315 Puissé-je de mes yeux y voir tomber ce foudre,
Voir ses maisons en cendre, et tes lauriers en poudre,
Voir le dernier Romain à son dernier soupir,
Moi seule en être cause, et mourir de plaisir!

HORACE, *mettant la main à l'épée, et poursuivant
sa sœur qui s'enfuit.*

C'est trop, ma patience à la raison fait place [31];
1320 Va dedans les enfers plaindre ton Curiace!

CAMILLE, *blessée derrière le théâtre.*

Ah! traître!

HORACE, *revenant sur le théâtre.*

Ainsi reçoive un châtiment soudain
Quiconque ose pleurer un ennemi romain!

SCÈNE VI

HORACE, PROCULE

PROCULE

Que venez-vous de faire ?

HORACE

Un acte de justice ;
Un semblable forfait veut un pareil supplice.

PROCULE

1325 Vous deviez la traiter avec moins de rigueur.

HORACE

Ne me dis point qu'elle est et mon sang et ma sœur.
Mon père ne peut plus l'avouer pour sa fille :
Qui maudit son pays renonce à sa famille ;
Des noms si pleins d'amour ne lui sont plus permis ;
1330 De ses plus chers parents il fait ses ennemis ;
Le sang même les arme en haine de son crime.
La plus prompte vengeance en est plus légitime ;
Et ce souhait impie, encore qu'impuissant,
Est un monstre qu'il faut étouffer en naissant.

SCÈNE VII

HORACE, SABINE, PROCULE

SABINE

1335 A quoi s'arrête ici ton illustre colère ?
Viens voir mourir ta sœur dans les bras de ton père,
Viens repaître tes yeux d'un spectacle si doux ;
Ou, si tu n'es point las de ces généreux coups,
Immole au cher pays des vertueux Horaces
1340 Ce reste malheureux du sang des Curiaces.
Si prodigue du tien, n'épargne pas le leur ;
Joins Sabine à Camille, et ta femme à ta sœur ;

Nos crimes sont pareils, ainsi que nos misères;
Je soupire comme elle, et déplore mes frères :
1345 Plus coupable en ce point contre tes dures lois,
Qu'elle n'en pleurait qu'un, et que j'en pleure trois,
Qu'après son châtiment ma faute continue.

HORACE

Sèche tes pleurs, Sabine, ou les cache à ma vue.
Rends-toi digne du nom de ma chaste moitié,
1350 Et ne m'accable point d'une indigne pitié.
Si l'absolu pouvoir d'une pudique flamme
Ne nous laisse à tous deux qu'un penser et qu'une âme,
C'est à toi d'élever tes sentiments aux miens,
Non à moi de descendre à la honte des tiens.
1355 Je t'aime, et je connais la douleur qui te presse;
Embrasse ma vertu pour vaincre ta faiblesse,
Participe à ma gloire au lieu de la souiller,
Tâche à t'en revêtir, non à m'en dépouiller.
Es-tu de mon honneur si mortelle ennemie,
1360 Que je te plaise mieux couvert d'une infamie ?
Sois plus femme que sœur, et te réglant sur moi
Fais-toi de mon exemple une immuable loi.

SABINE

Cherche pour t'imiter des âmes plus parfaites.
Je ne t'impute point les pertes que j'ai faites,
1365 J'en ai les sentiments que je dois en avoir,
Et je m'en prends au sort plutôt qu'à ton devoir;
Mais enfin, je renonce à la vertu romaine,
Si pour la posséder je dois être inhumaine,
Et ne puis voir en moi la femme du vainqueur,
1370 Sans y voir des vaincus la déplorable sœur.
    Prenons part en public aux victoires publiques,
Pleurons dans la maison nos malheurs domestiques,
Et ne regardons point des biens communs à tous,
Quand nous voyons des maux qui ne sont que pour nous.
1375 Pourquoi veux-tu, cruel, agir d'une autre sorte ?
Laisse en entrant ici tes lauriers à la porte,
Mêle tes pleurs aux miens. Quoi ? ces lâches discours
N'arment point ta vertu contre mes tristes jours ?
Mon crime redoublé n'émeut point ta colère ?
1380 Que Camille est heureuse! elle a pu te déplaire;
Elle a reçu de toi ce qu'elle a prétendu,
Et recouvre là-bas tout ce qu'elle a perdu.

Cher époux, cher auteur du tourment qui me presse,
Ecoute la pitié, si ta colère cesse;
1385 Exerce l'une ou l'autre, après de tels malheurs,
A punir ma faiblesse, ou finir mes douleurs :
Je demande la mort pour grâce, ou pour supplice;
Qu'elle soit un effet d'amour ou de justice,
N'importe : tous ses traits n'auront rien que de doux,
1390 Si je les vois partir de la main d'un époux.

HORACE

Quelle injustice aux dieux d'abandonner aux femmes
Un empire si grand sur les plus belles âmes,
Et de se plaire à voir de si faibles vainqueurs
Régner si puissamment sur les plus nobles cœurs!
1395 A quel point ma vertu devient-elle réduite!
Rien ne la saurait plus garantir que la fuite.
Adieu. Ne me suis point, ou retiens tes soupirs.

SABINE, *seule*.

O colère, ô pitié, sourdes à mes désirs,
Vous négligez mon crime, et ma douleur vous lasse,
1400 Et je n'obtiens de vous ni supplice, ni grâce!
Allons-y par nos pleurs faire encore un effort,
Et n'employons après que nous à notre mort.

ACTE V

SCÈNE PREMIÈRE

LE VIEIL HORACE, HORACE

LE VIEIL HORACE

Retirons nos regards de cet objet funeste,
Pour admirer ici le jugement céleste :
1405 Quand la gloire nous enfle, il sait bien comme il faut
Confondre notre orgueil qui s'élève trop haut [32].
Nos plaisirs les plus doux ne vont point sans tristesse;
Il mêle à nos vertus des marques de faiblesse,
Et rarement accorde à notre ambition
1410 L'entier et pur honneur d'une bonne action.

Je ne plains point Camille; elle était criminelle;
Je me tiens plus à plaindre, et je te plains plus qu'elle :
Moi, d'avoir mis au jour un cœur si peu romain;
Toi, d'avoir par sa mort déshonoré ta main.
1415 Je ne la trouve point injuste ni trop prompte;
Mais tu pouvais, mon fils, t'en épargner la honte;
Son crime, quoique énorme et digne du trépas,
Etait mieux impuni que puni par ton bras.

HORACE

Disposez de mon sang, les lois vous en font maître;
1420 J'ai cru devoir le sien aux lieux qui m'ont vu naître.
Si dans vos sentiments mon zèle est criminel,
S'il m'en faut recevoir un reproche éternel,
Si ma main en devient honteuse et profanée,
Vous pouvez d'un seul mot trancher ma destinée :
1425 Reprenez tout ce sang de qui ma lâcheté
A si brutalement souillé la pureté.
Ma main n'a pu souffrir de crime en votre race;
Ne souffrez point de tache en la maison d'Horace.
C'est en ces actions dont l'honneur est blessé
1430 Qu'un père tel que vous se montre intéressé;
Son amour doit se taire où toute excuse est nulle;
Lui-même il y prend part lorsqu'il les dissimule;
Et de sa propre gloire il fait trop peu de cas
Quand il ne punit point ce qu'il n'approuve pas.

LE VIEIL HORACE

1435 Il n'use pas toujours d'une rigueur extrême;
Il épargne ses fils bien souvent pour soi-même;
Sa vieillesse sur eux aime à se soutenir,
Et ne les punit point de peur de se punir.
Je te vois d'un autre œil que tu ne te regardes;
1440 Je sais... Mais le roi vient, je vois entrer ses gardes.

SCÈNE II

TULLE, VALÈRE, LE VIEIL HORACE, HORACE, TROUPE DE GARDES

LE VIEIL HORACE

Ah! sire! un tel honneur a trop d'excès pour moi;
Ce n'est point en ce lieu que je dois voir mon roi :
Permettez qu'à genoux...

TULLE

Non, levez-vous, mon père.
Je fais ce qu'en ma place un bon prince doit faire.
1445 Un si rare service et si fort important
Veut l'honneur le plus rare et le plus éclatant.
Vous en aviez déjà sa parole [33] pour gage;
Je ne l'ai pas voulu différer davantage.
    J'ai su par son rapport, et je n'en doutais pas,
1450 Comme de vos deux fils vous portez le trépas,
Et que, déjà votre âme étant trop résolue,
Ma consolation vous serait superflue;
Mais je viens de savoir quel étrange malheur
D'un fils victorieux a suivi la valeur,
1455 Et que son trop d'amour pour la cause publique,
Par ses mains, à son père ôte une fille unique.
Ce coup est un peu rude à l'esprit le plus fort;
Et je doute comment vous portez cette mort.

LE VIEIL HORACE

Sire, avec déplaisir, mais avec patience.

TULLE

1460 C'est l'effet vertueux de votre expérience.
Beaucoup par un long âge ont appris comme vous
Que le malheur succède au bonheur le plus doux;
Peu savent comme vous s'appliquer ce remède,
Et dans leur intérêt toute leur vertu cède.
1465 Si vous pouvez trouver dans ma compassion
Quelque soulagement pour votre affliction,
Ainsi que votre mal sachez qu'elle est extrême,
Et que je vous en plains autant que je vous aime.

VALÈRE

Sire, puisque le ciel entre les mains des rois
1470 Dépose sa justice et la force des lois,
Et que l'Etat demande aux princes légitimes
Des prix pour les vertus, des peines pour les crimes,
Souffrez qu'un bon sujet vous fasse souvenir
Que vous plaignez beaucoup ce qu'il vous faut punir.
1475 Souffrez...

LE VIEIL HORACE

Quoi ? qu'on envoie un vainqueur au supplice ?

TULLE

Permettez qu'il achève, et je ferai justice :
J'aime à la rendre à tous, à toute heure, en tout lieu;
C'est par elle qu'un roi se fait un demi-dieu;
Et c'est dont je vous plains qu'après un tel service
1480 On puisse contre lui me demander justice.

VALÈRE

Souffrez donc, ô grand roi, le plus juste des rois,
Que tous les gens de bien vous parlent par ma voix.
Non que nos cœurs jaloux de ses honneurs s'irritent;
S'il en reçoit beaucoup, ses hauts faits le méritent;
1485 Ajoutez-y plutôt que d'en diminuer;
Nous sommes tous encor prêts d'y contribuer.
Mais, puisque d'un tel crime il s'est montré capable,
Qu'il triomphe en vainqueur, et périsse en coupable.
Arrêtez sa fureur, et sauvez de ses mains,
1490 Si vous voulez régner, le reste des Romains :
Il n'y va de la perte ou du salut du reste.
    La guerre avait un cours si sanglant, si funeste,
Et les nœuds de l'hymen, durant nos bons destins,
Ont tant de fois uni des peuples si voisins,
1495 Qu'il est peu de Romains que le parti contraire
N'intéresse en la mort d'un gendre ou d'un beau-frère,
Et qui ne soient forcés de donner quelques pleurs,
Dans le bonheur public, à leurs propres malheurs.
Si c'est offenser Rome, et que l'heur de ses armes
1500 L'autorise à punir ce crime de nos larmes,
Quel sang épargnera ce barbare vainqueur,
Qui ne pardonne pas à celui de sa sœur,
Et ne peut excuser cette douleur pressante
Que la mort d'un amant jette au cœur d'une amante,
1505 Quand, près d'être éclairés du nuptial flambeau,
Elle voit avec lui son espoir au tombeau ?
Faisant triompher Rome, il se l'est asservie;
Il a sur nous un droit et de mort et de vie;
Et nos jours criminels ne pourront plus durer
1510 Qu'autant qu'à sa clémence il plaira l'endurer.
    Je pourrais ajouter aux intérêts de Rome,
Combien un pareil coup est indigne d'un homme;
Je pourrais demander qu'on mît devant vos yeux
Ce grand et rare exploit d'un bras victorieux :
1515 Vous verriez un beau sang, pour accuser sa rage [34],
D'un frère si cruel rejaillir au visage;

Vous verriez des horreurs qu'on ne peut concevoir ;
Son âge et sa beauté vous pourraient émouvoir ;
Mais je hais ces moyens qui sentent l'artifice.
1520 Vous avez à demain remis le sacrifice ;
Pensez-vous que les dieux, vengeurs des innocents,
D'une main parricide acceptent de l'encens ?
Sur vous ce sacrilège attirerait sa peine ;
Ne le considérez qu'en objet de leur haine
1525 Et croyez avec nous qu'en tous ses trois combats
Le bon destin de Rome a plus fait que son bras,
Puisque ces mêmes dieux, auteurs de sa victoire,
Ont permis qu'aussitôt il en souillât la gloire,
Et qu'un si grand courage, après ce noble effort,
1530 Fût digne en même jour de triomphe et de mort.
Sire, c'est ce qu'il faut que votre arrêt décide.
En ce lieu Rome a vu le premier parricide ;
La suite en est à craindre, et la haine des cieux.
Sauvez-nous de sa main, et redoutez les dieux.

TULLE

1535 Défendez-vous, Horace.

HORACE

                          A quoi bon me défendre ?
Vous savez l'action, vous la venez d'entendre ;
Ce que vous en croyez me doit être une loi.
   Sire, on se défend mal contre l'avis d'un roi ;
Et le plus innocent devient soudain coupable,
1540 Quand aux yeux de son prince il paraît condamnable [35].
C'est crime qu'envers lui se vouloir excuser.
Notre sang est son bien, il en peut disposer ;
Et c'est à nous de croire, alors qu'il en dispose,
Qu'il ne s'en prive point sans une juste cause.
1545 Sire, prononcez donc, je suis prêt d'obéir :
D'autres aiment la vie, et je la dois haïr.
Je ne reproche point à l'ardeur de Valère
Qu'en amant de la sœur il accuse le frère :
Mes vœux avec les siens conspirent aujourd'hui ;
1550 Il demande ma mort, je la veux comme lui.
Un seul point entre nous met cette différence,
Que mon honneur par là cherche son assurance,
Et qu'à ce même but nous voulons arriver,
Lui pour flétrir ma gloire, et moi pour la sauver.
1555   Sire, c'est rarement qu'il s'offre une matière
A montrer d'un grand cœur la vertu toute entière.

Suivant l'occasion elle agit plus ou moins,
Et paraît forte ou faible aux yeux de ses témoins.
Le peuple, qui voit tout seulement par l'écorce,
1560 S'attache à son effet pour juger de sa force ;
Il veut que ses dehors gardent un même cours,
Qu'ayant fait un miracle, elle en fasse toujours :
Après une action pleine, haute, éclatante,
Tout ce qui brille moins remplit mal son attente :
1565 Il veut qu'on soit égal en tout temps, en tous lieux ;
Il n'examine point si lors on pouvait mieux,
Ni que, s'il ne voit pas sans cesse une merveille,
L'occasion est moindre, et la vertu pareille :
Son injustice accable et détruit les grands noms ;
1570 L'honneur des premiers faits se perd par les seconds ;
Et quand la renommée a passé l'ordinaire,
Si l'on n'en veut déchoir, il faut ne plus rien faire.
    Je ne vanterai point les exploits de mon bras ;
Votre majesté, sire, a vu mes trois combats :
1575 Il est bien malaisé qu'un pareil les seconde,
Qu'une autre occasion à celle-ci réponde,
Et que tout mon courage, après de si grands coups,
Parvienne à des succès qui n'aillent au-dessous ;
Si bien que pour laisser une illustre mémoire,
1580 La mort seule aujourd'hui peut conserver ma gloire :
Encor la fallait-il sitôt que j'eus vaincu,
Puisque pour mon honneur j'ai déjà trop vécu.
Un homme tel que moi voit sa gloire ternie,
Quand il tombe en péril de quelque ignominie ;
1585 Et ma main aurait su déjà m'en garantir ;
Mais sans votre congé mon sang n'ose sortir :
Comme il vous appartient, votre aveu doit se prendre ;
C'est vous le dérober qu'autrement le répandre.
Rome ne manque point de généreux guerriers ;
1590 Assez d'autres sans moi soutiendront vos lauriers ;
Que votre majesté désormais m'en dispense ;
Et si ce que j'ai fait vaut quelque récompense,
Permettez, ô grand roi, que de ce bras vainqueur
Je m'immole à ma gloire, et non pas à ma sœur.

SCÈNE III

TULLE, VALÈRE, LE VIEIL HORACE, HORACE, SABINE

SABINE

1595 Sire, écoutez Sabine, et voyez dans son âme
Les douleurs d'une sœur, et celles d'une femme,
Qui, toute désolée, à vos sacrés genoux,
Pleure pour sa famille, et craint pour son époux.
Ce n'est pas que je veuille avec cet artifice
1600 Dérober un coupable au bras de la justice :
Quoi qu'il ait fait pour vous, traitez-le comme tel,
Et punissez en moi ce noble criminel;
De mon sang malheureux expiez tout son crime :
Vous ne changerez point pour cela de victime;
1605 Ce n'en sera point prendre une injuste pitié,
Mais en sacrifier la plus chère moitié.
Les nœuds de l'hyménée, et son amour extrême,
Font qu'il vit plus en moi qu'il ne vit en lui-même;
Et si vous m'accordez de mourir aujourd'hui,
1610 Il mourra plus en moi qu'il ne mourrait en lui;
La mort que je demande, et qu'il faut que j'obtienne,
Augmentera sa peine, et finira la mienne.
Sire, voyez l'excès de mes tristes ennuis,
Et l'effroyable état où mes jours sont réduits.
1615 Quelle horreur d'embrasser un homme dont l'épée
De toute ma famille a la trame coupée!
Et quelle impiété de haïr un époux
Pour avoir bien servi les siens, l'Etat et vous!
Aimer un bras souillé du sang de tous mes frères!
1620 N'aimer pas un mari qui finit nos misères!
Sire, délivrez-moi, par un heureux trépas,
Des crimes de l'aimer et de ne l'aimer pas;
J'en nommerai l'arrêt une faveur bien grande.
Ma main peut me donner ce que je vous demande;
1625 Mais ce trépas enfin me sera bien plus doux,
Si je puis de sa honte affranchir mon époux;
Si je puis par mon sang apaiser la colère
Des dieux qu'a pu fâcher sa vertu trop sévère,
Satisfaire, en mourant, aux mânes de sa sœur,
1630 Et conserver à Rome un si bon défenseur.

LE VIEIL HORACE, *au roi.*

Sire, c'est donc à moi de répondre à Valère.
Mes enfants avec lui conspirent contre un père;
Tous trois veulent me perdre, et s'arment sans raison
Contre si peu de sang qui reste en ma maison.

A Sabine.

1635 Toi qui, par des douleurs à ton devoir contraires,
Veux quitter un mari pour rejoindre tes frères,
Va plutôt consulter leurs mânes généreux;
Ils sont morts, mais pour Albe, et s'en tiennent heureux.
Puisque le ciel voulait qu'elle fût asservie,
1640 Si quelque sentiment demeure après la vie,
Ce mal leur semble moindre, et moins rudes ses coups,
Voyant que tout l'honneur en retombe sur nous;
Tous trois désavoueront la douleur qui te touche,
Les larmes de tes yeux, les soupirs de ta bouche,
1645 L'horreur que tu fais voir d'un mari vertueux.
Sabine, sois leur sœur, suis ton devoir comme eux.

Au roi.

Contre ce cher époux Valère en vain s'anime :
Un premier mouvement ne fut jamais un crime;
Et la louange est due, au lieu du châtiment,
1650 Quand la vertu produit ce premier mouvement.
Aimer nos ennemis avec idolâtrie,
De rage en leur trépas maudire la patrie,
Souhaiter à l'Etat un malheur infini,
C'est ce qu'on nomme crime, et ce qu'il a puni.
1655 Le seul amour de Rome a sa main animée :
Il serait innocent s'il l'avait moins aimée.
Qu'ai-je dit, sire ? il l'est, et ce bras paternel
L'aurai déjà puni s'il était criminel;
J'aurais su mieux user de l'entière puissance
1660 Que me donnent sur lui les droits de la naissance;
J'aime trop l'honneur, sire, et ne suis point de rang
A souffrir ni d'affront ni de crime en mon sang.
C'est dont je ne veux point de témoin que Valère;
Il a vu quel accueil lui gardait ma colère,
1665 Lorsqu'ignorant encor la moitié du combat,
Je croyais que sa fuite avait trahi l'Etat.
Qui le fait se charger des soins de ma famille ?
Qui le fait, malgré moi, vouloir venger ma fille ?
Et par quelle raison, dans son juste trépas,
1670 Prend-il un intérêt qu'un père ne prend pas ?

On craint qu'après sa sœur il n'en maltraite d'autres!
Sire, nous n'avons part qu'à la honte des nôtres,
Et, de quelque façon qu'un autre puisse agir,
Qui ne nous touche point ne nous fait point rougir.

A Valère.

1675 Tu peux pleurer, Valère, et même aux yeux d'Horace!
Il ne prend intérêt qu'aux crimes de sa race :
Qui n'est point de son sang ne peut faire d'affront
Aux lauriers immortels qui lui ceignent le front.
Lauriers, sacrés rameaux qu'on veut réduire en poudre,
1680 Vous qui mettez sa tête à couvert de la foudre [36]
L'abandonnerez-vous à l'infâme couteau
Qui fait choir les méchants sous la main d'un bourreau ?
Romains, souffrirez-vous qu'on vous immole un homme
Sans qui Rome aujourd'hui cesserait d'être Rome,
1685 Et qu'un Romain s'efforce à tacher le renom
D'un guerrier à qui tous doivent un si beau nom ?
Dis, Valère, dis-nous, si tu veux qu'il périsse,
Où tu penses choisir un lieu pour son supplice ?
Sera-ce entre ces murs que mille et mille voix
1690 Font résonner encor du bruit de ses exploits ?
Sera-ce hors des murs, au milieu de ces places
Qu'on voit fumer encor du sang des Curiaces,
Entre leurs trois tombeaux, et dans ce champ d'honneur
Témoin de sa vaillance et de notre bonheur ?
1695 Tu ne saurais cacher sa peine à sa victoire :
Dans les murs, hors des murs, tout parle de sa gloire,
Tout s'oppose à l'effort de ton injuste amour,
Qui veut d'un si bon sang souiller un si beau jour.
Albe ne pourra pas souffrir un tel spectacle,
1700 Et Rome par ses pleurs y mettra trop d'obstacle.

Au roi.

Vous les préviendrez, sire; et par un juste arrêt
Vous saurez embrasser bien mieux son intérêt.
Ce qu'il a fait pour elle il peut encor le faire;
Il peut la garantir encor d'un sort contraire.
1705 Sire, ne donnez rien à mes débiles ans :
Rome aujourd'hui m'a vu père de quatre enfants;
Trois en ce même jour sont morts pour sa querelle;
Il m'en reste encore un, conservez-le pour elle :
N'ôtez pas à ses murs un si puissant appui;
1710 Et souffrez, pour finir, que je m'adresse à lui.

A Horace.

Horace, ne crois pas que le peuple stupide [37]
Soit le maître absolu d'un renom bien solide.
Sa voix tumultueuse assez souvent fait bruit,
Mais un moment l'élève, un moment le détruit,
1715 Et ce qu'il contribue à notre renommée
Toujours en moins de rien se dissipe en fumée.
C'est aux rois, c'est aux grands, c'est aux esprits bien faits
A voir la vertu pleine en ses moindres effets ;
C'est d'eux seuls qu'on reçoit la véritable gloire ;
1720 Eux seuls des vrais héros assurent la mémoire.
Vis toujours en Horace ; et toujours auprès d'eux
Ton nom demeurera grand, illustre, fameux,
Bien que l'occasion, moins haute ou moins brillante,
D'un vulgaire ignorant trompe l'injuste attente.
1725 Ne hais donc plus la vie, et du moins vis pour moi,
Et pour servir encor ton pays et ton roi.
    Sire, j'en ai trop dit : mais l'affaire vous touche ;
Et Rome toute entière a parlé par ma bouche.

VALÈRE

Sire, permettez-moi...

TULLE

Valère, c'est assez ;
1730 Vos discours par les leurs ne sont pas effacés ;
J'en garde en mon esprit les forces plus pressantes,
Et toutes vos raisons me sont encor présentes.
Cette énorme action faite presque à nos yeux
Outrage la nature, et blesse jusqu'aux dieux.
1735 Un premier mouvement qui produit un tel crime
Ne saurait lui servir d'excuse légitime :
Les moins sévères lois en ce point sont d'accord ;
Et si nous les suivons, il est digne de mort.
Si d'ailleurs nous voulons regarder le coupable,
1740 Ce crime, quoique grand, énorme, inexcusable,
Vient de la même épée et part du même bras
Qui me fait aujourd'hui maître de deux Etats.
Deux sceptres en ma main, Albe à Rome asservie,
Parlent bien hautement en faveur de sa vie :
1745 Sans lui j'obéirais où je donne la loi,
Et je serais sujet où je suis deux fois roi.
Assez de bons sujets dans toutes les provinces
Par des vœux impuissants s'acquittent vers leurs princes ;
Tous les peuvent aimer, mais tous ne peuvent pas
1750 Par d'illustres effets assurer leurs Etats ;

Et l'art et le pouvoir d'affermir des couronnes
Sont des dons que le ciel fait à peu de personnes.
De pareils serviteurs sont les forces des rois [38],
Et de pareils aussi sont au-dessus des lois.
1755 Qu'elles se taisent donc; que Rome dissimule
Ce que dès sa naissance elle vit en Romule,
Elle peut bien souffrir en son libérateur
Ce qu'elle a bien souffert en son premier auteur.

    Vis donc, Horace, vis, guerrier trop magnanime :
1760 Ta vertu met ta gloire au-dessus de ton crime;
Sa chaleur généreuse a produit ton forfait;
D'une cause si belle il faut souffrir l'effet.
Vis pour servir l'Etat; vis, mais aime Valère :
Qu'il ne reste entre vous ni haine ni colère;
1765 Et soit qu'il ait suivi l'amour ou le devoir,
Sans aucun sentiment résous-toi de le voir.

    Sabine, écoutez moins la douleur qui vous presse;
Chassez de ce grand cœur ces marques de faiblesse :
C'est en séchant vos pleurs que vous vous montrerez
1770 La véritable sœur de ceux que vous pleurez.

    Mais nous devons aux dieux demain un sacrifice,
Et nous aurions le ciel à nos vœux mal propice,
Si nos prêtres, avant que de sacrifier,
Ne trouvaient les moyens de le purifier :
1775 Son père en prendra soin : il lui sera facile
D'apaisez tout d'un temps les mânes de Camille.
Je la plains; et pour rendre à son sort rigoureux
Ce que peut souhaiter son esprit amoureux,
Puisqu'en un même jour l'ardeur d'un même zèle
1780 Achève le destin de son amant et d'elle,
Je veux qu'un même jour, témoin de leurs deux morts,
En un même tombeau voie enfermer leurs corps [39].

CINNA

ou

LA CLÉMENCE D'AUGUSTE

Tragédie

A MONSIEUR DE MONTORON [1]

Monsieur,

Je vous présente un tableau d'une de plus belles actions d'Auguste. Ce monarque était tout généreux, et sa générosité n'a jamais paru avec tant d'éclat que dans les effets de sa clémence et de sa libéralité. Ces deux rares vertus lui étaient si naturelles et si inséparables en lui, qu'il semble qu'en cette histoire, que j'ai mise sur notre théâtre, elles se soient tour à tour entreproduites dans son âme. Il avait été si libéral envers Cinna, que sa conjuration ayant fait voir une ingratitude extraordinaire, il eut besoin d'un extraordinaire effort de clémence pour lui pardonner; et le pardon qu'il lui donna fut la source des nouveaux bienfaits dont il lui fut prodigue, pour vaincre tout à fait cet esprit qui n'avait pu être gagné par les premiers; de sorte qu'il est vrai de dire qu'il eût été moins clément envers lui s'il eût été moins libéral, et qu'il eût été moins libéral s'il eût été moins clément. Cela étant, à qui pourrais-je plus justement donner le portrait de l'une de ces héroïques vertus, qu'à celui qui possède l'autre en un si haut degré, puisque, dans cette action, ce grand prince les a si bien attachées et comme unies l'une à l'autre, qu'elles ont été tout ensemble et la cause et l'effet l'une de l'autre? Vous avez des richesses, mais vous savez en jouir, et vous en jouissez d'une façon si noble, si relevée, et tellement illustre, que vous forcez la voix publique d'avouer que la fortune a consulté la raison quand elle a répandu ses faveurs sur vous, et qu'on a plus de sujet de vous en souhaiter le redoublement que de vous en envier l'abondance. J'ai vécu si éloigné de la flatterie que je pense être en possession de me faire croire quand je dis du bien de quelqu'un; et lorsque je donne des louanges (ce qui m'arrive assez rarement), c'est avec tant de retenue que je supprime toujours quantité de glorieuses vérités, pour ne me rendre pas suspect d'étaler de ces mensonges obligeants que beaucoup de nos modernes savent débiter de si bonne grâce. Aussi je ne dirai rien des avantages de votre naissance, ni de votre courage, qui l'a si dignement soutenue dans la profession des armes, à qui vous avez donné vos premières années; ce sont des choses trop connues de tout le monde. Je ne dirai rien de ce prompt et puissant secours que reçoivent chaque jour de votre main tant de bonnes familles, ruinées par les désordres de nos guerres; ce sont des choses que vous voulez tenir cachées. Je dirai seulement un mot de ce que vous avez particulièrement de commun avec Auguste : c'est que cette générosité qui compose la meilleure partie de votre âme et règne sur l'autre, et qu'à juste titre on peut nommer l'âme de votre âme, puisqu'elle en fait mouvoir toutes les puissances; c'est, dis-je, que cette générosité, à l'exemple de ce grand empereur, prend plaisir à s'étendre sur les gens de lettres, en un temps où beaucoup pensent avoir trop récompensé leurs travaux quand il les ont honorés d'une louange stérile. Et certes, vous avez traité quelques-unes de nos muses avec tant de magnanimité, qu'en elles vous avez obligé toutes les autres, et qu'il n'en est point qui ne vous en doive un remerciement. Trouvez donc bon, Monsieur, que je m'acquitte de celui que je reconnais vous en devoir, par le présent que je vous fais de ce poème, que j'ai choisi comme le plus durable des miens, pour apprendre plus longtemps à ceux qui le liront que le généreux M. de Montoron, par une libéralité inouïe en ce siècle, s'est rendu toutes les muses redevables, et que je prends tant de part aux bienfaits dont vous avez surpris quelques-unes d'elles, que je m'en dirai toute ma vie,

Monsieur,

Votre très humble
et très obligé serviteur,
CORNEILLE

SENECA

Lib. I, *De Clementia*, chapitre IX.

Divius Augustus mitis fuit princeps, si quis illum a principatu suo æstimare incipiat. In communi quidem republica, duodevicesimum egressus annum, jam pugiones in sinu amicorum absconderat, jam insidiis M. Antonii consulis latus petierat, jam fuerat collega proscriptionis; sed quum annum quadragesimum transisset, et in Gallia moraretur, delatum est ad eum indicium, L. Cinnam, stolidi ingenii virum, insidias ei struere. Dictum est et ubi, et quando, et quemadmodum aggredi vellet. Unus ex consciis deferebat; statuit se ab eo vindicare. Consilium amicorum advocari jussit. Nox illi inquieta erat, quum cogitaret adolescentem nobilem, hoc detracto integrum, Cn. Pempeii nepotem damnandum. Jam unum hominem occidere non poterat, quum M. Antonio proscriptionis edictum inter cœnam dictarat. Gemens subinde voces varias emittebat et inter se contrarias : « Quid ergo ? ego percussorem meum securum ambulare patiar, me sollicito ? Ergo non dabit pœnas, qui tot civilibus bellis frustra petitum caput, tot navalibus, tot pedestribus prœliis incolume, postquam terra marique pax parta est, non occidere constituat, sed immolare ? » Nam sacrificantem placuerat adoriri. Rursus silentio interposito, majore multo voce sibi quam Cinnæ irascebatur : « Quid vivis, si perire te tam multorum interest ? Quis finis erit suppliciorum ? quis sanguinis ? Ego sum nobilibus adolescentulis expositum caput, in quod mucrones acuant. Non est tanti vita, si, ut ego non peream, tam multa perdenda sunt. » Interpellavit tandem illum Livia uxor, et : « Admittis, inquit, muliebre consilium ? Fac quod medici solent; ubi usitata remedia non procedunt, tentant contraria. Severitate nihil adhuc profecisti : Salvidienum Lepidus secutus est, Lepidum Muræna, Murænam, Cæpio, Cæpionem Egnatius, ut alios taceam quos tantum ausos pudet; nunc tenta quomodo tibi cedat clementia. Ignosce L. Cinnæ; deprehensus est; jam nocere tibi non potest, prodesse famæ tuæ potest. » Gavisus sibi quod advocatum invenerat, uxori quidem gratias egit : renuntiari autem extemplo amicis quos in consilium rogaverat imperavit, et Cinnam unum ad se accersit, dimissisque omnibus e cubiculo, quum alteram poni Cinnæ cathedram jussisset : « Hoc, inquit, primum a te peto, ne me loquentem interpelles, ne medio sermone meo proclames; dabitur tibi loquendi liberum tempus. Ego te, Cinna, quum in hostium castris invenissem, non factum tantum mihi inimicum, sed natum, servavi; patrimonium tibi omne concessi; hodie tam felix es et tam dives, ut victo victores invideant : sacerdotium tibi petenti, præteritis, compluribus quorum parentes mecum militaverant, dedi. Quum sic de te meruerim, occidere me constituisti. » Quum ad hanc vocem exclamasset Cinna, procul hanc ab se abesse dementiam : « Non præstas, inquit, fidem, Cinna; convenerat ne interloquereris. Occidere, inquam, me paras. » Adjecit locum, socios, diem, ordinem insidiarum, cui commissum esset ferrum; et quum defixum videret, nec ex conventione jam, sed ex conscientia tacentem : « Quo, inquit, hoc animo facis ? Ut ipse sis princeps ? Male, mehercule, cum republica agitur, si tibi ad imperandum nihil præter me obstat. Domum tuam tueri non potes; nuper libertini hominis gratia in privato judicio superatus es. Adeo nihil facilius putas quam contra Cæsasem advocare ? Cedo, si spes tuas solus impedio, Paulusne te et Fabius Maximus et Cossi et Servilii ferent, tantumque agmen nobilium, non inania nomina præferentium, sed eorum qui imaginibus suis decori sunt ? » Ne totam ejus orationem repetendo magnam partem voluminis occupem, diutius enim quam duabus horis locutum esse constat, quum hanc pœnam qua sola erat contentus futurus, extenderet : « Vitam tibi, inquit, Cinna, iterum do, prius hosti, nunc insidiatori ac parricidæ. Ex hodierno die inter nos amicitia incipiat. Contendamus utrum ego meliore fide vitam tibi dederim, an tu debeas. » Post hæc detulit ultro consulatum, questus quod non auderet petere; amicissimum, fidelissimumque habuit; hæres solus fuit illi; nullis amplius insidiis ab ullo petitus est.

MONTAGNE [2]

Livre I de ses *Essais*, chapitre XXIII.

L'empereur Auguste, estant en la Gaule, receut certain advertissement d'une coniuration que luy brassoit L. Cinna : il delibera de s'en venger, et manda pour cet effect au lendemain le conseil de ses amis. Mais la nuict d'entre deux, il la passa avecques grande inquietude, considerant qu'il avoit à faire mourir un jeune homme de

bonne maison et nepveu du grand Pompeius, et produisoit
en se plaignant plusieurs divers discours : « Quoy doncques,
disoit il, sera il vray que ie demeureray en crainte et en
alarme, et que ie lairray mon meurtrier se promener ce
pendant à son ayse ? S'en ira il quitte, ayant assailly ma
teste, que i'ay sauvee de tant de guerres civiles, de tant de
battailles par mer et par terre, et aprez avoir establé la
paix universelle du monde ? sera il absoult, ayant deliberé
non de me meurtrir seulement, mais de me sacrifier ? »
car la coniuration estoit faicte de le tuer comme il feroit
quelque sacrifice. Aprez cela, s'estant tenu coy quelque
espace de temps, il recommenceoit d'une voix plus forte,
et s'en prenoit à soy mesme : « Pourquoy vis tu, s'il importe
à tant de gents que tu meures ? N'y aura il point de fin à tes
vengeances et à tes cruautez ? Ta vie vault elle que tant de
dommage se face pour la conserver ? » Livia, sa femme, le
sentant en ces angoisses : « Et les conseils des femmes y
seront ils receus ? lui dict elle : fay ce que font les medecins ;
quant les receptes accoustumees ne peuvent servir, ils en
essayent de contraires. Par severité, tu n'a iusques à cette
heure rien proufité : Lepidus a suyvi Salvidienus ; Murena,
Lepidus ; Caepio, Murena ; Egnatius, Caepio : commence
à experimenter comment te succederont la doulceur et la
clemence. Cinna est convaincu, pardonne-luy ; de te nuire
desormais, il ne pourra, et proufitera à ta gloire. » Auguste
feut bien ayse d'avoir trouvé un advocat de son humeur, et
ayant remercié sa femme, et contremandé ses amis qu'il
avoit assignez au conseil, commanda qu'on feist venir à
luy Cinna tout seul ; et ayant faict sortir tout le monde de
sa chambre, et faict donner un siege à Cinna, il luy parla
en cette maniere : « En premier lieu, ie te demande, Cinna,
paisible audience ; n'interromps pas mon parler : ie te
donray temps et loisir d'y respondre. Tu sçais, Cinna, que
t'ayant prins au camp de mes ennemis, non seulement
t'estant faict mon ennemy, mais estant nay tel, ie te sauvay,
ie te meis entre mains touts tes biens, et t'ay enfin rendu
si accommodé et si aysé, que les victorieux sont envieux
de la condition du vaincu : l'office du sacerdoce que tu me
demandas, ie te l'octroyay, l'ayant refusé à d'aultres,
desquels les peres avoyent tousiours combattu avecques
moy. T'ayant si fort obligé, tu as entreprins de me tuer. »
A quoy Cinna s'estant escrié qu'il estoit bien esloingné
d'une si meschante pensee : « Tu ne me tiens pas, Cinna,
ce que tu m'avois promis, suyvit Auguste ; tu m'avois
asseuré que ie ne seroy pas interrompu. Ouy, tu as entre-

prins de me tuer en tel lieu, tel iour, en tel compaignie, et de
telle façon. » Et le veoyant transi de ces nouvelles, et en
silence, non plus pour tenir le marché de se taire, mais de
la presse de sa conscience : « Pourquoy, adiousta il, le fais
tu ? Est ce pour estre empereur ? Vrayement il va bien mal
à la chose publicque, s'il n'y a que moy qui t'empesche
d'arriver à l'empire. Tu ne peux pas seulement deffendre
ta maison, et perdis dernierement un procez par la faveur
d'un simple libertin. Quoy! n'as tu pas moyen ny pouvoir
en aultre chose qu'à entreprendre Cesar ? Ie le quitte, s'il
n'y a que moy qui empesche tes esperances. Penses tu que
Paulus, que Fabius, que les Cosseens et Serviliens te
souffrent, et une si grande troupe de nobles, non seulement
nobles de nom, mais qui par leur vertu honnorent leur
noblesse ? » Aprez plusieurs aultres propos (car il parla à
luy plus de deux heures entieres) : « Or va, luy dict il, ie
te donne, Cinna, la vie à traistre et à parricide, que ie te
donnay aultrefois à ennemy; que l'amitié commence de ce
iourd'huy entre nous; essayons qui de nous deux de
meilleure foy, moy t'aye donné ta vie, ou tu l'ayes receue. »
Et se despartit d'avesques luy en cette maniere. Quelque
temps aprez, il luy donna le consulat, se plaignant dequoy
il ne luy avoit osé demander. Il l'eut depuis pour fort amy,
et feut seul faict par luy heritier de ses biens. Or depuis
cet accident, qui adveint à Auguste au quarantiesme an
de son aage, il n'y eut iamais de coniuration ny d'entre-
prinse contre luy, et receut une iuste recompense de cette
sienne clemence.

***

[L'édition de 1648 insère, avant *Cinna*, la lettre fort
élogieuse que Balzac avait adressée à Corneille à propos
de cette pièce. Cette lettre avait d'ailleurs été imprimée
par Balzac lui-même dans ses *Lettres choisies*, 1648, in-8°,
p. 437 sqq.]

EXAMEN (1660)

Ce poème a tant d'illustres suffrages qui lui donnent le
premier rang parmi les miens, que je me ferais trop d'importants ennemis si j'en disais du mal : je ne le suis pas
assez de moi-même pour chercher des défauts où ils n'en
ont point voulu voir, et accuser le jugement qu'ils en ont
fait, pour obscurcir la gloire qu'ils m'en ont donnée. Cette

approbation si forte et si générale vient sans doute de ce
que la vraisemblance s'y trouve si heureusement conservée
aux endroits où la vérité lui manque, qu'il n'a jamais
besoin de recourir au nécessaire. Rien n'y contredit l'histoire, bien que beaucoup de choses y soient ajoutées;
rien n'y est violenté par les incommodités de la représentation, ni par l'unité de jour, ni par celle de lieu.

Il est vrai qu'il s'y rencontre une duplicité de lieu particulière. La moitié de la pièce se passe chez Emilie, et
l'autre dans le cabinet d'Auguste. J'aurais été ridicule si
j'avais prétendu que cet empereur délibérât avec Maxime
et Cinna s'il quitterait l'empire ou non, précisément dans
la même place où ce dernier vient de rendre compte à
Emilie de la conspiration qu'il a formée contre lui. C'est
ce qui m'a fait rompre la liaison des scènes au quatrième acte, n'ayant pu me résoudre à faire que Maxime
vînt donner l'alarme à Emilie de la conjuration découverte
au lieu même où Auguste en venait de recevoir l'avis par
son ordre, et dont il ne faisait que de sortir avec tant
d'inquiétude et d'irrésolution. C'eût été une impudence
extraordinaire, et tout à fait hors du vraisemblable, de se
présenter dans son cabinet un moment après qu'il lui
avait fait révéler le secret de cette entreprise, et porter la
nouvelle de sa fausse mort. Bien loin de pouvoir surprendre
Emilie par la peur de se voir arrêtée, c'eût été se faire
arrêter lui-même, et se précipiter dans un obstacle invincible au dessein qu'il voulait exécuter. Emilie ne parle
donc pas où parle Auguste, à la réserve du cinquième acte;
mais cela n'empêche pas qu'à considérer tout le poème
ensemble, il n'ait son unité de lieu, puisque tout s'y peut
passer, non seulement dans Rome ou dans un quartier de
Rome, mais dans le seul palais d'Auguste, pourvu que
vous y vouliez donner un appartement à Emilie qui soit
éloigné du sien.

Le compte que Cinna lui rend de sa conspiration justifie
ce que j'ai dit ailleurs, que, pour faire souffrir une narration
ornée, il faut que celui qui la fait et celui qui l'écoute aient
l'esprit assez tranquille, et s'y plaisent assez pour lui prêter
toute la patience qui lui est nécessaire. Emilie a de la joie
d'apprendre de la bouche de son amant avec quelle chaleur il a suivi ses intentions; et Cinna n'en a pas moins de
lui pouvoir donner de si belles espérances de l'effet qu'elle
en souhaite; c'est pourquoi, quelque longue que soit cette
narration, sans interruption aucune, elle n'ennuie point.
Les ornements de rhétorique dont j'ai tâché de l'enrichir

ne la font point condamner de trop d'artifice, et la diversité
de ses figures ne fait point regretter le temps que j'y perds;
mais si j'avais attendu à la commencer qu'Evandre eût
troublé ces deux amants par la nouvelle qu'il leur apporte,
Cinna eût été obligé de s'en taire ou de la conclure en six
vers et Emilie n'en eût pu supporter davantage.

Comme les vers [8] de ma tragédie d'*Horace* ont quelque
chose de plus net et de moins guindé pour les pensées que
ceux du *Cid*, on peut dire que ceux de cette pièce ont
quelque chose de plus achevé que ceux d'*Horace*, et
qu'enfin la facilité de concevoir le sujet, qui n'est ni trop
chargé d'incidents, ni trop embarrassé des récits de ce qui
s'est passé avant le commencement de la pièce, est une
des causes sans doute de la grande approbation qu'il a
reçue. L'auditeur aime à s'abandonner à l'action présente,
et à n'être point obligé, pour l'intelligence de ce qu'il voit,
de réfléchir sur ce qu'il a déjà vu, et de fixer sa mémoire
sur les premiers actes, cependant que les derniers sont
devant ses yeux. C'est l'incommodité des pièces embar-
rassées, qu'en termes de l'art on nomme *implexes*, par un
mot emprunté du latin, telles que sont *Rodogune* et *Héraclius*. Elle ne se rencontre pas dans les simples; mais comme
celles-là ont sans doute besoin de plus d'esprit pour les
imaginer, et de plus d'art pour les conduire, celles-ci,
n'ayant pas le même secours du côté du sujet, demandent
plus de force de vers, de raisonnement et de sentiments
pour les soutenir.

ACTEURS

OCTAVE-CÉSAR AUGUSTE, empereur de Rome.

LIVIE, impératrice.

CINNA, fils d'une fille de Pompée, chef de la conjuration contre Auguste.

MAXIME, autre chef de la conjuration.

ÉMILIE, fille de C. Toranius, tuteur d'Auguste, et proscrit par lui durant le triumvirat.

FULVIE, confidente d'Emilie.

POLYCLÈTE, affranchi d'Auguste.

ÉVANDRE, affranchi de Cinna.

EUPHORBE, affranchi de Maxime.

La scène est à Rome [4].

ACTE PREMIER

SCÈNE PREMIÈRE

ÉMILIE

Impatients désirs d'une illustre vengeance
Dont la mort de mon père a formé la naissance,
Enfants impétueux de mon ressentiment,
Que ma douleur séduite embrasse aveuglément,
5 Vous prenez sur mon âme un trop puissant empire [5] ;
Durant quelques moments souffrez que je respire,
Et que je considère, en l'état où je suis,
Et ce que je hasarde, et ce que je poursuis.
Quand je regarde Auguste au milieu de sa gloire,
10 Et que vous reprochez à ma triste mémoire
Que par sa propre main mon père massacré
Du trône où je le vois fait le premier degré ;
Quand vous me présentez cette sanglante image,
La cause de ma haine, et l'effet de sa rage,
15 Je m'abandonne toute à vos ardents transports,
Et crois, pour une mort, lui devoir mille morts.
Au milieu toutefois d'une fureur si juste,
J'aime encor plus Cinna que je ne hais Auguste,
Et je sens refroidir ce bouillant mouvement
20 Quand il faut, pour le suivre, exposer mon amant.
Oui, Cinna, contre moi, moi-même je m'irrite
Quand je songe aux dangers où je te précipite.
Quoique pour me servir tu n'appréhendes rien,
Te demander du sang, c'est exposer le tien :
25 D'une si haute place on n'abat point de têtes
Sans attirer sur soi mille et mille tempêtes ;

L'issue en est douteuse, et le péril certain :
Un ami déloyal peut trahir ton dessein;
L'ordre mal concerté, l'occasion mal prise,
30 Peuvent sur son auteur renverser l'entreprise,
Tourner sur toi les coups dont tu le veux frapper;
Dans sa ruine même il peut t'envelopper;
Et quoi qu'en ma faveur ton amour exécute,
Il te peut, en tombant, écraser sous sa chute.
35 Ah! cesse de courir à ce mortel danger;
Te perdre en me vengeant, ce n'est pas me venger.
Un cœur est trop cruel quand il trouve des charmes
Aux douceurs que corrompt l'amertume des larmes;
Et l'on doit mettre au rang des plus cuisants malheurs
40 La mort d'un ennemi qui coûte tant de pleurs.
    Mais peut-on en verser alors qu'on venge un père ?
Est-il perte à ce prix qui ne semble légère ?
Et quand son assassin tombe sous notre effort,
Doit-on considérer ce que coûte sa mort ?
45 Cessez, vaines frayeurs, cessez, lâches tendresses,
De jeter dans mon cœur vos indignes faiblesses;
Et toi qui les produis par tes soins superflus,
Amour, sers mon devoir, et ne le combats plus :
Lui céder, c'est ta gloire, et le vaincre, ta honte :
50 Montre-toi généreux, souffrant qu'il te surmonte;
Plus tu lui donneras, plus il te va donner,
Et ne triomphera que pour te couronner.

SCÈNE II

ÉMILIE, FULVIE

ÉMILIE

Je l'ai juré, Fulvie, et je le jure encore,
Quoique j'aime Cinna, quoique mon cœur l'adore,
55 S'il me veut posséder, Auguste doit périr :
Sa tête est le seul prix dont il peut m'acquérir.
Je lui prescris la loi que mon devoir m'impose.

FULVIE

Elle a pour la blâmer une trop juste cause :
Par un si grand dessein vous vous faites juger
60 Digne sang de celui que vous voulez venger;

Mais encore une fois souffrez que je vous die
Qu'une si juste ardeur devrait être attiédie.
Auguste chaque jour, à force de bienfaits,
Semble assez réparer les maux qu'il vous a faits;
65 Sa faveur envers vous paraît si déclarée,
Que vous êtes chez lui la plus considérée;
Et de ses courtisans souvent les plus heureux
Vous pressent à genoux de lui parler pour eux.

ÉMILIE

Toute cette faveur ne me rend pas mon père;
70 Et de quelque façon que l'on me considère,
Abondante en richesse, ou puissante en crédit,
Je demeure toujours la fille d'un proscrit.
Les bienfaits ne font pas toujours ce que tu penses;
D'une main odieuse ils tiennent lieu d'offenses :
75 Plus nous en prodiguons à qui nous peut haïr,
Plus d'armes nous donnons à qui nous veut trahir.
Il m'en fait chaque jour sans changer mon courage;
Je suis ce que j'étais, et je puis davantage,
Et des mêmes présents qu'il verse dans mes mains
80 J'achète contre lui les esprits des Romains;
Je recevrais de lui la place de Livie
Comme un moyen plus sûr d'attenter à sa vie.
Pour qui venge son père il n'est point de forfaits,
Et c'est vendre son sang que se rendre aux bienfaits.

FULVIE

85 Quel besoin toutefois de passer pour ingrate ?
Ne pouvez-vous haïr sans que la haine éclate ?
Assez d'autres sans vous n'ont pas mis en oubli
Par quelles cruautés son trône est établi :
Tant de braves Romains, tant d'illustres victimes,
90 Qu'à son ambition ont immolé ses crimes,
Laissent à leurs enfants d'assez vives douleurs
Pour venger votre perte en vengeant leurs malheurs.
Beaucoup l'ont entrepris, mille autres vont les suivre.
Qui vit haï de tous ne saurait longtemps vivre :
95 Remettez à leurs bras les communs intérêts,
Et n'aidez leurs desseins que par des vœux secrets.

ÉMILIE

Quoi ? je le haïrai sans tâcher de lui nuire ?
J'attendrai du hasard qu'il ose le détruire ?

Et je satisferai des devoirs si pressants
100 Par une haine obscure et des vœux impuissants ?
Sa perte, que je veux, me deviendrait amère,
Si quelqu'un l'immolait à d'autres qu'à mon père ;
Et tu verrais mes pleurs couler pour son trépas,
Qui, le faisant périr, ne me vengerait pas.
105 C'est une lâcheté que de remettre à d'autres
Les intérêts publics qui s'attachent aux nôtres.
Joignons à la douceur de venger nos parents
La gloire qu'on remporte à punir les tyrans [6],
Et faisons publier par toute l'Italie :
110 « La liberté de Rome est l'œuvre d'Émilie ;
On a touché son âme, et son cœur s'est épris ;
Mais elle n'a donné son amour qu'à ce prix. »

FULVIE

Votre amour à ce prix n'est qu'un présent funeste
Qui porte à votre amant sa perte manifeste.
115 Pensez mieux, Emilie, à quoi vous l'exposez,
Combien à cet écueil se sont déjà brisés ;
Ne vous aveuglez point quand sa mort est visible.

ÉMILIE

Ah ! tu sais me frapper par où je suis sensible.
Quand je songe aux dangers que je lui fais courir,
120 La crainte de sa mort me fait déjà mourir ;
Mon esprit en désordre à soi-même s'oppose :
Je veux et ne veux pas, je m'emporte et je n'ose ;
Et mon devoir confus, languissant, étonné,
Cède aux rébellions de mon cœur mutiné.
125 Tout beau, ma passion, deviens un peu moins forte ;
Tu vois bien des hasards, ils sont grands, mais n'importe :
Cinna n'est pas perdu pour être hasardé.
De quelques légions qu'Auguste soit gardé,
Quelque soin qu'il se donne et quelque ordre qu'il tienne,
130 Qui méprise sa vie est maître de la sienne.
Plus le péril est grand, plus doux en est le fruit ;
La vertu nous y jette, et la gloire le suit.
Quoi qu'il en soit, qu'Auguste ou que Cinna périsse,
Aux mânes paternels je dois ce sacrifice ;
135 Cinna me l'a promis en recevant ma foi ;
Et ce coup seul aussi le rend digne de moi.
Il est tard, après tout, de m'en vouloir dédire.
Aujourd'hui l'on s'assemble, aujourd'hui l'on conspire,

L'heure, le lieu, le bras se choisit aujourd'hui;
140 Et c'est à faire enfin à mourir après lui⁷.

SCÈNE III

CINNA, ÉMILIE, FULVIE

ÉMILIE

Mais le voici qui vient. Cinna, votre assemblée
Par l'effroi du péril n'est-elle point troublée ?
Et reconnaissez-vous au front de vos amis
Qu'ils soient prêts à tenir ce qu'ils vous ont promis ?

CINNA

145 Jamais contre un tyran entreprise conçue
Ne permit d'espérer une si belle issue;
Jamais de telle ardeur on n'en jura la mort,
Et jamais conjurés ne furent mieux d'accord;
Tous s'y montrent portés avec tant d'allégresse,
150 Qu'ils semblent, comme moi, servir une maîtresse;
Et tous font éclater un si puissant courroux,
Qu'ils semblent tous venger un père comme vous.

ÉMILIE

Je l'avais bien prévu, que, pour un tel ouvrage,
Cinna saurait choisir des hommes de courage,
155 Et ne remettrait pas en de mauvaises mains
L'intérêt d'Emilie et celui des Romains.

CINNA

Plût aux dieux que vous-même eussiez vu de quel zèle
Cette troupe entreprend une action si belle!
Au seul nom de César, d'Auguste, et d'empereur,
160 Vous eussiez vu leurs yeux s'enflammer de fureur,
Et dans un même instant, par un effet contraire,
Leur front pâlir d'horreur et rougir de colère.
« Amis, leur ai-je dit, voici le jour heureux
Qui doit conclure enfin nos desseins généreux;
165 Le ciel entre nos mains a mis le sort de Rome,
Et son salut dépend de la perte d'un homme,
Si l'on doit le nom d'homme à qui n'a rien d'humain,
A ce tigre altéré de tout le sang romain.

Combien pour le répandre a-t-il formé de brigues!
170 Combien de fois changé de partis et de ligues,
Tantôt ami d'Antoine, et tantôt ennemi,
Et jamais insolent ni cruel à demi! »
Là, par un long récit de toutes les misères
Que durant notre enfance ont enduré nos pères,
175 Renouvelant leur haine avec leur souvenir,
Je redouble en leurs cœurs l'ardeur de le punir.
Je leur fais des tableaux de ces tristes batailles
Où Rome par ses mains déchirait ses entrailles,
Où l'aigle abattait l'aigle, et de chaque côté
180 Nos légions s'armaient contre leur liberté;
Où les meilleurs soldats et les chefs les plus braves [8]
Mettaient toute leur gloire à devenir esclaves;
Où, pour mieux assurer la honte de leurs fers,
Tous voulaient à leur chaîne attacher l'univers;
185 Et l'exécrable honneur de lui donner un maître
Faisant aimer à tous l'infâme nom de traître,
Romains contre Romains, parents contre parents,
Combattaient seulement pour le choix des tyrans.
J'ajoute à ces tableaux la peinture effroyable
190 De leur concorde impie, affreuse, inexorable,
Funeste aux gens de bien, aux riches, au sénat,
Et pour tout dire enfin, de leur triumvirat;
Mais je ne trouve point de couleurs assez noires
Pour en représenter les tragiques histoires.
195 Je les peins dans le meurtre à l'envi triomphants,
Rome entière noyée au sang de ses enfants :
Les uns assassinés dans les places publiques,
Les autres dans le sein de leurs dieux domestiques;
Le méchant par le prix au crime encouragé,
200 Le mari par sa femme en son lit égorgé;
Le fils tout dégouttant du meurtre de son père,
Et sa tête à la main demandant son salaire,
Sans pouvoir exprimer par tant d'horribles traits
Qu'un crayon imparfait de leur sanglante paix.
205 Vous dirai-je les noms de ces grands personnages
Dont j'ai dépeint les morts pour aigrir les courages,
De ces fameux proscrits, ces demi-dieux mortels,
Qu'on a sacrifiés jusque sur les autels ?
Mais pourrais-je vous dire à quelle impatience,
210 A quels frémissements, à quelle violence,
Ces indignes trépas, quoique mal figurés,
Ont porté les esprits de tous nos conjurés ?

Je n'ai point perdu temps, et voyant leur colère
Au point de ne rien craindre, en état de tout faire,
215 J'ajoute en peu de mots : « Toutes ces cruautés,
La perte de nos biens et de nos libertés,
Le ravage des champs, le pillage des villes,
Et les proscriptions, et les guerres civiles,
Sont les degrés sanglants dont Auguste a fait choix
220 Pour monter sur le trône et nous donner des lois.
Mais nous pouvons changer un destin si funeste,
Puisque de trois tyrans, c'est le seul qui nous reste,
Et que, juste une fois, il s'est privé d'appui,
Perdant, pour régner seul, deux méchants comme lui.
225 Lui mort, nous n'avons point de vengeur ni de maître ;
Avec la liberté Rome s'en va renaître ;
Et nous mériterons le nom de vrais Romains,
Si le joug qui l'accable est brisé par nos mains.
Prenons l'occasion tandis qu'elle est propice :
230 Demain au Capitole il fait un sacrifice ;
Qu'il en soit la victime, et faisons en ces lieux
Justice à tout le monde, à la face des dieux :
Là presque pour sa suite il n'a que notre troupe ;
C'est de ma main qu'il prend et l'encens et la coupe ;
235 Et je veux pour signal que cette même main
Lui donne, au lieu d'encens, d'un poignard dans le sein.
Ainsi d'un coup mortel la victime frappée
Fera voir si je suis du sang du grand Pompée ;
Faites voir, après moi, si vous vous souvenez
240 Des illustres aïeux de qui vous êtes nés. »
A peine ai-je achevé, que chacun renouvelle,
Par un noble serment, le vœu d'être fidèle :
L'occasion leur plaît ; mais chacun veut pour soi
L'honneur du premier coup que j'ai choisi pour moi.
245 La raison règle enfin l'ardeur qui les emporte :
Maxime et la moitié s'assurent de la porte ;
L'autre moitié me suit, et doit m'environner,
Prête au moindre signal que je voudrai donner.
Voilà, belle Emilie, à quel point nous en sommes.
250 Demain j'attends la haine ou la faveur des hommes,
Le nom de parricide, ou de libérateur,
César celui de prince, ou d'un usurpateur.
Du succès qu'on obtient contre la tyrannie
Dépend ou notre gloire, ou notre ignominie ;
255 Et le peuple, inégal à l'endroit des tyrans,
S'il les déteste morts, les adore vivants.

Pour moi, soit que le ciel me soit dur ou propice,
Qu'il m'élève à la gloire, ou me livre au supplice,
Que Rome se déclare ou pour ou contre nous,
260 Mourant pour vous servir tout me semblera doux [9].

ÉMILIE

Ne crains point de succès qui souille ta mémoire :
Le bon et le mauvais sont égaux pour ta gloire;
Et, dans un tel dessein, le manque de bonheur
Met en péril ta vie, et non pas ton honneur.
265 Regarde le malheur de Brute et de Cassie :
La splendeur de leurs noms en est-elle obscurcie ?
Sont-ils morts tous entiers avec leurs grands desseins ?
Ne les compte-t-on plus pour les derniers Romains ?
Leur mémoire dans Rome est encor précieuse,
270 Autant que de César la vie est odieuse;
Si leur vainqueur y règne, ils y sont regrettés,
Et par les vœux de tous leurs pareils souhaités.
Va marcher sur leurs pas où l'honneur te convie :
Mais ne perds pas le soin de conserver ta vie;
275 Souviens-toi du beau feu dont nous sommes épris,
Qu'aussi bien que la gloire Emilie est ton prix;
Que tu me dois ton cœur, que mes faveurs t'attendent,
Que tes jours me sont chers, que les miens en dépendent.
Mais quelle occasion mène Evandre vers nous ?

SCÈNE IV

CINNA, ÉMILIE, ÉVANDRE, FULVIE

ÉVANDRE

280 Seigneur, César vous mande, et Maxime avec vous [10].

CINNA

Et Maxime avec moi! Le sais-tu bien, Evandre ?

ÉVANDRE

Polyclète est encor chez vous à vous attendre,
Et fût venu lui-même avec moi vous chercher,
Si ma dextérité n'eût su l'en empêcher;
285 Je vous en donne avis de peur d'une surprise.
Il presse fort.

ÉMILIE

Mander les chefs de l'entreprise!
Tous deux! en même temps! Vous êtes découverts.

CINNA

Espérons mieux, de grâce.

ÉMILIE

Ah! Cinna! je te perds!
Et les dieux, obstinés à nous donner un maître,
290 Parmi tes vrais amis ont mêlé quelque traître.
Il n'en faut point douter, Auguste a tout appris.
Quoi, tous deux! et sitôt que le conseil est pris!

CINNA

Je ne vous puis celer que son ordre m'étonne;
Mais souvent il m'appelle auprès de sa personne,
295 Maxime est comme moi de ses plus confidents,
Et nous nous alarmons peut-être en imprudents.

ÉMILIE

Sois moins ingénieux à te tromper toi-même,
Cinna; ne porte point mes maux jusqu'à l'extrême;
Et, puisque désormais tu ne peux me venger,
300 Dérobe au moins ta tête à ce mortel danger;
Fuis d'Auguste irrité l'implacable colère.
Je verse assez de pleurs pour la mort de mon père;
N'aigris point ma douleur par un nouveau tourment;
Et ne me réduis point à pleurer mon amant.

CINNA

305 Quoi! sur l'illusion d'une terreur panique,
Trahir vos intérêts et la cause publique!
Par cette lâcheté moi-même m'accuser,
Et tout abandonner quand il faut tout oser!
Que feront nos amis, si vous êtes déçue?

ÉMILIE

310 Mais que deviendras-tu, si l'entreprise est sue?

CINNA

S'il est pour me trahir des esprits assez bas,
Ma vertu pour le moins ne me trahira pas:
Vous la verrez, brillante au bord des précipices,
Se couronner de gloire en bravant les supplices,

315 Rendre Auguste jaloux du sang qu'il répandra,
Et le faire trembler alors qu'il me perdra.
    Je deviendrais suspect à tarder davantage.
Adieu. Raffermissez ce généreux courage.
S'il faut subir le coup d'un destin rigoureux,
320 Je mourrai tout ensemble heureux et malheureux :
Heureux pour vous servir de perdre ainsi la vie,
Malheureux de mourir sans vous avoir servie.

ÉMILIE

Oui, va, n'écoute plus ma voix qui te retient ;
Mon trouble se dissipe, et ma raison revient.
325 Pardonne à mon amour cette indigne faiblesse.
Tu voudrais fuir en vain, Cinna, je le confesse,
Si tout est découvert, Auguste a su pourvoir
A ne te laisser pas ta fuite en ton pouvoir.
Porte, porte chez lui cette mâle assurance,
330 Digne de notre amour, digne de ta naissance ;
Meurs, s'il y faut mourir, en citoyen romain,
Et par un beau trépas couronne un beau dessein.
Ne crains pas qu'après toi rien ici me retienne :
Ta mort emportera mon âme vers la tienne ;
335 Et mon cœur aussitôt, percé des mêmes coups...

CINNA

Ah ! souffrez que tout mort je vive encore en vous ;
Et du moins en mourant permettez que j'espère
Que vous saurez venger l'amant avec le père.
Rien n'est pour vous à craindre ; aucun de nos amis
340 Ne sait ni vos desseins, ni ce qui m'est promis ;
Et, leur parlant tantôt des misères romaines,
Je leur ai tu la mort qui fait naître nos haines,
De peur que mon ardeur, touchant vos intérêts,
D'un si parfait amour ne trahît les secrets ;
345 Il n'est su que d'Evandre et de votre Fulvie [11].

ÉMILIE

Avec moins de frayeur, je vais donc chez Livie,
Puisque dans ton péril il me reste un moyen
De faire agir pour toi son crédit et le mien :
Mais si mon amitié par là ne te délivre,
350 N'espère pas qu'enfin je veuille te survivre.
Je fais de ton destin des règles à mon sort,
Et j'obtiendrai ta vie, ou je suivrai ta mort.

CINNA

Soyez en ma faveur moins cruelle à vous-même.

ÉMILIE

Va-t'en, et souviens-toi seulement que je t'aime.

ACTE II

SCÈNE PREMIÈRE

AUGUSTE, CINNA, MAXIME, TROUPE DE COURTISANS

AUGUSTE

355 Que chacun se retire, et qu'aucun n'entre ici.
Vous, Cinna, demeurez, et vous, Maxime, aussi.

Tous se retirent, à la réserve de Cinna et de Maxime.

Cet empire absolu sur la terre et sur l'onde,
Ce pouvoir souverain que j'ai sur tout le monde,
Cette grandeur sans borne et cet illustre rang,
360 Qui m'a jadis coûté tant de peine et de sang,
Enfin tout ce qu'adore en ma haute fortune
D'un courtisan flatteur la présence importune,
N'est que de ces beautés dont l'éclat éblouit,
Et qu'on cesse d'aimer sitôt qu'on en jouit [12].
365 L'ambition déplaît quand elle est assouvie,
D'une contraire ardeur son ardeur est suivie;
Et comme notre esprit, jusqu'au dernier soupir,
Toujours vers quelque objet pousse quelque désir,
Il se ramène en soi, n'ayant plus où se prendre,
370 Et, monté sur le faîte, il aspire à descendre.
J'ai souhaité l'empire, et j'y suis parvenu;
Mais, en le souhaitant, je ne l'ai pas connu;
Dans sa possession, j'ai trouvé pour tous charmes
D'effroyables soucis, d'éternelles alarmes,
375 Mille ennemis secrets, la mort à tous propos,
Point de plaisir sans trouble, et jamais de repos.

Sylla m'a précédé dans ce pouvoir suprême;
Le grand César mon père en a joui de même.
D'un œil si différent tous deux l'ont regardé,
380 Que l'un s'en est démis, et l'autre l'a gardé;
Mais l'un, cruel, barbare, est mort aimé, tranquille,
Comme un bon citoyen dans le sein de sa ville;
L'autre, tout débonnaire, au milieu du sénat,
A vu trancher ses jours par un assassinat.
385 Ces exemples récents suffiraient pour m'instruire,
Si par l'exemple seul on se devait conduire;
L'un m'invite à le suivre, et l'autre me fait peur;
Mais l'exemple souvent n'est qu'un miroir trompeur;
Et l'ordre du destin qui gêne nos pensées
390 N'est pas toujours écrit dans les choses passées :
Quelquefois l'un se brise où l'autre s'est sauvé,
Et par où l'un périt, un autre est conservé.
    Voilà, mes chers amis, ce qui me met en peine.
Vous, qui me tenez lieu d'Agrippe et de Mécène,
395 Pour résoudre ce point avec eux débattu,
Prenez sur mon esprit le pouvoir qu'ils ont eu :
Ne considérez point cette grandeur suprême,
Odieuse aux Romains, et pesante à moi-même;
Traitez-moi comme ami, non comme souverain;
400 Rome, Auguste, l'Etat, tout est en votre main.
Vous mettrez et l'Europe, et l'Asie, et l'Afrique,
Sous les lois d'un monarque, ou d'une république :
Votre avis est ma règle, et par ce seul moyen
Je veux être empereur, ou simple citoyen.

CINNA

405 Malgré notre surprise, et mon insuffisance,
Je vous obéirai, seigneur, sans complaisance,
Et mets bas le respect qui pourrait m'empêcher
De combattre un avis où vous semblez pencher.
Souffrez-le d'un esprit jaloux de votre gloire,
410 Que vous allez souiller d'une tache trop noire,
Si vous ouvrez votre âme à ces impressions
Jusques à condamner toutes vos actions.
    On ne renonce point aux grandeurs légitimes;
On garde sans remords ce qu'on acquiert sans crimes;
415 Et plus le bien qu'on quitte est noble, grand, exquis,
Plus qui l'ose quitter le juge mal acquis.
N'imprimez pas, seigneur, cette honteuse marque
A ces rares vertus qui vous ont fait monarque;

Vous l'êtes justement, et c'est sans attentat
420 Que vous avez changé la forme de l'Etat.
Rome est dessous vos lois par le droit de la guerre
Qui sous les lois de Rome a mis toute la terre;
Vos armes l'ont conquise, et tous les conquérants
Pour être usurpateurs ne sont pas des tyrans;
425 Quand ils ont sous leurs lois asservi des provinces,
Gouvernant justement, ils s'en font justes princes :
C'est ce que fit César; il vous faut aujourd'hui
Condamner sa mémoire, ou faire comme lui.
Si le pouvoir suprême est blâmé par Auguste,
430 César fut un tyran, et son trépas fut juste,
Et vous devez aux dieux compte de tout le sang
Dont vous l'avez vengé pour monter à son rang.
N'en craignez point, seigneur, les tristes destinées;
Un plus puissant démon veille sur vos années :
435 On a dix fois sur vous attenté sans effet,
Et qui l'a voulu perdre au même instant l'a fait.
On entreprend assez, mais aucun n'exécute;
Il est des assassins, mais il n'est plus de Brute;
Enfin, s'il faut attendre un semblable revers,
440 Il est beau de mourir maître de l'univers.
C'est ce qu'en peu de mots j'ose dire; et j'estime
Que ce peu que j'ai dit est l'avis de Maxime.

MAXIME

Oui, j'accorde qu'Auguste a droit de conserver
L'empire où sa vertu l'a fait seule arriver,
445 Et qu'au prix de son sang, au péril de sa tête,
Il a fait de l'Etat une juste conquête;
Mais que, sans se noircir, il ne puisse quitter
Le fardeau que sa main est lasse de porter,
Qu'il accuse par là César de tyrannie,
450 Qu'il approuve sa mort, c'est ce que je dénie.
Rome est à vous, seigneur, l'empire est votre bien.
Chacun en liberté peut disposer du sien;
Il le peut à son choix garder, ou s'en défaire :
Vous seul ne pourriez pas ce que peut le vulgaire,
455 Et seriez devenu, pour avoir tout dompté,
Esclave des grandeurs où vous êtes monté!
Possédez-les, seigneur, sans qu'elles vous possèdent.
Loin de vous captiver, souffrez qu'elles vous cèdent;
Et faites hautement connaître enfin à tous
460 Que tout ce qu'elles ont est au-dessous de vous.

Votre Rome autrefois vous donna la naissance ;
Vous lui voulez donner votre toute-puissance ;
Et Cinna vous impute à crime capital
La libéralité vers le pays natal !
465 Il appelle remords l'amour de la patrie !
Par la haute vertu la gloire est donc flétrie,
Et ce n'est qu'un objet digne de nos mépris,
Si de ses pleins effets l'infamie est le prix !
Je veux bien avouer qu'une action si belle
470 Donne à Rome bien plus que vous ne tenez d'elle ;
Mais commet-on un crime indigne de pardon,
Quand la reconnaissance est au-dessus du don ?
Suivez, suivez, seigneur, le ciel qui vous inspire :
Votre gloire redouble à mépriser l'empire
475 Et vous serez fameux chez la postérité,
Moins pour l'avoir conquis que pour l'avoir quitté.
Le bonheur peut conduire à la grandeur suprême,
Mais pour y renoncer il faut la vertu même ;
Et peu de généreux vont jusqu'à dédaigner,
480 Après un sceptre acquis, la douceur de régner.
       Considérez d'ailleurs que vous régnez dans Rome,
Où, de quelque façon que votre cour vous nomme,
On hait la monarchie ; et le nom d'empereur,
Cachant celui de roi, ne fait pas moins d'horreur.
485 Ils passent pour tyran quiconque s'y fait maître,
Qui le sert, pour esclave, et qui l'aime, pour traître ;
Qui le souffre a le cœur lâche, mol, abattu,
Et pour s'en affranchir tout s'appelle vertu.
Vous en avez, seigneur, des preuves trop certaines :
490 On a fait contre vous dix entreprises vaines ;
Peut-être que l'onzième est prête d'éclater,
Et que ce mouvement qui vous vient agiter
N'est qu'un avis secret que le ciel vous envoie,
Qui pour vous conserver n'a plus que cette voie.
495 Ne vous exposez plus à ces fameux revers :
Il est beau de mourir maître de l'univers ;
Mais la plus belle mort souille notre mémoire,
Quand nous avons pu vivre et croître notre gloire.

CINNA

Si l'amour du pays doit ici prévaloir,
500 C'est son bien seulement que vous devez vouloir ;
Et cette liberté, qui lui semble si chère,
N'est pour Rome, seigneur, qu'un bien imaginaire,

Plus nuisible qu'utile, et qui n'approche pas
De celui qu'un bon prince apporte à ses Etats.
505   Avec ordre et raison les honneurs il dispense,
Avec discernement punit et récompense,
Et dispose de tout en juste possesseur,
Sans rien précipiter, de peur d'un successeur.
Mais quand le peuple est maître, on n'agit qu'en tumulte :
510 La voix de la raison jamais ne se consulte ;
Les honneurs sont vendus aux plus ambitieux,
L'autorité livrée aux plus séditieux.
Ces petits souverains qu'il fait pour une année,
Voyant d'un temps si court leur puissance bornée,
515 Des plus heureux desseins font avorter le fruit,
De peur de le laisser à celui qui les suit ;
Comme ils ont peu de part au bien dont ils ordonnent,
Dans le champ du public largement ils moissonnent,
Assurés que chacun leur pardonne aisément,
520 Espérant à son tour un pareil traitement :
Le pire des Etats, c'est l'Etat populaire.

AUGUSTE

Et toutefois le seul qui dans Rome peut plaire.
Cette haine des rois que depuis cinq cents ans
Avec le premier lait sucent tous ses enfants,
525 Pour l'arracher des cœurs, est trop enracinée.

MAXIME

Oui, seigneur, dans son mal Rome est trop obstinée ;
Son peuple, qui s'y plaît, en fuit la guérison :
Sa coutume l'emporte, et non pas la raison ;
Et cette vieille erreur, que Cinna veut abattre,
530 Est une heureuse erreur dont il est idolâtre,
Par qui le monde entier, asservi sous ses lois,
L'a vu cent fois marcher sur la tête des rois,
Son épargne s'enfler du sac de leurs provinces.
Que lui pouvaient de plus donner les meilleurs princes ?
535 J'ose dire, seigneur, que par tous les climats [13]
Ne sont pas bien reçus toutes sortes d'Etats ;
Chaque peuple a le sien conforme à sa nature,
Qu'on ne saurait changer sans lui faire une injure :
Telle est la loi du ciel, dont la sage équité
540 Sème dans l'univers cette diversité.
Les Macédoniens aiment le monarchique,
Et le reste des Grecs la liberté publique :

Les Parthes, les Persans veulent des souverains ;
Et le seul consulat est bon pour les Romains.

CINNA

545 Il est vrai que du ciel la prudence infinie
Départ à chaque peuple un différent génie ;
Mais il n'est pas moins vrai que cet ordre des cieux
Change selon les temps comme selon les lieux [14].
Rome a reçu des rois ses murs et sa naissance ;
550 Elle tient des consuls sa gloire et sa puissance,
Et reçoit maintenant de vos rares bontés
Le comble souverain de ses prospérités.
Sous vous, l'Etat n'est plus en pillage aux armées ;
Les portes de Janus par vos mains sont fermées,
555 Ce que sous ses consuls on n'a vu qu'une fois,
Et qu'a fait voir comme eux le second de ses rois.

MAXIME

Les changements d'Etats que fait l'ordre céleste
Ne coûtent point de sang, n'ont rien qui soit funeste.

CINNA

C'est un ordre des dieux qui jamais ne se rompt,
560 De nous vendre un peu cher les grands biens qu'ils nous
L'exil des Tarquins même ensanglanta nos terres, [font.
Et nos premiers consuls nous ont coûté des guerres.

MAXIME

Donc votre aïeul Pompée au ciel a résisté
Quand il a combattu pour notre liberté ?

CINNA

565 Si le ciel n'eût voulu que Rome l'eût perdue
Par les mains de Pompée il l'aurait défendue :
Il a choisi sa mort pour servir dignement
D'une marque éternelle à ce grand changement,
Et devait cette gloire aux mânes d'un tel homme,
570 D'emporter avec eux la liberté de Rome.
Ce nom depuis longtemps ne sert qu'à l'éblouir,
Et sa propre grandeur l'empêche d'en jouir.
Depuis qu'elle se voit la maîtresse du monde,
Depuis que la richesse entre ses murs abonde,
575 Et que son sein, fécond en glorieux exploits,
Produit des citoyens plus puissants que des rois.

Les grands, pour s'affermir achetant les suffrages,
Tiennent pompeusement leurs maîtres à leurs gages,
Qui, par des fers dorés se laissant enchaîner,
580 Reçoivent d'eux les lois qu'ils pensent leur donner.
Envieux l'un de l'autre, ils mènent tout par brigues,
Que leur ambition tourne en sanglantes ligues.
Ainsi de Marius Sylla devint jaloux;
César, de mon aïeul; Marc-Antoine, de vous :
585 Ainsi la liberté ne peut plus être utile
Qu'à former les fureurs d'une guerre civile,
Lorsque, par un désordre à l'univers fatal,
L'un ne veut point de maître, et l'autre point d'égal.

Seigneur, pour sauver Rome, il faut qu'elle s'unisse
590 En la main d'un bon chef à qui tout obéisse.
Si vous aimez encore à la favoriser,
Otez-lui les moyens de se plus diviser.
Sylla, quittant la place enfin bien usurpée [15],
N'a fait qu'ouvrir le champ à César et Pompée,
595 Que le malheur des temps ne nous eût pas fait voir,
S'il eût dans sa famille assuré son pouvoir.
Qu'a fait du grand César le cruel parricide,
Qu'élever contre vous Antoine avec Lépide,
Qui n'eussent pas détruit Rome par les Romains,
600 Si César eût laissé l'empire entre vos mains ?
Vous la replongerez, en quittant cet empire,
Dans les maux dont à peine encore elle respire,
Et de ce peu, Seigneur, qui lui reste de sang,
Une guerre nouvelle épuisera son flanc.
605 Que l'amour du pays, que la pitié vous touche;
Votre Rome à genoux vous parle par ma bouche [16].
Considérez le prix que vous avez coûté;
Non pas qu'elle vous croie avoir trop acheté;
Des maux qu'elle a soufferts elle est trop bien payée;
610 Mais une juste peur tient son âme effrayée :
Si, jaloux de son heur, et las de commander,
Vous lui rendez un bien qu'elle ne peut garder,
S'il lui faut à ce prix en acheter un autre,
Si vous ne préférez son intérêt au vôtre,
615 Si ce funeste don la met au désespoir,
Je n'ose dire ici ce que j'ose prévoir.
Conservez-vous, seigneur, en lui laissant un maître
Sous qui son vrai bonheur commence de renaître;
Et pour mieux assurer le bien commun de tous,
620 Donnez un successeur qui soit digne de vous.

AUGUSTE

N'en délibérons plus, cette pitié l'emporte.
Mon repos m'est bien cher, mais Rome est la plus forte;
Et, quelque grand malheur qui m'en puisse arriver,
Je consens à me perdre afin de la sauver.
625 Pour ma tranquillité mon cœur en vain soupire :
Cinna, par vos conseils je retiendrai l'empire;
Mais je le retiendrai pour vous en faire part.
Je vois trop que vos cœurs n'ont point pour moi de fard,
Et que chacun de vous, dans l'avis qu'il me donne,
630 Regarde seulement l'Etat et ma personne :
Votre amour en tous deux fait ce combat d'esprits,
Et vous allez tous deux en recevoir le prix.
    Maxime, je vous fais gouverneur de Sicile;
Allez donner mes lois à ce terroir fertile;
635 Songez que c'est pour moi que vous gouvernerez,
Et que je répondrai de ce que vous ferez.
Pour épouse, Cinna, je vous donne Emilie;
Vous savez qu'elle tient la place de Julie [17],
Et que si nos malheurs et la nécessité
640 M'ont fait traiter son père avec sévérité,
Mon épargne depuis en sa faveur ouverte
Doit avoir adouci l'aigreur de cette perte.
Voyez-la de ma part, tâchez de la gagner :
Vous n'êtes point pour elle un homme à dédaigner;
645 De l'offre de vos vœux elle sera ravie.
Adieu : j'en veux porter la nouvelle à Livie.

SCÈNE II

CINNA, MAXIME

MAXIME

Quel est votre dessein après ces beaux discours ?

CINNA

Le même que j'avais, et que j'aurai toujours.

MAXIME

Un chef de conjurés flatte la tyrannie!

CINNA

650 Un chef de conjurés la veut voir impunie !

MAXIME

Je veux voir Rome libre.

CINNA

     Et vous pouvez juger
Que je veux l'affranchir ensemble et la venger.
 Octave aura donc vu ses fureurs assouvies,
Pillé jusqu'aux autels, sacrifié nos vies,
655 Rempli les champs d'horreur, comblé Rome de morts [18],
Et sera quitte après pour l'effet d'un remords !
Quand le ciel par nos mains à le punir s'apprête,
Un lâche repentir garantira sa tête !
C'est trop semer d'appas, et c'est trop inviter
660 Par son impunité quelque autre à l'imiter.
Vengeons nos citoyens, et que sa peine étonne
Quiconque après sa mort aspire à la couronne.
Que le peuple aux tyrans ne soit plus exposé :
S'il eût puni Sylla, César eût moins osé.

MAXIME

665 Mais la mort de César, que vous trouvez si juste,
A servi de prétexte aux cruautés d'Auguste.
Voulant nous affranchir, Brute s'est abusé :
S'il n'eût puni César, Auguste eût moins osé.

CINNA

La faute de Cassie, et ses terreurs paniques,
670 Ont fait rentrer l'État sous des lois tyranniques ;
Mais nous ne verrons point de pareils accidents,
Lorsque Rome suivra des chefs moins imprudents.

MAXIME

Nous sommes encor loin de mettre en évidence
Si nous nous conduisons avec plus de prudence ;
675 Cependant c'en est peu que de n'accepter pas
Le bonheur qu'on recherche au péril du trépas.

CINNA

C'en est encor bien moins, alors qu'on s'imagine
Guérir un mal si grand sans couper la racine ;
Employer la douceur à cette guérison,
680 C'est, en fermant la plaie, y verser du poison.

MAXIME

Vous la voulez sanglante, et la rendez douteuse.

CINNA

Vous la voulez sans peine, et la rendez honteuse.

MAXIME

Pour sortir de ses fers jamais on ne rougit.

CINNA

On en sort lâchement si la vertu n'agit.

MAXIME

685 Jamais la liberté ne cesse d'être aimable;
Et c'est toujours pour Rome un bien inestimable.

CINNA

Ce ne peut être un bien qu'elle daigne estimer,
Quand il vient d'une main lasse de l'opprimer :
Elle a le cœur trop bon pour se voir avec joie
690 Le rebut du tyran dont elle fut la proie;
Et tout ce que la gloire a de vrais partisans
Le hait trop puissamment pour aimer ses présents.

MAXIME

Donc pour vous Emilie est un objet de haine ?

CINNA

La recevoir de lui me serait une gêne;
695 Mais quand j'aurai vengé Rome des maux soufferts,
Je saurai le braver jusque dans les enfers.
Oui, quand par son trépas je l'aurai méritée,
Je veux joindre à sa main ma main ensanglantée,
L'épouser sur sa cendre, et qu'après notre effort
700 Les présents du tyran soient le prix de sa mort.

MAXIME

Mais l'apparence, ami, que vous puissiez lui plaire,
Teint du sang de celui qu'elle aime comme un père ?
Car vous n'êtes pas homme à la violenter.

CINNA

Ami, dans ce palais on peut nous écouter,
705 Et nous parlons peut-être avec trop d'imprudence
Dans un lieu si mal propre à notre confidence :
Sortons; qu'en sûreté j'examine avec vous,
Pour en venir à bout, les moyens les plus doux.

ACTE III

SCÈNE PREMIÈRE

MAXIME, EUPHORBE

MAXIME

Lui-même il m'a tout dit : leur flamme est mutuelle ;
710 Il adore Emilie, il est adoré d'elle ;
Mais sans venger son père il n'y peut aspirer,
Et c'est pour l'acquérir qu'il nous fait conspirer.

EUPHORBE

Je ne m'étonne plus de cette violence
Dont il contraint Auguste à garder sa puissance :
715 La ligue se romprait, s'il s'en était démis,
Et tous vos conjurés deviendraient ses amis.

MAXIME

Ils servent à l'envi la passion d'un homme
Qui n'agit que pour soi, feignant d'agir pour Rome,
Et moi, par un malheur qui n'eut jamais d'égal,
720 Je pense servir Rome, et je sers mon rival !

EUPHORBE

Vous êtes son rival ?

MAXIME

                    Oui, j'aime sa maîtresse,
Et l'ai caché toujours avec assez d'adresse ;
Mon ardeur inconnue, avant que d'éclater,
Par quelque grand exploit la voulait mériter :
725 Cependant par mes mains je vois qu'il me l'enlève ;
Son dessein fait ma perte, et c'est moi qui l'achève ;
J'avance des succès dont j'attends le trépas,
Et pour m'assassiner je lui prête mon bras.
Que l'amitié me plonge en un malheur extrême !

EUPHORBE

730 L'issue en est aisée; agissez pour vous-même;
D'un dessein qui vous perd rompez le coup fatal;
Gagnez une maîtresse, accusant un rival.
Auguste, à qui par là vous sauverez la vie,
Ne vous pourra jamais refuser Emilie.

MAXIME

735 Quoi! trahir mon ami!

EUPHORBE

           L'amour rend tout permis;
Un véritable amant ne connaît point d'amis,
Et même avec justice on peut trahir un traître,
Qui pour une maîtresse ose trahir son maître.
Oubliez l'amitié, comme lui les bienfaits.

MAXIME

740 C'est un exemple à fuir que celui des forfaits.

EUPHORBE

Contre un si noir dessein tout devient légitime;
On n'est point criminel quand on punit un crime.

MAXIME

Un crime par qui Rome obtient sa liberté!

EUPHORBE

Craignez tout d'un esprit si plein de lâcheté.
745 L'intérêt du pays n'est point ce qui l'engage;
Le sien, et non la gloire anime son courage.
Il aimerait César, s'il n'était amoureux,
Et n'est enfin qu'ingrat, et non pas généreux.
    Pensez-vous avoir lu jusqu'au fond de son âme ?
750 Sous la cause publique il vous cachait sa flamme,
Et peut cacher encor sous cette passion
Les détestables feux de son ambition.
Peut-être qu'il prétend, après la mort d'Octave,
Au lieu d'affranchir Rome, en faire son esclave,
755 Qu'il vous compte déjà pour un de ses sujets,
Ou que sur votre perte il fonde ses projets.

MAXIME

Mais comment l'accuser sans nommer tout le reste ?
A tous nos conjurés l'avis serait funeste,

Et par là, nous verrions indignement trahis
760 Ceux qu'engage avec nous le seul bien du pays.
D'un si lâche dessein mon âme est incapable;
Il perd trop d'innocents pour punir un coupable.
J'ose tout contre lui, mais je crains tout pour eux.

EUPHORBE

Auguste s'est lassé d'être si rigoureux;
765 En ces occasions, ennuyé de supplices,
Ayant puni les chefs, il pardonne aux complices.
Si toutefois pour eux vous craignez son courroux,
Quand vous lui parlerez, parlez au nom de tous.

MAXIME

Nous disputons en vain, et ce n'est que folie
770 De vouloir par sa perte acquérir Emilie :
Ce n'est pas le moyen de plaire à ses beaux yeux
Que de priver du jour ce qu'elle aime le mieux.
Pour moi j'estime peu qu'Auguste me la donne;
Je veux gagner son cœur plutôt que sa personne,
775 Et ne fais point d'état de sa possession,
Si je n'ai point de part à son affection.
Puis-je la mériter par une triple offense ?
Je trahis son amant, je détruis sa vengeance,
Je conserve le sang qu'elle veut voir périr;
780 Et j'aurais quelque espoir qu'elle me pût chérir !

EUPHORBE

C'est ce qu'à dire vrai je vois fort difficile.
L'artifice pourtant vous y peut être utile;
Il en faut trouver un qui la puisse abuser,
Et du reste le temps en pourra disposer.

MAXIME

785 Mais si pour s'excuser il nomme sa complice,
S'il arrive qu'Auguste avec lui la punisse,
Puis-je lui demander, pour prix de mon rapport,
Celle qui nous oblige à conspirer sa mort ?

EUPHORBE

Vous pourriez m'opposer tant et de tels obstacles,
790 Que pour les surmonter il faudrait des miracles;
J'espère, toutefois, qu'à force d'y rêver...

MAXIME

Eloigne-toi; dans peu j'irai te retrouver :
Cinna vient, et je veux en tirer quelque chose [19],
Pour mieux résoudre après ce que je me propose.

SCÈNE II

CINNA, MAXIME

MAXIME

Vous me semblez pensif.

CINNA

795   Ce n'est pas sans sujet.

MAXIME

Puis-je d'un tel chagrin savoir quel est l'objet ?

CINNA

Emilie et César, l'un et l'autre me gêne :
L'un me semble trop bon, l'autre trop inhumaine.
Plût aux dieux que César employât mieux ses soins,
800 Et s'en fît plus aimer, ou m'aimât un peu moins;
Que sa bonté touchât la beauté qui me charme,
Et la pût adoucir comme elle me désarme!
Je sens au fond du cœur mille remords cuisants
Qui rendent à mes yeux tous ses bienfaits présents;
805 Cette faveur si pleine, et si mal reconnue,
Par un mortel reproche à tous moments me tue.
Il me semble surtout incessamment le voir
Déposer en nos mains son absolu pouvoir,
Ecouter nos avis, m'applaudir et me dire :
810 « Cinna, par vos conseils, je retiendrai l'empire,
« Mais je le retiendrai pour vous en faire part. »
Et je puis dans son sein enfoncer un poignard!
Ah! plutôt... Mais, hélas! j'idolâtre Emilie;
Un serment exécrable à sa haine me lie;
815 L'horreur qu'elle a de lui me le rend odieux :
Des deux côtés j'offense et ma gloire et les dieux;
Je deviens sacrilège, ou je suis parricide,
Et vers l'un ou vers l'autre il faut être perfide.

MAXIME

Vous n'aviez point tantôt ces agitations;
820 Vous paraissiez plus ferme en vos intentions;
Vous ne sentiez au cœur ni remords, ni reproche.

CINNA

On ne les sent aussi que quand le coup approche,
Et l'on ne reconnaît de semblables forfaits
Que quand la main s'apprête à venir aux effets.
825 L'âme, de son dessein jusque-là possédée,
S'attache aveuglément à sa première idée;
Mais alors quel esprit n'en devient point troublé ?
Ou plutôt quel esprit n'en est point accablé ?
Je crois que Brute même, à tel point qu'on le prise,
830 Voulut plus d'une fois rompre son entreprise,
Qu'avant que de frapper elle lui fit sentir
Plus d'un remords en l'âme, et plus d'un repentir.

MAXIME

Il eut trop de vertu pour tant d'inquiétude,
Il ne soupçonna point sa main d'ingratitude,
835 Et fut contre un tyran d'autant plus animé
Qu'il en reçut de biens et qu'il s'en vit aimé.
Comme vous l'imitez, faites la même chose,
Et formez vos remords d'une plus juste cause,
De vos lâches conseils, qui seuls ont arrêté
840 Le bonheur renaissant de notre liberté.
C'est vous seul aujourd'hui qui nous l'avez ôtée;
De la main de César Brute l'eût acceptée,
Et n'eût jamais souffert qu'un intérêt léger
De vengeance ou d'amour l'eût remise en danger.
845 N'écoutez plus la voix d'un tyran qui vous aime,
Et vous veut faire part de son pouvoir suprême;
Mais entendez crier Rome à votre côté :
« Rends-moi, rends-moi, Cinna, ce que tu m'as ôté;
Et, si tu m'as tantôt préféré ta maîtresse,
850 Ne me préfère pas le tyran qui m'oppresse ».

CINNA

Ami, n'accable plus un esprit malheureux
Qui ne forme qu'en lâche un dessein généreux.
Envers nos citoyens je sais quelle est ma faute,
Et leur rendrai bientôt tout ce que je leur ôte;
855 Mais pardonne aux abois d'une vieille amitié [20]
Qui ne peut expirer sans me faire pitié,

Et laisse-moi, de grâce, attendant Emilie,
Donner un libre cours à ma mélancolie [21].
Mon chagrin t'importune, et le trouble où je suis
860 Veut de la solitude à calmer tant d'ennuis.

MAXIME

Vous voulez rendre compte à l'objet qui vous blesse
De la bonté d'Octave et de votre faiblesse;
L'entretien des amants veut un entier secret.
Adieu. Je me retire en confident discret.

SCÈNE III

CINNA

865 Donne un plus digne nom au glorieux empire
Du noble sentiment que la vertu m'inspire,
Et que l'honneur oppose au coup précipité
De mon ingratitude et de ma lâcheté;
Mais plutôt continue à le nommer faiblesse,
870 Puisqu'il devient si faible auprès d'une maîtresse,
Qu'il respecte un amour qu'il devrait étouffer,
Ou que, s'il le combat, il n'ose en triompher.
En ces extrémités quel conseil dois-je prendre?
De quel côté pencher? à quel parti me rendre?
875 Qu'une âme généreuse a de peine à faillir!
Quelque fruit que par là j'espère de cueillir,
Les douceurs de l'amour, celles de la vengeance,
La gloire d'affranchir le lieu de ma naissance,
N'ont point assez d'appas pour flatter ma raison,
880 S'il les faut acquérir par une trahison,
S'il faut percer le flanc d'un prince magnanime
Qui du peu que je suis fait une telle estime,
Qui me comble d'honneurs, qui m'accable de biens,
Qui ne prend pour régner de conseils que les miens.
885 O coup! ô trahison trop indigne d'un homme!
Dure, dure à jamais l'esclavage de Rome!
Périsse mon amour, périsse mon espoir,
Plutôt que de ma main parte un crime si noir!
Quoi! ne m'offre-t-il pas tout ce que je souhaite,
890 Et qu'au prix de son sang ma passion achète?

Pour jouir de ses dons faut-il l'assassiner ?
Et faut-il lui ravir ce qu'il me veut donner ?
    Mais je dépends de vous, ô serment téméraire [22] !
O haine d'Emilie ! ô souvenir d'un père !
895 Ma foi, mon cœur, mon bras, tout vous est engagé,
Et je ne puis plus rien que par votre congé :
C'est à vous à régler ce qu'il faut que je fasse ;
C'est à vous, Emilie, à lui donner sa grâce ;
Vos seules volontés président à son sort,
900 Et tiennent en mes mains et sa vie et sa mort.
    O dieux, qui comme vous la rendez adorable,
Rendez-la, comme vous, à mes vœux exorable ;
Et, puisque de ses lois je ne puis m'affranchir,
Faites qu'à mes désirs je la puisse fléchir.
905 Mais voici de retour cette aimable inhumaine.

SCÈNE IV

ÉMILIE, CINNA, FULVIE

ÉMILIE

Grâces aux dieux, Cinna, ma frayeur était vaine ;
Aucun de tes amis ne t'a manqué de foi,
Et je n'ai point eu lieu de m'employer pour toi.
Octave en ma présence a tout dit à Livie,
910 Et par cette nouvelle il m'a rendu la vie.

CINNA

Le désavouerez-vous ? et du don qu'il me fait
Voudrez-vous retarder le bienheureux effet ?

ÉMILIE

L'effet est en ta main.

CINNA

                    Mais plutôt en la vôtre.

ÉMILIE

Je suis toujours moi-même, et mon cœur n'est point autre :
915 Me donner à Cinna, c'est ne lui donner rien,
C'est seulement lui faire un présent de son bien.

CINNA

Vous pouvez toutefois... ô ciel! l'osé-je dire?

ÉMILIE

Que puis-je? et que crains-tu?

CINNA

                Je tremble, je soupire,
Et vois que si nos cœurs avaient mêmes désirs,
920 Je n'aurais pas besoin d'expliquer mes soupirs.
Ainsi je suis trop sûr que je vais vous déplaire;
Mais je n'ose parler, et je ne puis me taire.

ÉMILIE

C'est trop me gêner, parle.

CINNA

              Il faut vous obéir.
Je vais donc vous déplaire, et vous m'allez haïr.
925 Je vous aime, Emilie, et le ciel me foudroie
Si cette passion ne fait toute ma joie,
Et si je ne vous aime avec toute l'ardeur
Que peut un digne objet attendre d'un grand cœur!
Mais voyez à quel prix vous me donnez votre âme:
930 En me rendant heureux vous me rendez infâme;
Cette bonté d'Auguste...

ÉMILIE

              Il suffit, je t'entends,
Je vois ton repentir et tes vœux inconstants:
Les faveurs du tyran emportent tes promesses;
Tes feux et tes serments cèdent à ses caresses;
935 Et ton esprit crédule ose s'imaginer
Qu'Auguste, pouvant tout, peut aussi me donner;
Tu me veux de sa main plutôt que de la mienne,
Mais ne crois pas qu'ainsi jamais je t'appartienne:
Il peut faire trembler la terre sous ses pas,
940 Mettre un roi hors du trône, et donner ses Etats,
De ses proscriptions rougir la terre et l'onde,
Et changer à son gré l'ordre de tout le monde;
Mais le cœur d'Emilie est hors de son pouvoir.

CINNA

Aussi n'est-ce qu'à vous que je veux le devoir.
945 Je suis toujours moi-même, et ma foi toujours pure:
La pitié que je sens ne me rend point parjure;

J'obéis sans réserve à tous vos sentiments,
Et prends vos intérêts par-delà mes serments.
 J'ai pu, vous le savez, sans parjure et sans crime,
950 Vous laisser échapper cette illustre victime.
César se dépouillant du pouvoir souverain
Nous ôtait tout prétexte à lui percer le sein!
La conjuration s'en allait dissipée,
Vos desseins avortés, votre haine trompée;
955 Moi seul j'ai raffermi son esprit étonné,
Et pour vous l'immoler ma main l'a couronné.

ÉMILIE

Pour me l'immoler, traître! et tu veux que moi-même
Je retienne ta main! qu'il vive, et que je l'aime!
Que je sois le butin de qui l'ose épargner,
960 Et le prix du conseil qui le force à régner!

CINNA

Ne me condamnez point quand je vous ai servie;
Sans moi, vous n'auriez plus de pouvoir sur sa vie;
Et, malgré ses bienfaits, je rends tout à l'amour,
Quand je veux qu'il périsse ou vous doive le jour.
965 Avec les premiers vœux de mon obéissance
Souffrez ce faible effort de ma reconnaissance,
Que je tâche de vaincre un indigne courroux,
Et vous donner pour lui l'amour qu'il a pour vous.
Une âme généreuse, et que la vertu guide,
970 Fuit la honte des noms d'ingrate et de perfide;
Elle en hait l'infamie attachée au bonheur,
Et n'accepte aucun bien aux dépens de l'honneur.

ÉMILIE

Je fais gloire, pour moi, de cette ignominie [23] :
La perfidie est noble envers la tyrannie;
975 Et quand on rompt le cours d'un sort si malheureux,
Les cœurs les plus ingrats sont les plus généreux.

CINNA

Vous faites des vertus au gré de votre haine.

ÉMILIE

Je me fais des vertus dignes d'une Romaine.

CINNA

Un cœur vraiment romain...

            Ose tout pour ravir
980 Une odieuse vie à qui le fait servir;
Il fuit plus que la mort la honte d'être esclave.

CINNA

C'est l'être avec honneur que de l'être d'Octave;
Et nous voyons souvent des rois à nos genoux
Demander pour appui tels esclaves que nous;
985 Il abaisse à nos pieds l'orgueil des diadèmes,
Il nous fait souverains sur leurs grandeurs suprêmes;
Il prend d'eux les tributs dont il nous enrichit,
Et leur impose un joug dont il nous affranchit.

ÉMILIE

L'indigne ambition que ton cœur se propose!
990 Pour être plus qu'un roi, tu te crois quelque chose!
Aux deux bouts de la terre en est-il un si vain
Qu'il prétende égaler un citoyen romain?
Antoine sur sa tête attira notre haine
En se déshonorant par l'amour d'une reine;
995 Attale, ce grand roi, dans la pourpre blanchi [24],
Qui du peuple romain se nommait l'affranchi,
Quand de toute l'Asie il se fût vu l'arbitre,
Eût encor moins prisé son trône que ce titre.
Souviens-toi de ton nom, soutiens sa dignité;
1000 Et prenant d'un Romain la générosité,
Sache qu'il n'en est point que le ciel n'ait fait naître
Pour commander aux rois, et pour vivre sans maître.

CINNA

Le ciel a trop fait voir en de tels attentats
Qu'il hait les assassins et punit les ingrats;
1005 Et quoi qu'on entreprenne, et quoi qu'on exécute,
Quand il élève un trône, il en venge la chute,
Il se met du parti de ceux qu'il fait régner;
Le coup dont on les tue est longtemps à saigner;
Et quand à les punir il a pu se résoudre,
1010 De pareils châtiments n'appartiennent qu'au foudre.

ÉMILIE

Dis que de leur parti toi-même tu te rends,
De te remettre au foudre à punir les tyrans.
Je ne t'en parle plus, va, sers la tyrannie;
Abandonne ton âme à son lâche génie;

1015 Et pour rendre le calme à ton esprit flottant,
Oublie et ta naissance et le prix qui t'attend.
Sans emprunter ta main pour servir ma colère,
Je saurai bien venger mon pays et mon père.
J'aurais déjà l'honneur d'un si fameux trépas,
1020 Si l'amour jusqu'ici n'eût arrêté mon bras;
C'est lui qui, sous tes lois me tenant asservie,
M'a fait en ta faveur prendre soin de ma vie :
Seule contre un tyran, en le faisant périr,
Par les mains de sa garde il me fallait mourir.
1025 Je t'eusse par ma mort dérobé ta captive;
Et comme pour toi seul l'amour veut que je vive,
J'ai voulu, mais en vain, me conserver pour toi,
Et te donner moyen d'être digne de moi.
    Pardonnez-moi, grands dieux, si je me suis trompée
1030 Quand j'ai pensé chérir un neveu de Pompée,
Et si d'un faux-semblant mon esprit abusé
A fait choix d'un esclave en son lieu supposé.
Je t'aime toutefois, quel que tu puisses être [25];
Et si pour me gagner il faut trahir ton maître,
1035 Mille autres à l'envi recevraient cette loi,
S'ils pouvaient m'acquérir à même prix que toi.
Mais n'appréhende pas qu'un autre ainsi m'obtienne.
Vis pour ton cher tyran, tandis que je meurs tienne :
Mes jours avec les siens se vont précipiter,
1040 Puisque ta lâcheté n'ose me mériter.
Viens me voir, dans son sang et dans le mien baignée,
De ma seule vertu mourir accompagnée
Et te dire en mourant d'un esprit satisfait :
« N'accuse point mon sort, c'est toi seul qui l'as fait.
1045 Je descends dans la tombe où tu m'as condamnée,
Où la gloire me suit qui t'était destinée :
Je meurs en détruisant un pouvoir absolu;
Mais je vivrais à toi si tu l'avais voulu. »

CINNA

Eh bien! vous le voulez, il faut vous satisfaire,
1050 Il faut affranchir Rome, il faut venger un père,
Il faut sur un tyran porter de justes coups;
Mais apprenez qu'Auguste est moins tyran que vous.
S'il nous ôte à son gré nos biens, nos jours, nos femmes,
Il n'a point jusqu'ici tyrannisé nos âmes;
1055 Mais l'empire inhumain qu'exercent vos beautés
Force jusqu'aux esprits et jusqu'aux volontés.

Vous me faites priser ce qui me déshonore;
Vous me faites haïr ce que mon âme adore;
Vous me faites répandre un sang pour qui je dois
1060 Exposer tout le mien et mille et mille fois :
Vous le voulez, j'y cours, ma parole est donnée;
Mais ma main, aussitôt contre mon sein tournée,
Aux mânes d'un tel prince immolant votre amant,
A mon crime forcé joindra mon châtiment,
1065 Et par cette action dans l'autre confondue,
Recouvrera ma gloire aussitôt que perdue.
Adieu.

SCÈNE V

ÉMILIE, FULVIE

FULVIE

Vous avez mis son âme au désespoir.

ÉMILIE

Qu'il cesse de m'aimer, ou suive son devoir.

FULVIE

Il va vous obéir aux dépens de sa vie :
1070 Vous en pleurez !

ÉMILIE

Hélas ! cours après lui, Fulvie,
Et si ton amitié daigne me secourir,
Arrache-lui du cœur ce dessein de mourir;
Dis-lui...

FULVIE

Qu'en sa faveur vous laissez vivre Auguste ?

ÉMILIE

Ah ! c'est faire à ma haine une loi trop injuste.

FULVIE

1075 Et quoi donc ?

ÉMILIE

Qu'il achève, et dégage sa foi,
Et qu'il choisisse après de la mort ou de moi.

ACTE IV

SCÈNE PREMIÈRE

AUGUSTE, EUPHORBE, POLYCLÈTE, GARDES

AUGUSTE

Tout ce que tu me dis, Euphorbe, est incroyable.

EUPHORBE

Seigneur, le récit même en paraît effroyable :
On ne conçoit qu'à peine une telle fureur,
1080 Et la seule pensée en fait frémir d'horreur.

AUGUSTE

Quoi! mes plus chers amis! quoi! Cinna! quoi! Maxime!
Les deux que j'honorais d'une si haute estime,
A qui j'ouvrais mon cœur, et dont j'avais fait choix
Pour les plus importants et plus nobles emplois!
1085 Après qu'entre leurs mains j'ai remis mon empire,
Pour m'arracher le jour l'un et l'autre conspire!
Maxime a vu sa faute, il m'en fait avertir,
Et montre un cœur touché d'un juste repentir;
Mais Cinna!

EUPHORBE

Cinna seul dans sa rage s'obstine,
1090 Et contre vos bontés d'autant plus se mutine;
Lui seul combat encor les vertueux efforts
Que sur les conjurés fait ce juste remords,
Et malgré les frayeurs à leurs regrets mêlées,
Il tâche à raffermir leurs âmes ébranlées.

AUGUSTE

1095 Lui seul les encourage, et lui seul les séduit!
O le plus déloyal que la terre ait produit!
O trahison conçue au sein d'une furie!

O trop sensible coup d'une main si chérie!
Cinna, tu me trahis! Polyclète, écoutez.

Il lui parle à l'oreille.

POLYCLÈTE

1100 Tous vos ordres, seigneur, seront exécutés.

AUGUSTE

Qu'Éraste en même temps aille dire à Maxime
Qu'il vienne recevoir le pardon de son crime.

Polyclète rentre.

EUPHORBE

Il l'a trop jugé grand pour ne pas s'en punir.
A peine du palais il a pu revenir,
1105 Que, les yeux égarés, et le regard farouche,
Le cœur gros de soupirs, les sanglots à la bouche,
Il déteste sa vie et ce complot maudit,
M'en apprend l'ordre entier tel que je vous l'ai dit;
Et m'ayant commandé que je vous avertisse,
1110 Il ajoute : « Dis-lui que je me fais justice,
Que je n'ignore point ce que j'ai mérité. »
Puis soudain dans le Tibre il s'est précipité;
Et l'eau grosse et rapide, et la nuit assez noire,
M'ont dérobé la fin de sa tragique histoire.

AUGUSTE

1115 Sous ce pressant remords il a trop succombé,
Et s'est à mes bontés lui-même dérobé;
Il n'est crime envers moi qu'un repentir n'efface.
Mais puisqu'il a voulu renoncer à ma grâce,
Allez pourvoir au reste, et faites qu'on ait soin
1120 De tenir en lieu sûr ce fidèle témoin.

SCÈNE II

AUGUSTE

Ciel, à qui voulez-vous désormais que je fie
Les secrets de mon âme et le soin de ma vie ?
Reprenez le pouvoir que vous m'avez commis,
Si donnant des sujets il ôte les amis,
1125 Si tel est le destin des grandeurs souveraines
Que leurs plus grands bienfaits n'attirent que des haines,

Et si votre rigueur les condamne à chérir
Ceux que vous animez à les faire périr.
Pour elles rien n'est sûr; qui peut tout doit tout craindre.
1130 Rentre en toi-même, Octave, et cesse de te plaindre.
Quoi! Tu veux qu'on t'épargne, et n'as rien épargné!
Songe aux fleuves de sang où ton bras s'est baigné [26],
De combien ont rougi les champs de Macédoine,
Combien en a versé la défaite d'Antoine,
1135 Combien celle de Sexte, et revois tout d'un temps
Pérouse au sien noyée, et tous ses habitants.
Remets dans ton esprit, après tant de carnages,
De tes proscriptions les sanglantes images,
Où toi-même, des tiens devenu le bourreau,
1140 Au sein de ton tuteur enfonças le couteau :
Et puis ose accuser le destin d'injustice
Quand tu vois que les tiens s'arment pour ton supplice,
Et que, par ton exemple à ta perte guidés,
Ils violent des droits que tu n'as pas gardés!
1145 Leur trahison est juste, et le ciel l'autorise :
Quitte ta dignité comme tu l'as acquise;
Rends un sang infidèle à l'infidélité,
Et souffre des ingrats après l'avoir été.
    Mais que mon jugement au besoin m'abandonne!
1150 Quelle fureur, Cinna, m'accuse et te pardonne,
Toi, dont la trahison me force à retenir
Ce pouvoir souverain dont tu me veux punir,
Me traite en criminel, et fait seule mon crime,
Relève pour l'abattre un trône illégitime,
1155 Et, d'un zèle effronté couvrant son attentat,
S'oppose, pour me perdre, au bonheur de l'Etat ?
Donc jusqu'à l'oublier je pourrais me contraindre!
Tu vivrais en repos après m'avoir fait craindre!
Non, non, je me trahis moi-même d'y penser :
1160 Qui pardonne aisément invite à l'offenser;
Punissons l'assassin, proscrivons les complices.
    Mais quoi! toujours du sang, et toujours des supplices!
Ma cruauté se lasse, et ne peut s'arrêter;
Je veux me faire craindre et ne fais qu'irriter.
1165 Rome a pour ma ruine une hydre trop fertile :
Une tête coupée en fait renaître mille,
Et le sang répandu de mille conjurés
Rend mes jours plus maudits, et non plus assurés.
Octave, n'attends plus le coup d'un nouveau Brute;
1170 Meurs, et dérobe-lui la gloire de ta chute;

Meurs; tu ferais pour vivre un lâche et vain effort,
Si tant de gens de cœur font des vœux pour ta mort,
Et si tout ce que Rome a d'illustre jeunesse
Pour te faire périr tour à tour s'intéresse;
1175 Meurs, puisque c'est un mal que tu ne peux guérir;
Meurs enfin, puisqu'il faut ou tout perdre, ou mourir.
La vie est peu de chose, et le peu qui t'en reste
Ne vaut pas l'acheter par un prix si funeste.
Meurs, mais quitte du moins la vie avec éclat,
1180 Eteins-en le flambeau dans le sang de l'ingrat,
A toi-même en mourant immole ce perfide;
Contentant ses désirs, punis son parricide;
Fais un tourment pour lui de ton propre trépas,
En faisant qu'il le voie et n'en jouisse pas :
1185 Mais jouissons plutôt nous-mêmes de sa peine;
Et si Rome nous hait triomphons de sa haine.
    O Romains! ô vengeance! ô pouvoir absolu!
O rigoureux combat d'un cœur irrésolu
Qui fuit en même temps tout ce qu'il se propose!
1190 D'un prince malheureux ordonnez quelque chose.
Qui des deux dois-je suivre, et duquel m'éloigner ?
Ou laissez-moi périr, ou laissez-moi régner.

SCÈNE III

AUGUSTE, LIVIE [27]

AUGUSTE

Madame, on me trahit, et la main qui me tue
Rend sous mes déplaisirs ma constance abattue.
1195 Cinna, Cinna, le traître...

LIVIE

Euphorbe m'a tout dit,
Seigneur, et j'ai pâli cent fois à ce récit.
Mais écouteriez-vous les conseils d'une femme ?

AUGUSTE

Hélas! de quel conseil est capable mon âme ?

LIVIE

Votre sévérité, sans produire aucun fruit,
1200 Seigneur, jusqu'à présent a fait beaucoup de bruit;

Par les peines d'un autre aucun ne s'intimide :
Salvidien à bas a soulevé Lépide;
Murène a succédé, Cépion l'a suivi :
Le jour à tous les deux dans les tourments ravi
1205 N'a point mêlé de crainte à la fureur d'Egnace,
Dont Cinna maintenant ose prendre la place;
Et dans les plus bas rangs les noms les plus abjets
Ont voulu s'ennoblir par de si hauts projets.
Après avoir en vain puni leur insolence,
1210 Essayez sur Cinna ce que peut la clémence;
Faites son châtiment de sa confusion,
Cherchez le plus utile en cette occasion :
Sa peine peut aigrir une ville animée,
Son pardon peut servir à votre renommée[28];
1215 Et ceux que vos rigueurs ne font qu'effaroucher
Peut-être à vos bontés se laisseront toucher.

AUGUSTE

Gagnons-les tout à fait en quittant cet empire
Qui nous rend odieux, contre qui l'on conspire.
J'ai trop par vos avis consulté là-dessus;
1220 Ne m'en parlez jamais, je ne consulte plus.
Cesse de soupirer, Rome, pour ta franchise :
Si je t'ai mise aux fers, moi-même je les brise,
Et te rends ton Etat, après l'avoir conquis,
Plus paisible et plus grand que je ne te l'ai pris :
1225 Si tu me veux haïr, hais-moi sans plus rien feindre;
Si tu me veux aimer, aime-moi sans me craindre.
De tout ce qu'eut Sylla de puissance et d'honneur,
Lassé comme il en fut, j'aspire à son bonheur.

LIVIE

Assez et trop longtemps son exemple vous flatte;
1230 Mais gardez que sur vous le contraire n'éclate :
Ce bonheur sans pareil qui conserva ses jours
Ne serait pas bonheur, s'il arrivait toujours.

AUGUSTE

Eh bien! s'il est trop grand, si j'ai tort d'y prétendre,
J'abandonne mon sang à qui voudra l'épandre.
1235 Après un long orage, il faut trouver un port;
Et je n'en vois que deux, le repos, ou la mort.

LIVIE

Quoi! vous voulez quitter le fruit de tant de peines ?

AUGUSTE

Quoi! vous voulez garder l'objet de tant de haines ?

LIVIE

Seigneur, vous emporter à cette extrémité,
1240 C'est plutôt désespoir que générosité.

AUGUSTE

Régner et caresser une main si traîtresse,
Au lieu de sa vertu, c'est montrer sa faiblesse.

LIVIE

C'est régner sur vous-même, et, par un noble choix [29],
Pratiquer la vertu la plus digne des rois.

AUGUSTE

1245 Vous m'aviez bien promis des conseils d'une femme;
Vous me tenez parole, et c'en sont là, madame.
    Après tant d'ennemis à mes pieds abattus,
Depuis vingt ans je règne, et j'en sais les vertus;
Je sais leur divers ordre, et de quelle nature
1250 Sont les devoirs d'un prince en cette conjoncture :
Tout son peuple est blessé par un tel attentat,
Et la seule pensée est un crime d'Etat,
Une offense qu'on fait à toute sa province,
Dont il faut qu'il la venge, ou cesse d'être prince.

LIVIE

1255 Donnez moins de croyance à votre passion.

AUGUSTE

Ayez moins de faiblesse, ou moins d'ambition.

LIVIE

Ne traitez plus si mal un conseil salutaire.

AUGUSTE

Le ciel m'inspirera ce qu'ici je dois faire.
Adieu : nous perdons temps.

LIVIE

                              Je ne vous quitte point,
1260 Seigneur, que mon amour n'ait obtenu ce point.

AUGUSTE

C'est l'amour des grandeurs qui vous rend importune.

LIVIE

J'aime votre personne, et non votre fortune.

Elle est seule.

Il m'échappe : suivons, et forçons-le de voir
Qu'il peut, en faisant grâce, affermir son pouvoir [30],
1265 Et qu'enfin la clémence est la plus belle marque
Qui fasse à l'univers connaître un vrai monarque.

SCÈNE IV

ÉMILIE, FULVIE

ÉMILIE

D'où me vient cette joie, et que mal à propos
Mon esprit malgré moi goûte un entier repos !
César mande Cinna sans me donner d'alarmes !
1270 Mon cœur est sans soupirs, mes yeux n'ont point de larmes :
Comme si j'apprenais d'un secret mouvement
Que tout doit succéder à mon contentement [31] !
Ai-je bien entendu ? me l'as-tu dit, Fulvie ?

FULVIE

J'avais gagné sur lui qu'il aimerait la vie,
1275 Et je vous l'amenais, plus traitable et plus doux,
Faire un second effort contre votre courroux ;
Je m'en applaudissais, quand soudain Polyclète,
Des volontés d'Auguste ordinaire interprète
Est venu l'aborder et sans suite et sans bruit,
1280 Et de sa part sur l'heure au palais l'a conduit.
Auguste est fort troublé, l'on ignore la cause ;
Chacun diversement soupçonne quelque chose ;
Tous présument qu'il ait un grand sujet d'ennui,
Et qu'il mande Cinna pour prendre avis de lui.
1285 Mais ce qui m'embarrasse, et que je viens d'apprendre,
C'est que deux inconnus se sont saisis d'Evandre,
Qu'Euphorbe est arrêté sans qu'on sache pourquoi,
Que même de son maître on dit je ne sais quoi :
On lui veut imputer un désespoir funeste ;
1290 On parle d'eaux, de Tibre, et l'on se tait du reste.

ÉMILIE

Que de sujets de craindre et de désespérer,
Sans que mon triste cœur en daigne murmurer!
A chaque occasion le ciel y fait descendre
Un sentiment contraire à celui qu'il doit prendre :
1295 Une vaine frayeur tantôt m'a pu troubler,
Et je suis insensible alors qu'il faut trembler.
        Je vous entends, grands dieux! vos bontés que j'adore
Ne peuvent consentir que je me déshonore;
Et ne me permettant soupirs, sanglots, ni pleurs,
1300 Soutiennent ma vertu contre de tels malheurs.
Vous voulez que je meure avec ce grand courage
Qui m'a fait entreprendre un si fameux ouvrage;
Et je veux bien périr comme vous l'ordonnez,
Et dans la même assiette où vous me retenez.
1305   O liberté de Rome! ô mânes de mon père!
J'ai fait de mon côté tout ce que j'ai pu faire :
Contre votre tyran j'ai ligué ses amis,
Et plus osé pour vous qu'il ne m'était permis.
Si l'effet a manqué, ma gloire n'est pas moindre;
1310 N'ayant pu vous venger, je vous irai rejoindre,
Mais si fumante encor d'un généreux courroux,
Par un trépas si noble et si digne de vous,
Qu'il vous fera sur l'heure aisément reconnaître
Le sang des grands héros dont vous m'avez fait naître.

SCÈNE V

MAXIME, ÉMILIE, FULVIE

ÉMILIE

1315 Mais je vous vois, Maxime, et l'on vous faisait mort!

MAXIME

Euphorbe trompe Auguste avec ce faux rapport;
Se voyant arrêté, la trame découverte,
Il a feint ce trépas pour empêcher ma perte.

ÉMILIE

Que dit-on de Cinna?

MAXIME

Que son plus grand regret,

1320 C'est de voir que César sait tout votre secret ;
En vain il le dénie et le veut méconnaître,
Evandre a tout conté pour excuser son maître,
Et par ordre d'Auguste on vient vous arrêter.

ÉMILIE

Celui qui l'a reçu tarde à l'exécuter ;
1325 Je suis prête à le suivre et lasse de l'attendre.

MAXIME

Il vous attend chez moi.

ÉMILIE

Chez vous !

MAXIME

C'est vous sur- [prendre :

Mais apprenez le soin que le ciel a de vous :
C'est un des conjurés qui va fuir avec nous.
Prenons notre avantage avant qu'on nous poursuive ;
1330 Nous avons pour partir un vaisseau sur la rive.

ÉMILIE

Me connais-tu, Maxime, et sais-tu qui je suis ?

MAXIME

En faveur de Cinna je fais ce que je puis,
Et tâche à garantir de ce malheur extrême
La plus belle moitié qui reste de lui-même.
1335 Sauvons-nous, Emilie, et conservons le jour,
Afin de le venger par un heureux retour.

ÉMILIE

Cinna dans son malheur est de ceux qu'il faut suivre,
Qu'il ne faut pas venger, de peur de leur survivre ;
Quiconque après sa perte aspire à se sauver
1340 Est indigne du jour qu'il tâche à conserver.

MAXIME

Quel désespoir aveugle à ces fureurs vous porte ?
O dieux ! que de faiblesse en une âme si forte !
Ce cœur si généreux rend si peu de combat,
Et du premier revers la fortune l'abat !

1345 Rappelez, rappelez cette vertu sublime,
Ouvrez enfin les yeux, et connaissez Maxime :
C'est un autre Cinna qu'en lui vous regardez;
Le ciel vous rend en lui l'amant que vous perdez;
Et puisque l'amitié n'en faisait plus qu'une âme,
1350 Aimez en cet ami l'objet de votre flamme;
Avec la même ardeur il saura vous chérir,
Que...

ÉMILIE

Tu m'oses aimer, et tu n'oses mourir!
Tu prétends un peu trop; mais quoi que tu prétendes,
Rends-toi digne du moins de ce que tu demandes;
1355 Cesse de fuir en lâche un glorieux trépas,
Ou de m'offrir un cœur que tu fais voir si bas;
Fais que je porte envie à ta vertu parfaite;
Ne te pouvant aimer, fais que je te regrette;
Montre d'un vrai Romain la dernière vigueur,
1360 Et mérite mes pleurs au défaut de mon cœur.
Quoi! si ton amitié pour Cinna s'intéresse,
Crois-tu qu'elle consiste à flatter sa maîtresse ?
Apprends, apprends de moi quel en est le devoir,
Et donne-m'en l'exemple, ou viens le recevoir.

MAXIME

1365 Votre juste douleur est trop impétueuse.

ÉMILIE

La tienne en ta faveur est trop ingénieuse.
Tu me parles déjà d'un bienheureux retour,
Et dans tes déplaisirs tu conçois de l'amour!

MAXIME

Cet amour en naissant est toutefois extrême;
1370 C'est votre amant en vous, c'est mon ami que j'aime.
Et des mêmes ardeurs dont il fut embrasé...

ÉMILIE

Maxime, en voilà trop pour un homme avisé.
Ma perte m'a surprise, et ne m'a point troublée :
Mon noble désespoir ne m'a point aveuglée;
1375 Ma vertu tout entière agit sans s'émouvoir,
Et je vois malgré moi plus que je ne veux voir.

MAXIME

Quoi ? vous suis-je suspect de quelque perfidie ?

ÉMILIE

Oui, tu l'es, puisqu'enfin tu veux que je le die;
L'ordre de notre fuite est trop bien concerté
1380 Pour ne te soupçonner d'aucune lâcheté :
Les dieux seraient pour nous prodigues en miracles,
S'ils en avaient sans toi levé tous les obstacles.
Fuis sans moi, tes amours sont ici superflus.

MAXIME

Ah! vous m'en dites trop.

ÉMILIE

J'en présume encor plus.
1385 Ne crains pas toutefois que j'éclate en injures;
Mais n'espère non plus m'éblouir de parjures.
Si c'est te faire tort que de m'en défier,
Viens mourir avec moi pour te justifier.

MAXIME

Vivez, belle Emilie, et souffrez qu'un esclave...

ÉMILIE

1390 Je ne t'écoute plus qu'en présence d'Octave.
Allons, Fulvie, allons.

SCÈNE VI

MAXIME

Désespéré, confus,
Et digne, s'il se peut, d'un plus cruel refus,
Que résous-tu, Maxime ? et quel est le supplice
Que ta vertu prépare à ton vain artifice ?
1395 Aucune illusion ne te doit plus flatter :
Emilie en mourant va tout faire éclater;
Sur un même échafaud la perte de sa vie
Etalera sa gloire et ton ignominie,
Et sa mort va laisser à la postérité
1400 L'infâme souvenir de ta déloyauté.
Un même jour t'a vu, par une fausse adresse,
Trahir ton souverain, ton ami, ta maîtresse,
Sans que de tant de droits en un jour violés,
Sans que de deux amants au tyran immolés,

1405 Il te reste aucun fruit que la honte et la rage
Qu'un remords inutile allume en ton courage.
    Euphorbe, c'est l'effet de tes lâches conseils;
Mais que peut-on attendre enfin de tes pareils ?
Jamais un affranchi n'est qu'un esclave infâme;
1410 Bien qu'il change d'état, il ne change point d'âme;
La tienne, encor servile, avec la liberté
N'a pu prendre un rayon de générosité :
Tu m'as fait relever une injuste puissance;
Tu m'as fait démentir l'honneur de ma naissance;
1415 Mon cœur te résistait, et tu l'as combattu
Jusqu'à ce que ta fourbe ait souillé sa vertu [32].
Il m'en coûte la vie, il m'en coûte la gloire,
Et j'ai tout mérité pour t'avoir voulu croire;
Mais les dieux permettront à mes ressentiments
1420 De te sacrifier aux yeux des deux amants,
Et j'ose m'assurer qu'en dépit de mon crime
Mon sang leur servira d'assez pure victime,
Si dans le tien mon bras, justement irrité,
Peut laver le forfait de t'avoir écouté.

ACTE V

SCÈNE PREMIÈRE

AUGUSTE, CINNA

AUGUSTE

1425 Prends un siège, Cinna, prends, et sur toute chose [33]
Observe exactement la loi que je t'impose :
Prête, sans me troubler, l'oreille à mes discours;
D'aucun mot, d'aucun cri, n'en interromps le cours;
Tiens ta langue captive; et si ce grand silence
1430 A ton émotion fait quelque violence,
Tu pourras me répondre après tout à loisir :
Sur ce point seulement contente mon désir.

CINNA

Je vous obéirai, seigneur.

AUGUSTE

Qu'il te souvienne
De garder ta parole, et je tiendrai la mienne.
1435 Tu vois le jour, Cinna; mais ceux dont tu le tiens
Furent les ennemis de mon père[34], et les miens :
Au milieu de leur camp tu reçus la naissance;
Et lorsqu'après leur mort tu vins en ma puissance,
Leur haine enracinée au milieu de ton sein
1440 T'avait mis contre moi les armes à la main;
Tu fus mon ennemi même avant que de naître,
Et tu le fus encor quand tu me pus connaître,
Et l'inclination jamais n'a démenti
Ce sang qui t'avait fait du contraire parti.
1445 Autant que tu l'as pu, les effets l'ont suivie;
Je ne m'en suis vengé qu'en te donnant la vie;
Je te fis prisonnier pour te combler de biens;
Ma cour fut ta prison, mes faveurs tes liens :
Je te restituai d'abord ton patrimoine;
1450 Je t'enrichis après des dépouilles d'Antoine,
Et tu sais que depuis, à chaque occasion,
Je suis tombé pour toi dans la profusion;
Toutes les dignités que tu m'as demandées,
Je te les ai sur l'heure et sans peine accordées;
1455 Je t'ai préféré même à ceux dont les parents
Ont jadis dans mon camp tenu les premiers rangs,
A ceux qui de leur sang m'ont acheté l'empire,
Et qui m'ont conservé le jour que je respire;
De la façon enfin qu'avec toi j'ai vécu,
1460 Les vainqueurs sont jaloux du bonheur du vaincu.
Quand le ciel me voulut, en rappelant Mécène,
Après tant de faveur montrer un peu de haine,
Je te donnai sa place en ce triste accident,
Et te fis, après lui, mon plus cher confident;
1465 Aujourd'hui même encor, mon âme irrésolue
Me pressant de quitter ma puissance absolue,
De Maxime et de toi j'ai pris les seuls avis,
Et ce sont, malgré lui, les tiens que j'ai suivis;
Bien plus, ce même jour je te donne Emilie,
1470 Le digne objet des vœux de toute l'Italie,
Et qu'ont mise si haut mon amour et mes soins,
Qu'en te couronnant roi je t'aurais donné moins.
Tu t'en souviens, Cinna, tant d'heur et tant de gloire
Ne peuvent pas sitôt sortir de ta mémoire;

1475 Mais ce qu'on ne pourrait jamais s'imaginer,
Cinna, tu t'en souviens, et veux m'assassiner.

CINNA

Moi, seigneur ! moi, que j'eusse une âme si traîtresse !
Qu'un si lâche dessein...

AUGUSTE

                    Tu tiens mal ta promesse :
Sieds-toi, je n'ai pas dit encor ce que je veux ;
1480 Tu te justifieras après, si tu le peux.
Ecoute cependant, et tiens mieux ta parole.
    Tu veux m'assassiner demain, au Capitole,
Pendant le sacrifice, et ta main pour signal
Me doit, au lieu d'encens, donner le coup fatal ;
1485 La moitié de tes gens doit occuper la porte,
L'autre moitié te suivre et te prêter main-forte.
Ai-je de bons avis, ou de mauvais soupçons ?
De tous ces meurtriers te dirai-je les noms ?
Procule, Glabrion, Virginian, Rutile,
1490 Marcel, Plaute, Lénas, Pompone, Albin, Icile,
Maxime, qu'après toi j'avais le plus aimé :
Le reste ne vaut pas l'honneur d'être nommé ;
Un tas d'hommes perdus de dettes et de crimes,
Que pressent de mes lois les ordres légitimes,
1495 Et qui, désespérant de les plus éviter,
Si tout n'est renversé, ne sauraient subsister.
    Tu te tais maintenant, et gardes le silence,
Plus par confusion que par obéissance.
Quel était ton dessein, et que prétendais-tu
1500 Après m'avoir au temple à tes pieds abattu ?
Affranchir ton pays d'un pouvoir monarchique ?
Si j'ai bien entendu tantôt ta politique,
Son salut désormais dépend d'un souverain,
Qui pour tout conserver tienne tout en sa main ;
1505 Et si sa liberté te faisait entreprendre,
Tu ne m'eusses jamais empêché de la rendre ;
Tu l'aurais acceptée au nom de tout l'Etat,
Sans vouloir l'acquérir par un assassinat.
Quel était donc ton but ? d'y régner en ma place ?
1510 D'un étrange malheur son destin le menace,
Si pour monter au trône et lui donner la loi
Tu ne trouves dans Rome autre obstacle que moi,
Si jusques à ce point son sort est déplorable,
Que tu sois après moi le plus considérable,

1515 Et que ce grand fardeau de l'empire romain
Ne puisse après ma mort tomber mieux qu'en ta main.
    Apprends à te connaître, et descends en toi-même :
On t'honore dans Rome, on te courtise, on t'aime,
Chacun tremble sous toi, chacun t'offre des vœux,
1520 Ta fortune est bien haut, tu peux ce que tu veux ;
Mais tu ferais pitié même à ceux qu'elle irrite,
Si je t'abandonnais à ton peu de mérite.
Ose me démentir, dis-moi ce que tu vaux,
Conte-moi tes vertus, tes glorieux travaux,
1525 Les rares qualités par où tu m'as dû plaire,
Et tout ce qui t'élève au-dessus du vulgaire.
Ma faveur fait ta gloire, et ton pouvoir en vient ;
Elle seule t'élève, et seule te soutient ;
C'est elle qu'on adore, et non pas ta personne :
1530 Tu n'as crédit ni rang, qu'autant qu'elle t'en donne ;
Et pour te faire choir je n'aurais aujourd'hui
Qu'à retirer la main qui seule est ton appui.
J'aime mieux toutefois céder à ton envie :
Règne, si tu le peux, aux dépens de ma vie :
1535 Mais oses-tu penser que les Serviliens,
Les Cosses, les Métels, les Pauls, les Fabiens,
Et tant d'autres enfin de qui les grands courages
Des héros de leur sang sont les vives images,
Quittent le noble orgueil d'un sang si généreux
1540 Jusqu'à pouvoir souffrir que tu règnes sur eux ?
Parle, parle, il est temps [35].

CINNA

                                Je demeure stupide ;
Non que votre colère ou la mort m'intimide :
Je vois qu'on m'a trahi, vous m'y voyez rêver,
Et j'en cherche l'auteur sans le pouvoir trouver.
1545 Mais c'est trop y tenir toute l'âme occupée :
Seigneur, je suis Romain, et du sang de Pompée.
Le père et les deux fils, lâchement égorgés [36],
Par la mort de César étaient trop peu vengés ;
C'est là d'un beau dessein l'illustre et seule cause :
1550 Et puisqu'à vos rigueurs la trahison m'expose,
N'attendez point de moi d'infâmes repentirs,
D'inutiles regrets, ni de honteux soupirs.
Le sort vous est propice autant qu'il m'est contraire ;
Je sais ce que j'ai fait, et ce qu'il vous faut faire :
1555 Vous devez un exemple à la postérité,
Et mon trépas importe à votre sûreté.

AUGUSTE

Tu me braves, Cinna, tu fais le magnanime,
Et. loin de t'excuser, tu couronnes ton crime.
Voyons si ta constance ira jusques au bout.
1560 Tu sais ce qui t'est dû, tu vois que je sais tout,
Fais ton arrêt toi-même, et choisis tes supplices.

SCÈNE II

AUGUSTE, LIVIE, CINNA, ÉMILIE, FULVIE

LIVIE

Vous ne connaissez pas encor tous les complices;
Votre Emilie en est, seigneur, et la voici.

CINNA

C'est elle-même, ô dieux!

AUGUSTE

Et toi, ma fille, aussi!

ÉMILIE

1565 Oui, tout ce qu'il a fait, il l'a fait pour me plaire,
Et j'en étais, seigneur, la cause et le salaire.

AUGUSTE

Quoi ? l'amour qu'en ton cœur j'ai fait naître aujourd'hui
T'emporte-t-il déjà jusqu'à mourir pour lui ?
Ton âme à ces transports un peu trop s'abandonne,
1570 Et c'est trop tôt aimer l'amant que je te donne [37].

ÉMILIE

Cet amour qui m'expose à vos ressentiments
N'est point le prompt effet de vos commandements;
Ces flammes dans nos cœurs sans votre ordre étaient nées,
Et ce sont des secrets de plus de quatre années;
1575 Mais, quoique je l'aimasse et qu'il brûlât pour moi,
Une haine plus forte à tous deux fit la loi;
Je ne voulus jamais lui donner d'espérance,
Qu'il ne m'eût de mon père assuré la vengeance;
Je la lui fis jurer; il chercha des amis.

1580 Le ciel rompt le succès que je m'étais promis,
Et je vous viens, seigneur, offrir une victime,
Non pour sauver sa vie en me chargeant du crime :
Son trépas est trop juste après son attentat,
Et toute excuse est vaine en un crime d'Etat.
1585 Mourir en sa présence, et rejoindre mon père,
C'est tout ce qui m'amène, et tout ce que j'espère.

AUGUSTE

Jusques à quand, ô ciel, et par quelle raison
Prendrez-vous contre moi des traits dans ma maison ?
Pour ses débordements j'en ai chassé Julie,
1590 Mon amour en sa place a fait choix d'Emilie,
Et je la vois comme elle indigne de ce rang.
L'une m'ôtait l'honneur, l'autre a soif de mon sang ;
Et prenant toutes deux leur passion pour guide,
L'une fut impudique et l'autre est parricide.
1595 O ma fille ! Est-ce là le prix de mes bienfaits ?

ÉMILIE

Ceux de mon père en vous firent mêmes effets.

AUGUSTE

Songe avec quel amour j'élevai ta jeunesse.

ÉMILIE

Il éleva la vôtre avec même tendresse ;
Il fut votre tuteur, et vous son assassin :
1600 Et vous m'avez au crime enseigné le chemin :
Le mien d'avec le vôtre en ce point seul diffère,
Que votre ambition s'est immolé mon père,
Et qu'un juste courroux dont je me sens brûler
A son sang innocent voulait vous immoler.

LIVIE

1605 C'en est trop, Emilie ; arrête, et considère
Qu'il t'a trop bien payé les bienfaits de ton père :
Sa mort, dont la mémoire allume ta fureur,
Fut un crime d'Octave et non de l'empereur.
    Tous ces crimes d'Etat qu'on fait pour la couronne,
1610 Le ciel nous en absout alors qu'il nous la donne,
Et dans le sacré rang où sa faveur l'a mis,
Le passé devient juste et l'avenir permis.
Qui peut y parvenir ne peut être coupable ;
Quoi qu'il ait fait ou fasse, il est inviolable :

1615 Nous lui devons nos biens, nos jours sont en sa main,
Et jamais on n'a droit sur ceux du souverain [38].

ÉMILIE

Aussi, dans le discours que vous venez d'entendre,
Je parlais pour l'aigrir, et non pour me défendre.
    Punissez donc, seigneur, ces criminels appas
1620 Qui de vos favoris font d'illustres ingrats;
Tranchez mes tristes jours pour assurer les vôtres.
Si j'ai séduit Cinna, j'en séduirai bien d'autres;
Et je suis plus à craindre, et vous plus en danger,
Si j'ai l'amour ensemble et le sang à venger.

CINNA

1625 Que vous m'ayez séduit, et que je souffre encore
D'être déshonoré par celle que j'adore!
    Seigneur, la vérité doit ici s'exprimer :
J'avais fait ce dessein avant que de l'aimer;
A mes plus saints désirs la trouvant inflexible,
1630 Je crus qu'à d'autres soins elle serait sensible;
Je parlai de son père et de votre rigueur,
Et l'offre de mon bras suivit celle du cœur.
Que la vengeance est douce à l'esprit d'une femme!
Je l'attaquai par là, par là je pris son âme;
1635 Dans mon peu de mérite elle me négligeait,
Et ne put négliger le bras qui la vengeait :
Elle n'a conspiré que par mon artifice;
J'en suis le seul auteur, elle n'est que complice.

ÉMILIE

Cinna, qu'oses-tu dire ? est-ce là me chérir,
1640 Que de m'ôter l'honneur quand il me faut mourir ?

CINNA

Mourez, mais en mourant ne souillez point ma gloire.

ÉMILIE

La mienne se flétrit, si César te veut croire.

CINNA

Et la mienne se perd, si vous tirez à vous
Toute celle qui suit de si généreux coups.

ÉMILIE

1645 Eh bien! prends-en ta part, et me laisse la mienne;
Ce serait l'affaiblir que d'affaiblir la tienne :

La gloire et le plaisir, la honte et les tourments,
Tout doit être commun entre de vrais amants.
    Nos deux âmes, seigneur, sont deux âmes romaines;
1650 Unissant nos désirs, nous unîmes nos haines;
De nos parents perdus le vif ressentiment
Nous apprit nos devoirs en un même moment;
En ce noble dessein nos cœurs se rencontrèrent;
Nos esprits généreux ensemble le formèrent;
1655 Ensemble nous cherchons l'honneur d'un beau trépas :
Vous vouliez nous unir, ne nous séparez pas.

AUGUSTE

Oui, je vous unirai, couple ingrat et perfide,
Et plus mon ennemi qu'Antoine ni Lépide;
Oui, je vous unirai, puisque vous le voulez :
1660 Il faut bien satisfaire aux feux dont vous brûlez;
Et que tout l'univers, sachant ce qui m'anime,
S'étonne du supplice aussi bien que du crime.

SCÈNE III

AUGUSTE, LIVIE, CINNA, MAXIME, ÉMILIE, FULVIE

AUGUSTE

Mais enfin le ciel m'aime, et ses bienfaits nouveaux [39]
Ont enlevé Maxime à la fureur des eaux.
1665 Approche, seul ami que j'éprouve fidèle.

MAXIME

Honorez moins, seigneur, une âme criminelle.

AUGUSTE

Ne parlons plus de crime après ton repentir,
Après que du péril tu m'as su garantir;
C'est à toi que je dois et le jour et l'empire.

MAXIME

1670 De tous vos ennemis connaissez mieux le pire :
Si vous régnez encor, seigneur, si vous vivez,
C'est ma jalouse rage à qui vous le devez.

Un vertueux remords n'a point touché mon âme;
Pour perdre mon rival, j'ai découvert sa trame;
1675 Euphorbe vous a feint que je m'étais noyé
De crainte qu'après moi vous n'eussiez envoyé :
Je voulais avoir lieu d'abuser Emilie,
Effrayer son esprit, la tirer d'Italie,
Et pensais la résoudre à cet enlèvement
1680 Sous l'espoir du retour pour venger son amant;
Mais au lieu de goûter ces grossières amorces,
Sa vertu combattue a redoublé ses forces,
Elle a lu dans mon cœur; vous savez le surplus,
Et je vous en ferais des récits superflus.
1685 Vous voyez le succès de mon lâche artifice.
Si pourtant quelque grâce est due à mon indice,
Faites périr Euphorbe au milieu des tourments,
Et souffrez que je meure aux yeux de ces amants.
J'ai trahi mon ami, ma maîtresse, mon maître,
1690 Ma gloire, mon pays, par l'avis de ce traître;
Et croirai toutefois mon bonheur infini,
Si je puis m'en punir après l'avoir puni.

AUGUSTE

En est-ce assez, ô ciel! et le sort, pour me nuire,
A-t-il quelqu'un des miens qu'il veuille encor séduire ?
1695 Qu'il joigne à ses efforts le secours des enfers;
Je suis maître de moi comme de l'univers;
Je le suis, je veux l'être. O siècles, ô mémoire!
Conservez à jamais ma dernière victoire!
Je triomphe aujourd'hui du plus juste courroux
1700 De qui le souvenir puisse aller jusqu'à vous.
Soyons amis, Cinna, c'est moi qui t'en convie :
Comme à mon ennemi je t'ai donné la vie,
Et, malgré la fureur de ton lâche destin,
Je te la donne encor comme à mon assassin [40].
1705 Commençons un combat qui montre par l'issue
Qui l'aura mieux de nous ou donnée ou reçue.
Tu trahis mes bienfaits, je les veux redoubler;
Je t'en avais comblé, je t'en veux accabler :
Avec cette beauté que je t'avais donnée,
1710 Reçois le consulat pour la prochaine année.
Aime Cinna, ma fille, en cet illustre rang,
Préfères-en la pourpre à celle de mon sang [41];
Apprends sur mon exemple à vaincre ta colère :
Te rendant un époux, je te rends plus qu'un père.

ÉMILIE

1715 Et je me rends, seigneur, à ces hautes bontés;
Je recouvre la vue auprès de leurs clartés :
Je connais mon forfait qui me semblait justice;
Et (ce que n'avait pu la terreur du supplice)
Je sens naître en mon âme un repentir puissant,
1720 Et mon cœur en secret me dit qu'il y consent.
      Le ciel a résolu votre grandeur suprême;
Et pour preuve, seigneur, je n'en veux que moi-même :
J'ose avec vanité me donner cet éclat,
Puisqu'il change mon cœur, qu'il veut changer l'Etat.
1725 Ma haine va mourir, que j'ai crue immortelle;
Elle est morte, et ce cœur devient sujet fidèle;
Et prenant désormais cette haine en horreur,
L'ardeur de vous servir succède à sa fureur.

CINNA

Seigneur, que vous dirai-je après que nos offenses
1730 Au lieu de châtiments trouvent des récompenses ?
O vertu sans exemple! ô clémence, qui rend
Votre pouvoir plus juste, et mon crime plus grand!

AUGUSTE

Cesse d'en retarder un oubli magnanime;
Et tous deux avec moi faites grâce à Maxime :
1735 Il nous a trahis tous; mais ce qu'il a commis
Vous conserve innocents, et me rend mes amis.

A Maxime.

Reprends auprès de moi ta place accoutumée;
Rentre dans ton crédit et dans ta renommée;
Qu'Euphorbe de tous trois ait sa grâce à son tour;
1740 Et que demain l'hymen couronne leur amour.
Si tu l'aimes encor, ce sera ton supplice.

MAXIME

Je n'en murmure point, il a trop de justice;
Et je suis plus confus, seigneur, de vos bontés
Que je ne suis jaloux du bien que vous m'ôtez.

CINNA

1745 Souffrez que ma vertu dans mon cœur rappelée
Vous consacre une fois lâchement violée,
Mais si ferme à présent, si loin de chanceler,
Que la chute du ciel ne pourrait l'ébranler.

Puisse le grand moteur des belles destinées,
1750 Pour prolonger vos jours, retrancher nos années;
Et moi, par un bonheur dont chacun soit jaloux,
Perdre pour vous cent fois ce que je tiens de vous!

LIVIE

Ce n'est pas tout, seigneur; une céleste flamme
D'un rayon prophétique illumine mon âme.
1755 Oyez ce que les dieux vous font savoir par moi;
De votre heureux destin c'est l'immuable loi.
Après cette action vous n'avez rien à craindre,
On portera le joug désormais sans se plaindre;
Et les plus indomptés, renversant leurs projets,
1760 Mettront toute leur gloire à mourir vos sujets;
Aucun lâche dessein, aucune ingrate envie
N'attaquera le cours d'une si belle vie;
Jamais plus d'assassins, ni de conspirateurs :
Vous avez trouvé l'art d'être maître des cœurs.
1765 Rome, avec une joie et sensible et profonde,
Se démet en vos mains de l'empire du monde;
Vos royales vertus lui vont trop enseigner
Que son bonheur consiste à vous faire régner :
D'une si longue erreur pleinement affranchie,
1770 Elle n'a plus de vœux que pour la monarchie,
Vous prépare déjà des temples, des autels,
Et le ciel une place entre les immortels;
Et la postérité, dans toutes les provinces,
Donnera votre exemple aux plus généreux princes.

AUGUSTE

1775 J'en accepte l'augure, et j'ose l'espérer :
Ainsi toujours les dieux vous daignent inspirer!
Qu'on redouble demain les heureux sacrifices
Que nous leur offrirons sous de meilleurs auspices,
Et que vos conjurés entendent publier
1780 Qu'Auguste a tout appris, et veut tout oublier.

POLYEUCTE
MARTYR

Tragédie chrétienne

A LA REINE RÉGENTE [1]

Madame,

Quelque connaissance que j'aie de ma faiblesse, quelque profond respect qu'imprime Votre Majesté dans les âmes de ceux qui l'approchent, j'avoue que je me jette à ses pieds sans timidité, sans défiance, et que je me tiens assuré de lui plaire, parce que je suis assuré de lui parler de ce qu'elle aime le mieux. Ce n'est qu'une pièce de théâtre que je lui présente, mais qui l'entretiendra de Dieu : la dignité de la matière est si haute, que l'impuissance de l'artisan ne la peut ravaler; et votre âme royale se plaît trop à cette sorte d'entretien pour s'offenser des défauts d'un ouvrage où elle rencontrera les délices de son cœur. C'est par là, Madame, que j'espère obtenir de Votre Majesté le pardon du long temps que j'ai attendu à lui rendre cette sorte d'hommage. Toutes les fois que j'ai mis sur notre scène des vertus morales ou politiques, j'en ai toujours cru les tableaux trop peu dignes de paraître devant elle, quand j'ai considéré qu'avec quelque soin que je les pusse choisir dans l'histoire, et quelques ornements dont l'artifice les pût enrichir, elle en voyait de plus grands exemples dans elle-même. Pour rendre les choses proportionnées, il fallait aller à la plus haute espèce, et n'entreprendre pas de rien offrir de cette nature à une reine très chrétienne, et qui l'est beaucoup plus encore par ses actions que par son titre, à moins que de lui offrir un portrait des vertus chrétiennes, dont l'amour et la gloire de Dieu formassent les plus beaux traits, et qui rendît les plaisirs qu'elle y pourra prendre aussi propres à exercer sa piété qu'à délasser son esprit. C'est à cette extraordinaire et admirable piété, Madame, que la France est redevable des bénédictions qu'elle voit tomber sur les premières armes de son roi ; les heureux succès qu'elles ont obtenus en sont les rétributions éclatantes, et des coups du ciel qui répand abondamment sur tout le royaume les récompenses et les grâces que Votre Majesté a méritées. Notre perte semblait infaillible après celle de notre grand monarque ; toute l'Europe avait déjà pitié de nous, et s'imaginait que nous nous allions précipiter dans un extrême désordre, parce qu'elle nous voyait dans une extrême désolation : cependant la prudence et les soins de Votre Majesté, les bons conseils qu'elle a pris, les grands courages qu'elle a choisis pour les exécuter ont agi si puissamment dans tous les besoins de l'État, que cette première année de sa régence a non seulement égalé les plus glorieuses de l'autre règne, mais a même effacé, par la prise de Thionville ², le souvenir du malheur qui, devant ses murs, avait interrompu une si longue suite de victoires. Permettez que je me laisse emporter au ravissement que me donne cette pensée, et que je m'écrie dans ce transport :

> Que vos soins, grande reine, enfantent de miracles !
> Bruxelles et Madrid en sont tout interdits ;
> Et si notre Apollon me les avait prédits,
> J'aurais moi-même osé douter de ses oracles.

> Sous vos commandements on force tous obstacles,
> On porte l'épouvante aux cœurs les plus hardis.
> Et par des coups d'essai vos États agrandis
> Des drapeaux ennemis font d'illustres spectacles.

> La Victoire elle-même accourant à mon roi,
> Et mettant à ses pieds Thionville et Rocroi,
> Fait retentir ces vers sur les bords de la Seine :

> France, attends tout d'un règne ouvert en triomphant,
> Puisque tu vois déjà les ordres de ta reine
> Faire un foudre en tes mains des armes d'un enfant.

Il ne faut point douter que des commencements si merveilleux ne soient soutenus par des progrès encore plus étonnants. Dieu ne laisse point ses ouvrages imparfaits : il les achèvera, Madame, et rendra non seulement la régence de Votre Majesté, mais encore toute sa vie, un enchaînement continuel de prospérités. Ce sont les vœux de toute la France, et ce sont ceux que fait avec plus de zèle,

Madame,

De Votre Majesté,
Le très humble, très obéissant
et très fidèle serviteur et sujet,
P. CORNEILLE

ABRÉGÉ DU MARTYRE DE SAINT POLYEUCTE

ÉCRIT PAR SIMÉON MÉTAPHRASTE ET RAPPORTÉ PAR SURIUS [3]

L'ingénieuse tissure des fictions avec la vérité, où consiste le plus beau secret de la poésie, produit d'ordinaire deux sortes d'effets selon la diversité des esprits qui la voient. Les uns se laissent si bien persuader à cet enchaînement, qu'aussitôt qu'ils ont remarqué quelques événements véritables, ils s'imaginent la même chose des motifs qui les font naître et des circonstances qui les accompagnent; les autres, mieux avertis de notre artifice, soupçonnent de fausseté tout ce qui n'est pas de leur connaissance; si bien que quand nous traitons quelque histoire écartée dont ils ne trouvent rien dans leur souvenir, ils l'attribuent tout entière à l'effort de notre imagination, et la prennent pour une aventure de roman.

L'un et l'autre de ces effets serait dangereux en cette rencontre : il y va de la gloire de Dieu, qui se plaît dans celle de ses saints, dont la mort si précieuse devant ses yeux ne doit pas passer pour fabuleuse devant ceux des hommes. Au lieu de sanctifier notre théâtre par sa représentation, nous y profanerions la sainteté de leurs souffrances, si nous permettions que la crédulité des uns et la défiance des autres, également abusées par ce mélange, se méprissent également en la vénération qui leur est due, et que les premiers la rendissent mal à propos à ceux qui ne la méritent pas, pendant que les autres la dénieraient à ceux à qui elle appartient.

Saint Polyeucte est un martyr dont, s'il m'est permis de parler ainsi, beaucoup ont plutôt appris le nom à la comédie qu'à l'église. Le *Martyrologe romain* en fait mention sur le 13 de février, mais en deux mots, suivant sa coutume; Baronius, dans ses *Annales*, n'en dit qu'une ligne ; le seul Surius, ou plutôt Mosander, qui l'a augmenté dans les dernières impressions, en rapporte la mort assez au long sur le 9 de janvier; et j'ai cru qu'il était de mon devoir d'en mettre ici l'abrégé. Comme il a été à propos d'en rendre la représentation agréable, afin que le plaisir pût en insinuer plus doucement l'utilité, et lui servir comme de véhicule pour le porter dans l'âme du peuple, il est juste aussi de lui donner cette lumière pour démêler la vérité d'avec ses ornements, et lui faire reconnaître ce qui lui doit imprimer du respect comme saint, et ce qui le doit seulement diver-

tir comme industrieux. Voici donc ce que ce dernier nous
apprend :

Polyeucte et Néarque étaient deux cavaliers étroitement
liés ensemble d'amitié; ils vivaient en l'an 250, sous l'empire de Décius; leur demeure était dans Mélitène, capitale
d'Arménie; leur religion différente : Néarque étant chrétien, et Polyeucte suivant encore la secte des gentils, mais
ayant toutes les qualités dignes d'un chrétien, et une grande
inclination à le devenir. L'empereur ayant fait publier un
édit très rigoureux contre les chrétiens, cette publication
donna un grand trouble à Néarque, non par la crainte des
supplices dont il était menacé, mais pour l'appréhension
qu'il eut que leur amitié ne souffrît quelque séparation ou
refroidissement par cet édit, vu les peines qui y étaient
proposées à ceux de sa religion, et les honneurs promis à
ceux du parti contraire; il en conçut un si profond déplaisir,
que son ami s'en aperçut; et l'ayant obligé de lui en dire la
cause, il prit de là occasion de lui ouvrir son cœur : « Ne
craignez point, lui dit-il, que l'édit de l'empereur nous
désunisse; j'ai vu cette nuit le Christ que vous adorez; il
m'a dépouillé d'une robe sale pour me revêtir d'une autre
toute lumineuse, et m'a fait monter sur un cheval ailé pour
le suivre : cette vision m'a résolu entièrement à faire ce qu'il
y a longtemps que je médite; le seul nom de chrétien me
manque; et vous-même, toutes les fois que vous m'avez
parlé de votre grand Messie, vous avez pu remarquer que
je vous ai toujours écouté avec respect; et quand vous
m'avez lu sa vie et ses enseignements, j'ai toujours admiré
la sainteté de ses actions et de ses discours. O Néarque!
si je ne me croyais pas indigne d'aller à lui sans être initié
dans ses mystères et avoir reçu la grâce de ses sacrements,
que vous verriez éclater l'ardeur que j'ai de mourir pour sa
gloire et le soutien de ses éternelles vérités! » Néarque
l'ayant éclairci sur l'illusion du scrupule où il était par
l'exemple du bon larron, qui en un moment mérita le ciel,
bien qu'il n'eût pas reçu le baptême, aussitôt notre martyr,
plein d'une sainte ferveur, prend l'édit de l'empereur,
crache dessus, et le déchire en morceaux qu'il jette au vent;
et voyant des idoles que le peuple portait sur les autels
pour les adorer, il les arrache à ceux qui les portaient, les
brise contre terre et les foule aux pieds, étonnant tout le
monde et son ami même par la chaleur de ce zèle qu'il
n'avait pas espéré.

Son beau-père Félix, qui avait la commission de l'empereur pour persécuter les chrétiens, ayant vu lui-même

ce qu'avait fait son gendre, saisi de douleur de voir l'espoir et l'appui de sa famille perdus, tâche d'ébranler sa constance, premièrement par de belles paroles, ensuite par des menaces, enfin par des coups qu'il lui fait donner par ses bourreaux sur tout le visage : mais n'en ayant pu venir à bout, pour dernier effort il lui envoie sa fille Pauline, afin de voir si ses larmes n'auraient point plus de pouvoir sur l'esprit d'un mari que n'avaient eu ses artifices et ses rigueurs. Il n'avance rien davantage par là; au contraire, voyant que sa fermeté convertissait beaucoup de païens, il le condamne à perdre la tête. Cet arrêt fut exécuté sur l'heure; et le saint martyr, sans autre baptême que de son sang, s'en alla prendre possession de la gloire que Dieu a promise à ceux qui renonceraient à eux-mêmes pour l'amour de lui.

Voilà en peu de mots ce qu'en dit Surius : le songe de Pauline, l'amour de Sévère, le baptême effectif de Polyeucte, le sacrifice pour la victoire de l'empereur, la dignité de Félix que je fais gouverneur d'Arménie, la mort de Néarque, la conversion de Félix et de Pauline, sont des inventions et des embellissements de théâtre. La seule victoire de l'empereur contre les Perses a quelque fondement dans l'histoire; et, sans chercher d'autres auteurs, elle est rapportée par M. Cœffeteau dans son *Histoire romaine*[4] ; mais il ne dit pas, ni qu'il leur imposa tribut, ni qu'il envoya faire des sacrifices de remerciement en Arménie.

Si j'ai ajouté ces incidents et ces particularités selon l'art ou non, les savants en jugeront; mon but ici n'est pas de les justifier, mais seulement d'avertir le lecteur de ce qu'il en peut croire.

EXAMEN (1660)

Ce martyre est rapporté par Surius sur le neuvième de janvier. Polyeucte vivait en l'année 250, sous l'empereur Décius. Il était Arménien, ami de Néarque, et gendre de Félix, qui avait la commission de l'empereur pour faire exécuter ses édits contre les chrétiens. Cet ami l'ayant résolu à se faire chrétien, il déchira ces édits qu'on publiait, arracha les idoles des mains de ceux qui les portaient sur les autels pour les adorer, les brisa contre terre, résista aux larmes de sa femme Pauline, que Félix employa auprès de lui pour le ramener à leur culte, et perdit la vie par l'ordre de son beau-père, sans autre baptême que celui de son sang. Voilà ce que m'a prêté l'histoire; le reste est de mon invention.

Pour donner plus de dignité à l'action, j'ai fait Félix gouverneur d'Arménie, et ai pratiqué un sacrifice public, afin de rendre l'occasion plus illustre, et donner un prétexte à Sévère de venir en cette province, sans faire éclater son amour avant qu'il en eût l'aveu de Pauline. Ceux qui veulent arrêter nos héros dans une médiocre bonté où quelques interprètes d'Aristote bornent leur vertu, ne trouveront pas ici leur compte, puisque celle de Polyeucte va jusqu'à la sainteté, et n'a aucun mélange de faiblesse. J'en ai déjà parlé ailleurs; et pour confirmer ce que j'en ai dit par quelques autorités, j'ajouterai ici que Minturnus [5], dans son *Traité du poète*, agite cette question, *si la Passion de Jésus-Christ et les martyres des saints doivent être exclus du théâtre à cause qu'ils passent cette médiocre bonté*, et résout en ma faveur. Le célèbre Heinsius, qui non seulement a traduit la *Poétique* de notre philosophe, mais a fait un *Traité de la Constitution de la Tragédie* selon sa pensée, nous en a donné une sur le martyre des Innocents. L'illustre Grotius a mis sur la scène la Passion même de Jésus-Christ et l'histoire de Joseph; et le savant Buchanan [6] a fait la même chose de celle de Jephté, et de la mort de saint Jean-Baptiste. C'est sur ces exemples que j'ai hasardé ce poème, où je me suis donné des licences qu'ils n'ont pas prises, de changer l'histoire en quelque chose, et d'y mêler des épisodes d'invention : aussi m'était-il plus permis sur cette matière qu'à eux sur celle qu'ils ont choisie. Nous ne devons qu'une croyance pieuse à la vie des saints, et nous avons le même droit sur ce que nous en tirons pour le porter sur le théâtre, que sur ce que nous empruntons des autres histoires; mais nous devons une foi chrétienne et indispensable à tout ce qui est dans la *Bible*, qui ne nous laisse aucune liberté d'y rien changer. J'estime toutefois qu'il ne nous est pas défendu d'y ajouter quelque chose, pourvu qu'il ne détruise rien de ces vérités dictées par le Saint-Esprit. Buchanan ni Grotius ne l'ont pas fait dans leurs poèmes, mais aussi ne les ont-ils pas rendus assez fournis pour notre théâtre, et ne s'y sont proposé pour exemple que la constitution plus simple des anciens. Heinsius a plus osé qu'eux dans celui que j'ai nommé : les anges qui bercent l'enfant Jésus, et l'ombre de Marianne avec les furies qui agitent l'esprit d'Hérode sont des agréments qu'il n'a pas trouvés dans l'Evangile. Je crois même qu'on en peut supprimer quelque chose, quand il y a appparence qu'il ne plairait pas sur le théâtre, pourvu qu'on ne mette rien en la place; car alors ce serait changer l'histoire, ce que le respect que nous devons à l'Ecriture ne permet point. Si j'avais à y exposer celle de David et de Bethsabée, je ne décrirais pas comme il en devint amoureux en la voyant se baigner dans une fontaine, de peur que l'image de cette nudité ne fît une impression trop chatouilleuse dans l'esprit de l'auditeur; mais je me contenterais de le peindre avec de l'amour pour elle, sans parler aucunement de quelle manière cet amour se serait emparé de son cœur.

Je reviens à *Polyeucte*, dont le succès a été très heureux. Le style n'en est pas si fort ni si majestueux que celui de *Cinna* et de *Pompée*, mais il a quelque chose de plus touchant, et les tendresses de l'amour humain y font un si agréable mélange avec la fermeté du divin, que sa représentation satisfait tout ensemble les dévots et les gens du monde. A mon gré, je n'ai point fait de pièce où l'ordre du théâtre soit plus beau et l'enchaînement des scènes mieux ménagé. L'unité d'action, et celle de jour et de lieu, y ont leur justesse; et les scrupules qui peuvent naître touchant ces deux dernières se dissiperont aisément, pour peu qu'on me veuille prêter de cette faveur que l'auditeur nous doit toujours, quand l'occasion s'en offre, en reconnaissance de la peine que nous avons prise à le divertir.

Il est hors de doute que, si nous appliquons ce poème à nos coutumes, le sacrifice se fait trop tôt après la venue de Sévère; et cette précipitation sortira du vraisemblable par la nécessité d'obéir à la règle. Quand le roi envoie ses ordres dans les villes pour y faire rendre des actions de grâces pour ses victoires, ou pour d'autres bénédictions qu'il reçoit du ciel, on ne les exécute pas dès le jour même; mais aussi il faut du temps pour assembler le clergé, les magistrats et les corps de ville, et c'est ce qui en fait différer l'exécution. Nos acteurs n'avaient ici aucune des ses assemblées à faire.

Il suffisait de la présence de Sévère et de Félix, et du ministère du grand prêtre; ainsi nous n'avons eu aucun besoin de remettre ce sacrifice en un autre jour. D'ailleurs, comme Félix craignait ce favori, qu'il croyait irrité du mariage de sa fille, il était bien aise de lui donner le moins d'occasion de tarder qu'il lui était possible, et de tâcher, durant son peu de séjour, à gagner son esprit par une prompte complaisance, et montrer tout ensemble une impatience d'obéir aux volontés de l'empereur.

L'autre scrupule regarde l'unité de lieu, qui est assez exacte, puisque tout s'y passe dans une salle ou anti-

chambre commune aux appartements de Félix et de sa
fille. Il semble que la bienséance y soit un peu forcée pour
conserver cette unité au second acte, en ce que Pauline
vient jusque dans cette antichambre pour trouver Sévère,
dont elle devrait attendre la visite dans son cabinet. A quoi
je réponds qu'elle a eu deux raisons de venir au-devant de
lui : l'une pour faire plus d'honneur à un homme, dont son
père redoutait l'indignation, et qu'il lui avait commandé
d'adoucir en sa faveur; l'autre, pour rompre plus aisément
la conversation avec lui, en se retirant dans son cabinet,
s'il ne voulait pas la quitter à sa prière, et se délivrer, par
cette retraite, d'un entretien dangereux pour elle; ce
qu'elle n'eût pu faire, si elle eût reçu sa visite dans son
appartement.

Sa confidence avec Stratonice, touchant l'amour qu'elle
avait eu pour ce cavalier, me fait faire une réflexion sur le
temps qu'elle prend pour cela. Il s'en fait beaucoup sur
nos théâtres d'affections qui ont déjà duré deux ou trois
ans, dont on attend à révéler le secret justement au jour
de l'action qui se présente, et non seulement sans aucune
raison de choisir ce jour-là, plutôt qu'un autre pour le
déclarer, mais lors même que vraisemblablement on s'en
est dû ouvrir beaucoup auparavant avec la personne à qui
on en fait confidence. Ce sont choses dont il faut instruire
le spectateur en les faisant apprendre par un des acteurs à
l'autre; mais il faut prendre garde avec soin que celui à
qui on les apprend ait eu lieu de les ignorer jusque-là aussi
bien que le spectateur et que quelque occasion tirée du sujet
oblige celui qui les récite à rompre enfin un silence qu'il a
gardé si longtemps. L'Infante, dans *Le Cid*, avoue à Léonor
l'amour secret qu'elle a pour lui, et l'aurait pu faire un an
ou six mois plus tôt. Cléopâtre, dans *Pompée*, ne prend
pas des mesures plus justes avec Charmion; elle lui conte
la passion de César pour elle, et comme

> Chaque jour ses courriers
> Lui portent en tribut ses vœux et ses lauriers.

Cependant, comme il ne paraît personne avec qui elle ait
plus d'ouverture de cœur qu'avec cette Charmion, il y a
grande apparence que c'était elle-même dont cette reine
se servait pour introduire ces courriers, et qu'ainsi elle
devait savoir déjà tout ce commerce entre César et sa maîtresse. Du moins il fallait marquer quelque raison qui lui
eût laissé ignorer jusque-là tout ce qu'elle lui apprend, et
de quel autre ministère cette princesse s'était servie pour

recevoir ces courriers. Il n'en va pas de même ici. Pauline ne s'ouvre avec Stratonice que pour lui faire entendre le songe qui la trouble et les sujets qu'elle a de s'en alarmer; et comme elle n'a fait ce songe que la nuit d'auparavant, et qu'elle ne lui eût jamais révélé son secret sans cette occasion qui l'y oblige, on peut dire qu'elle n'a point eu lieu de lui faire cette confidence plus tôt qu'elle ne l'a faite.

Je n'ai point fait de narration de la mort de Polyeucte, parce que je n'avais personne pour la faire ni pour l'écouter, que des païens qui ne la pouvaient ni écouter, ni faire que comme ils avaient fait et écouté celle de Néarque, ce qui aurait été une répétition et marque de stérilité, et, en outre, n'aurait pas répondu à la dignité de l'action principale, qui est terminée par là. Ainsi j'ai mieux aimé la faire connaître par un saint emportement de Pauline, que cette mort a convertie, que par un récit qui n'eût point eu de grâce dans une bouche indigne de le prononcer. Félix son père se convertit après elle; et ces deux conversions, quoique miraculeuses, sont si ordinaires dans les martyres, qu'elles ne sortent point de la vraisemblance, parce qu'elles ne sont pas de ces événements rares et singuliers qu'on ne peut tirer en exemple; et elles servent à remettre le calme dans les esprits de Félix, de Sévère et de Pauline, que sans cela j'aurais eu bien de la peine à retirer du théâtre dans un état qui rendît la pièce complète, en ne laissant rien à souhaiter à la curiosité de l'auditeur.

PERSONNAGES

FÉLIX, sénateur romain, gouverneur d'Arménie.
POLYEUCTE, seigneur arménien, gendre de Félix.
SÉVÈRE, chevalier romain, favori de l'empereur Décie.
NÉARQUE, seigneur arménien, ami de Polyeucte.
PAULINE, fille de Félix et femme de Polyeucte.
STRATONICE, confidente de Pauline.
ALBIN, confident de Félix.
FABIAN, domestique de Sévère.
CLÉON, domestique de Félix.
TROIS GARDES.

La scène est à Mélitène, capitale d'Arménie, dans le palais de Félix.

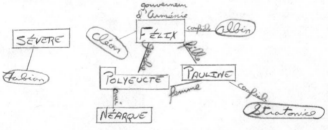

ACTE PREMIER

SCÈNE PREMIÈRE

POLYEUCTE, NÉARQUE

NÉARQUE

Quoi! vous vous arrêtez aux songes d'une femme!
De si faibles sujets troublent cette grande âme!
Et ce cœur tant de fois dans la guerre éprouvé
S'alarme d'un péril qu'une femme a rêvé!

POLYEUCTE

5 Je sais ce qu'est un songe, et le peu de croyance
Qu'un homme doit donner à son extravagance,
Qui d'un amas confus des vapeurs de la nuit
Forme de vains objets que le réveil détruit;
Mais vous ne savez pas ce que c'est qu'une femme;
10 Vous ignorez quels droits elle a sur toute l'âme
Quand, après un long temps qu'elle a su nous charmer,
Les flambeaux de l'hymen viennent de s'allumer.
Pauline, sans raison dans la douleur plongée,
Craint et croit déjà voir ma mort qu'elle a songée;
15 Elle oppose ses pleurs au dessein que je fais,
Et tâche à m'empêcher de sortir du palais.
Je méprise sa crainte, et je cède à ses larmes;
Elle me fait pitié sans me donner d'alarmes;
Et mon cœur, attendri sans être intimidé,
20 N'ose déplaire aux yeux dont il est possédé.
L'occasion, Néarque, est-elle si pressante
Qu'il faille être insensible aux soupirs d'une amante⁷?
Par un peu de remise épargnons son ennui,
Pour faire en plein repos ce qu'il trouble aujourd'hui.

NÉARQUE

25 Avez-vous cependant une pleine assurance
D'avoir assez de vie ou de persévérance ?
Et Dieu, qui tient votre âme et vos jours dans sa main,
Promet-il à vos vœux de le pouvoir demain ?
Il est toujours tout juste et tout bon; mais sa grâce
30 Ne descend pas toujours avec même efficace;
Après certains moments que perdent nos longueurs,
Elle quitte ces traits qui pénètrent les cœurs;
Le nôtre s'endurcit, la repousse, l'égare :
Le bras qui la versait en devient plus avare;
35 Et cette sainte ardeur qui doit porter au bien
Tombe plus rarement, ou n'opère plus rien.
Celle qui vous pressait de courir au baptême,
Languissante déjà, cesse d'être la même,
Et pour quelques soupirs qu'on vous a fait ouïr,
40 Sa flamme se dissipe, et va s'évanouir.

POLYEUCTE

Vous me connaissez mal : la même ardeur me brûle,
Et le désir s'accroît quand l'effet se recule.
Ces pleurs, que je regarde avec un œil d'époux,
Me laissent dans le cœur aussi chrétien que vous;
45 Mais, pour en recevoir le sacré caractère
Qui lave nos forfaits dans une eau salutaire,
Et qui, purgeant notre âme et dessillant nos yeux [8],
Nous rend le premier droit que nous avions aux cieux,
Bien que je le préfère aux grandeurs d'un empire,
50 Comme le bien suprême et le seul où j'aspire,
Je crois, pour satisfaire un juste et saint amour,
Pouvoir un peu remettre, et différer d'un jour.

NÉARQUE

Ainsi du genre humain l'ennemi vous abuse :
Ce qu'il ne peut de force, il l'entreprend de ruse.
55 Jaloux des bons desseins qu'il tâche d'ébranler,
Quand il ne les peut rompre, il pousse à reculer;
D'obstacle sur obstacle il va troubler le vôtre,
Aujourd'hui par des pleurs, chaque jour par quelque autre;
Et ce songe rempli de noires visions
60 N'est que le coup d'essai de ses illusions.
Il met tout en usage, et prière et menace;
Il attaque toujours, et jamais ne se lasse;
Il croit pouvoir enfin ce qu'encore il n'a pu,
Et que ce qu'on diffère est à demi rompu.

65 Rompez ses premiers coups; laissez pleurer Pauline.
   Dieu ne veut point d'un cœur où le monde domine,
   Qui regarde en arrière, et, douteux en son choix,
   Lorsque sa voix l'appelle, écoute une autre voix.

POLYEUCTE

Pour se donner à lui faut-il n'aimer personne ?

NÉARQUE

70 Nous pouvons tout aimer, il le souffre, il l'ordonne;
   Mais, à vous dire tout, ce Seigneur des seigneurs
   Veut le premier amour et les premiers honneurs.
   Comme rien n'est égal à sa grandeur suprême,
   Il faut ne rien aimer qu'après lui, qu'en lui-même,
75 Négliger, pour lui plaire, et femme, et biens, et rang,
   Exposer pour sa gloire et verser tout son sang.
   Mais que vous êtes loin de cette ardeur parfaite
   Qui vous est nécessaire, et que je vous souhaite!
   Je ne puis vous parler que les larmes aux yeux.
80 Polyeucte, aujourd'hui qu'on nous hait en tous lieux,
   Qu'on croit servir l'Etat quand on nous persécute,
   Qu'aux plus âpres tourments un chrétien est en butte,
   Comment en pourrez-vous surmonter les douleurs,
   Si vous ne pouvez pas résister à des pleurs ?

POLYEUCTE

85 Vous ne m'étonnez point; la pitié qui me blesse
   Sied bien aux plus grands cœurs, et n'a point de faiblesse.
   Sur mes pareils, Néarque, un bel œil est bien fort :
   Tel craint de le fâcher qui ne craint pas la mort;
   Et s'il faut affronter les plus cruels supplices,
90 Y trouver des appas, en faire mes délices,
   Votre Dieu, que je n'ose encor nommer le mien,
   M'en donnera la force en me faisant chrétien.

NÉARQUE

Hâtez-vous donc de l'être.

POLYEUCTE

                    Oui, j'y cours, cher Néarque;
   Je brûle d'en porter la glorieuse marque.
95 Mais Pauline s'afflige, et ne peut consentir,
   Tant ce songe la trouble, à me laisser sortir.

NÉARQUE

Votre retour pour elle en aura plus de charmes;
Dans une heure au plus tard vous essuierez ses larmes!
Et l'heur de vous revoir lui semblera plus doux,
100 Plus elle aura pleuré pour un si cher époux.
Allons, on nous attend.

POLYEUCTE

            Apaisez donc sa crainte,
Et calmez la douleur dont son âme est atteinte.
Elle revient.

NÉARQUE

Fuyez.

POLYEUCTE

Je ne puis.

NÉARQUE

            Il le faut;
Fuyez un ennemi qui sait votre défaut,
105 Qui le trouve aisément, qui blesse par la vue,
Et dont le coup mortel vous plaît quand il vous tue.

SCÈNE II

POLYEUCTE, NÉARQUE,
PAULINE, STRATONICE

POLYEUCTE

Fuyons, puisqu'il le faut. Adieu, Pauline, adieu.
Dans une heure au plus tard je reviens en ce lieu.

PAULINE

Quel sujet si pressant à sortir vous convie ?
110 Y va-t-il de l'honneur ? y va-t-il de la vie ?

POLYEUCTE

Il y va de bien plus.

PAULINE

            Quel est donc ce secret ?

POLYEUCTE

Vous le saurez un jour : je vous quitte à regret;
Mais enfin il le faut.

PAULINE

Vous m'aimez?

POLYEUCTE

Je vous aime,
Le ciel m'en soit témoin, cent fois plus que moi-même;
115 Mais...

PAULINE

Mais mon déplaisir ne vous peut émouvoir!
Vous avez des secrets que je ne puis savoir!
Quelle preuve d'Amour! Au nom de l'hyménée,
Donnez à mes soupirs cette seule journée.

POLYEUCTE

Un songe vous fait peur?

PAULINE

Ses présages sont vains,
120 Je le sais; mais enfin je vous aime, et je crains.

POLYEUCTE

Ne craignez rien de mal pour une heure d'absence.
Adieu : vos pleurs sur moi prennent trop de puissance;
Je sens déjà mon cœur prêt à se révolter,
Et ce n'est qu'en fuyant que j'y puis résister.

SCÈNE III

PAULINE, STRATONICE

PAULINE

125 Va, néglige mes pleurs, cours, et te précipite
Au-devant de la mort que les dieux m'ont prédite;
Suis cet agent fatal de tes mauvais destins,
Qui peut-être te livre aux mains des assassins.
Tu vois, ma Stratonice, en quel siècle nous sommes,
130 Voilà notre pouvoir sur les esprits des hommes;

Voilà ce qui nous reste, et l'ordinaire effet
De l'amour qu'on nous offre, et des vœux qu'on nous fait.
Tant qu'ils ne sont qu'amants nous sommes souveraines,
Et jusqu'à la conquête ils nous traitent de reines;
135 Mais après l'hyménée ils sont rois à leur tour [9].

STRATONICE

Polyeucte pour vous ne manque point d'amour;
S'il ne vous traite ici d'entière confidence,
S'il part malgré vos pleurs, c'est un trait de prudence;
Sans vous en affliger, présumez avec moi
140 Qu'il est plus à propos qu'il vous cèle pourquoi;
Assurez-vous sur lui qu'il en a juste cause.
Il est bon qu'un mari nous cache quelque chose,
Qu'il soit quelquefois libre, et ne s'abaisse pas
A nous rendre toujours compte de tous ses pas :
145 On n'a tous deux qu'un cœur qui sent mêmes traverses;
Mais ce cœur a pourtant ses fonctions diverses,
Et la loi de l'hymen qui vous tient assemblés
N'ordonne pas qu'il tremble alors que vous tremblez :
Ce qui fait vos frayeurs ne peut le mettre en peine;
150 Il est Arménien, et vous êtes Romaine,
Et vous pouvez savoir que nos deux nations
N'ont pas sur ce sujet mêmes impressions.
Un songe en notre esprit passe pour ridicule,
Il ne nous laisse espoir, ni crainte, ni scrupule;
155 Mais il passe dans Rome avec autorité
Pour fidèle miroir de la fatalité.

PAULINE

Quelque peu de crédit que chez vous il obtienne,
Je crois que ta frayeur égalerait la mienne,
Si de telles horreurs t'avaient frappé l'esprit,
160 Si je t'en avais fait seulement le récit.

STRATONICE

A raconter ses maux souvent on les soulage.

PAULINE

Ecoute; mais il faut te dire davantage,
Et que, pour mieux comprendre un si triste discours,
Tu saches ma faiblesse et mes autres amours [10] :
165 Une femme d'honneur peut avouer sans honte
Ces surprises des sens que la raison surmonte;

Ce n'est qu'en ces assauts qu'éclate la vertu,
Et l'on doute d'un cœur qui n'a point combattu.
Dans Rome, où je naquis, ce malheureux visage
170 D'un chevalier romain captiva le courage;
Il s'appelait Sévère : excuse les soupirs
Qu'arrache encore un nom trop cher à mes désirs.

STRATONICE

Est-ce lui qui naguère aux dépens de sa vie
Sauva des ennemis votre empereur Décie,
175 Qui leur tira mourant la victoire des mains,
Et fit tourner le sort des Perses aux Romains ?
Lui, qu'entre tant de morts immolés à son maître,
On ne put rencontrer, ou du moins reconnaître;
A qui Décie enfin, pour des exploits si beaux,
180 Fit si pompeusement dresser de vains tombeaux ?

PAULINE

Hélas! c'était lui-même, et jamais notre Rome
N'a produit plus grand cœur, ni vu plus honnête homme.
Puisque tu le connais, je ne t'en dirai rien.
Je l'aimai, Stratonice; il le méritait bien.
185 Mais que sert le mérite où manque la Fortune?
L'un était grand en lui, l'autre faible et commune;
Trop invincible obstacle, et dont trop rarement
Triomphe auprès d'un père un vertueux amant!

STRATONICE

La digne occasion d'une rare constance!

PAULINE

190 Dis plutôt d'une indigne et folle résistance.
Quelque fruit qu'une fille en puisse recueillir,
Ce n'est une vertu que pour qui veut faillir.
Parmi ce grand amour que j'avais pour Sévère,
J'attendais un époux de la main de mon père,
195 Toujours prête à le prendre; et jamais ma raison
N'avoua de mes yeux l'aimable trahison.
Il possédait mon cœur, mes désirs, ma pensée;
Je ne lui cachais point combien j'étais blessée;
Nous soupirions ensemble, et pleurions nos malheurs;
200 Mais au lieu d'espérance, il n'avait que des pleurs;
Et malgré des soupirs si doux, si favorables,
Mon père et mon devoir étaient inexorables.

Enfin je quittai Rome et ce parfait amant,
Pour suivre ici mon père en son gouvernement;
205 Et lui, désespéré, s'en alla dans l'armée
Chercher d'un beau trépas l'illustre renommée.
Le reste, tu le sais. Mon abord en ces lieux
Me fit voir Polyeucte, et je plus à ses yeux;
Et comme il est ici le chef de la noblesse,
210 Mon père fut ravi qu'il me prît pour maîtresse,
Et par son alliance il se crut assuré
D'être plus redoutable et plus considéré;
Il approuva sa flamme, et conclut l'hyménée;
Et moi, comme à son lit je me vis destinée,
215 Je donnai par devoir à son affection
Tout ce que l'autre avait par inclination.
Si tu peux en douter, juge-le par la crainte
Dont en ce triste jour tu me vois l'âme atteinte.

STRATONICE

Elle fait assez voir à quel point vous l'aimez.
220 Mais quel songe, après tout, tient vos sens alarmés ?

PAULINE

Je l'ai vu cette nuit, ce malheureux Sévère,
La vengeance à la main, l'œil ardent de colère :
Il n'était point couvert de ces tristes lambeaux
Qu'une ombre désolée emporte des tombeaux;
225 Il n'était point percé de ces coups pleins de gloire
Qui, retranchant sa vie, assurent sa mémoire.
Il semblait triomphant, et tel que sur son char
Victorieux dans Rome entre notre César.
Après un peu d'effroi que m'a donné sa vue :
230 « Porte à qui tu voudras la faveur qui m'est due,
Ingrate, m'a-t-il dit; et ce jour expiré,
Pleure à loisir l'époux que tu m'as préféré. »
A ces mots, j'ai frémi, mon âme s'est troublée;
Ensuite des chrétiens une impie assemblée,
235 Pour avancer l'effet de ce discours fatal,
A jeté Polyeucte aux pieds de son rival.
Soudain à son secours j'ai réclamé mon père;
Hélas! c'est de tout point ce qui me désespère.
J'ai vu mon père même, un poignard à la main,
240 Entrer le bras levé pour lui percer le sein :
Là, ma douleur trop forte a brouillé ces images;
Le sang de Polyeucte a satisfait leurs rages.

Je ne sais ni comment ni quand ils l'ont tué,
Mais je sais qu'à sa mort tous ont contribué.
245 Voilà quel est mon songe [11].

STRATONICE

Il est vrai qu'il est triste;
Mais il faut que votre âme à ces frayeurs résiste :
La vision, de soi, peut faire quelque horreur,
Mais non pas vous donner une juste terreur.
Pouvez-vous craindre un mort, pouvez-vous craindre un
250 Qui chérit votre époux, que votre époux révère,   [père
Et dont le juste choix vous a donnée à lui
Pour s'en faire en ces lieux un ferme et sûr appui ?

PAULINE

Il m'en a dit autant, et rit de mes alarmes;
Mais je crains des chrétiens les complots et les charmes,
255 Et que sur mon époux leur troupeau ramassé
Ne venge tant de sang que mon père a versé.

STRATONICE

Leur secte est insensée, impie et sacrilège,
Et dans son sacrifice use de sortilège;
Mais sa fureur ne va qu'à briser nos autels;
260 Elle n'en veut qu'aux dieux, et non pas aux mortels.
Quelque sévérité que sur eux on déploie,
Ils souffrent sans murmure, et meurent avec joie;
Et, depuis qu'on les traite en criminels d'Etat,
On ne peut les charger d'aucun assassinat.

PAULINE

265 Tais-toi, mon père vient.

SCÈNE IV

FÉLIX, ALBIN, PAULINE, STRATONICE

FÉLIX

Ma fille, que ton songe
En d'étranges frayeurs ainsi que toi me plonge!
Que j'en crains les effets, qui semblent s'approcher!

PAULINE

Quelle subite alarme ainsi vous peut toucher ?

FÉLIX

Sévère n'est point mort.

PAULINE

Quel mal nous fait sa vie ?

FÉLIX

270 Il est le favori de l'empereur Décie.

PAULINE

Après l'avoir sauvé des mains des ennemis,
L'espoir d'un si haut rang lui devenait permis ;
Le destin, aux grands cœurs si souvent mal propice,
Se résout quelquefois à leur faire justice.

FÉLIX

275 Il vient ici lui-même.

PAULINE

Il vient !

FÉLIX

Tu le vas voir.

PAULINE

C'en est trop ; mais comment le pouvez-vous savoir ?

FÉLIX

Albin l'a rencontré dans la proche campagne ;
Un gros de courtisans en foule l'accompagne,
Et montre assez quel est son rang et son crédit :
280 Mais, Albin, redis-lui ce que ses gens t'ont dit.

ALBIN

Vous savez quelle fut cette grande journée
Que sa perte pour nous rendit si fortunée,
Où l'empereur captif, par sa main dégagé,
Rassura son parti déjà découragé,
285 Tandis que sa vertu succomba sous le nombre ;
Vous savez les honneurs qu'on fit faire à son ombre
Après qu'entre les morts on ne le put trouver :
Le roi de Perse aussi l'avait fait enlever.

Témoin de ses hauts faits et de son grand courage,
290 Ce monarque en voulut connaître le visage;
On le mit dans sa tente, où, tout percé de coups,
Tout mort qu'il paraissait, il fit mille jaloux;
Là, bientôt il montra quelque signe de vie :
Ce prince généreux en eut l'âme ravie,
295 Et sa joie, en dépit de son dernier malheur,
Du bras qui le causait honora la valeur;
Il en fit prendre soin, la cure en fut secrète;
Et comme au bout d'un mois sa santé fut parfaite,
Il offrit dignités, alliance, trésors,
300 Et pour gagner Sévère, il fit cent vains efforts.
Après avoir comblé ses refus de louange,
Il envoie à Décie en proposer l'échange;
Et soudain l'empereur, transporté de plaisir,
Offre au Perse son frère et cent chefs à choisir.
305 Ainsi revint au camp le valeureux Sévère
De sa haute vertu recevoir le salaire;
La faveur de Décie en fut le digne prix.
De nouveau l'on combat, et nous sommes surpris.
Ce malheur toutefois sert à croître sa gloire :
310 Lui seul rétablit l'ordre, et gagne la victoire,
Mais si belle, et si pleine, et par tant de beaux faits,
Qu'on nous offre tribut, et nous faisons la paix.
L'empereur, qui lui montre une amour infinie,
Après ce grand succès l'envoie en Arménie;
315 Il vient en apporter la nouvelle en ces lieux,
Et par un sacrifice en rendre hommage aux dieux.

Félix

O ciel! en quel état ma fortune est réduite!

Albin

Voilà ce que j'ai su d'un homme de sa suite,
Et j'ai couru, seigneur, pour vous y disposer.

Félix

320 Ah! sans doute, ma fille! il vient pour t'épouser;
L'ordre [12] d'un sacrifice est pour lui peu de chose,
C'est un prétexte faux dont l'amour est la cause.

Pauline

Cela pourrait bien être; il m'aimait chèrement.

FÉLIX

Que ne permettra-t-il à son ressentiment ?
325 Et jusques à quel point ne porte sa vengeance
Une juste colère avec tant de puissance ?
Il nous perdra, ma fille.

PAULINE

Il est trop généreux.

FÉLIX

Tu veux flatter en vain un père malheureux ;
Il nous perdra, ma fille ! Ah ! regret qui me tue
330 De n'avoir pas aimé la vertu toute nue !
Ah ! Pauline ! en effet, tu m'as trop obéi ;
Ton courage était bon, ton devoir l'a trahi :
Que ta rébellion m'eût été favorable !
Qu'elle m'eût garanti d'un état déplorable !
335 Si quelque espoir me reste, il n'est plus aujourd'hui
Qu'en l'absolu pouvoir qu'il te donnait sur lui ;
Ménage en ma faveur l'amour qui le possède,
Et d'où provient mon mal fais sortir le remède.

PAULINE

Moi ! moi ! que je revoie un si puissant vainqueur,
340 Et m'expose à des yeux qui me percent le cœur !
Mon père, je suis femme, et je sais ma faiblesse ;
Je sens déjà mon cœur qui pour lui s'intéresse,
Et poussera sans doute, en dépit de ma foi,
Quelque soupir indigne et de vous et de moi.
345 Je ne le verrai point.

FÉLIX

Rassure un peu ton âme.

PAULINE

Il est toujours aimable, et je suis toujours femme ;
Dans le pouvoir sur moi que ses regards ont eu
Je n'ose m'assurer de toute ma vertu.
Je ne le verrai point.

FÉLIX

Il faut le voir, ma fille,
350 Ou tu trahis ton père et toute ta famille.

PAULINE

C'est à moi d'obéir, puisque vous commandez,
Mais voyez les périls où vous me hasardez.

FÉLIX

Ta vertu m'est connue.

PAULINE

Elle vaincra sans doute;
Ce n'est pas le succès que mon âme redoute :
355 Je crains ce dur combat et ces troubles puissants
Que fait déjà chez moi la révolte des sens[18];
Mais puisqu'il faut combattre un ennemi que j'aime,
Souffrez que je me puisse armer contre moi-même,
Et qu'un peu de loisir me prépare à le voir.

FÉLIX

360 Jusqu'au-devant des murs je vais le recevoir;
Rappelle cependant tes forces étonnées,
Et songe qu'en tes mains tu tiens nos destinées.

PAULINE

Oui, je vais de nouveau dompter mes sentiments
Pour servir de victime à vos commandements.

ACTE II

SCÈNE PREMIÈRE

SÉVÈRE, FABIAN

SÉVÈRE

365 Cependant que Félix donne ordre au sacrifice,
Pourrai-je prendre un temps à mes vœux si propice?
Pourrai-je voir Pauline, et rendre à ses beaux yeux
L'hommage souverain que l'on va rendre aux dieux?
Je ne t'ai point celé que c'est ce qui m'amène,
370 Le reste est un prétexte à soulager ma peine;
Je viens sacrifier, mais c'est à ses beautés
Que je viens immoler toutes mes volontés.

FABIAN

Vous la verrez, seigneur.

SÉVÈRE

                              Ah! quel comble de joie!
Cette chère beauté consent que je la voie!
375 Mais ai-je sur son âme encor quelque pouvoir?
Quelque reste d'amour s'y fait-il encor voir?
Quel trouble, quel transport lui cause ma venue?
Puis-je tout espérer de cette heureuse vue?
Car je voudrais mourir plutôt que d'abuser
380 Des lettres de faveur que j'ai pour l'épouser;
Elles sont pour Félix, non pour triompher d'elle.
Jamais à ses désirs mon cœur ne fut rebelle;
Et si mon mauvais sort avait changé le sien,
Je me vaincrais moi-même, et ne prétendrais rien.

FABIAN

385 Vous la verrez, c'est tout ce que je vous puis dire.

SÉVÈRE

D'où vient que tu frémis et que ton cœur soupire?
Ne m'aime-t-elle plus? éclaircis-moi ce point.

FABIAN

M'en croirez-vous, seigneur? ne la revoyez point;
Portez en lieu plus haut l'honneur de vos caresses:
390 Vous trouverez à Rome assez d'autres maîtresses;
Et, dans ce haut degré de puissance et d'honneur,
Les plus grands y tiendront votre amour à bonheur.

SÉVÈRE

Qu'à des pensers si bas mon âme se ravale!
Que je tienne Pauline à mon sort inégale!
395 Elle en a mieux usé, je la dois imiter;
Je n'aime mon bonheur que pour le mériter.
Voyons-la, Fabian, ton discours m'importune;
Allons mettre à ses pieds cette haute fortune:
Je l'ai dans les combats trouvée heureusement
400 En cherchant une mort digne de son amant;
Ainsi ce rang est sien, cette faveur est sienne,
Et je n'ai rien enfin que d'elle je ne tienne.

FABIAN

Non, mais encore un coup ne la revoyez point.

SÉVÈRE

Ah! c'en est trop enfin, éclaircis-moi ce point;
405 As-tu vu des froideurs quand tu l'en as priée?

FABIAN

Je tremble à vous le dire; elle est...

SÉVÈRE

Quoi?

FABIAN

Mariée.

SÉVÈRE

Soutiens-moi, Fabian; ce coup de foudre est grand [14],
Et frappe d'autant plus, que plus il me surprend.

FABIAN

Seigneur, qu'est devenu ce généreux courage?

SÉVÈRE

410 La constance est ici d'un difficile usage;
De pareils déplaisirs accablent un grand cœur;
La vertu la plus mâle en perd toute vigueur;
Et quand d'un feu si beau les âmes sont éprises,
La mort les trouble moins que de telles surprises.
415 Je ne suis plus à moi quand j'entends ce discours.
Pauline est mariée!

FABIAN

Oui, depuis quinze jours;
Polyeucte, un seigneur des premiers d'Arménie,
Goûte de son hymen la douceur infinie.

SÉVÈRE

Je ne la puis du moins blâmer d'un mauvais choix!
420 Polyeucte a du nom, et sort du sang des rois :
Faibles soulagements d'un malheur sans remède!
Pauline, je verrai qu'un autre vous possède!
O ciel, qui malgré moi me renvoyez au jour,
O sort, qui redonniez l'espoir à mon amour,
425 Reprenez la faveur que vous m'avez prêtée,
Et rendez-moi la mort que vous m'avez ôtée!
Voyons-la toutefois, et dans ce triste lieu
Achevons de mourir en lui disant adieu;
Que mon cœur, chez les morts emportant son image,
430 De son dernier soupir puisse lui faire hommage.

FABIAN

Seigneur, considérez...

SÉVÈRE

Tout est considéré.
Quel désordre peut craindre un cœur désespéré ?
N'y consent-elle pas ?

FABIAN

Oui, seigneur, mais...

SÉVÈRE

N'importe.

FABIAN

Cette vive douleur en deviendra plus forte.

SÉVÈRE

435 Et ce n'est pas un mal que je veuille guérir ;
Je ne veux que la voir, soupirer, et mourir.

FABIAN

Vous vous échapperez sans doute en sa présence ;
Un amant qui perd tout n'a plus de complaisance ;
Dans un tel entretien il suit sa passion,
440 Et ne pousse qu'injure et qu'imprécation.

SÉVÈRE

Juge autrement de moi, mon respect dure encore ;
Tout violent qu'il est, mon désespoir l'adore.
Quels reproches aussi peuvent m'être permis ?
De quoi puis-je accuser qui ne m'a rien promis ?
445 Elle n'est point parjure, elle n'est point légère ;
Son devoir m'a trahi, mon malheur, et son père.
Mais son devoir fut juste, et son père eut raison ;
J'impute à mon malheur toute la trahison ;
Un peu moins de fortune, et plus tôt arrivée,
450 Eût gagné l'un par l'autre, et me l'eût conservée ;
Trop heureux, mais trop tard, je n'ai pu l'acquérir :
Laisse-la moi donc voir, soupirer et mourir.

FABIAN

Oui, je vais l'assurer qu'en ce malheur extrême
Vous êtes assez fort pour vous vaincre vous-même.
455 Elle a craint comme moi ces premiers mouvements
Qu'une perte imprévue arrache aux vrais amants,

Et dont la violence excite assez de trouble,
Sans que l'objet présent l'irrite et le redouble.

SÉVÈRE

Fabian, je la vois.

FABIAN

Seigneur, souvenez-vous...

SÉVÈRE

460 Hélas! elle aime un autre, un autre est son époux.

SCÈNE II

SÉVÈRE, PAULINE, STRATONICE, FABIAN

PAULINE

Oui, je l'aime, seigneur [15], et n'en fais point d'excuse;
Que toute autre que moi vous flatte et vous abuse,
Pauline a l'âme noble, et parle à cœur ouvert.
Le bruit de votre mort n'est point ce qui vous perd;
465 Si le ciel en mon choix eût mis mon hyménée,
A vos seules vertus je me serais donnée,
Et toute la rigueur de votre premier sort
Contre votre mérite eût fait un vain effort;
Je découvrais en vous d'assez illustres marques
470 Pour vous préférer même aux plus heureux monarques.
Mais puisque mon devoir m'imposait d'autres lois,
De quelque amant pour moi que mon père eût fait choix,
Quand à ce grand pouvoir que la valeur vous donne
Vous auriez ajouté l'éclat d'une couronne,
475 Quand je vous aurais vu, quand je l'aurais haï,
J'en aurais soupiré, mais j'aurais obéi,
Et sur mes passions ma raison souveraine
Eût blâmé mes soupirs et dissipé ma haine.

SÉVÈRE

Que vous êtes heureuse! et qu'un peu de soupirs
480 Fait un aisé remède à tous vos déplaisirs!
Ainsi, de vos désirs toujours reine absolue,
Les plus grands changements vous trouvent résolue;
De la plus forte ardeur vous portez vos esprits
Jusqu'à l'indifférence, et peut-être au mépris,

485 Et votre fermeté fait succéder sans peine
La faveur au dédain, et l'amour à la haine.
Qu'un peu de votre humeur ou de votre vertu
Soulagerait les maux de ce cœur abattu !
Un soupir, une larme à regret épandue
490 M'aurait déjà guéri de vous avoir perdue ;
Ma raison pourrait tout sur l'amour affaibli,
Et de l'indifférence irait jusqu'à l'oubli ;
Et, mon feu désormais se réglant sur le vôtre,
Je me tiendrais heureux entre les bras d'une autre.
495 O trop aimable objet, qui m'avez trop charmé,
Est-ce là comme on aime, et m'avez-vous aimé ?

PAULINE

Je vous l'ai trop fait voir, seigneur, et si mon âme
Pouvait bien étouffer les restes de sa flamme,
Dieux, que j'éviterais de rigoureux tourments !
500 Ma raison, il est vrai, dompte mes sentiments ;
Mais, quelque autorité que sur eux elle ait prise,
Elle n'y règne pas, elle les tyrannise ;
Et, quoique le dehors soit sans émotion,
Le dedans n'est que trouble et que sédition :
505 Un je ne sais quel charme encor vers vous m'emporte ;
Votre mérite est grand, si ma raison est forte :
Je le vois, encor tel qu'il alluma mes feux,
D'autant plus puissamment solliciter mes vœux
Qu'il est environné de puissance et de gloire,
510 Qu'en tous lieux après vous il traîne la victoire,
Que j'en sais mieux le prix, et qu'il n'a point déçu
Le généreux espoir que j'en avais conçu.
Mais ce même devoir qui le vainquit dans Rome,
Et qui me range ici dessous les lois d'un homme,
515 Repousse encor si bien l'effort de tant d'appas [16],
Qu'il déchire mon âme et ne l'ébranle pas ;
C'est cette vertu même, à nos désirs cruelle,
Que vous louiez alors en blasphémant contre elle :
Plaignez-vous-en encor ; mais louez sa rigueur
520 Qui triomphe à la fois de vous et de mon cœur,
Et voyez qu'un devoir moins ferme et moins sincère
N'aurait pas mérité l'amour du grand Sévère.

SÉVÈRE

Ah ! madame, excusez une aveugle douleur
Qui ne connaît plus rien que l'excès du malheur :

525 Je nommais inconstance, et prenais pour un crime,
De ce juste devoir l'effort le plus sublime.
De grâce, montrez moins à mes sens désolés
La grandeur de ma perte et ce que vous valez;
Et cachant par pitié cette vertu si rare,
530 Qui redouble mes feux lorsqu'elle nous sépare,
Faites voir des défauts qui puissent à leur tour
Affaiblir ma douleur avecque mon amour.

PAULINE

Hélas! cette vertu, quoique enfin invincible,
Ne laisse que trop voir une âme trop sensible.
535 Ces pleurs en sont témoins, et ces lâches soupirs
Qu'arrachent de nos feux les cruels souvenirs :
Trop rigoureux effets d'une aimable présence
Contre qui mon devoir a trop peu de défense!
Mais si vous estimez ce vertueux devoir,
540 Conservez-m'en la gloire, et cessez de me voir.
Epargnez-moi des pleurs qui coulent à ma honte;
Epargnez-moi des feux qu'à regret je surmonte;
Enfin épargnez-moi ces tristes entretiens,
Qui ne font qu'irriter vos tourments et les miens.

SÉVÈRE

545 Que je me prive ainsi du seul bien qui me reste!

PAULINE

Sauvez-vous d'une vue à tous les deux funeste.

SÉVÈRE

Quel prix de mon amour! quel fruit de mes travaux!

PAULINE

C'est le remède seul qui peut guérir nos maux.

SÉVÈRE

Je veux mourir des miens; aimez-en la mémoire.

PAULINE

550 Je veux guérir des miens; ils souilleraient ma gloire [17].

SÉVÈRE

Ah! puisque votre gloire en prononce l'arrêt,
Il faut que ma douleur cède à son intérêt.
Est-il rien que sur moi cette gloire n'obtienne ?
Elle me rend les soins que je dois à la mienne.
555 Adieu : je vais chercher au milieu des combats
Cette immortalité que donne un beau trépas,
Et remplir dignement, par une mort pompeuse,
De mes premiers exploits l'attente avantageuse;
Si toutefois, après ce coup mortel du sort,
560 J'ai de la vie assez pour chercher une mort.

PAULINE

Et moi, dont votre vue augmente le supplice,
Je l'éviterai même en votre sacrifice;
Et, seule dans ma chambre enfermant mes regrets,
Je vais pour vous aux dieux faire des vœux secrets.

SÉVÈRE

565 Puisse le juste ciel, content de ma ruine,
Combler d'heur et de jours Polyeucte et Pauline!

PAULINE

Puisse trouver Sévère, après tant de malheur,
Une félicité digne de sa valeur!

SÉVÈRE

Il la trouvait en vous.

PAULINE

Je dépendais d'un père.

SÉVÈRE

570 O devoir qui me perd et qui me désespère!
Adieu, trop vertueux objet, et trop charmant.

PAULINE

Adieu, trop malheureux et trop parfait amant.

SCÈNE III

PAULINE, STRATONICE

STRATONICE

Je vous ai plaints tous deux, j'en verse encor des larmes,
Mais du moins votre esprit est hors de ses alarmes :
575 Vous voyez clairement que votre songe est vain ;
Sévère ne vient pas la vengeance à la main.

PAULINE

Laisse-moi respirer du moins, si tu m'as plainte :
Au fort de ma douleur tu rappelles ma crainte ;
Souffre un peu de relâche à mes esprits troublés,
580 Et ne m'accable point par des maux redoublés.

STRATONICE

Quoi ! vous craignez encor ?

PAULINE

Je tremble, Stratonice ;
Et, bien que je m'effraye avec peu de justice,
Cette injuste frayeur sans cesse reproduit
L'image des malheurs que j'ai vus cette nuit.

STRATONICE

585 Sévère est généreux.

PAULINE

Malgré sa retenue,
Polyeucte sanglant frappe toujours ma vue.

STRATONICE

Vous voyez ce rival faire des vœux pour lui.

PAULINE

Je crois même au besoin qu'il serait son appui :
Mais, soit cette croyance ou fausse, ou véritable,
590 Son séjour en ce lieu m'est toujours redoutable ;
A quoi que sa vertu puisse le disposer,
Il est puissant, il m'aime, et vient pour m'épouser.

SCÈNE IV

POLYEUCTE, NÉARQUE, PAULINE, STRATONICE

POLYEUCTE

C'est trop verser de pleurs [18]; il est temps qu'ils tarissent,
Que votre douleur cesse, et vos craintes finissent;
595 Malgré les faux avis par vos dieux envoyés,
Je suis vivant, madame, et vous me revoyez.

PAULINE

Le jour est encor long, et, ce qui plus m'effraie,
La moitié de l'avis se trouve déjà vraie;
J'ai cru Sévère mort, et je le vois ici.

POLYEUCTE

600 Je le sais; mais enfin j'en prends peu de souci.
Je suis dans Mélitène, et, quel que soit Sévère,
Votre père y commande, et l'on m'y considère;
Et je ne pense pas qu'on puisse avec raison
D'un cœur tel que le sien craindre une trahison :
605 On m'avait assuré qu'il vous faisait visite,
Et je venais lui rendre un honneur qu'il mérite.

PAULINE

Il vient de me quitter assez triste et confus;
Mais j'ai gagné sur lui qu'il ne me verra plus.

POLYEUCTE

Quoi! vous me soupçonnez déjà de quelque ombrage ?

PAULINE

610 Je ferais à tous trois un trop sensible outrage.
J'assure mon repos, que troublent ses regards :
La vertu la plus ferme évite les hasards;
Qui s'expose au péril veut bien trouver sa perte;
Et, pour vous en parler avec une âme ouverte,
615 Depuis qu'un vrai mérite a pu nous enflammer,
Sa présence toujours a droit de nous charmer.
Outre qu'on doit rougir de s'en laisser surprendre,
On souffre à résister, on souffre à s'en défendre;

Et, bien que la vertu triomphe de ces feux,
620 La victoire est pénible, et le combat honteux.

POLYEUCTE

O vertu trop parfaite, et devoir trop sincère,
Que vous devez coûter de regrets à Sévère!
Qu'aux dépens d'un beau feu vous me rendez heureux!
Et que vous êtes doux à mon cœur amoureux!
625 Plus je vois mes défauts et plus je vous contemple,
Plus j'admire...

SCÈNE V

POLYEUCTE, PAULINE, NÉARQUE
STRATONICE, CLÉON

CLÉON

Seigneur, Félix vous mande au temple;
La victime est choisie, et le peuple à genoux,
Et pour sacrifier on n'attend plus que vous.

POLYEUCTE

Va, nous allons te suivre. Y venez-vous, madame?

PAULINE

630 Sévère craint ma vue, elle irrite sa flamme;
Je lui tiendrai parole, et ne veux plus le voir.
Adieu : vous l'y verrez; pensez à son pouvoir
Et ressouvenez-vous que sa faveur est grande.

POLYEUCTE

Allez, tout son crédit n'a rien que j'appréhende;
635 Et comme je connais sa générosité,
Nous ne nous combattrons que de civilité.

SCÈNE VI

POLYEUCTE, NÉARQUE

NÉARQUE

Où pensez-vous aller?

POLYEUCTE

Au temple, où l'on m'appelle.

NÉARQUE

Quoi! vous mêler aux vœux d'une troupe infidèle!
Oubliez-vous déjà que vous êtes chrétien ?

POLYEUCTE

640 Vous par qui je le suis, vous en souvient-il bien ?

NÉARQUE

J'abhorre les faux dieux.

POLYEUCTE

Et moi, je les déteste.

NÉARQUE

Je tiens leur culte impie.

POLYEUCTE

Et je le tiens funeste.

NÉARQUE

Fuyez donc leurs autels.

POLYEUCTE

Je les veux renverser [19],
Et mourir dans leur temple, ou les y terrasser.
645 Allons, mon cher Néarque, allons aux yeux des hommes
Braver l'idolâtrie, et montrer qui nous sommes :
C'est l'attente du ciel, il nous la faut remplir;
Je viens de le promettre, et je vais l'accomplir.
Je rends grâce au Dieu que tu m'as fait connaître
650 De cette occasion qu'il a sitôt fait naître,
Où déjà sa bonté, prête à me couronner,
Daigne éprouver la foi qu'il vient de me donner.

NÉARQUE

Ce zèle est trop ardent, souffrez qu'il se modère.

POLYEUCTE

On n'en peut avoir trop pour le Dieu qu'on révère.

NÉARQUE

655 Vous trouverez la mort.

POLYEUCTE

Je la cherche pour lui.

NÉARQUE

Et si ce cœur s'ébranle ?

POLYEUCTE

Il sera mon appui.

NÉARQUE

Il ne commande point que l'on s'y précipite.

POLYEUCTE

Plus elle est volontaire, et plus elle mérite.

NÉARQUE

Il suffit, sans chercher, d'attendre et de souffrir.

POLYEUCTE

660 On souffre avec regret quand on n'ose s'offrir.

NÉARQUE

Mais dans ce temple enfin la mort est assurée.

POLYEUCTE

Mais dans le ciel déjà la palme est préparée.

NÉARQUE

Par une sainte vie il faut la mériter.

POLYEUCTE

Mes crimes, en vivant, me la pourraient ôter.
665 Pourquoi mettre au hasard ce que la mort assure ?
Quand elle ouvre le ciel, peut-elle sembler dure ?
Je suis chrétien, Néarque, et le suis tout à fait;
La foi que j'ai reçue aspire à son effet.
Qui fuit croit lâchement, et n'a qu'une foi morte.

NÉARQUE

670 Ménagez votre vie, à Dieu même elle importe;
Vivez pour protéger les chrétiens en ces lieux.

POLYEUCTE

L'exemple de ma mort les fortifiera mieux.

NÉARQUE

Vous voulez donc mourir ?

POLYEUCTE

Vous aimez donc à vivre ?

NÉARQUE

Je ne puis déguiser que j'ai peine à vous suivre.
675 Sous l'horreur des tourments je crains de succomber.

POLYEUCTE

Qui marche assurément n'a point peur de tomber :
Dieu fait part, au besoin, de sa force infinie.
Qui craint de le nier, dans son âme le nie :
Il croit le pouvoir faire, et doute de sa foi.

NÉARQUE

680 Qui n'appréhende rien présume trop de soi.

POLYEUCTE

J'attends tout de sa grâce, et rien de ma faiblesse.
Mais, loin de me presser, il faut que je vous presse !
D'où vient cette froideur ?

NÉARQUE

Dieu même a craint la mort.

POLYEUCTE

Il s'est offert pourtant; suivons ce saint effort;
685 Dressons-lui des autels sur des monceaux d'idoles.
Il faut (je me souviens encor de vos paroles)
Négliger, pour lui plaire, et femme, et biens, et rang,
Exposer pour sa gloire et verser tout son sang.
Hélas! qu'avez-vous fait de cette amour parfaite
690 Que vous me souhaitiez, et que je vous souhaite ?
S'il vous en reste encor, n'êtes-vous point jaloux,
Qu'à grand'peine chrétien j'en montre plus que vous ?

NÉARQUE

Vous sortez du baptême, et ce qui vous anime,
C'est sa grâce qu'en vous n'affaiblit aucun crime;
695 Comme encor tout entière, elle agit pleinement,
Et tout semble possible à son feu véhément;
Mais cette même grâce, en moi diminuée
Et par mille péchés sans cesse exténuée,

Agit aux grands effets avec tant de langueur,
700 Que tout semble impossible à son peu de vigueur :
Cette indigne mollesse et ces lâches défenses
Sont des punitions qu'attirent mes offenses;
Mais Dieu, dont on ne doit jamais se défier,
Me donne votre exemple à me fortifier.
705 Allons, cher Polyeucte, allons aux yeux des hommes
Braver l'idolâtrie, et montrer qui nous sommes;
Puissé-je vous donner l'exemple de souffrir,
Comme vous me donnez celui de vous offrir!

POLYEUCTE

A cet heureux transport que le ciel vous envoie,
710 Je reconnais Néarque, et j'en pleure de joie.
Ne perdons plus de temps; le sacrifice est prêt;
Allons-y du vrai Dieu soutenir l'intérêt;
Allons fouler aux pieds ce foudre ridicule
Dont arme un bois pourri ce peuple trop crédule;
715 Allons en éclairer l'aveuglement fatal;
Allons briser ces dieux de pierre et de métal;
Abandonnons nos jours à cette ardeur céleste;
Faisons triompher Dieu : qu'il dispose du reste.

NÉARQUE

Allons faire éclater sa gloire aux yeux de tous,
720 Et répondre avec zèle à ce qu'il veut de nous [20].

ACTE III

SCÈNE PREMIÈRE

PAULINE

Que de soucis flottants, que de confus nuages
Présentent à mes yeux d'inconstantes images!
Douce tranquillité, que je n'ose espérer,
Que ton divin rayon tarde à les éclairer!
725 Mille agitations, que mes troubles produisent,
Dans mon cœur ébranlé tour à tour se détruisent;

Aucun espoir n'y coule où j'ose persister ;
Aucun effroi n'y règne où j'ose m'arrêter.
Mon esprit, embrassant tout ce qu'il s'imagine,
730 Voit tantôt mon bonheur, et tantôt ma ruine,
Et suit leur vaine idée avec si peu d'effet
Qu'il ne peut espérer ni craindre tout à fait.
Sévère incessamment brouille ma fantaisie :
J'espère en sa vertu, je crains sa jalousie ;
735 Et je n'ose penser que d'un œil égal
Polyeucte en ces lieux puisse voir son rival.
Comme entre deux rivaux la haine est naturelle,
L'entrevue aisément se termine en querelle ;
L'un voit aux mains d'autrui ce qu'il croit mériter,
740 L'autre un désespéré qui peut trop attenter.
Quelque haute raison qui règle leur courage,
L'un conçoit de l'envie, et l'autre de l'ombrage ;
La honte d'un affront que chacun d'eux croit voir
Ou de nouveau reçue, ou prête à recevoir,
745 Consumant dès l'abord toute leur patience,
Forme de la colère et de la défiance,
Et, saisissant ensemble et l'époux et l'amant,
En dépit d'eux les livre à leur ressentiment.
Mais que je me figure une étrange chimère !
750 Et que je traite mal Polyeucte et Sévère,
Comme si la vertu de ces fameux rivaux
Ne pouvait s'affranchir de ces communs défauts !
Leurs âmes à tous deux d'elles-mêmes maîtresses
Sont d'un ordre trop haut pour de telles bassesses :
755 Ils se verront au temple en hommes généreux.
Mais las ! ils se verront, et c'est beaucoup pour eux.
Que sert à mon époux d'être dans Mélitène,
Si contre lui Sévère arme l'aigle romaine,
Si mon père y commande, et craint ce favori,
760 Et se repent déjà du choix de mon mari ?
Si peu que j'ai d'espoir ne luit qu'avec contrainte ;
En naissant il avorte, et fait place à la crainte ;
Ce qui doit l'affermir sert à le dissiper.
Dieux ! faites que ma peur puisse enfin se tromper !
765 Mais sachons-en l'issue.

SCÈNE II

PAULINE, STRATONICE

PAULINE

Eh bien! ma Stratonice,
Comment s'est terminé ce pompeux sacrifice?
Ces rivaux généreux au temple se sont vus?

STRATONICE

Ah! Pauline!

PAULINE

Mes vœux ont-ils été déçus?
J'en vois sur ton visage une mauvaise marque.
770 Se sont-ils querellés?

STRATONICE

Polyeucte, Néarque,
Les chrétiens...

PAULINE

Parle donc : les chrétiens...

STRATONICE

Je ne puis.

PAULINE

Tu prépares mon âme à d'étranges ennuis.

STRATONICE

Vous n'en sauriez avoir une plus juste cause.

PAULINE

L'ont-ils assassiné?

STRATONICE

Ce serait peu de chose.
775 Tout votre songe est vrai, Polyeucte n'est plus...

PAULINE

Il est mort!

STRATONICE

Non, il vit ; mais, ô pleurs superflus !
Ce courage si grand, cette âme si divine,
N'est plus digne du jour, ni digne de Pauline.
Ce n'est plus cet époux si charmant à vos yeux ;
780 C'est l'ennemi commun de l'Etat et des dieux,
Un méchant, un infâme, un rebelle, un perfide,
Un traître, un scélérat, un lâche, un parricide,
Une peste exécrable à tous les gens de bien,
Un sacrilège impie : en un mot, un chrétien.

PAULINE

785 Ce mot aurait suffi sans ce torrent d'injures.

STRATONICE

Ces titres aux chrétiens sont-ce des impostures ?

PAULINE

Il est ce que tu dis, s'il embrasse leur foi ;
Mais il est mon époux, et tu parles à moi.

STRATONICE

Ne considérez plus que le Dieu qu'il adore.

PAULINE

790 Je l'aimai par devoir ; ce devoir dure encore.

STRATONICE

Il vous donne à présent sujet de le haïr ;
Qui trahit tous nos dieux aurait pu vous trahir.

PAULINE

Je l'aimerais encor, quand il m'aurait trahie ;
Et si de tant d'amour tu peux être ébahie,
795 Apprends que mon devoir ne dépend point du sien :
Qu'il y manque, s'il veut ; je dois faire le mien.
Quoi ! s'il aimait ailleurs, serais-je dispensée
A suivre, à son exemple, une ardeur insensée ?
Quelque chrétien qu'il soit, je n'en ai point d'horreur ;
800 Je chéris sa personne [21], et je hais son erreur.
Mais quel ressentiment en témoigne mon père ?

STRATONICE

Une secrète rage, un excès de colère,
Malgré qui toutefois un reste d'amitié
Montre pour Polyeucte encor quelque pitié.

805 Il ne veut point sur lui faire agir sa justice,
Que du traître Néarque il n'ait vu le supplice.

PAULINE

Quoi! Néarque en est donc ?

STRATONICE

                                Néarque l'a séduit;
De leur vieille amitié c'est là l'indigne fruit.
Ce perfide, tantôt, en dépit de lui-même,
810 L'arrachant de vos bras, le traînait au baptême.
Voilà ce grand secret et si mystérieux
Que n'en pouvait tirer votre amour curieux.

PAULINE

Tu me blâmais alors d'être trop importune.

STRATONICE

Je ne prévoyais pas une telle infortune.

PAULINE

815 Avant qu'abandonner mon âme à mes douleurs,
Il me faut essayer la force de mes pleurs;
En qualité de femme, ou de fille, j'espère
Qu'ils vaincront un époux, ou fléchiront un père.
Que si sur l'un et l'autre ils manquent de pouvoir,
820 Je ne prendrai conseil que de mon désespoir.
Apprends-moi cependant ce qu'ils ont fait au temple.

STRATONICE

C'est une impiété qui n'eut jamais d'exemple.
Je ne puis y penser sans frémir à l'instant,
Et crains de faire un crime en vous la racontant.
825 Apprenez en deux mots leur brutale insolence.
Le prêtre avait à peine obtenu du silence,
Et devers l'orient assuré son aspect,
Qu'ils ont fait éclater leur manque de respect.
A chaque occasion de la cérémonie,
830 A l'envi l'un et l'autre étalait sa manie,
Des mystères sacrés hautement se moquait,
Et traitait de mépris les dieux qu'on invoquait.
Tout le peuple en murmure, et Félix s'en offense;
Mais tous deux s'emportent à plus d'irrévérence :
835 « Quoi! lui dit Polyeucte en élevant sa voix,
Adorez-vous des dieux ou de pierre ou de bois ? »

Ici dispensez-moi du récit des blasphèmes
Qu'ils ont vomis tous deux contre Jupiter mêmes :
L'adultère et l'inceste en étaient les plus doux.
840 « Oyez, dit-il ensuite, oyez, peuple, oyez tous :
Le Dieu de Polyeucte et celui de Néarque
De la terre et du ciel est l'absolu monarque,
Seul être indépendant, seul maître du destin,
Seul principe éternel, et souveraine fin [22].
845 C'est ce Dieu des chrétiens qu'il faut qu'on remercie
Des victoires qu'il donne à l'empereur Décie;
Lui seul tient en sa main le succès des combats;
Il le veut élever, il le peut mettre à bas;
Sa bonté, son pouvoir, sa justice est immense;
850 C'est lui seul qui punit, lui seul qui récompense :
Vous adorez en vain des monstres impuissants. »
Se jetant à ces mots sur le vin et l'encens,
Après en avoir mis les saints vases par terre,
Sans crainte de Félix, sans crainte du tonnerre,
855 D'une fureur pareille ils courent à l'autel.
Cieux! a-t-on vu jamais, a-t-on rien vu de tel!
Du plus puissant des dieux nous voyons la statue
Par une main impie à leurs pieds abattue,
Les mystères troublés, le temple profané,
860 La fuite et les clameurs d'un peuple mutiné
Qui craint d'être accablé sous le courroux céleste.
Félix... Mais le voici qui vous dira le reste.

PAULINE

Que son visage est sombre et plein d'émotion!
Qu'il montre de tristesse et d'indignation!

SCÈNE III

FÉLIX, PAULINE, STRATONICE

FÉLIX

865 Une telle insolence avoir osé paraître!
En public! à ma vue! Il en mourra, le traître.

PAULINE

Souffrez que votre fille embrasse vos genoux.

FÉLIX

Je parle de Néarque, et non de votre époux.
Quelque indigne qu'il soit de ce doux nom de gendre,
870 Mon âme lui conserve un sentiment plus tendre :
La grandeur de son crime et de mon déplaisir
N'a pas éteint l'amour qui me l'a fait choisir.

PAULINE

Je n'attendais pas moins de la bonté d'un père.

FÉLIX

Je pouvais l'immoler à ma juste colère :
875 Car vous n'ignorez pas à quel comble d'horreur
De son audace impie a monté la fureur;
Vous l'avez pu savoir du moins de Stratonice.

PAULINE

Je sais que de Néarque il doit voir le supplice.

FÉLIX

Du conseil qu'il doit prendre il sera mieux instruit,
880 Quand il verra punir celui qui l'a séduit.
Au spectacle sanglant d'un ami qu'il faut suivre,
La crainte de mourir et le désir de vivre
Ressaisissent une âme avec tant de pouvoir,
Que qui voit le trépas cesse de le vouloir.
885 L'exemple touche plus que ne fait la menace :
Cette indiscrète ardeur tourne bientôt en glace,
Et nous verrons bientôt son cœur inquiété
Me demander pardon de tant d'impiété[23].

PAULINE

Vous pouvez espérer qu'il change de courage ?

FÉLIX

890 Aux dépens de Néarque il doit se rendre sage.

PAULINE

Il le doit; mais, hélas! où me renvoyez-vous ?
Et quels tristes hasards ne court point mon époux,
Si de son inconstance il faut qu'enfin j'espère
Le bien que j'espérais de la bonté d'un père ?

FÉLIX

895 Je vous en fais trop voir, Pauline, à consentir
Qu'il évite la mort par un prompt repentir. *to repent*

Je devais même peine à des crimes semblables ;
Et, mettant différence entre ces deux coupables,
J'ai trahi la justice à l'amour paternel !
900 Je me suis fait pour lui moi-même criminel ;
Et j'attendais de vous, au milieu de vos craintes,
Plus de remerciements que je n'entends de plaintes.

PAULINE

De quoi remercier qui ne me donne rien ?
Je sais quelle est l'humeur et l'esprit d'un chrétien.
905 Dans l'obstination jusqu'au bout il demeure :
Vouloir son repentir, c'est ordonner qu'il meure.

FÉLIX

Sa grâce est en sa main, c'est à lui d'y rêver.

PAULINE

Faites-la tout entière.

FÉLIX

Il la peut achever.

PAULINE

Ne l'abandonnez pas aux fureurs de sa secte.

FÉLIX

910 Je l'abandonne aux lois, qu'il faut que je respecte.

PAULINE

Est-ce ainsi que d'un gendre un beau-père est l'appui ?

FÉLIX

Qu'il fasse autant pour soi comme je fais pour lui.

PAULINE

Mais il est aveuglé.

FÉLIX

Mais il se plaît à l'être.
Qui chérit son erreur ne la veut pas connaître.

PAULINE

915 Mon père, au nom des dieux...

FÉLIX

Ne les réclamez pas,
Ces dieux dont l'intérêt demande son trépas.

PAULINE

Ils écoutent nos vœux.

FÉLIX

Eh bien! qu'il leur en fasse.

PAULINE

Au nom de l'empereur dont vous tenez la place.

FÉLIX

J'ai son pouvoir en main; mais, s'il me l'a commis,
920 C'est pour le déployer contre ses ennemis.

PAULINE

Polyeucte l'est-il?

FÉLIX

Tous chrétiens sont rebelles.

PAULINE

N'écoutez point pour lui ces maximes cruelles;
En épousant Pauline il s'est fait votre sang.

FÉLIX

Je regarde sa faute, et ne vois plus son rang.
925 Quand le crime d'Etat se mêle au sacrilège,
Le sang ni l'amitié n'ont plus de privilège.

PAULINE

Quel excès de rigueur!

FÉLIX

Moindre que son forfait.

PAULINE

O de mon songe affreux trop véritable effet!
Voyez-vous qu'avec lui vous perdez votre fille?

FÉLIX

930 Les dieux et l'empereur sont plus que ma famille.

PAULINE

La perte de tous deux ne vous peut arrêter!

FÉLIX

J'ai les dieux et Décie ensemble à redouter.
Mais nous n'avons encore à craindre rien de triste:
Dans son aveuglement pensez-vous qu'il persiste?

935 S'il nous semblait tantôt courir à son malheur,
    C'est d'un nouveau chrétien la première chaleur.

PAULINE

Si vous l'aimez encor, quittez cette espérance
Que deux fois en un jour il change de croyance :
Outre que les chrétiens ont plus de dureté,
940 Vous attendez de lui trop de légèreté.
    Ce n'est point une erreur avec le lait sucée,
    Que sans l'examiner son âme ait embrassée :
    Polyeucte est chrétien parce qu'il l'a voulu,
    Et vous portait au temple un esprit résolu.
945 Vous devez présumer de lui comme du reste :
    Le trépas n'est pour eux ni honteux ni funeste;
    Ils cherchent de la gloire à mépriser nos dieux;
    Aveugles pour la terre, ils aspirent aux cieux;
    Et croyant que la mort leur en ouvre la porte,
950 Tourmentés, déchirés, assassinés, n'importe,
    Les supplices leur sont ce qu'à nous les plaisirs,
    Et les mènent au but où tendent leurs désirs;
    La mort la plus infâme, ils l'appellent martyre.

FÉLIX

Eh bien donc! Polyeucte aura ce qu'il désire :
955 N'en parlons plus.

PAULINE

Mon père...

SCÈNE IV

FÉLIX, ALBIN, PAULINE, STRATONICE

FÉLIX

Albin, en est-ce fait ?

ALBIN

Oui, seigneur, et Néarque a payé son forfait.

FÉLIX

Et notre Polyeucte a vu trancher sa vie ?

ALBIN

Il l'a vu, mais, hélas! avec un œil d'envie.
Il brûle de le suivre, au lieu de reculer;
960 Et son cœur s'affermit au lieu de s'ébranler.

PAULINE

Je vous le disais bien. Encore un coup, mon père,
Si jamais mon respect a pu vous satisfaire,
Si vous l'avez prisé, si vous l'avez chéri...

FÉLIX

Vous aimez trop, Pauline, un indigne mari.

PAULINE

965 Je l'ai de votre main : mon amour est sans crime;
Il est de votre choix la glorieuse estime;
Et j'ai, pour l'accepter, éteint le plus beau feu
Qui d'une âme bien née ait mérité l'aveu.
Au nom de cette aveugle et prompte obéissance
970 Que j'ai toujours rendue aux lois de la naissance,
Si vous avez pu tout sur moi, sur mon amour,
Que je puisse sur vous quelque chose à mon tour!
Par ce juste pouvoir à présent trop à craindre,
Par ces beaux sentiments qu'il m'a fallu contraindre,
975 Ne m'ôtez pas vos dons; ils sont chers à mes yeux,
Et m'ont assez coûté pour m'être précieux.

FÉLIX

Vous m'importunez trop; bien que j'aie un cœur tendre,
Je n'aime la pitié qu'au prix que j'en veux prendre :
Employez mieux l'effort de vos justes douleurs;
980 Malgré moi m'en toucher, c'est perdre et temps et pleurs [24];
J'en veux être le maître, et je veux bien qu'on sache
Que je la désavoue alors qu'on me l'arrache.
Préparez-vous à voir ce malheureux chrétien,
Et faites votre effort quand j'aurai fait le mien.
985 Allez; n'irritez plus un père qui vous aime,
Et tâchez d'obtenir votre époux de lui-même.
Tantôt jusqu'en ce lieu je le ferai venir :
Cependant quittez-nous, je veux l'entretenir.

PAULINE

De grâce, permettez...

FÉLIX

Laissez-nous seuls, vous dis-je;
990 Votre douleur m'offense autant qu'elle m'afflige.
A gagner Polyeucte appliquez tous vos soins;
Vous avancerez plus en m'importunant moins.

SCÈNE V

FÉLIX, ALBIN

FÉLIX

Albin, comme est-il mort ?

ALBIN

En brutal, en impie,
En bravant les tourments, en dédaignant la vie,
995 Sans regret, sans murmure, et sans étonnement,
Dans l'obstination et l'endurcissement,
Comme un chrétien enfin, le blasphème à la bouche.

FÉLIX

Et l'autre ?

ALBIN

Je l'ai dit déjà, rien ne le touche;
Loin d'en être abattu, son cœur en est plus haut;
1000 On l'a violenté pour quitter l'échafaud :
Il est dans la prison où je l'ai vu conduire;
Mais vous êtes bien loin encor de le réduire.

FÉLIX

Que je suis malheureux !

ALBIN

Tout le monde vous plaint.

FÉLIX

On ne sait pas les maux dont mon cœur est atteint;
1005 De pensers sur pensers mon âme est agitée,
De soucis sur soucis elle est inquiétée.
Je sens l'amour, la haine, et la crainte, et l'espoir,
La joie et la douleur tour à tour l'émouvoir;

J'entre en des sentiments qui ne sont pas croyables;
1010 J'en ai de violents, j'en ai de pitoyables;
J'en ai de généreux qui n'oseraient agir;
J'en ai même de bas, et qui me font rougir.
J'aime ce malheureux que j'ai choisi pour gendre,
Je hais l'aveugle erreur qui le vient de surprendre;
1015 Je déplore sa perte, et, le voulant sauver,
J'ai la gloire des dieux ensemble à conserver;
Je redoute leur foudre et celui de Décie;
Il y va de ma charge, il y va de ma vie.
Ainsi tantôt pour lui je m'expose au trépas,
1020 Et tantôt je le perds pour ne me perdre pas.

ALBIN

Décie excusera l'amitié d'un beau-père;
Et d'ailleurs Polyeucte est d'un sang qu'on révère.

FÉLIX

A punir les chrétiens son ordre est rigoureux;
Et plus l'exemple est grand, plus il est dangereux :
1025 On ne distingue point quand l'offense est publique;
Et lorsqu'on dissimule un crime domestique,
Par quelle autorité peut-on, par quelle loi,
Châtier en autrui ce qu'on souffre chez soi ?

ALBIN

Si vous n'osez avoir d'égard à sa personne,
1030 Ecrivez à Décie afin qu'il en ordonne.

FÉLIX

Sévère me perdrait, si j'en usais ainsi :
Sa haine et son pouvoir font mon plus grand souci.
Si j'avais différé de punir un tel crime,
Quoiqu'il soit généreux, quoiqu'il soit magnanime,
1035 Il est homme, et sensible, et je l'ai dédaigné;
Et de tant de mépris son esprit indigné,
Que met au désespoir cet hymen de Pauline,
Du courroux de Décie obtiendrait ma ruine.
Pour venger un affront tout semble être permis,
1040 Et les occasions tentent les plus remis.
Peut-être (et ce soupçon n'est pas sans apparence)
Il rallume en son cœur déjà quelque espérance;
Et, croyant bientôt voir Polyeucte puni,
Il rappelle un amour à grand-peine banni.

1045 Juge si sa colère, en ce cas implacable,
Me ferait innocent de sauver un coupable,
Et s'il m'épargnerait, voyant par mes bontés
Une seconde fois ses desseins avortés.
Te dirais-je un penser indigne, bas, et lâche ?
1050 Je l'étouffe, il renaît; il me flatte, et me fâche :
L'ambition toujours me le vient présenter,
Et tout ce que je puis, c'est de le détester.
Polyeucte est ici l'appui de ma famille;
Mais si, par son trépas, l'autre épousait ma fille,
1055 J'acquerrais bien par là de plus puissants appuis
Qui me mettraient plus haut cent fois que je ne suis.
Mon cœur en prend par force une maligne joie;
Mais que plutôt le ciel à tes yeux me foudroie,
Qu'à des pensers si bas je puisse consentir,
1060 Que jusque-là ma gloire ose se démentir!

ALBIN

Votre cœur est trop bon, et votre âme trop haute [25].
Mais vous résolvez-vous à punir cette faute ?

FÉLIX

Je vais dans la prison faire tout mon effort
A vaincre cet esprit par l'effroi de la mort;
1065 Et nous verrons après ce que pourra Pauline.

ALBIN

Que ferez-vous enfin, si toujours il s'obstine ?

FÉLIX

Ne me presse point tant; dans un tel déplaisir
Je ne puis que résoudre, et ne sais que choisir.

ALBIN

Je dois vous avertir, en serviteur fidèle,
1070 Qu'en sa faveur déjà la ville se rebelle [26],
Et ne peut voir passer par la rigueur des lois
Sa dernière espérance et le sang de ses rois.
Je tiens sa prison même assez mal assurée :
J'ai laissé tout autour une troupe éplorée;
1075 Je crains qu'on ne la force.

FÉLIX

                              Il faut donc l'en tirer,
Et l'amener ici pour nous en assurer.

ALBIN

Tirez-l'en donc vous-même, et d'un espoir de grâce
Apaisez la fureur de cette populace.

FÉLIX

Allons, et s'il persiste à demeurer chrétien,
1080 Nous en disposerons sans qu'elle en sache rien.

ACTE IV

SCÈNE PREMIÈRE

POLYEUCTE, CLÉON, TROIS AUTRES GARDES

POLYEUCTE

Gardes, que me veut-on ?

CLÉON

Pauline vous demande.

POLYEUCTE

O présence, ô combat que surtout j'appréhende !
Félix, dans la prison j'ai triomphé de toi,
J'ai ri de ta menace, et t'ai vu sans effroi.
1085 Tu prends pour t'en venger de plus puissantes armes ;
Je craignais beaucoup moins tes bourreaux que ses larmes.
Seigneur, qui vois ici les périls que je cours,
En ce pressant besoin redouble ton secours ;
Et toi qui, tout sortant encor de la victoire,
1090 Regardes mes travaux du séjour de la gloire,
Cher Néarque, pour vaincre un si fort ennemi,
Prête du haut du ciel la main à ton ami [27].
Gardes, oseriez-vous me rendre un bon office ?
Non pour me dérober aux rigueurs du supplice,
1095 Ce n'est pas mon dessein qu'on me fasse évader ;
Mais comme il suffira de trois à me garder,
L'autre m'obligerait d'aller quérir Sévère ;
Je crois que sans péril on peut me satisfaire :

Si j'avais pu lui dire un secret important,
1100 Il vivrait plus heureux, et je mourrais content.

CLÉON

Si vous me l'ordonnez, j'y cours en diligence.

POLYEUCTE

Sévère à mon défaut fera ta récompense.
Va, ne perds point de temps, et reviens promptement.

CLÉON

Je serai de retour, seigneur, dans un moment.

SCÈNE II

POLYEUCTE

Les gardes se retirent aux coins du théâtre.

1105 Source délicieuse, en misères féconde,
Que voulez-vous de moi, flatteuses voluptés ?
Honteux attachements de la chair et du monde,
Que ne me quittez-vous quand je vous ai quittés ?
Allez, honneurs, plaisirs, qui me livrez la guerre :
1110   Toute votre félicité,
                Sujette à l'instabilité,
            En moins de rien tombe par terre ;
            Et comme elle a l'éclat du verre,
              Elle en a la fragilité.

1115 Ainsi n'espérez pas qu'après vous je soupire :
Vous étalez en vain vos charmes impuissants ;
Vous me montrez en vain par tout ce vaste empire
Les ennemis de Dieu pompeux et florissants.
Il étale à son tour des revers équitables
1120   Par qui les grands sont confondus ;
                Et les glaives qu'il tient pendus
            Sur les plus fortunés coupables
            Sont d'autant plus inévitables,
              Que leurs coups sont moins attendus.

1125 Tigre altéré de sang, Décie impitoyable,
Ce Dieu t'a trop longtemps abandonné les siens ;

De ton heureux destin vois la suite effroyable :
Le Scythe va venger la Perse et les chrétiens.
Encore un peu plus outre, et ton heure est venue ;
1130   Rien ne t'en saurait garantir ;
             Et la foudre qui va partir,
             Toute prête à crever la nue,
             Ne peut plus être retenue
             Par l'attente du repentir.

1135 Que cependant Félix m'immole à ta colère ;
Qu'un rival plus puissant éblouisse ses yeux ;
Qu'aux dépens de ma vie il s'en fasse beau-père,
Et qu'à titre d'esclave il commande en ces lieux :
Je consens, ou plutôt j'aspire à ma ruine.
1140   Monde, pour moi tu n'as plus rien ;
             Je porte en un cœur tout chrétien
             Une flamme toute divine ;
             Et je ne regarde Pauline
             Que comme un obstacle à mon bien.

1145 Saintes douceurs du ciel, adorables idées,
Vous remplissez un cœur qui vous peut recevoir :
De vos sacrés attraits les âmes possédées
Ne conçoivent plus rien qui les puisse émouvoir.
Vous promettez beaucoup, et donnez davantage :
1150   Vos biens ne sont point inconstants,
             Et l'heureux trépas que j'attends
             Ne vous sert que d'un doux passage
             Pour nous introduire au partage
             Qui nous rend à jamais contents.

1155 C'est vous, ô feu divin que rien ne peut éteindre,
Qui m'allez faire voir Pauline sans la craindre [28].
Je la vois ; mais mon cœur, d'un saint zèle enflammé,
N'en goûte plus l'appas dont il était charmé ;
Et mes yeux éclairés des célestes lumières,
1160 Ne trouvent plus aux siens leurs grâces coutumières.

SCÈNE III
POLYEUCTE, PAULINE, GARDES

POLYEUCTE

Madame, quel dessein vous fait me demander ?
Est-ce pour me combattre, ou pour me seconder ?

Cet effort généreux de votre amour parfaite
Vient-il à mon secours, vient-il à ma défaite ?
1165 Apportez-vous ici la haine ou l'amitié,
Comme mon ennemie, ou ma chère moitié ?

PAULINE

Vous n'avez point ici d'ennemi que vous-même ;
Seul vous vous haïssez, lorsque chacun vous aime ;
Seul vous exécutez tout ce que j'ai rêvé :
1170 Ne veuillez pas vous perdre, et vous êtes sauvé.
A quelque extrémité que votre crime passe,
Vous êtes innocent si vous vous faites grâce.
Daignez considérer le sang dont vous sortez,
Vos grandes actions, vos rares qualités ;
1175 Chéri de tout le peuple, estimé chez le prince,
Gendre du gouverneur de toute la province,
Je ne vous compte à rien le nom de mon époux :
C'est un bonheur pour moi qui n'est pas grand pour vous ;
Mais après vos exploits, après votre naissance,
1180 Après votre pouvoir, voyez notre espérance ;
Et n'abandonnez pas à la main d'un bourreau
Ce qu'à nos justes vœux promet un sort si beau.

POLYEUCTE

Je considère plus ; je sais mes avantages,
Et l'espoir que sur eux forment les grands courages :
1185 Ils n'aspirent enfin qu'à des biens passagers,
Que troublent les soucis, que suivent les dangers ;
La mort nous les ravit, la fortune s'en joue ;
Aujourd'hui dans le trône, et demain dans la boue ;
Et leur plus haut éclat fait tant de mécontents,
1190 Que peu de vos Césars en ont joui longtemps.
J'ai de l'ambition, mais plus noble et plus belle :
Cette grandeur périt, j'en veux une immortelle,
Un bonheur assuré, sans mesure et sans fin,
Au-dessus de l'envie, au-dessus du destin.
1195 Est-ce trop l'acheter que d'une triste vie
Qui tantôt, qui soudain me peut être ravie ;
Qui ne me fait jouir que d'un instant qui fuit,
Et ne peut m'assurer de celui qui le suit ?

PAULINE

Voilà de vos chrétiens les ridicules songes ;
1200 Voilà jusqu'à quel point vous charment leurs mensonges :

Tout votre sang est peu pour un bonheur si doux!
Mais, pour en disposer, ce sang est-il à vous ?
Vous n'avez pas la vie ainsi qu'un héritage;
Le jour qui vous la donne en même temps l'engage :
1205 Vous la devez au prince, au public, à l'Etat.

POLYEUCTE

Je la voudrais pour eux perdre dans un combat;
Je sais quel en est l'heur, et quelle en est la gloire.
Des aïeux de Décie on vante la mémoire;
Et ce nom, précieux encore à vos Romains,
1210 Au bout de six cents ans lui met l'empire aux mains.
Je dois ma vie au peuple, au prince, à sa couronne;
Mais je la dois bien plus au Dieu qui me la donne :
Si mourir pour son prince est un illustre sort,
Quand on meurt pour son Dieu, quelle sera la mort!

PAULINE

1215 Quel Dieu!

POLYEUCTE

         Tout beau, Pauline : il entend vos paroles;
Et ce n'est pas un Dieu comme vos dieux frivoles,
Insensibles et sourds, impuissants, mutilés,
De bois, de marbre, ou d'or, comme vous les voulez :
C'est le Dieu des chrétiens, c'est le mien, c'est le vôtre;
1220 Et la terre et le ciel n'en connaissent point d'autre.

PAULINE

Adorez-le dans l'âme, et n'en témoignez rien.

POLYEUCTE

Que je sois tout ensemble idolâtre et chrétien!

PAULINE

Ne feignez qu'un moment, laissez partir Sévère,
Et donnez lieu d'agir aux bontés de mon père.

POLYEUCTE

1225 Les bontés de mon Dieu sont bien plus à chérir :
Il m'ôte des périls que j'aurais pu courir,
Et, sans me laisser lieu de tourner en arrière,
Sa faveur me couronne entrant dans la carrière;
Du premier coup de vent il me conduit au port,
1230 Et, sortant du baptême, il m'envoie à la mort.

Si vous pouviez comprendre, et le peu qu'est la vie,
Et de quelles douceurs cette mort est suivie!...
Mais que sert de parler de ces trésors cachés
A des esprits que Dieu n'a pas encor touchés ?

PAULINE

1235 Cruel! car il est temps que ma douleur éclate,
Et qu'un juste reproche accable une âme ingrate;
Est-ce là ce beau feu ? sont-ce là tes serments ?
Témoignes-tu pour moi les moindres sentiments ?
Je ne te parlais point de l'état déplorable
1240 Où ta mort va laisser ta femme inconsolable;
Je croyais que l'amour t'en parlerait assez,
Et je ne voulais pas de sentiments forcés;
Mais cette amour si ferme et si bien méritée,
Que tu m'avais promise, et que je t'ai portée,
1245 Quand tu me veux quitter, quand tu me fais mourir,
Te peut-elle arracher une larme, un soupir ?
Tu me quittes, ingrat, et le fais avec joie;
Tu ne la caches pas, tu veux que je la voie;
Et ton cœur, insensible à ces tristes appas,
1250 Se figure un bonheur où je ne serai pas!
C'est donc là le dégoût qu'apporte l'hyménée ?
Je te suis odieuse après m'être donnée [29]!

POLYEUCTE

Hélas!

PAULINE

Que cet hélas a de peine à sortir!
Encor s'il commençait un heureux repentir,
1255 Que, tout forcé qu'il est, j'y trouverais de charmes!
Mais courage, il s'émeut, je vois couler des larmes.

POLYEUCTE

J'en verse, et plût à Dieu qu'à force d'en verser
Ce cœur trop endurci se pût enfin percer!
Le déplorable état où je vous abandonne
1260 Est bien digne des pleurs que mon amour vous donne;
Et si l'on peut au ciel sentir quelques douleurs,
J'y pleurerai pour vous l'excès de vos malheurs.
Mais si, dans ce séjour de gloire et de lumière,
Ce Dieu tout juste et bon peut souffrir ma prière,
1265 S'il y daigne écouter un conjugal amour,
Sur votre aveuglement il répandra le jour.

Seigneur, de vos bontés il faut que je l'obtienne :
Elle a trop de vertus pour n'être pas chrétienne ;
Avec trop de mérite il vous plut la former,
1270 Pour ne vous pas connaître et ne vous pas aimer,
Pour vivre des enfers esclave infortunée,
Et sous leur triste joug mourir comme elle est née.

PAULINE

Que dis-tu, malheureux ? qu'oses-tu souhaiter ?

POLYEUCTE

Ce que de tout mon sang je voudrais acheter.

PAULINE

1275 Que plutôt...

POLYEUCTE

            C'est en vain qu'on se met en défense :
Ce Dieu touche les cœurs lorsque moins on y pense.
Ce bienheureux moment n'est pas encor venu ;
Il viendra, mais le temps ne m'en est pas connu.

PAULINE

Quittez cette chimère, et m'aimez...

POLYEUCTE

                              Je vous aime,
1280 Beaucoup moins que mon Dieu, mais bien plus que moi-
                                                    [même.

PAULINE

Au nom de cet amour, ne m'abandonnez pas.

POLYEUCTE

Au nom de cet amour, daignez suivre mes pas.

PAULINE

C'est peu de me quitter, tu veux donc me séduire ?

POLYEUCTE

C'est peu d'aller au ciel, je vous y veux conduire.

PAULINE

1285 Imaginations !

POLYEUCTE

            Célestes vérités !

PAULINE

Etrange aveuglement!

POLYEUCTE

Eternelles clartés!

PAULINE

Tu préfères la mort à l'amour de Pauline!

POLYEUCTE

Vous préférez le monde à la bonté divine!

PAULINE

Va, cruel, va mourir; tu ne m'aimas jamais.

POLYEUCTE

1290 Vivez heureuse au monde, et me laissez en paix.

PAULINE

Oui, je t'y vais laisser; ne t'en mets plus en peine;
Je vais...

SCÈNE IV

POLYEUCTE, PAULINE, SÉVÈRE, FABIAN, GARDES

PAULINE

Mais quel dessein en ce lieu vous amène,
Sévère? Aurait-on cru qu'un cœur si généreux
Pût venir jusqu'ici braver un malheureux?

POLYEUCTE

1295 Vous traitez mal, Pauline, un si rare mérite:
A ma seule prière il rend cette visite.
Je vous ai fait, seigneur, une incivilité,
Que vous pardonnerez à ma captivité.
Possesseur d'un trésor dont je n'étais pas digne,
1300 Souffrez avant ma mort que je vous le résigne,
Et laisse la vertu la plus rare à nos yeux
Qu'une femme jamais pût recevoir des cieux
Aux mains du plus vaillant et du plus honnête homme
Qu'ait adoré la terre et qu'ait vu naître Rome.

1305 Vous êtes digne d'elle, elle est digne de vous ;
Ne la refusez pas de la main d'un époux :
S'il vous a désunis, sa mort vous va rejoindre.
Qu'un feu jadis si beau n'en devienne pas moindre ;
Rendez-lui votre cœur, et recevez sa foi ;
1310 Vivez heureux ensemble, et mourez comme moi ;
C'est le bien qu'à tous deux Polyeucte désire.
Qu'on me mène à la mort, je n'ai plus rien à dire.
Allons, gardes, c'est fait.

SCÈNE V

SÉVÈRE, PAULINE, FABIAN

SÉVÈRE

Dans mon étonnement,
Je suis confus pour lui de son aveuglement ;
1315 Sa résolution a si peu de pareilles,
Qu'à peine je me fie encore à mes oreilles.
Un cœur qui vous chérit (mais quel cœur assez bas
Aurait pu vous connaître, et ne vous chérir pas ?),
Un homme aimé de vous, sitôt qu'il vous possède,
1320 Sans regret il vous quitte : il fait plus, il vous cède ;
Et comme si vos feux étaient un don fatal,
Il en fait un présent lui-même à son rival !
Certes, ou les chrétiens ont d'étranges manies,
Ou leurs félicités doivent être infinies,
1325 Puisque, pour y prétendre, ils osent rejeter
Ce que de tout l'empire il faudrait acheter.
Pour moi, si mes destins, un peu plus tôt propices,
Eussent de votre hymen honoré mes services,
Je n'aurais adoré que l'éclat de vos yeux,
1330 J'en aurais fait mes rois, j'en aurais fait mes dieux ;
On m'aurait mis en poudre, on m'aurait mis en cendre,
Avant que...

PAULINE

Brisons là ; je crains de trop entendre,
Et que cette chaleur, qui sent vos premiers feux,
Ne pousse quelque suite indigne de tous deux.
1335 Sévère, connaissez Pauline tout entière.
Mon Polyeucte touche à son heure dernière ;

Pour achever de vivre il n'a plus qu'un moment;
Vous en êtes la cause, encor qu'innocemment.
Je ne sais si votre âme, à vos désirs ouverte,
1340 Aurait osé former quelque espoir sur sa perte;
Mais sachez qu'il n'est point de si cruel trépas
Où d'un front assuré je ne porte mes pas,
Qu'il n'est point aux enfers d'horreurs que je n'endure,
Plutôt que de souiller une gloire si pure,
1345 Que d'épouser un homme, après son triste sort,
Qui de quelque façon soit cause de sa mort,
Et, si vous me croyiez d'une âme si peu saine,
L'amour que j'eus pour vous tournerait toute en haine.
Vous êtes généreux; soyez-le jusqu'au bout.
1350 Mon père est en état de vous accorder tout,
Il vous craint; et j'avance encor cette parole,
Que s'il perd mon époux, c'est à vous qu'il l'immole
Sauvez ce malheureux, employez-vous pour lui;
Faites-vous un effort pour lui servir d'appui.
1355 Je sais que c'est beaucoup que ce que je demande;
Mais plus l'effort est grand, plus la gloire en est grande.
Conserver un rival dont vous êtes jaloux,
C'est un trait de vertu qui n'appartient qu'à vous;
Et si ce n'est assez de votre renommée,
1360 C'est beaucoup qu'une femme autrefois tant aimée,
Et dont l'amour peut-être encor vous peut toucher,
Doive à votre grand cœur ce qu'elle a de plus cher.
Souvenez-vous enfin que vous êtes Sévère.
Adieu. Résolvez seul ce que vous voulez faire;
1365 Si vous n'êtes pas tel que je l'ose espérer,
Pour vous priser encor je le veux ignorer.

SCÈNE VI

SÉVÈRE, FABIAN

SÉVÈRE

Qu'est ceci, Fabian ? quel nouveau coup de foudre
Tombe sur mon bonheur et le réduit en poudre ?
Plus je l'estime près, plus il est éloigné;
1370 Je trouve tout perdu quand je crois tout gagné;
Et toujours la fortune, à me nuire obstinée,
Tranche mon espérance aussitôt qu'elle est née :

Avant qu'offrir des vœux je reçois des refus ;
Toujours triste, toujours et honteux et confus
1375 De voir que lâchement elle ait osé renaître,
Qu'encor plus lâchement elle ait osé paraître,
Et qu'une femme enfin dans la calamité
Me fasse des leçons de générosité[30].
Votre belle âme est haute autant que malheureuse ;
1380 Mais elle est inhumaine autant que généreuse,
Pauline ; et vos douleurs avec trop de rigueur
D'un amant tout à vous tyrannisent le cœur.
C'est donc peu de vous perdre, il faut que je vous donne ;
Que je serve un rival lorsqu'il vous abandonne ;
1385 Et que, par un cruel et généreux effort,
Pour vous rendre en ses mains je l'arrache à la mort !

FABIAN

Laissez à son destin cette ingrate famille ;
Qu'il accorde, s'il veut, le père avec la fille,
Polyeucte et Félix, l'épouse avec l'époux :
1390 D'un si cruel effort quel prix espérez-vous ?

SÉVÈRE

La gloire de montrer à cette âme si belle
Que Sévère l'égale, et qu'il est digne d'elle ;
Qu'elle m'était bien due, et que l'ordre des cieux
En me la refusant m'est trop injurieux.

FABIAN

1395 Sans accuser le sort ni le ciel d'injustice,
Prenez garde au péril qui suit un tel service ;
Vous hasardez beaucoup, seigneur, pensez-y bien.
Quoi ! vous entreprenez de sauver un chrétien !
Pouvez-vous ignorer pour cette secte impie
1400 Quelle est et fut toujours la haine de Décie ?
C'est un crime vers lui si grand, si capital,
Qu'à votre faveur même il peut être fatal.

SÉVÈRE

Cet avis serait bon pour quelque âme commune.
S'il tient entre ses mains ma vie et ma fortune,
1405 Je suis encor Sévère ; et tout ce grand pouvoir
Ne peut rien sur ma gloire, et rien sur mon devoir.
Ici l'honneur m'oblige, et j'y veux satisfaire ;
Qu'après le sort se montre ou propice ou contraire,

Comme son naturel est toujours inconstant,
1410 Périssant glorieux, je périrai content.
    Je te dirai bien plus, mais avec confidence :
    La secte des chrétiens n'est pas ce que l'on pense;
    On les hait; la raison, je ne la connais point;
    Et je ne vois Décie injuste qu'en ce point.
1415 Par curiosité j'ai voulu les connaître :
    On les tient pour sorciers dont l'enfer est le maître;
    Et sur cette croyance on punit du trépas
    Des mystères secrets que nous n'entendons pas.
    Mais Cérès Eleusine, et la Bonne Déesse,
1420 Ont leurs secrets comme eux à Rome et dans la Grèce;
    Encore impunément nous souffrons en tous lieux,
    Leur Dieu seul excepté, toute sorte de dieux :
    Tous les monstres d'Egypte ont leurs temples dans Rome;
    Nos aïeux à leur gré faisaient un dieu d'un homme;
1425 Et, leur sang parmi nous conservant leurs erreurs,
    Nous remplissons le ciel de tous nos empereurs.
    Mais, à parler sans fard de tant d'apothéoses,
    L'effet est bien douteux de ces métamorphoses.
    Les chrétiens n'ont qu'un Dieu, maître absolu de tout,
1430 De qui le seul vouloir fait tout ce qu'il résout.
    Mais, si j'ose entre nous dire ce que me semble,
    Les nôtres bien souvent s'accordent mal ensemble;
    Et, me dût leur colère écraser à tes yeux,
    Nous en avons beaucoup pour être de vrais dieux [31].
1435 Enfin chez les chrétiens les mœurs sont innocentes,
    Les vices détestés, les vertus florissantes;
    Ils font des vœux pour nous qui les persécutons;
    Et, depuis tant de temps que nous les tourmentons,
    Les a-t-on vus mutins ? les a-t-on vus rebelles ?
1440 Nos princes ont-ils eu des soldats plus fidèles ?
    Furieux dans la guerre, ils souffrent nos bourreaux;
    Et, lions au combat, ils meurent en agneaux.
    J'ai trop de pitié d'eux pour ne les pas défendre.
    Allons trouver Félix; commençons par son gendre;
1445 Et contentons ainsi, d'une seule action,
    Et Pauline, et ma gloire, et ma compassion.

ACTE V

SCÈNE PREMIÈRE

FÉLIX, ALBIN, CLÉON

FÉLIX

Albin, as-tu bien vu la fourbe de Sévère ?
As-tu bien vu sa haine ? et vois-tu ma misère ?

ALBIN

Je n'ai vu rien en lui qu'un rival généreux,
1450 Et ne vois rien en vous qu'un père rigoureux.

FÉLIX

Que tu discernes mal le cœur d'avec la mine !
Dans l'âme il hait Félix et dédaigne Pauline ;
Et, s'il l'aima jadis, il estime aujourd'hui
Les restes d'un rival trop indignes de lui,
1455 Il parle en sa faveur, il me prie, il menace,
Et me perdra, dit-il, si je ne lui fais grâce ;
Tranchant du généreux, il croit m'épouvanter ;
L'artifice est trop lourd pour ne pas l'éventer.
Je sais des gens de cour quelle est la politique,
1460 J'en connais mieux que lui la plus fine pratique.
C'est en vain qu'il tempête et feint d'être en fureur :
Je vois ce qu'il prétend auprès de l'empereur.
De ce qu'il me demande il m'y ferait un crime ;
Epargnant son rival, je serais sa victime ;
1465 Et s'il avait affaire à quelque maladroit,
Le piège est bien tendu, sans doute il le perdroit ;
Mais un vieux courtisan est un peu moins crédule :
Il voit quand on le joue, et quand on dissimule ;
Et moi j'en ai tant vu de toutes les façons,
1470 Qu'à lui-même au besoin j'en ferais des leçons.

ALBIN

Dieu ! que vous vous gênez par cette défiance !

FÉLIX

Pour subsister en cour c'est la haute science.
Quand un homme une fois a droit de nous haïr,
Nous devons présumer qu'il cherche à nous trahir,
1475 Toute son amitié nous doit être suspecte.
Si Polyeucte enfin n'abandonne sa secte,
Quoi que son protecteur ait pour lui dans l'esprit,
Je suivrai hautement l'ordre qui m'est prescrit.

ALBIN

Grâce, grâce, seigneur, que Pauline l'obtienne!

FÉLIX

1480 Celle de l'empereur ne suivrait pas la mienne;
Et, loin de le tirer de ce pas dangereux,
Ma bonté ne ferait que nous perdre tous deux.

ALBIN

Mais Sévère promet...

FÉLIX

                          Albin, je m'en défie,
Et connais mieux que lui la haine de Décie;
1485 En faveur des chrétiens s'il choquait son courroux,
Lui-même assurément se perdrait avec nous.
Je veux tenter pourtant encore une autre voie.
Amenez Polyeucte; et si je le renvoie,
S'il demeure insensible à ce dernier effort,
1490 Au sortir de ce lieu qu'on lui donne la mort.

ALBIN

Votre ordre est rigoureux.

FÉLIX

                          Il faut que je le suive,
Si je veux empêcher qu'un désordre n'arrive.
Je vois le peuple ému pour prendre son parti;
Et toi-même tantôt tu m'en as averti.
1495 Dans ce zèle pour lui qu'il fait déjà paraître,
Je ne sais si longtemps j'en pourrais être maître;
Peut-être dès demain, dès la nuit, dès ce soir,
J'en verrais des effets que je ne veux pas voir;
Et Sévère aussitôt, courant à sa vengeance,
1500 M'irait calomnier de quelque intelligence.
Il faut rompre ce coup, qui me serait fatal.

ALBIN

Que tant de prévoyance est un étrange mal !
Tout vous nuit, tout vous perd, tout vous fait de l'ombrage ;
Mais voyez que sa mort mettra ce peuple en rage,
1505 Que c'est mal le guérir que le désespérer.

FÉLIX

En vain après sa mort il voudra murmurer ;
Et s'il ose venir à quelque violence,
C'est à faire à céder deux jours à l'insolence :
J'aurai fait mon devoir, quoi qu'il puisse arriver.
1510 Mais Polyeucte vient, tâchons à le sauver.
Soldats, retirez-vous, et gardez bien la porte.

SCÈNE II

FÉLIX, POLYEUCTE, ALBIN

FÉLIX

As-tu donc pour la vie une haine si forte,
Malheureux Polyeucte ? et la loi des chrétiens
T'ordonne-t-elle ainsi d'abandonner les tiens ?

POLYEUCTE

1515 Je ne hais point la vie, et j'en aime l'usage
Mais sans attachement qui sente l'esclavage,
Toujours prêt à la rendre au Dieu dont je la tiens ;
La raison me l'ordonne, et la loi des chrétiens ;
Et je vous montre à tous par là comme il faut vivre,
1520 Si vous avez le cœur assez bon pour me suivre.

FÉLIX

Te suivre dans l'abîme où tu te veux jeter ?

POLYEUCTE

Mais plutôt dans la gloire où je m'en vais monter.

FÉLIX

Donne-moi pour le moins le temps de la connaître ;
Pour me faire chrétien, sers-moi de guide à l'être ;
1525 Et ne dédaigne pas de m'instruire en ta foi,
Ou toi-même à ton Dieu tu répondras de moi.

POLYEUCTE

N'en riez point, Félix, il sera votre juge ;
Vous ne trouverez point devant lui de refuge ;
Les rois et les bergers y sont d'un même rang.
1530 De tous les siens sur vous il vengera le sang.

FÉLIX

Je n'en répandrai plus, et quoi qu'il en arrive,
Dans la foi des chrétiens je souffrirai qu'on vive ;
J'en serai protecteur.

POLYEUCTE

Non, non, persécutez,
Et soyez l'instrument de nos félicités :
1535 Celle d'un vrai chrétien n'est que dans les souffrances ;
Les plus cruels tourments lui sont des récompenses.
Dieu, qui rend le centuple aux bonnes actions,
Pour comble donne encor les persécutions ;
Mais ces secrets pour vous sont fâcheux à comprendre ;
1540 Ce n'est qu'à ses élus que Dieu les fait entendre.

FÉLIX

Je te parle sans fard, et veux être chrétien.

POLYEUCTE

Qui peut donc retarder l'effet d'un si grand bien ?

FÉLIX

La présence importune...

POLYEUCTE

Et de qui ? de Sévère ?

FÉLIX

Pour lui seul contre toi j'ai feint tant de colère :
1545 Dissimule un moment jusques à son départ.

POLYEUCTE

Félix, c'est donc ainsi que vous parlez sans fard ?
Portez à vos païens, portez à vos idoles
Le sucre empoisonné que sèment vos paroles.
Un chrétien ne craint rien, ne dissimule rien ;
1550 Aux yeux de tout le monde il est toujours chrétien.

FÉLIX

Ce zèle de ta foi ne sert qu'à te séduire,
Si tu cours à la mort plutôt que de m'instruire.

POLYEUCTE

Je vous en parlerais ici hors de saison;
Elle est un don du ciel, et non de la raison [32];
1555 Et c'est là que bientôt, voyant Dieu face à face,
Plus aisément pour vous j'obtiendrai cette grâce.

FÉLIX

Ta perte cependant me va désespérer.

POLYEUCTE

Vous avez en vos mains de quoi la réparer :
En vous ôtant un gendre, on vous en donne un autre
1560 Dont la condition répond mieux à la vôtre;
Ma perte n'est pour vous qu'un change avantageux.

FÉLIX

Cesse de me tenir ce discours outrageux.
Je t'ai considéré plus que tu ne mérites;
Mais, malgré ma bonté, qui croît plus tu l'irrites,
1565 Cette insolence enfin te rendrait odieux,
Et je me vengerais aussi bien que nos dieux.

POLYEUCTE

Quoi! vous changez bientôt d'humeur et de langage :
Le zèle de vos dieux rentre en votre courage!
Celui d'être chrétien s'échappe! et par hasard
1570 Je vous viens d'obliger à me parler sans fard!

FÉLIX

Va, ne présume pas que, quoi que je te jure,
De tes nouveaux docteurs je suive l'imposture.
Je flattais ta manie afin de t'arracher
Du honteux précipice où tu vas trébucher;
1575 Je voulais gagner temps pour ménager ta vie
Après l'éloignement d'un flatteur de Décie;
Mais j'ai trop fait d'injure à nos dieux tout-puissants;
Choisis de leur donner ton sang, ou de l'encens.

POLYEUCTE

Mon choix n'est point douteux. Mais j'aperçois Pauline.
1580 O ciel!

SCÈNE III

FÉLIX, POLYEUCTE, PAULINE, ALBIN

PAULINE

Qui de vous deux aujourd'hui m'assassine ?
Sont-ce tous deux ensemble, ou chacun à son tour ?
Ne pourrai-je fléchir la nature ou l'amour ?
Et n'obtiendrai-je rien d'un époux ni d'un père ?

FÉLIX

Parlez à votre époux.

POLYEUCTE

Vivez avec Sévère.

PAULINE

1585 Tigre, assassine-moi du moins sans m'outrager.

POLYEUCTE

Mon amour, par pitié, cherche à vous soulager ;
Il voit quelle douleur dans l'âme vous possède,
Et sait qu'un autre amour en est le seul remède.
Puisqu'un si grand mérite a pu vous enflammer,
1590 Sa présence toujours a droit de vous charmer :
Vous l'aimiez, il vous aime, et sa gloire augmentée...

PAULINE

Que t'ai-je fait, cruel, pour être ainsi traitée,
Et pour me reprocher, au mépris de ma foi,
Un amour si puissant que j'ai vaincu pour toi ?
1595 Vois, pour te faire vaincre un si fort adversaire,
Quels efforts à moi-même il a fallu me faire ;
Quels combats j'ai donnés pour te donner un cœur
Si justement acquis à son premier vainqueur ;
Et si l'ingratitude en ton cœur ne domine,
1600 Fais quelque effort sur toi pour te rendre à Pauline :
Apprends d'elle à forcer ton propre sentiment ;
Prends sa vertu pour guide en ton aveuglement ;
Souffre que de toi-même elle obtienne ta vie,
Pour vivre sous tes lois à jamais asservie.

1605 Si tu peux rejeter de si justes désirs,
     Regarde au moins ses pleurs, écoute ses soupirs;
     Ne désespère pas une âme qui t'adore [33].

POLYEUCTE

     Je vous l'ai déjà dit, et vous le dis encore,
     Vivez avec Sévère, ou mourez avec moi.
1610 Je ne méprise point vos pleurs, ni votre foi;
     Mais, de quoi que pour vous notre amour m'entretienne,
     Je ne vous connais plus, si vous n'êtes chrétienne.
     C'en est assez : Félix, reprenez ce courroux,
     Et sur cet insolent vengez vos dieux, et vous.

PAULINE

1615 Ah! mon père, son crime à peine est pardonnable :
     Mais s'il est insensé, vous êtes raisonnable.
     La nature est trop forte, et ses aimables traits
     Imprimés dans le sang ne s'effacent jamais :
     Un père est toujours père, et sur cette assurance
1620 J'ose appuyer encore un reste d'espérance.
     Jetez sur votre fille un regard paternel :
     Ma mort suivra la mort de ce cher criminel;
     Et les dieux trouveront sa peine illégitime,
     Puisqu'elle confondra l'innocence et le crime,
1625 Et qu'elle changera, par ce redoublement,
     En injuste rigueur un juste châtiment;
     Nos destins, par vos mains rendus inséparables,
     Nous doivent rendre heureux ensemble, ou misérables;
     Et vous seriez cruel jusques au dernier point,
1630 Si vous désunissiez ce que vous avez joint.
     Un cœur à l'autre uni jamais ne se retire [34];
     Et pour l'en séparer il faut qu'on le déchire.
     Mais vous êtes sensible à mes justes douleurs,
     Et d'un œil paternel vous regardez mes pleurs.

FÉLIX

1635 Oui, ma fille, il est vrai qu'un père est toujours père;
     Rien n'en peut effacer le sacré caractère;
     Je porte un cœur sensible, et vous l'avez percé.
     Je me joins avec vous contre cet insensé.
     Malheureux Polyeucte, es-tu seul insensible ?
1640 Et veux-tu rendre seul ton crime irrémissible ?
     Peux-tu voir tant de pleurs d'un œil si détaché ?
     Peux-tu voir tant d'amour sans en être touché ?

Ne reconnais-tu plus ni beau-père, ni femme,
Sans amitié pour l'un, et pour l'autre sans flamme ?
1645 Pour reprendre les noms et de gendre et d'époux,
Veux-tu nous voir tous deux embrasser tes genoux ?

POLYEUCTE

Que tout cet artifice est de mauvaise grâce !
Après avoir deux fois essayé la menace,
Après m'avoir fait voir Néarque dans la mort,
1650 Après avoir tenté l'amour et son effort,
Après m'avoir montré cette soif du baptême,
Pour opposer à Dieu l'intérêt de Dieu même,
Vous vous joignez ensemble ! Ah ! ruses de l'enfer !
Faut-il tant de fois vaincre avant que triompher !
1655 Vos résolutions usent trop de remise ;
Prenez la vôtre enfin, puisque la mienne est prise.
Je n'adore qu'un Dieu, maître de l'univers,
Sous qui tremblent le ciel, la terre, et les enfers ;
Un Dieu qui, nous aimant d'une amour infinie,
1660 Voulut mourir pour nous avec ignominie,
Et qui, par un effort de cet excès d'amour,
Veut pour nous en victime être offert chaque jour.
Mais j'ai tort d'en parler à qui ne peut m'entendre.
Voyez l'aveugle erreur que vous osez défendre :
1665 Des crimes les plus noirs vous souillez tous vos dieux ;
Vous n'en punissez point qui n'ait son maître aux cieux :
La prostitution, l'adultère, l'inceste,
Le vol, l'assassinat, et tout ce qu'on déteste,
C'est l'exemple qu'à suivre offrent vos immortels.
1670 J'ai profané leur temple, et brisé leurs autels ;
Je le ferais encor, si j'avais à le faire,
Même aux yeux de Félix, même aux yeux de Sévère,
Même aux yeux du sénat, aux yeux de l'empereur.

FÉLIX

Enfin ma bonté cède à ma juste fureur :
1675 Adore-les, ou meurs !

POLYEUCTE

Je suis chrétien.

FÉLIX

Impie !
Adore-les, te dis-je ; ou renonce à la vie.

POLYEUCTE

Je suis chrétien.

FÉLIX

Tu l'es ? O cœur trop obstiné !
Soldats, exécutez l'ordre que j'ai donné.

PAULINE

Où le conduisez-vous ?

FÉLIX

A la mort.

POLYEUCTE

A la gloire.
1680 Chère Pauline, adieu ; conservez ma mémoire.

PAULINE

Je te suivrai partout, et mourrai si tu meurs.

POLYEUCTE

Ne suivez point mes pas, ou quittez vos erreurs.

FÉLIX

Qu'on l'ôte de mes yeux, et que l'on m'obéisse.
Puisqu'il aime à périr, je consens qu'il périsse.

SCÈNE IV

FÉLIX, ALBIN

FÉLIX

1685 Je me fais violence, Albin, mais je l'ai dû :
Ma bonté naturelle aisément m'eût perdu.
Que la rage du peuple à présent se déploie,
Que Sévère en fureur tonne, éclate, foudroie,
M'étant fait cet effort, j'ai fait ma sûreté.
1690 Mais n'es-tu point surpris de cette dureté ?
Vois-tu comme le sien des cœurs impénétrables,
Ou des impiétés à ce point exécrables ?
Du moins j'ai satisfait mon esprit affligé :
Pour amollir son cœur je n'ai rien négligé ;

1695 J'ai feint même à tes yeux des lâchetés extrêmes ;
Et certes, sans l'horreur de ses derniers blasphèmes,
Qui m'ont rempli soudain de colère et d'effroi,
J'aurais eu de la peine à triompher de moi.

ALBIN

Vous maudirez peut-être un jour cette victoire,
1700 Qui tient je ne sais quoi d'une action trop noire
Indigne de Félix, indigne d'un Romain,
Répandant votre sang par votre propre main.

FÉLIX

Ainsi l'ont autrefois versé Brute et Manlie ;
Mais leur gloire en a crû, loin d'en être affaiblie ;
1705 Et quand nos vieux héros avaient de mauvais sang,
Ils eussent, pour le perdre, ouvert leur propre flanc.

ALBIN

Votre ardeur vous séduit ; mais, quoi qu'elle vous die,
Quand vous la sentirez une fois refroidie,
Quand vous verrez Pauline, et que son désespoir
1710 Par ses pleurs et ses cris saura vous émouvoir...

FÉLIX

Tu me fais souvenir qu'elle a suivi ce traître,
Et que ce désespoir qu'elle fera paraître
De mes commandements pourra troubler l'effet :
Va donc ; cours y mettre ordre, et voir ce qu'elle fait ;
1715 Romps ce que ses douleurs y donneraient d'obstacle.
Tire-la, si tu peux, de ce triste spectacle ;
Tâche à la consoler. Va donc ; qui te retient ?

ALBIN

Il n'en est pas besoin, seigneur, elle revient.

SCÈNE V

FÉLIX, PAULINE, ALBIN

PAULINE

Père barbare, achève, achève ton ouvrage ;
1720 Cette seconde hostie est digne de ta rage :

Joins ta fille à ton gendre; ose : que tardes-tu?
Tu vois le même crime, ou la même vertu :
Ta barbarie en elle a les mêmes matières.
Mon époux en mourant m'a laissé ses lumières;
1725 Son sang, dont tes bourreaux viennent de me couvrir,
M'a dessillé les yeux, et me les vient d'ouvrir.
Je vois, je sais, je crois, je suis désabusée.
De ce bienheureux sang tu me vois baptisée :
Je suis chrétienne enfin, n'est-ce point assez dit?
1730 Conserve en me perdant ton rang et ton crédit;
Redoute l'empereur, appréhende Sévère :
Si tu ne veux périr, ma perte est nécessaire;
Polyeucte m'appelle à cet heureux trépas;
Je vois Néarque et lui qui me tendent les bras.
1735 Mène, mène-moi voir tes dieux que je déteste;
Ils n'en ont brisé qu'un, je briserai le reste.
On m'y verra braver tout ce que vous craignez,
Ces foudres impuissants qu'en leurs mains vous peignez,
Et, saintement rebelle aux lois de la naissance,
1740 Une fois envers toi manquer d'obéissance.
Ce n'est point ma douleur que par là je fais voir;
C'est la grâce qui parle, et non le désespoir.
Le faut-il dire encor? Félix, je suis chrétienne;
Affermis par ma mort ta fortune et la mienne;
1745 Le coup à l'un et l'autre en sera précieux,
Puisqu'il t'assure en terre en m'élevant aux cieux.

SCÈNE VI

FÉLIX, SÉVÈRE, PAULINE, ALBIN, FABIAN

SÉVÈRE

Père dénaturé, malheureux politique,
Esclave ambitieux d'une peur chimérique;
Polyeucte est donc mort! et par vos cruautés
1750 Vous pensez conserver vos tristes dignités!
La faveur que pour lui je vous avais offerte,
Au lieu de le sauver, précipite sa perte!
J'ai prié, menacé, mais sans vous émouvoir;
Et vous m'avez cru fourbe, ou de peu de pouvoir!
1755 Eh bien! à vos dépens vous verrez que Sévère
Ne se vante jamais que de ce qu'il peut faire;

Et par votre ruine il vous fera juger,
Que qui peut bien vous perdre eût pu vous protéger.
Continuez aux dieux ce service fidèle;
1760 Par de telles horreurs montrez-leur votre zèle.
Adieu; mais quand l'orage éclatera sur vous,
Ne doutez point du bras dont partiront les coups.

FÉLIX

Arrêtez-vous, seigneur, et d'une âme apaisée,
Souffrez que je vous livre une vengeance aisée.
1765 Ne me reprochez plus que par mes cruautés
Je tâche à conserver mes tristes dignités;
Je dépose à vos pieds l'éclat de leur faux lustre.
Celle où j'ose aspirer est d'un rang plus illustre;
Je m'y trouve forcé par un secret appas;
1770 Je cède à des transports que je ne connais pas;
Et par un mouvement que je ne puis entendre,
De ma fureur je passe au zèle de mon gendre.
C'est lui, n'en doutez point, dont le sang innocent
Pour son persécuteur prie un Dieu tout-puissant;
1775 Son amour épandu sur toute la famille
Tire après lui le père aussi bien que la fille.
J'en ai fait un martyr, sa mort me fait chrétien :
J'ai fait tout son bonheur, il veut faire le mien.
C'est ainsi qu'un chrétien se venge et se courrouce.
1780 Heureuse cruauté dont la suite est si douce!
Donne la main, Pauline. Apportez des liens;
Immolez à vos dieux ces deux nouveaux chrétiens.
Je le suis, elle l'est, suivez votre colère.

PAULINE

Qu'heureusement enfin je retrouve mon père!
1785 Cet heureux changement rend mon bonheur parfait.

FÉLIX

Ma fille, il n'appartient qu'à la main qui le fait.

SÉVÈRE

Qui ne serait touché d'un si tendre spectacle?
De pareils changements ne vont point sans miracle :
Sans doute vos chrétiens, qu'on persécute en vain,
1790 Ont quelque chose en eux qui surpasse l'humain.
Ils mènent une vie avec tant d'innocence,
Que le ciel leur en doit quelque reconnaissance :
Se relever plus forts, plus ils sont abattus,

N'est pas aussi l'effet des communes vertus.
1795 Je les aimai toujours, quoi qu'on m'en ait pu dire;
Je n'en vois point mourir que mon cœur n'en soupire;
Et peut-être qu'un jour je les connaîtrai mieux.
J'approuve cependant que chacun ait ses dieux,
Qu'il les serve à sa mode, et sans peur de la peine [35].
1800 Si vous êtes chrétien, ne craignez plus ma haine;
Je les aime, Félix, et de leur protecteur
Je n'en veux pas sur vous faire un persécuteur.
Gardez votre pouvoir, reprenez-en la marque :
Servez bien votre Dieu, servez notre monarque.
1805 Je perdrai mon crédit envers Sa Majesté,
Ou vous verrez finir cette sévérité :
Par cette injuste haine il se fait trop d'outrage.

FÉLIX

Daigne le ciel en vous achever son ouvrage,
Et pour vous rendre un jour ce que vous méritez,
1810 Vous inspirer bientôt toutes ses vérités!
Nous autres, bénissons notre heureuse aventure;
Allons à nos martyrs donner la sépulture,
Baiser leurs corps sacrés, les mettre en digne lieu,
Et faire retentir partout le nom de Dieu.

LA MORT DE POMPÉE

Tragédie

A Mgr L'ÉMINENTISSIME CARDINAL MAZARIN [1]

Monseigneur,

Je présente le grand Pompée à Votre Eminence, c'est-à-dire le plus grand personnage de l'ancienne Rome au plus illustre de la nouvelle; je mets sous la protection du premier ministre de notre jeune roi un héros qui, dans sa bonne fortune, fut le protecteur de beaucoup de rois, et qui, dans sa mauvaise, eut encore des rois pour ses ministres. Il espère de la générosité de Votre Eminence qu'elle ne dédaignera pas de lui conserver cette seconde vie que j'ai tâché de lui redonner, et que, lui rendant cette justice qu'elle fait rendre par tout le royaume, elle le vengera pleinement de la mauvaise politique de la cour d'Egypte. Il l'espère, et avec raison, puisque dans le peu de séjour qu'il a fait en France, il a déjà su de la voix publique que les maximes dont vous vous servez pour la conduite de cet Etat ne sont point fondées sur d'autres principes que ceux de la vertu. Il a su d'elle les obligations que vous a la France de l'avoir choisie pour votre seconde mère, qui vous est d'autant plus redevable, que les grands services que vous lui rendez sont de purs effets de votre inclination et de votre zèle, et non pas des devoirs de votre naissance. Il a su d'elle que Rome s'est acquittée envers notre jeune monarque de ce qu'elle devait à ses prédécesseurs, par le présent qu'elle lui a fait de votre personne. Il a su d'elle enfin que la solidité de votre prudence et la netteté de vos lumières enfantent des conseils si avantageux pour le gouvernement, qu'il semble que ce soit vous à qui, par un esprit de prophétie, notre Virgile ait adressé ce vers il y a plus de seize siècles :

Tu regere imperio populos, Romane, memento [2].

Voilà, Monseigneur, ce que ce grand homme a appris en apprenant à parler français :

Pauca, sed a pleno venientia pectore veri [3].

Et comme la gloire de Votre Eminence est assez assurée sur la fidélité de cette voix publique, je n'y mêlerai point la faiblesse de mes pensées, ni la rudesse de mes expressions, qui pourraient diminuer quelque chose de son éclat; et je n'ajouterai rien aux célèbres témoignages qu'elle vous rend, qu'une profonde vénération pour les hautes qualités qui vous les ont acquis, avec une protestation très sincère et très inviolable d'être toute ma vie,

Monseigneur,

De Votre Eminence,
Le très humble, très obéissant,
et très fidèle serviteur,
CORNEILLE

AU LECTEUR

Si je voulais faire ici ce que j'ai fait en mes derniers ouvrages, et te donner le texte ou l'abrégé des auteurs dont cette histoire est tirée, afin que tu pusses remarquer en quoi je m'en serais écarté pour l'accommoder au théâtre, je ferais un avant-propos dix fois plus long que mon poème, et j'aurais à rapporter des livres entiers de presque tous ceux qui ont écrit l'histoire romaine. Je me contenterai de t'avertir que celui dont je me suis le plus servi a été le poète Lucain, dont la lecture m'a rendu si amoureux de la force de ses pensées et de la majesté de son raisonnement, qu'afin d'en enrichir notre langue, j'ai fait cet effort pour réduire en poème dramatique ce qu'il a traité en épique. Tu trouveras ici cent ou deux cents vers traduits ou imités de lui. J'ai tâché de suivre ce grand homme dans le reste, et de prendre son caractère quand son exemple m'a manqué; si je suis demeuré bien loin derrière, tu en jugeras. Cependant j'ai cru ne te déplaire pas de te donner ici trois passages qui ne viennent pas mal à mon sujet. Le premier est une épitaphe de Pompée, prononcée par Caton dans Lucain. Les deux autres sont deux peintures de Pompée et de César, tirées de Velleius Paterculus. Je les laisse en

latin, de peur que ma traduction n'ôte trop de leur grâce
et de leur force. Les dames se les feront expliquer.

EPITAPHIUM POMPEII MAGNI [4]

(Cato, apud Lucanum, lib. IX.)

Civis obit, *inquit*, multum majoribus impar
Nosse modum juris, sed in hoc tamen utilis ævo,
Cui non ulla fuit justi reverentia : salva
Libertate potens, et solus plebe parata
Privatus servire sibi, rectorque senatus,
Sed regnantis, erat. Nil belli jure poposcit :
Quæque dari voluit, voluit sibi posse negari.
Immodicas possedit opes, sed plura retentis
Intulit : invasit ferrum; sed ponere norat.
Prætulit arma togæ, sed pacem armatus amavit.
Juvit sumpta ducem, juvit dimissa potestas.
Casta domus, luxuque carens, corruptaque nunquam
Fortuna domini. Clarum et venerabile nomen
Gentibus, et multum nostræ quod proderat urbi.
Olim vera fides, Sylla Marioque receptis,
Libertatis obit : Pompeio rebus adempto,
Nunc et ficta perit. Non jam regnare pudebit :
Nec color imperii, nec frons erit ulla senatus.
O felix, cui summa dies fuit obvia victo,
Et cui quærendos Pharium scelus obtulit enses!
Forsitan in soceri potuisset vivere regno.
Scire mori, sors prima viris, sed proxima cogi.
Et mihi, si fatis aliena in jura venimus,
Da talem, Fortuna, Jubam : non deprecor hosti
Servari, dum me servet cervice recisa.

ICON POMPEII MAGNI [5]

(Velleius Paterculus, lib. II, cap. XXIX.)

Fuit hic genitus matre Lucilia, stirpis senatoriæ; forma
excellens, non ea qua flos commendatur ætatis, sed
dignitate et constantia, quæ in illam conveniens amplitu-

dinem, fortunam quoque ejus ad ultimum vitæ comitata
est diem : innocentia eximius, sanctitate præcipuus, elo-
quentia medius; potentiæ quæ honoris causa ad eum
deferretur, non ut ab eo occuparetur, cupidissimus; dux
bello peritissimus; civis in toga (nisi ubi vereretur ne
quem haberet parem) modestissimus, amicitiarum tenax,
in offensis exorabilis, in reconcilianda gratia fidelissimus,
in accipienda satisfactione facillimus, potentia sua nunquam aut raro ad impotentiam usus, pæne omnium voto-
rum expers, nisi numeraretur inter maxima, in civitate
libera dominaque gentium, indignari, cum omnes cives
jure haberet pares, quemquam æqualem dignitate conspi-
cere.

ICON C. J. CÆSARIS [6]
(Velleius Paterculus, lib. II, cap. XLI.)

Hic, nobilissima Juliorum genitus familia, et quod inter
omnes antiquissimos constabat, ab Anchise ac Venere
deducens genus, forma omnium civium excellentissimus,
vigore animi acerrimus, munificentia effusissimus, animo
super humanam et naturam et fidem evectus, magnitudine
cogitationum, celeritate bellandi, patientia periculorum,
Magno illi Alexandro, sed sobrio, neque iracundo simil-
limus : qui denique semper et somno et cibo in vitam, non
in voluptatem, uteretur.

EXAMEN (1660)

A bien considérer cette pièce, je ne crois pas qu'il y en
ait sur le théâtre où l'histoire soit plus conservée et plus
falsifiée tout ensemble. Elle est si connue, que je n'ai osé
en changer les événements; mais il s'y en trouvera peu qui
soient arrivés comme je les fais arriver. Je n'y ai ajouté que
ce qui regarde Cornélie, qui semble s'y offrir d'elle-même,
puisque, dans la vérité historique [7], elle était dans le même
vaisseau que son mari lorsqu'il aborda en Egypte, qu'elle
le vit descendre dans la barque, où il fut assassiné à ses
yeux par Septime; et qu'elle fut poursuivie sur mer par
les ordres de Ptolomée. C'est ce qui m'a donné occasion
de feindre qu'on l'atteignit, et qu'elle fut ramené devant

César, bien que l'histoire n'en parle point. La diversité des lieux où les choses se sont passées, et la longueur du temps qu'elles ont consumé dans la vérité historique, m'ont réduit à cette falsification pour les ramener dans l'unité de jour et de lieu. Pompée fut massacré devant les murs de Pélusium, qu'on appelle aujourd'hui Damiette, et César prit terre à Alexandrie. Je n'ai nommé ni l'une ni l'autre ville, de peur que le nom de l'une n'arrêtât l'imagination de l'auditeur, et ne lui fît remarquer malgré lui la fausseté de ce qui s'est passé ailleurs. Le lieu particulier est, comme dans *Polyeucte*, un grand vestibule commun à tous les appartements du palais royal; et cette unité n'a rien que de vraisemblable, pourvu qu'on se détache de la vérité historique. Le premier, le troisième et le quatrième acte y ont leur justesse manifeste; il y peut avoir quelque difficulté pour le second et le cinquième, dont Cléopâtre ouvre l'un et Cornélie l'autre. Elles sembleraient toutes deux avoir plus de raison de parler dans leur appartement; mais l'impatience de la curiosité féminine les en peut faire sortir; l'une pour apprendre plus tôt les nouvelles de la mort de Pompée, ou par Achorée, qu'elle a envoyé en être témoin, ou par le premier qui entrera dans ce vestibule; et l'autre, pour en savoir du combat de César et des Romains contre Ptolomée et les Egyptiens, pour empêcher que ce héros n'en aille donner à Cléopâtre avant qu'à elle, et pour obtenir de lui d'autant plus tôt la permission de partir. En quoi on peut remarquer que, comme elle sait qu'il est amoureux de cette reine, et qu'elle peut douter qu'au retour de son combat, les trouvant ensemble, il ne lui fasse le premier compliment, le soin qu'elle a de conserver la dignité romaine lui fait prendre la parole la première, et obliger par là César à lui répondre avant qu'il puisse dire rien à l'autre.

Pour le temps, il m'a fallu réduire en soulèvement tumultuaire une guerre qui n'a pu durer guère moins d'un an, puisque Plutarque rapporte qu'incontinent après que César fut parti d'Alexandrie, Cléopâtre accoucha de Césarion. Quand Pompée se présenta pour entrer en Egypte, cette princesse et le roi son frère avaient chacun leur armée prête à en venir aux mains l'une contre l'autre, et n'avaient garde ainsi de loger dans le même palais. César, dans ses *Commentaires*, ne parle point de ses amours avec elle, ni que la tête de Pompée lui fut présentée quand il arriva : c'est Plutarque et Lucain qui nous apprennent l'un et l'autre; mais ils ne lui font présenter cette tête que

par un des ministres du roi, nommé Théodote, et non par
le roi même, comme je l'ai fait.

Il y a quelque chose d'extraordinaire dans le titre de ce
poème, qui porte le nom d'un héros qui n'y parle point ;
mais il ne laisse pas d'en être, en quelque sorte, le principal
acteur, puisque sa mort est la cause unique de tout ce qui
s'y passe. J'ai justifié ailleurs l'unité d'action qui s'y rencontre, par cette raison que les événements y ont une telle
dépendance l'un de l'autre, que la tragédie n'aurait pas été
complète, si je ne l'eusse poussée jusqu'au terme où je la
fais finir. C'est à ce dessein que, dès le premier acte, je fais
connaître la venue de César, à qui la cour d'Egypte immole
Pompée pour gagner les bonnes grâces du victorieux ; et
ainsi il m'a fallu nécessairement faire voir quelle réception
il ferait à leur lâche et cruelle politique. J'ai avancé l'âge
de Ptolomée, afin qu'il pût agir, et que, portant le titre de
roi, il tâchât d'en soutenir le caractère. Bien que les historiens et le poète Lucain l'appellent communément *rex puer*,
« le roi enfant », il ne l'était pas à tel point qu'il ne fût en
état d'épouser sa sœur Cléopâtre, comme l'avait ordonné
son père. Hirtius dit qu'il était *puer jam adulta ætate* [8],
et Lucain appelle Cléopâtre incestueuse, dans ce vers qu'il
adresse à ce roi par apostrophe :

> *Incestæ sceptris cessere sorori* [9];

soit qu'elle eût déjà contracté ce mariage incestueux, soit à
cause qu'après la guerre d'Alexandrie, et la mort de
Ptolomée, César la fît épouser à son jeune frère, qu'il
rétablit dans le trône : d'où l'on peut tirer une conséquence
infaillible, que si le plus jeune des deux frères était en âge
de se marier quand César partit d'Egypte, l'aîné en était
capable quand il y arriva, puisqu'il n'y tarda pas plus
d'un an.

Le caractère de Cléopâtre garde une ressemblance
ennoblie par ce qu'on y peut imaginer de plus illustre. Je
ne la fais amoureuse que par ambition, et en sorte qu'elle
semble n'avoir point d'amour qu'en tant qu'il peut servir
à sa grandeur. Quoique la réputation qu'elle a laissée la
fasse passer pour une femme lascive et abandonnée à ses
plaisirs, et que Lucain, peut-être en haine de César, la
nomme en quelque endroit *meretrix regina* [10], et fasse dire
ailleurs à l'eunuque Photin, qui gouvernait sous le nom de
son frère Ptolomée :

> *Quem non e nobis credit Cleopatra nocentem,*
> *A quo casta fuit* [11] ?

je trouve qu'à bien examiner l'histoire, elle n'avait que de l'ambition sans amour, et que, par politique, elle se servait des avantages de sa beauté pour affermir sa fortune. Cela paraît visible, en ce que les historiens ne marquent point qu'elle ne se soit donnée qu'aux deux premiers hommes du monde, César et Antoine, et qu'après la déroute de ce dernier, elle n'épargna aucun artifice pour engager Auguste dans la même passion qu'ils avaient eue pour elle, et fit voir par là qu'elle ne s'était attachée qu'à la haute puissance d'Antoine, et non pas à sa personne.

Pour le style, il est plus élevé en ce poème qu'en aucun des miens, et ce sont, sans contredit, les vers les plus pompeux que j'aie faits. La gloire n'en est pas toute à moi ; j'ai traduit de Lucain tout ce que j'y ai trouvé de propre à mon sujet ; et comme je n'ai point fait de scrupule d'enrichir notre langue du pillage que j'ai pu faire chez lui, j'ai tâché, pour le reste, à entrer si bien dans sa manière de former ses pensées et de s'expliquer, que ce qu'il m'a fallu y joindre du mien sentît son génie, et ne fût pas indigne d'être pris pour un larcin que je lui eusse fait. J'ai parlé, en l'examen de *Polyeucte*, de ce que je trouve à dire en la confidence que fait Cléopâtre à Charmion au second acte ; il ne me reste qu'un mot touchant les narrations d'Achorée, qui ont toujours passé pour fort belles : en quoi je ne veux pas aller contre le jugement du public, mais seulement faire remarquer de nouveau que celui qui les fait et les personnes qui les écoutent ont l'esprit assez tranquille, pour avoir toute la patience qu'il y faut donner. Celle du troisième acte, qui est à mon gré la plus magnifique, a été accusée de n'être pas reçue par une personne digne de la recevoir ; mais bien que Charmion qui l'écoute ne soit qu'une domestique de Cléopâtre, qu'on peut toutefois prendre pour sa dame d'honneur, étant envoyée exprès par cette reine pour l'écouter, elle tient lieu de cette reine même, qui cependant montre un orgueil digne d'elle, d'attendre la visite de César dans sa chambre sans aller au-devant de lui. D'ailleurs, Cléopâtre eût rompu tout le reste de ce troisième acte, si elle s'y fût montrée ; et il m'a fallu la cacher par adresse de théâtre, et trouver pour cela dans l'action un prétexte qui fût glorieux pour elle, et qui ne laissât point paraître le secret de l'art qui m'obligeait à l'empêcher de se produire.

PERSONNAGES

JULES CÉSAR.
MARC ANTOINE.
LÉPIDE.
CORNÉLIE, femme de Pompée.
PTOLOMÉE, roi d'Egypte.
CLÉOPATRE, sœur de Ptolomée.
PHOTIN, chef du conseil d'Egypte.
ACHILLAS, lieutenant général des armées du roi d'Egypte.
SEPTIME, tribun romain, à la solde du roi d'Egypte.
CHARMION, dame d'honneur de Cléopâtre.
ACHORÉE, écuyer de Cléopâtre.
PHILIPPE, affranchi de Pompée.
TROUPE DE ROMAINS.
TROUPE D'ÉGYPTIENS.

La scène est en Alexandrie, dans le palais de Ptolomée.

ACTE PREMIER

SCÈNE PREMIÈRE

PTOLOMÉE, PHOTIN, ACHILLAS, SEPTIME

PTOLOMÉE

Le destin se déclare, et nous venons d'entendre
Ce qu'il a résolu du beau-père et du gendre [12].
Quand les dieux étonnés semblaient se partager,
Pharsale a décidé ce qu'ils n'osaient juger.
5 Ses fleuves teints de sang, et rendus plus rapides
Par le débordement de tant de parricides,
Cet horrible débris d'aigles, d'armes, de chars,
Sur ses champs empestés confusément épars,
Ces montagnes de morts privés d'honneurs suprêmes,
10 Que la nature force à se venger eux-mêmes,
Et dont les troncs pourris exhalent dans les vents
De quoi faire la guerre au reste des vivants,
Sont les titres affreux dont le droit de l'épée,
Justifiant César, a condamné Pompée [13].
15 Ce déplorable chef du parti le meilleur,
Que sa fortune lasse abandonne au malheur,
Devient un grand exemple, et laisse à la mémoire
Des changements du sort une éclatante histoire.
Il fuit, lui qui, toujours triomphant et vainqueur,
20 Vit ses prospérités égaler son grand cœur;
Il fuit, et dans nos ports, dans nos murs, dans nos villes;
Et, contre son beau-père ayant besoin d'asiles,
Sa déroute orgueilleuse en cherche aux mêmes lieux
Où contre les Titans en trouvèrent les dieux :
25 Il croit que ce climat, en dépit de la guerre,
Ayant sauvé le ciel, sauvera bien la terre,

Et, dans son désespoir à la fin se mêlant,
Pourra prêter l'épaule au monde chancelant.
Oui, Pompée avec lui porte le sort du monde,
30 Et veut que notre Egypte, en miracles féconde,
Serve à sa liberté de sépulcre ou d'appui,
Et relève sa chute, ou trébuche sous lui.
C'est de quoi, mes amis, nous avons à résoudre.
Il apporte en ces lieux les palmes ou la foudre :
35 S'il couronna le père, il hasarde le fils ;
Et, nous l'ayant donnée, il expose Memphis.
Il faut le recevoir, ou hâter son supplice,
Le suivre, ou le pousser dedans le précipice.
L'un me semble peu sûr, l'autre peu généreux ;
40 Et je crains d'être injuste, et d'être malheureux.
Quoi que je fasse enfin, la fortune ennemie
M'offre bien des périls, ou beaucoup d'infamie :
C'est à moi de choisir, c'est à vous d'aviser
A quel choix vos conseils doivent me disposer.
45 Il s'agit de Pompée, et nous aurons la gloire
D'achever de César ou troubler la victoire ;
Et je puis dire enfin que jamais potentat
N'eut à délibérer d'un si grand coup d'Etat [14].

PHOTIN

Seigneur, quand par le fer les choses sont vidées,
50 La justice et le droit sont de vaines idées ;
Et qui veut être juste en de telles saisons
Balance le pouvoir, et non pas les raisons.
Voyez donc votre force ; et regardez Pompée,
Sa fortune abattue, et sa valeur trompée,
55 César n'est pas le seul qu'il fuie en cet état :
Il fuit et le reproche et les yeux du sénat,
Dont plus de la moitié piteusement étale
Une indigne curée aux vautours de Pharsale ;
Il fuit Rome perdue, il fuit tous les Romains,
60 A qui par sa défaite il met les fers aux mains ;
Il fuit le désespoir des peuples et des princes
Qui vengeraient sur lui le sang de leurs provinces,
Leurs Etats et d'argent et d'hommes épuisés,
Leurs trônes mis en cendre, et leurs sceptres brisés.
65 Auteur des maux de tous, il est à tous en butte,
Et fuit le monde entier écrasé sous sa chute.
Le défendrez-vous seul contre tant d'ennemis ?
L'espoir de son salut en lui seul était mis,

Lui seul pouvait pour soi : cédez alors qu'il tombe.
70 Soutiendrez-vous un faix sous qui Rome succombe,
Sous qui tout l'univers se trouve foudroyé,
Sous qui le grand Pompée a lui-même ployé ?
Quand on veut soutenir ceux que le sort accable,
A force d'être juste on est souvent coupable ;
75 Et la fidélité qu'on garde imprudemment,
Après un peu d'éclat, traîne un long châtiment,
Trouve un noble revers, dont les coups invincibles,
Pour être glorieux, ne sont pas moins sensibles.
Seigneur, n'attirez point le tonnerre en ces lieux ;
80 Rangez-vous du parti des destins et des dieux ;
Et sans les accuser d'injustice ou d'outrage,
Puisqu'ils font les heureux, adorez leur ouvrage ;
Quels que soient leurs décrets, déclarez-vous pour eux,
Et, pour leur obéir, perdez le malheureux.
85 Pressé de toutes parts des colères célestes,
Il en vient dessus vous faire fondre les restes ;
Et sa tête, qu'à peine il a pu dérober,
Toute prête de choir, cherche avec qui tomber.
Sa retraite chez vous en effet n'est qu'un crime ;
90 Elle marque sa haine, et non pas son estime ;
Il ne vient que vous perdre en venant prendre port,
Et vous pouvez douter s'il est digne de mort !
Il devait mieux remplir nos vœux et notre attente,
Faire voir sur ses nefs la victoire flottante ;
95 Il n'eût ici trouvé que joie et que festins ;
Mais, puisqu'il est vaincu, qu'il s'en prenne aux destins.
J'en veux à sa disgrâce, et non à sa personne :
J'exécute à regret ce que le ciel ordonne,
Et du même poignard pour César destiné
100 Je perce en soupirant son cœur infortuné.
Vous ne pouvez enfin qu'aux dépens de sa tête
Mettre à l'abri la vôtre, et parer la tempête.
Laissez nommer sa mort un injuste attentat :
La justice n'est pas une vertu d'Etat.
105 Le choix des actions ou mauvaises ou bonnes
Ne fait qu'anéantir la force des couronnes ;
Le droit des rois consiste à ne rien épargner,
La timide équité détruit l'art de régner.
Quand on craint d'être injuste, on a toujours à craindre ;
110 Et qui veut tout pouvoir doit oser tout enfreindre,
Fuir comme un déshonneur la vertu qui le perd,
Et voler sans scrupule au crime qui lui sert.

C'est là mon sentiment. Achillas et Septime
S'attacheront peut-être à quelque autre maxime.
115 Chacun a son avis; mais quel que soit le leur,
Qui punit le vaincu ne craint point le vainqueur.

ACHILLAS

Seigneur, Photin dit vrai; mais quoique de Pompée
Je voie et la fortune et la valeur trompée,
Je regarde son sang comme un sang précieux,
120 Qu'au milieu de Pharsale ont respecté les dieux.
Non qu'en un coup d'Etat je n'approuve le crime;
Mais, s'il n'est nécessaire, il n'est point légitime;
Et quel besoin ici d'une extrême rigueur?
Qui n'est point au vaincu ne craint point le vainqueur.
125 Neutre jusqu'à présent, vous pouvez l'être encore;
Vous pouvez adorer César, si l'on l'adore;
Mais quoique vos encens le traitent d'immortel,
Cette grande victime est trop pour son autel;
Et sa tête immolée au dieu de la victoire
130 Imprime à votre nom une tache trop noire :
Ne le pas secourir suffit sans l'opprimer.
En usant de la sorte, on ne vous peut blâmer.
Vous lui devez beaucoup; par lui Rome animée
A fait rendre le sceptre au feu roi Ptolomée;
135 Mais la reconnaissance et l'hospitalité
Sur les âmes des rois n'ont qu'un droit limité.
Quoi que puisse un monarque, et dût-il sa couronne,
Il doit à ses sujets encor plus qu'à personne,
Et cesse de devoir quand la dette est d'un rang
140 A ne point s'acquitter qu'aux dépens de leur sang.
S'il est juste d'ailleurs que tout se considère,
Que hasardait Pompée en servant votre père?
Il se voulut par là faire voir tout-puissant,
Et vit croître sa gloire en le rétablissant.
145 Il le servit enfin, mais ce fut de la langue;
La bourse de César fit plus que sa harangue.
Sans ses mille talents, Pompée et ses discours
Pour rentrer en Egypte étaient un froid secours.
Qu'il ne vante donc plus ses mérites frivoles,
150 Les effets de César valent bien ses paroles;
Et, si c'est un bienfait qu'il faut rendre aujourd'hui,
Comme il parla pour vous, vous parlerez pour lui.
Ainsi vous le pouvez et devez reconnaître.
Le recevoir chez vous, c'est recevoir un maître,

155 Qui, tout vaincu qu'il est, bravant le nom de roi,
Dans vos propres Etats vous donnerait la loi.
Fermez-lui donc vos ports, mais épargnez sa tête.
S'il le faut toutefois, ma main est toute prête;
J'obéis avec joie, et je serais jaloux
160 Qu'autre bras que le mien portât les premiers coups.

SEPTIME

Seigneur, je suis Romain, je connais l'un et l'autre.
Pompée a besoin d'aide, il vient chercher la vôtre :
Vous pouvez, comme maître absolu de son sort,
Le servir, le chasser, le livrer vif ou mort.
165 Des quatre le premier vous serait trop funeste;
Souffrez donc qu'en deux mots j'examine le reste.
Le chasser, c'est vous faire un puissant ennemi,
Sans obliger par là le vainqueur qu'à demi,
Puisque c'est lui laisser et sur mer et sur terre
170 La suite d'une longue et difficile guerre,
Dont peut-être tous deux également lassés
Se vengeraient sur vous de tous les maux passés.
Le livrer à César n'est que la même chose :
Il lui pardonnera, s'il faut qu'il en dispose,
175 Et, s'armant à regret de générosité,
D'une fausse clémence il fera vanité;
Heureux de l'asservir en lui donnant la vie,
Et de plaire par là même à Rome asservie!
Cependant que, forcé d'épargner son rival,
180 Aussi bien que Pompée il vous voudra du mal.
Il faut le délivrer du péril et du crime,
Assurer sa puissance, et sauver son estime [15],
Et du parti contraire en ce grand chef détruit,
Prendre sur vous le crime et lui laisser le fruit.
185 C'est là mon sentiment, ce doit être le vôtre :
Par là vous gagnez l'un, et ne craignez plus l'autre,
Mais suivant d'Achillas le conseil hasardeux,
Vous n'en gagnez aucun, et les perdez tous deux.

PTOLOMÉE

N'examinons donc plus la justice des causes,
190 Et cédons au torrent qui roule toutes choses.
Je passe au plus de voix, et de mon sentiment
Je veux bien avoir part à ce grand changement.
Assez et trop longtemps l'arrogance de Rome
A cru qu'être Romain c'était être plus qu'homme.

195 Abattons sa superbe avec sa liberté;
    Dans le sang de Pompée éteignons sa fierté.
    Tranchons l'unique espoir où tant d'orgueil se fonde,
    Et donnons un tyran à ces tyrans du monde,
    Secondons le destin qui les veut mettre aux fers,
200 Et prêtons-lui la main pour venger l'univers.
    Rome, tu serviras; et ces rois que tu braves,
    Et que ton insolence ose traiter d'esclaves,
    Adoreront César avec moins de douleur,
    Puisqu'il sera ton maître aussi bien que le leur.
205 Allez donc, Achillas, allez avec Septime
    Nous immortaliser par cet illustre crime.
    Qu'il plaise au ciel ou non, laissez-m'en le souci.
    Je crois qu'il veut sa mort, puisqu'il l'amène ici.

ACHILLAS

Seigneur, je crois tout juste alors qu'un roi l'ordonne.

PTOLOMÉE

210 Allez, et hâtez-vous d'assurer ma couronne;
    Et vous ressouvenez que je mets en vos mains
    Le destin de l'Egypte et celui des Romains.

SCÈNE II

PTOLOMÉE, PHOTIN

PTOLOMÉE

Photin, ou je me trompe, ou ma sœur est déçue.
De l'abord de Pompée elle espère autre issue.
215 Sachant que de mon père il a le testament,
    Elle ne doute point de son couronnement;
    Elle se croit déjà souveraine maîtresse
    D'un sceptre partagé que sa bonté lui laisse,
    Et, se promettant tout de leur vieille amitié,
220 De mon trône en son âme elle prend la moitié,
    Où de son vain orgueil les cendres rallumées
    Poussent déjà dans l'air de nouvelles fumées.

PHOTIN

Seigneur, c'est un motif que je ne disais pas,
Qui devait de Pompée avancer le trépas.

225 Sans doute il jugerait de la sœur et du frère
    Suivant le testament du feu roi votre père,
    Son hôte et son ami, qui l'en daigna saisir :
    Jugez après cela de votre déplaisir.
    Ce n'est pas que je veuille, en vous parlant contre elle,
230 Rompre les sacrés nœuds d'une amour fraternelle;
    Du trône et non du cœur je la veux éloigner :
    Car c'est ne régner pas qu'être deux à régner;
    Un roi qui s'y résout est mauvais politique;
    Il détruit son pouvoir quand il le communique;
235 Et les raisons d'Etat... Mais, seigneur, la voici.

SCÈNE III

PTOLOMÉE, CLÉOPATRE, PHOTIN

CLÉOPATRE

Seigneur, Pompée arrive, et vous êtes ici ?

PTOLOMÉE

J'attends dans mon palais ce guerrier magnanime,
Et lui viens d'envoyer Achillas et Septime.

CLÉOPATRE

Quoi! Septime à Pompée, à Pompée Achillas!

PTOLOMÉE

240 Si ce n'est assez d'eux, allez, suivez leurs pas.

CLÉOPATRE

Donc pour le recevoir c'est trop que de vous-même ?

PTOLOMÉE

Ma sœur, je dois garder l'honneur du diadème.

CLÉOPATRE

Si vous en portez un, ne vous en souvenez
Que pour baiser la main de qui vous le tenez,
245 Que pour en faire hommage aux pieds d'un si grand homme.

PTOLOMÉE

Au sortir de Pharsale est-ce ainsi qu'on le nomme ?

CLÉOPATRE

Fût-il dans son malheur de tous abandonné,
Il est toujours Pompée, et vous a couronné.

PTOLOMÉE

Il n'en est plus que l'ombre [16], et couronna mon père,
250 Dont l'ombre et non pas moi lui doit ce qu'il espère;
Il peut aller, s'il veut, dessus son monument
Recevoir ses devoirs et son remerciement.

CLÉOPATRE

Après un tel bienfait, c'est ainsi qu'on le traite!

PTOLOMÉE

Je m'en souviens, ma sœur, et je vois sa défaite.

CLÉOPATRE

255 Vous la voyez de vrai, mais d'un œil de mépris.

PTOLOMÉE

Le temps de chaque chose ordonne et fait le prix.
Vous qui l'estimez tant, allez lui rendre hommage;
Mais songez qu'au port même il peut faire naufrage.

CLÉOPATRE

Il peut faire naufrage, et même dans le port!
260 Quoi! vous auriez osé lui préparer la mort!

PTOLOMÉE

J'ai fait ce que les dieux m'ont inspiré de faire,
Et que pour mon Etat j'ai jugé nécessaire.

CLÉOPATRE

Je ne le vois que trop, Photin et ses pareils
Vous ont empoisonné de leurs lâches conseils :
265 Ces âmes que le ciel ne forma que de boue...

PHOTIN

Ce sont de nos conseils, oui, madame, et j'avoue...

CLÉOPATRE

Photin, je parle au roi; vous répondrez pour tous
Quand je m'abaisserai jusqu'à parler à vous.

PTOLOMÉE, *à Photin*

Il faut un peu souffrir de cette humeur hautaine.
270 Je sais votre innocence, et je connais sa haine;
Après tout, c'est ma sœur, oyez sans repartir.

CLÉOPATRE

Ah! s'il est encor temps de vous en repentir,
Affranchissez-vous d'eux et de leur tyrannie,
Rappelez la vertu par leurs conseils bannie,
275 Cette haute vertu dont le ciel et le sang
Enflent toujours les cœurs de ceux de notre rang.

PTOLOMÉE

Quoi! d'un frivole espoir déjà préoccupée,
Vous me parlez en reine en parlant de Pompée;
Et d'un faux zèle ainsi votre orgueil revêtu
280 Fait agir l'intérêt sous le nom de vertu!
Confessez-le, ma sœur, vous sauriez vous en taire,
N'était le testament du feu roi notre père :
Vous savez qu'il le garde.

CLÉOPATRE

                            Et vous saurez aussi
Que la seule vertu me fait parler ainsi,
285 Et que, si l'intérêt m'avait préoccupée,
J'agirais pour César, et non pas pour Pompée.
Apprenez un secret que je voulais cacher,
Et cessez désormais de me rien reprocher.
Quand ce peuple insolent qu'enferme Alexandrie
290 Fit quitter au feu roi son trône et sa patrie,
Et jusque dans Rome il alla du sénat
Implorer la pitié contre un tel attentat,
Il nous mena tous deux pour toucher son courage,
Vous, assez jeune encor, moi déjà dans un âge
295 Où ce peu de beauté que m'ont donné les cieux
D'un assez vif éclat faisait briller mes yeux.
César en fut épris, et du moins j'eus la gloire
De le voir hautement donner lieu de le croire [17];
Mais voyant contre lui le sénat irrité,
300 Il fit agir Pompée et son autorité.
Ce dernier nous servit à sa seule prière,
Qui de leur amitié fut la preuve dernière :
Vous en savez l'effet, et vous en jouissez.
Mais pour un tel amant ce ne fut pas assez;

305 Après avoir pour nous employé ce grand homme,
    Qui nous gagna soudain toutes les voix de Rome,
    Son amour en voulut seconder les efforts,
    Et, nous ouvrant son cœur, nous ouvrit ses trésors :
    Nous eûmes de ses feux, encore en leur naissance,
310 Et les nerfs de la guerre, et ceux de la puissance ;
    Et les mille talents qui lui sont encor dus
    Remirent en nos mains tous nos Etats perdus.
    Le roi, qui s'en souvint à son heure fatale,
    Me laissa comme à vous la dignité royale,
315 Et, par son testament, il vous fit cette loi
    Pour me rendre une part de ce qu'il tint de moi.
    C'est ainsi qu'ignorant d'où vint ce bon office,
    Vous appelez faveur ce qui n'est que justice,
    Et l'osez accuser d'une aveugle amitié,
320 Quand du tout qu'il me doit il me rend la moitié.

PTOMOLÉE

Certes, ma sœur, le conte est fait avec adresse.

CLÉOPATRE

César viendra bientôt, et j'en ai lettre expresse [18] ;
Et peut-être aujourd'hui vos yeux seront témoins
De ce que votre esprit s'imagine le moins.
325 Ce n'est pas sans sujet que je parlais en reine.
    Je n'ai reçu de vous que mépris et que haine ;
    Et, de ma part du sceptre indigne ravisseur,
    Vous m'avez plus traité en esclave qu'en sœur ;
    Même, pour éviter des effets plus sinistres,
330 Il m'a fallu flatter vos insolents ministres,
    Dont j'ai craint jusqu'ici le fer, ou le poison.
    Mais Pompée ou César m'en va faire raison,
    Et, quoi qu'avec Photin Achillas en ordonne,
    Ou l'une ou l'autre main me rendra ma couronne.
335 Cependant mon orgueil vous laisse à démêler
    Quel était l'intérêt qui me faisait parler.

SCÈNE IV

PTOLOMÉE, PHOTIN

PTOLOMÉE

Que dites-vous, ami, de cette âme orgueilleuse ?

PHOTIN

Seigneur, cette surprise est pour moi merveilleuse ;
Je n'en sais que penser, et mon cœur étonné
340 D'un secret que jamais il n'aurait soupçonné,
Inconstant et confus dans son incertitude,
Ne se résout à rien qu'avec inquiétude.

PTOLOMÉE

Sauverons-nous Pompée ?

PHOTIN

                              Il faudrait faire effort,
Si nous l'avions sauvé, pour conclure sa mort.
345 Cléopâtre vous hait ; elle est fière, elle est belle ;
Et si l'heureux César a de l'amour pour elle,
La tête de Pompée est l'unique présent
Qui vous fasse contre elle un rempart suffisant.

PTOLOMÉE

Ce dangereux esprit a beaucoup d'artifice.

PHOTIN

350 Son artifice est peu contre un si grand service.

PTOLOMÉE

Mais si, tout grand qu'il est, il cède à ses appas ?

PHOTIN

Il la faudra flatter ; mais ne m'en croyez pas,
Et pour mieux empêcher qu'elle ne vous opprime,
Consultez-en encore Achillas et Septime.

PTOLOMÉE

355 Allons donc les voir faire, et montons à la tour [19] ;
Et nous en résoudrons ensemble à leur retour.

ACTE II

SCÈNE PREMIÈRE

CLÉOPATRE, CHARMION

CLÉOPATRE

Je l'aime, mais l'éclat d'une si belle flamme,
Quelque brillant qu'il soit, n'éblouit point mon âme,
Et toujours ma vertu retrace dans mon cœur
360 Ce qu'il doit au vaincu, brûlant pour le vainqueur [20].
Aussi qui l'ose aimer porte une âme trop haute
Pour souffrir seulement le soupçon d'une faute;
Et je le traiterais avec indignité
Si j'aspirais à lui par une lâcheté.

CHARMION

365 Quoi! vous aimez César, et si vous étiez crue,
L'Egypte pour Pompée armerait à sa vue,
En prendrait la défense, et, par un prompt secours,
Du destin de Pharsale arrêterait le cours?
L'amour certes sur vous a bien peu de puissance.

CLÉOPATRE

370 Les princes ont cela de leur haute naissance;
Leur âme dans leur sang prend des impressions
Qui dessous leur vertu rangent leurs passions;
Leur générosité soumet tout à leur gloire;
Tout est illustre en eux quand ils daignent se croire;
375 Et si le peuple y voit quelques dérèglements,
C'est quand l'avis d'autrui corrompt leurs sentiments [21];
Ce malheur de Pompée achève la ruine.
Le roi l'eût secouru, mais Photin l'assassine :
Il croit cette âme basse, et se montre sans foi;
380 Mais, s'il croyait la sienne, il agirait en roi.

CHARMION

Ainsi donc de César l'amante et l'ennemie...

CLÉOPATRE

Je lui garde ma flamme exempte d'infamie,
Un cœur digne de lui.

CHARMION

Vous possédez le sien ?

CLÉOPATRE

Je crois le posséder.

CHARMION

Mais le savez-vous bien ?

CLÉOPATRE

385 Apprends qu'une princesse aimant sa renommée,
Quand elle dit qu'elle aime, est sûre d'être aimée,
Et que les plus beaux feux dont son cœur soit épris
N'oseraient l'exposer aux hontes d'un mépris.
Notre séjour à Rome enflamma son courage :
390 Là j'eus de son amour le premier témoignage,
Et, depuis jusqu'ici chaque jour ses courriers
M'apportent en tribut ses vœux et ses lauriers.
Partout, en Italie, aux Gaules, en Espagne,
La fortune le suit, et l'amour l'accompagne,
395 Son bras ne dompte point de peuples ni de lieux
Dont il ne rende hommage au pouvoir de mes yeux,
Et de la même main dont il quitte l'épée
Fumante encor du sang des amis de Pompée,
Il trace des soupirs, et d'un style plaintif
400 Dans son champ de victoire il se dit mon captif.
Oui, tout victorieux il m'écrit de Pharsale,
Et si sa diligence à ses feux est égale,
Ou plutôt si la mer ne s'oppose à ses feux,
L'Egypte le va voir me présenter ses vœux.
405 Il vient, ma Charmion, jusque dans nos murailles,
Chercher auprès de moi le prix de ses batailles [22],
M'offrir toute sa gloire, et soumettre à mes lois
Ce cœur et cette main qui commandent aux rois;
Et ma rigueur, mêlée aux faveurs de la guerre,
410 Ferait un malheureux du maître de la terre.

CHARMION

J'oserais bien jurer que vos charmants appas
Se vantent d'un pouvoir dont ils n'useront pas,

Et que le grand César n'a rien qui l'importune
Si vos seules rigueurs ont droit sur sa fortune.
415 Mais quelle est votre attente, et que prétendez-vous,
Puisque d'une autre femme il est déjà l'époux,
Et qu'avec Calphurnie un paisible hyménée
Par des liens sacrés tient son âme enchaînée ?

CLÉOPATRE

Le divorce, aujourd'hui si commun aux Romains,
420 Peut rendre en ma faveur tous ces obstacles vains :
César en sait l'usage et la cérémonie;
Un divorce chez lui fit place à Calphurnie.

CHARMION

Par cette même voie il pourra vous quitter.

CLÉOPATRE

Peut-être mon bonheur saura mieux l'arrêter,
425 Peut-être mon amour aura quelque avantage [23]
Qui saura mieux pour moi ménager son courage.
Mais laissons au hasard ce qui peut arriver;
Achevons cet hymen, s'il se peut achever;
Ne durât-il qu'un jour, ma gloire est sans seconde
430 D'être du moins un jour la maîtresse du monde.
J'ai de l'ambition, et soit vice ou vertu,
Mon cœur sous son fardeau veut bien être abattu;
J'en aime la chaleur, et la nomme sans cesse
La seule passion digne d'une princesse.
435 Mais je veux que la gloire anime ses ardeurs,
Qu'elle mène sans honte au faîte des grandeurs;
Et je la désavoue alors que sa manie
Nous présente le trône avec ignominie.
Ne t'étonne donc plus, Charmion, de me voir
440 Défendre encor Pompée et suivre mon devoir;
Ne pouvant rien de plus pour sa vertu séduite,
Dans mon âme en secret je l'exhorte à la fuite,
Et voudrais qu'un orage, écartant ses vaisseaux,
Malgré lui l'enlevât aux mains de ses bourreaux.
445 Mais voici de retour le fidèle Achorée,
Par qui j'en apprendrai la nouvelle assurée.

SCÈNE II

CLÉOPATRE, ACHORÉE, CHARMION

CLÉOPATRE

En est-ce déjà fait, et nos bords malheureux
Sont-ils déjà souillés d'un sang si généreux ?

ACHORÉE

Madame, j'ai couru par votre ordre au rivage ;
450 J'ai vu la trahison, j'ai vu toute sa rage ;
Du plus grand des mortels j'ai vu trancher le sort ;
J'ai vu dans son malheur la gloire de sa mort ;
Et puisque vous voulez qu'ici je vous raconte
La gloire d'une mort qui nous couvre de honte,
455 Ecoutez, admirez, et plaignez son trépas.
Ses trois vaisseaux en rade avaient mis voiles bas ;
Et voyant dans le port préparer nos galères,
Il croyait que le roi, touché de ses misères,
Par un beau sentiment d'honneur et de devoir,
460 Avec toute sa cour le venait recevoir ;
Mais voyant que ce prince, ingrat à ses mérites,
N'envoyait qu'un esquif rempli de satellites,
Il soupçonne aussitôt son manquement de foi
Et se laisse surprendre à quelque peu d'effroi ;
465 Enfin, voyant nos bords et notre flotte en armes,
Il condamne en son cœur ces indignes alarmes,
Et réduit tous les soins d'un si pressant ennui
A ne hasarder pas Cornélie avec lui :
« N'exposons, lui dit-il, que cette seule tête
470 A la réception que l'Egypte m'apprête ;
Et tandis que moi seul j'en courrai le danger,
Songe à prendre la fuite afin de me venger.
Le roi Juba nous garde une foi plus sincère ;
Chez lui tu trouveras et mes fils, et ton père ;
475 Mais quand tu les verrais descendre chez Pluton,
Ne désespère point du vivant de Càton.
Tandis que leur amour en cet adieu conteste [24],
Achillas à son bord joint son esquif funeste.
Septime se présente, et lui tendant la main,
480 Le salue empereur en langage romain ;

Et comme député de ce jeune monarque,
« Passez, seigneur, dit-il, passez dans cette barque,
Les sables et les bancs cachés dessous les eaux
Rendent l'accès mal sûr à de plus grands vaisseaux. »
485 Ce héros voit la fourbe et s'en moque dans l'âme ;
Il reçoit les adieux des siens et de sa femme,
Leur défend de le suivre, et s'avance au trépas
Avec le même front qu'il donnait les Etats ;
La même majesté sur son visage empreinte
490 Entre ces assassins montre un esprit sans crainte ;
Sa vertu tout entière à la mort le conduit ;
Son affranchi Philippe est le seul qui le suit.
C'est de lui que j'ai su ce que je viens de dire ;
Mes yeux ont vu le reste, et mon cœur en soupire,
495 Et croit que César même à de si grands malheurs
Ne pourra refuser des soupirs et des pleurs.

CLÉOPATRE

N'épargnez pas les miens ; achevez, Achorée,
L'histoire d'une mort que j'ai déjà pleurée [25].

ACHORÉE

On l'amène ; et du port nous le voyons venir,
500 Sans que pas un d'entre eux daigne l'entretenir.
Ce mépris lui fait voir ce qu'il en doit attendre.
Sitôt qu'on a pris terre, on l'invite à descendre :
Il se lève ; et soudain pour signal Achillas,
Derrière ce héros tirant son coutelas,
505 Septime et trois des siens, lâches enfants de Rome,
Percent à coups pressés les flancs de ce grand homme,
Tandis qu'Achillas même, épouvanté d'horreur,
De ces quatre enragés admire la fureur.

CLÉOPATRE

Vous qui livrez la terre aux discordes civiles,
510 Si vous vengez sa mort, dieux, épargnez nos villes !
N'imputez rien aux lieux, reconnaissez les mains :
Le crime de l'Egypte est fait par des Romains.
Mais que fait et que dit ce généreux courage ?

ACHORÉE

D'un des pans de sa robe il couvre son visage,
515 A son mauvais destin en aveugle obéit,
Et dédaigne de voir le ciel qui le trahit,

De peur que d'un coup d'œil contre une telle offense
Il ne semble implorer son aide ou sa vengeance :
Aucun gémissement à son cœur échappé
520 Ne le montre, en mourant, digne d'être frappé.
Immobile à leurs coups, en lui-même il rappelle
Ce qu'eut de beau sa vie, et ce qu'on dira d'elle ;
Et tient la trahison que le roi leur prescrit
Trop au-dessous de lui pour y prêter l'esprit.
525 Sa vertu dans leur crime augmente ainsi son lustre
Et son dernier soupir est un soupir illustre,
Qui, de cette grande âme achevant les destins,
Etale tout Pompée aux yeux des assassins.
Sur les bords de l'esquif sa tête enfin penchée,
530 Par le traître Septime indignement tranchée,
Passe au bout d'une lance en la main d'Achillas,
Ainsi qu'un grand trophée après de grands combats.
On descend, et pour comble à sa noire aventure
On donne à ce héros la mer pour sépulture,
535 Et le tronc sous les flots roule dorénavant
Au gré de la fortune, et de l'onde, et du vent.
La triste Cornélie, à cet affreux spectacle,
Par de longs cris aigus tâche d'y mettre obstacle,
Défend ce cher époux de la voix et des yeux,
540 Puis, n'espérant plus rien, lève les mains aux cieux.
Et, cédant tout à coup à la douleur plus forte,
Tombe, dans sa galère, évanouie ou morte.
Les siens en ce désastre, à force de ramer,
L'éloignent de la rive, et regagnent la mer.
545 Mais sa fuite est mal sûre ; et l'infâme Septime,
Qui se voit dérober la moitié de son crime,
Afin de l'achever, prend six vaisseaux au port,
Et poursuit sur les eaux Pompée après sa mort.
Cependant Achillas porte au roi sa conquête :
550 Tout le peuple tremblant en détourne la tête ;
Un effroi général offre à l'un sous ses pas
Des abîmes ouverts pour venger ce trépas ;
L'autre entend le tonnerre ; et chacun se figure
Un désordre soudain de toute la nature ;
555 Tant l'excès du forfait, troublant leurs jugements,
Présente à leur terreur l'excès des châtiments.
Philippe, d'autre part, montrant sur le rivage
Dans une âme servile un généreux courage,
Examine d'un œil et d'un soin curieux
560 Où les vagues rendront ce dépôt précieux,

Pour lui rendre, s'il peut, ce qu'aux morts on doit rendre;
Dans quelque urne chétive en ramasser la cendre,
Et d'un peu de poussière élever un tombeau
A celui qui du monde eut le sort le plus beau.
565 Mais comme vers l'Afrique on poursuit Cornélie,
On voit d'ailleurs César venir de Thessalie :
Une flotte paraît, qu'on a peine à compter...

CLÉOPATRE

C'est lui-même, Achorée, il n'en faut point douter.
Tremblez, tremblez, méchants, voici venir la foudre;
570 Cléopâtre a de quoi vous mettre tous en poudre :
César vient, elle est reine, et Pompée est vengé;
La tyrannie est bas, et le sort a changé.
Admirons cependant le destin des grands hommes,
Plaignons-les, et par eux jugeons ce que nous sommes.
575 Ce prince d'un sénat maître de l'univers,
Dont le bonheur semblait au-dessus du revers,
Lui que sa Rome a vu plus craint que le tonnerre,
Triompher en trois fois des trois parts de la terre,
Et qui voyait encore en ces derniers hasards
580 L'un et l'autre consul suivre ses étendards,
Sitôt que d'un malheur sa fortune est suivie,
Les monstres de l'Egypte ordonnent de sa vie :
On voit un Achillas, un Septime, un Photin,
Arbitres souverains d'un si noble destin;
585 Un roi qui de ses mains a reçu la couronne
A ces pestes de cour lâchement l'abandonne.
Ainsi finit Pompée; et peut-être qu'un jour
César éprouvera même sort à son tour.
Rendez l'augure faux, dieux, qui voyez mes larmes,
590 Et secondez partout et mes vœux et ses armes!

CHARMION

Madame, le roi vient, qui pourra vous ouïr.

SCÈNE III

PTOLOMÉE, CLÉOPATRE, CHARMION

PTOLOMÉE

Savez-vous le bonheur dont nous allons jouir,
Ma sœur?

CLÉOPATRE

Oui, je le sais, le grand César arrive :
Sous les lois de Photin je ne suis plus captive.

PTOLOMÉE

595 Vous haïssez toujours ce fidèle sujet ?

CLÉOPATRE

Non, mais en liberté je ris de son projet.

PTOLOMÉE

Quel projet faisait-il dont vous puissiez vous plaindre ?

CLÉOPATRE

J'en ai souffert beaucoup, et j'avais plus à craindre.
Un si grand politique est capable de tout ;
600 Et vous donnez les mains à tout ce qu'il résout.

PTOLOMÉE

Si je suis ses conseils, j'en connais la prudence.

CLÉOPATRE

Si j'en crains les effets, j'en vois la violence.

PTOLOMÉE

Pour le bien de l'Etat tout est juste en un roi.

CLÉOPATRE

Ce genre de justice est à craindre pour moi.
605 Après ma part du sceptre, à ce titre usurpée,
Il en coûte la vie et la tête à Pompée.

PTOLOMÉE

Jamais un coup d'Etat ne fut mieux entrepris.
Le voulant secourir, César nous eût surpris ;
Vous voyez sa vitesse ; et l'Egypte troublée
610 Avant qu'être en défense en serait accablée ;
Mais je puis maintenant à cet heureux vainqueur
Offrir en sûreté mon trône et votre cœur.

CLÉOPATRE

Je ferai mes présents, n'ayez soin que des vôtres,
Et dans vos intérêts n'en confondez point d'autres.

PTOLOMÉE

615 Les vôtres sont les miens, étant de même sang.

CLÉOPATRE

Vous pouvez dire encore, étant de même rang,
Etant rois l'un et l'autre; et toutefois je pense
Que nos deux intérêts ont quelque différence.

PTOLOMÉE

Oui, ma sœur, car l'Etat, dont mon cœur est content,
620 Sur quelques bords du Nil à grand-peine s'étend;
Mais César, à vos lois soumettant son courage,
Vous va faire régner sur le Gange et le Tage.

CLÉOPATRE

J'ai de l'ambition, mais je la sais régler :
Elle peut m'éblouir, et non pas m'aveugler.
625 Ne parlons point ici du Tage, ni du Gange,
Je connais ma portée, et ne prends point le change.

PTOLOMÉE

L'occasion vous rit, et vous en userez.

CLÉOPATRE

Si je n'en use bien, vous m'en accuserez.

PTOLOMÉE

J'en espère beaucoup, vu l'amour qui l'engage.

CLÉOPATRE

630 Vous la craignez peut-être encore davantage;
Mais, quelque occasion qui me rie aujourd'hui,
N'ayez aucune peur, je ne veux rien d'autrui.
Je ne garde pour vous ni haine, ni colère;
Et je suis bonne sœur, si vous n'êtes bon frère.

PTOLOMÉE

635 Vous montrez cependant un peu bien du mépris.

CLÉOPATRE

Le temps de chaque chose ordonne et fait le prix.

PTOLOMÉE

Votre façon d'agir le fait assez connaître.

CLÉOPATRE

Le grand César arrive, et vous avez un maître.

PTOLOMÉE

Il l'est de tout le monde, et je l'ai fait le mien.

CLÉOPATRE

640 Allez lui rendre hommage, et j'attendrai le sien.
Allez, ce n'est pas trop pour lui que de vous-même²⁶ :
Je garderai pour vous l'honneur du diadème.
Photin vous vient aider à le bien recevoir;
Consultez avec lui quel est votre devoir.

SCÈNE IV

PTOLOMÉE, PHOTIN

PTOLOMÉE

645 J'ai suivi tes conseils; mais plus je l'ai flattée,
Et plus dans l'insolence elle s'est emportée;
Si bien qu'enfin, outré de tant d'indignités,
Je m'allais emporter dans les extrémités :
Mon bras, dont ses mépris forçaient la retenue²⁷,
650 N'eût plus considéré César ni sa venue,
Et l'eût mise en état, malgré tout son appui,
De s'en plaindre à Pompée auparavant qu'à lui.
L'arrogante! à l'ouïr elle est déjà ma reine;
Et si César en croit son orgueil et sa haine,
655 Si, comme elle s'en vante, elle est son cher objet,
De son frère et son roi je deviens son sujet.
Non, non; prévenons-la : c'est faiblesse d'attendre
Le mal qu'on voit venir sans vouloir s'en défendre :
Otons-lui les moyens de nous plus dédaigner;
660 Otons-lui les moyens de plaire et de régner;
Et ne permettons pas qu'après tant de bravades
Mon sceptre soit le prix d'une de ses œillades.

PHOTIN

Seigneur, ne donnez point de prétexte à César
Pour attacher l'Egypte aux pompes de son char.
665 Ce cœur ambitieux, qui, par toute la terre,
Ne cherche qu'à porter l'esclavage et la guerre,

Enflé de sa victoire, et des ressentiments
Qu'une perte pareille imprime aux vrais amants,
Quoique vous ne rendiez que justice à vous-même,
670 Prendrait l'occasion de venger ce qu'il aime;
Et, pour s'assujettir et vos Etats et vous,
Imputerait à crime un si juste courroux.

PTOLOMÉE

Si Cléopâtre vit, s'il la voit, elle est reine.

PHOTIN

Si Cléopâtre meurt, votre perte est certaine.

PTOLOMÉE

675 Je perdrai qui me perd, ne pouvant me sauver.

PHOTIN

Pour la perdre avec joie il vous faut conserver.

PTOLOMÉE

Quoi, pour voir sur sa tête éclater ma couronne ?
Sceptre, s'il faut enfin que ma main t'abandonne,
Passe, passe plutôt en celle du vainqueur.

PHOTIN

680 Vous l'arracherez mieux de celle d'une sœur.
Quelques feux que d'abord il lui fasse paraître,
Il partira bientôt, et vous serez le maître.
L'amour à ses pareils ne donne point d'ardeur
Qui ne cède aisément aux soins de leur grandeur :
685 Il voit encor l'Afrique et l'Espagne occupées
Par Juba, Scipion, et les jeunes Pompées;
Et le monde à ses lois n'est point assujetti,
Tant qu'il verra durer ces restes du parti.
Au sortir de Pharsale un si grand capitaine
690 Saurait mal son métier s'il laissait prendre haleine,
Et s'il donnait loisir à des cœurs si hardis
De relever du coup dont ils sont étourdis.
S'il les vainc, s'il parvient où son désir aspire,
Il faut qu'il aille à Rome établir son empire,
695 Jouir de sa fortune et de son attentat,
Et changer à son gré la forme de l'Etat.
Jugez durant ce temps ce que vous pourrez faire.
Seigneur, voyez César, forcez-vous à lui plaire;

Et lui déférant tout, veuillez vous souvenir
700 Que les événements régleront l'avenir.
Remettez en ses mains trône, sceptre, couronne,
Et, sans en murmurer, souffrez qu'il en ordonne
Il en croira sans doute ordonner justement,
En suivant du feu roi l'ordre et le testament ;
705 L'importance d'ailleurs de ce dernier service
Ne permet pas d'en craindre une entière injustice.
Quoi qu'il en fasse enfin, feignez d'y consentir,
Louez son jugement, et laissez-le partir.
Après, quand nous verrons le temps propre aux vengeances,
710 Nous aurons et la force et les intelligences.
Jusque-là réprimez ces transports violents
Qu'excitent d'une sœur les mépris insolents ;
Les bravades enfin sont des discours frivoles,
Et qui songe aux effets néglige les paroles.

PTOLOMÉE

715 Ah ! tu me rends la vie et le sceptre à la fois :
Un sage conseiller est le bonheur des rois.
Cher appui de mon trône, allons, sans plus attendre,
Offrir tout à César, afin de tout reprendre,
Avec toute ma flotte allons le recevoir,
720 Et par ces vains honneurs séduire son pouvoir.

ACTE III

SCÈNE PREMIÈRE

CHARMION, ACHORÉE

CHARMION

Oui, tandis que le roi va lui-même en personne
Jusqu'aux pieds de César prosterner sa couronne,
Cléopâtre s'enferme en son appartement,
Et, sans s'en émouvoir, attend son compliment.
725 Comment nommerez-vous une humeur si hautaine ?

ACHORÉE

Un orgueil noble et juste, et digne d'une reine
Qui soutient avec cœur et magnanimité
L'honneur de sa naissance et de sa dignité :
Lui pourrai-je parler ?

CHARMION

Non; mais elle m'envoie
730 Savoir à cet abord ce qu'on a vu de joie;
Ce qu'à ce beau présent César a témoigné;
S'il a paru content, ou s'il l'a dédaigné;
S'il traite avec douceur, s'il traite avec empire;
Ce qu'à nos assassins enfin il a su dire.

ACHORÉE

735 La tête de Pompée a produit des effets
Dont ils n'ont pas sujet d'être fort satisfaits.
Je ne sais si César prendrait plaisir à feindre;
Mais pour eux jusqu'ici je trouve lieu de craindre :
S'ils aimaient Ptolomée, ils l'ont fort mal servi.
740 Vous l'avez vu partir, et moi je l'ai suivi.
Ses vaisseaux en bon ordre ont éloigné la ville [28],
Et pour joindre César n'ont avancé qu'un mille :
Il venait à plein voile; et si dans les hasards
Il éprouva toujours pleine faveur de Mars,
745 Sa flotte, qu'à l'envi favorisait Neptune,
Avait le vent en poupe ainsi que sa fortune.
Dès le premier abord notre prince étonné
Ne s'est plus souvenu de son front couronné;
Sa frayeur a paru sous sa fausse allégresse :
750 Toutes ses actions ont senti la bassesse :
J'en ai rougi moi-même, et me suis plaint à moi
De voir là Ptolomée, et n'y voir point de roi;
Et César, qui lisait sa peur sur son visage,
Le flattait par pitié pour lui donner courage.
755 Lui, d'une voix tombante offrant ce don fatal :
« Seigneur, vous n'avez plus, lui dit-il, de rival;
Ce que n'ont pu les dieux dans votre Thessalie,
Je vais mettre en vos mains Pompée et Cornélie :
En voici déjà l'un, et pour l'autre, elle fuit;
760 Mais avec six vaisseaux un des miens la poursuit. »
A ces mots Achillas découvre cette tête :
Il semble qu'à parler encore elle s'apprête;
Qu'à ce nouvel affront un reste de chaleur
En sanglots mal formés exhale sa douleur;

765 Sa bouche encore ouverte et sa vue égarée
Rappellent sa grande âme à peine séparée;
Et son courroux mourant fait un dernier effort
Pour reprocher aux dieux sa défaite et sa mort.
César, à cet aspect, comme frappé du foudre,
770 Et comme ne sachant que croire ou que résoudre,
Immobile, et les yeux sur l'objet attachés,
Nous tient assez longtemps ses sentiments cachés;
Et je dirai, si j'ose en faire conjecture,
Que, par un mouvement commun à la nature,
775 Quelque maligne joie en son cœur s'élevait,
Dont sa gloire indignée à peine le sauvait.
L'aise de voir la terre à son pouvoir soumise
Chatouillait malgré lui son âme avec surprise,
Et de cette douceur son esprit combattu
780 Avec un peu d'effort assurait sa vertu.
S'il aime sa grandeur, il hait la perfidie;
Il se juge en autrui, se tâte, s'étudie,
Examine en secret sa joie et ses douleurs [29],
Les balance, choisit, laisse couler des pleurs;
785 Et, forçant sa vertu d'être encor la maîtresse,
Se montre généreux par un trait de faiblesse.
Ensuite, il fait ôter ce présent de ses yeux,
Lève les mains ensemble et les regards aux cieux,
Lâche deux ou trois mots contre cette insolence;
790 Puis tout triste et pensif il s'obstine au silence,
Et même à ses Romains ne daigne repartir
Que d'un regard farouche et d'un profond soupir.
Enfin ayant pris terre avec trente cohortes,
Il se saisit du port, il se saisit des portes,
795 Met des gardes partout et des ordres secrets,
Fait voir sa défiance, ainsi que ses regrets,
Parle d'Egypte en maître et de son adversaire,
Non plus comme ennemi, mais comme son beau-père.
Voilà ce que j'ai vu.

CHARMION

Voilà ce qu'attendait,
800 Ce qu'au juste Osiris la reine demandait.
Je vais bien la ravir avec cette nouvelle.
Vous, continuez-lui ce service fidèle.

ACHORÉE

Qu'elle n'en doute point. Mais César vient. Allez,
Peignez-lui bien nos gens pâles et désolés;

805 Et moi, soit que l'issue en soit douce ou funeste,
J'irai l'entretenir quand j'aurai vu le reste.

SCÈNE II

CÉSAR, PTOLOMÉE, LÉPIDE, PHOTIN, ACHORÉE,
SOLDATS ROMAINS, SOLDATS ÉGYPTIENS

PTOLOMÉE

Seigneur, montez au trône, et commandez ici.

CÉSAR

Connaissez-vous César de lui parler ainsi ?
Que n'offrirait de pis la fortune ennemie,
810 A moi qui tiens le trône égal à l'infamie!
Certes, Rome à ce coup pourrait bien se vanter
D'avoir eu juste lieu de me persécuter,
Elle qui d'un même œil les donne et les dédaigne,
Qui ne voit rien aux rois qu'elle aime ou qu'elle craigne,
815 Et qui verse en nos cœurs avec l'âme et le sang,
Et la haine du nom, et le mépris du rang.
C'est ce que de Pompée il vous fallait apprendre :
S'il en eût aimé l'offre, il eût su s'en défendre;
Et le trône et le roi se seraient ennoblis
820 A soutenir la main qui les a rétablis.
Vous eussiez pu tomber, mais tout couvert de gloire :
Votre chute eût valu la plus haute victoire;
Et si votre destin n'eût pu vous en sauver,
César eût pris plaisir à vous en relever.
825 Vous n'avez pu former une si noble envie.
Mais quel droit aviez-vous sur cette illustre vie ?
Que vous devait son sang pour y tremper vos mains,
Vous qui devez respect au moindre des Romains ?
Ai-je vaincu pour vous dans les champs de Pharsale ?
830 Et, par une victoire aux vaincus trop fatale,
Vous ai-je acquis sur eux, en ce dernier effort,
La puissance absolue et de vie et de mort ?
Moi qui n'ai jamais pu la souffrir à Pompée,
La souffrirai-je en vous sur lui-même usurpée,
835 Et que de mon bonheur vous ayez abusé
Jusqu'à plus attenter que je n'aurais osé.
De quel nom, après tout, pensez-vous que je nomme
Ce coup où vous tranchez du souverain de Rome,

Et qui sur un seul chef lui fait bien plus d'affront
840 Que sur tant de milliers ne fit le roi de Pont ?
Pensez-vous que j'ignore ou que je dissimule
Que vous n'auriez pas eu pour moi plus de scrupule,
Et que, s'il m'eût vaincu, votre esprit complaisant
Lui faisait de ma tête un semblable présent ?
845 Grâces à ma victoire, on me rend des hommages
Où ma fuite eût reçu toutes sortes d'outrages ;
Au vainqueur, non à moi, vous faites tout l'honneur :
Si César en jouit, ce n'est que par bonheur.
Amitié dangereuse et redoutable zèle,
850 Que règle la fortune, et qui tourne avec elle !
Mais parlez, c'est trop être interdit et confus.

PTOLOMÉE

Je le suis, il est vrai, si jamais je le fus ;
Et vous-même avouerez que j'ai sujet de l'être.
Étant né souverain, je vois ici mon maître ;
855 Ici, dis-je, où ma cour tremble en me regardant,
Où je n'ai point encore agi qu'en commandant,
Je vois une autre cour sous une autre puissance,
Et ne puis plus agir qu'avec obéissance.
De votre seul aspect je me suis vu surpris :
860 Jugez si vos discours rassurent mes esprits,
Jugez par quels moyens je puis sortir d'un trouble
Que forme le respect, que la crainte redouble,
Et ce que vous peut dire un prince épouvanté
De voir tant de colère et tant de majesté.
865 Dans ces étonnements dont mon âme est frappée
De rencontrer en vous le vengeur de Pompée,
Il me souvient pourtant que s'il fut notre appui,
Nous vous dûmes dès lors autant et plus qu'à lui.
Votre faveur pour nous éclata la première,
870 Tout ce qu'il fit après fut à votre prière :
Il émut le sénat pour des rois outragés,
Que sans cette prière il aurait négligés ;
Mais de ce grand sénat les saintes ordonnances
Eussent peu fait pour nous, seigneur, sans vos finances ;
875 Par là de nos mutins le feu roi vint à bout ;
Et pour en bien parler, nous vous devons le tout.
Nous avons honoré votre ami, votre gendre,
Jusqu'à ce qu'à vous-même il ait osé se prendre ;
Mais voyant son pouvoir, de vos succès jaloux,
880 Passer en tyrannie, et s'armer contre vous...

CÉSAR

Tout beau : que votre haine en son sang assouvie
N'aille point à sa gloire ; il suffit de sa vie.
N'avancez rien ici que Rome ose nier ;
Et justifiez-vous, sans le calomnier.

PTOLOMÉE

885 Je laisse donc aux dieux à juger ses pensées,
Et dirai seulement qu'en vos guerres passées,
Où vous fûtes forcé par tant d'indignités,
Tous nos vœux ont été pour vos prospérités ;
Que, comme il vous traitait en mortel adversaire,
890 J'ai cru sa mort pour vous un malheur nécessaire ;
Et que sa haine injuste, augmentant tous les jours,
Jusque dans les enfers chercherait du secours ;
Ou qu'enfin, s'il tombait dessous votre puissance,
Il nous fallait pour vous craindre votre clémence ;
895 Et que le sentiment d'un cœur trop généreux,
Usant mal de vos droits, vous rendît malheureux.
J'ai donc considéré qu'en ce péril extrême
Nous vous devions, seigneur, servir malgré vous-même ;
Et sans attendre d'ordre en cette occasion,
900 Mon zèle ardent l'a prise à ma confusion.
Vous m'en désavouez, vous l'imputez à crime ;
Mais pour servir César rien n'est illégitime.
J'en ai souillé mes mains pour vous en préserver :
Vous pouvez en jouir, et le désapprouver ;
905 Et j'ai plus fait pour vous, plus l'action est noire,
Puisque c'est d'autant plus vous immoler ma gloire,
Et que ce sacrifice, offert par mon devoir,
Vous assure la vôtre avec votre pouvoir.

CÉSAR

Vous cherchez, Ptolomée, avecque trop de ruses
910 De mauvaises couleurs et de froides excuses.
Votre zèle était faux, si seul il redoutait
Ce que le monde entier à pleins vœux souhaitait ;
Et s'il vous a donné ces craintes trop subtiles,
Qui m'ôtent tout le fruit de nos guerres civiles,
915 Où l'honneur seul m'engage, et que pour terminer
Je ne veux que celui de vaincre et pardonner,
Où mes plus dangereux et plus grands adversaires,
Sitôt qu'ils sont vaincus, ne sont plus que mes frères ;
Et mon ambition ne va qu'à les forcer,
920 Ayant dompté leur haine, à vivre et m'embrasser [30].

O combien d'allégresse une si triste guerre
Aurait-elle laissé dessus toute la terre,
Si Rome avait pu voir marcher en même char,
Vainqueurs de leur discorde, et Pompée et César !
925 Voilà ces grands malheurs que craignait votre zèle.
O crainte ridicule autant que criminelle !
Vous craigniez ma clémence ! ah ! n'ayez plus ce soin ;
Souhaitez-la plutôt, vous en avez besoin.
Si je n'avais égard qu'aux lois de la justice,
930 Je m'apaiserais Rome avec votre supplice,
Sans que ni vos respects, ni votre repentir,
Ni votre dignité, vous pussent garantir ;
Votre trône lui-même en serait le théâtre,
Mais, voulant épargner le sang de Cléopâtre,
935 J'impute à vos flatteurs toute la trahison,
Et je veux voir comment vous m'en ferez raison ;
Suivant les sentiments dont vous serez capable
Je saurai vous tenir innocent ou coupable.
Cependant à Pompée élevez des autels ;
940 Rendez-lui les honneurs qu'on rend aux immortels ;
Par un prompt sacrifice expiez tous vos crimes ;
Et surtout pensez bien au choix de vos victimes.
Allez y donner ordre, et me laissez ici
Entretenir les miens sur quelque autre souci.

SCÈNE III

CÉSAR, ANTOINE, LÉPIDE

CÉSAR

945 Antoine, avez-vous vu cette reine adorable ?

ANTOINE

Oui, seigneur, je l'ai vue : elle est incomparable ;
Le ciel n'a point encor, par de si doux accords,
Uni tant de vertus aux grâces d'un beau corps.
Une majesté douce épand sur son visage
950 De quoi s'assujettir le plus noble courage ;
Ses yeux savent ravir, son discours sait charmer ;
Et si j'étais César, je la voudrais aimer.

CÉSAR

Comme a-t-elle reçu les offres de ma flamme ?

ANTOINE

Comme n'osant la croire, et la croyant dans l'âme;
955 Par un refus modeste et fait pour inviter,
Elle s'en dit indigne, et la croit mériter.

CÉSAR

En pourrai-je être aimé?

ANTOINE

Douter qu'elle vous aime,
Elle qui de vous seul attend son diadème,
Qui n'espère qu'en vous! douter de ses ardeurs,
960 Vous qui la pouvez mettre au faîte des grandeurs!
Que votre amour sans crainte à son amour prétende;
Au vainqueur de Pompée il faut que tout se rende;
Et vous l'éprouverez. Elle craint toutefois
L'ordinaire mépris que Rome fait des rois;
965 Et surtout elle craint l'amour de Calphurnie :
Mais, l'une et l'autre crainte à votre aspect bannie,
Vous ferez succéder un espoir assez doux,
Lorsque vous daignerez lui dire un mot pour vous.

CÉSAR

Allons donc l'affranchir de ces frivoles craintes,
970 Lui montrer de mon cœur les sensibles atteintes;
Allons, ne tardons plus.

ANTOINE

Avant que de la voir,
Sachez que Cornélie est en votre pouvoir;
Septime vous l'amène, orgueilleux de son crime,
Et pense auprès de vous se mettre en haute estime.
975 Dès qu'ils ont abordé, vos chefs, par vous instruits,
Sans leur rien témoigner, les ont ici conduits.

CÉSAR

Qu'elle entre. Ah! l'importune et fâcheuse nouvelle!
Qu'à mon impatience elle semble cruelle!
O ciel! et ne pourrai-je enfin à mon amour
980 Donner en liberté ce qui reste du jour?

SCÈNE IV

CÉSAR, CORNÉLIE, ANTOINE,
LÉPIDE, SEPTIME

SEPTIME

Seigneur...

CÉSAR

Allez, Septime, allez vers votre maître :
César ne peut souffrir la présence d'un traître,
D'un Romain lâche assez pour servir sous un roi,
Après avoir servi sous Pompée et sous moi.

Septime rentre.

CORNÉLIE

985 César, car le destin, que dans tes fers je brave,
Me fait ta prisonnière, et non pas ton esclave,
Et tu ne prétends pas qu'il m'abatte le cœur
Jusqu'à te rendre hommage, et te nommer seigneur;
De quelque rude trait qu'il m'ose avoir frappée,
990 Veuve du jeune Crasse, et veuve de Pompée,
Fille de Scipion, et, pour dire encor plus,
Romaine, mon courage est encore au-dessus;
Et de tous les assauts que sa rigueur me livre,
Rien ne me fait rougir que la honte de vivre.
995 J'ai vu mourir Pompée, et ne l'ai pas suivi;
Et bien que le moyen m'en ait été ravi,
Qu'une pitié cruelle à mes douleurs profondes
M'ait ôté le secours et du fer et des ondes,
Je dois rougir pourtant, après un tel malheur,
1000 De n'avoir pu mourir d'un excès de douleur :
Ma mort était ma gloire, et le destin m'en prive
Pour croître mes malheurs, et me voir ta captive.
Je dois bien toutefois rendre grâces aux dieux
De ce qu'en arrivant je te trouve en ces lieux,
1005 Que César y commande, et non pas Ptolomée.
Hélas! et sous quel astre, ô ciel! m'as-tu formée,
Si je leur dois des vœux de ce qu'ils ont permis
Que je rencontre ici mes plus grands ennemis,
Et tombe entre leurs mains plutôt qu'aux mains d'un prince
1010 Qui doit à mon époux son trône et sa province ?

César, de ta victoire écoute moins le bruit,
Elle n'est que l'effet du malheur qui me suit [31];
Je l'ai porté pour dot chez Pompée et chez Crasse;
Deux fois du monde entier j'ai causé la disgrâce,
1015 Deux fois de mon hymen le nœud mal assorti
A chassé tous les dieux du plus juste parti :
Heureuse en mes malheurs, si ce triste hyménée,
Pour le bonheur de Rome, à César m'eût donnée!
Et si j'eusse avec moi porté dans ta maison
1020 D'un astre envenimé l'invincible poison!
Car enfin n'attends pas que j'abaisse ma haine.
Je te l'ai déjà dit, César, je suis Romaine,
Et quoique ta captive, un cœur comme le mien,
De peur de s'oublier, ne te demande rien.
1025 Ordonne; et sans vouloir qu'il tremble, ou s'humilie,
Souviens-toi seulement que je suis Cornélie.

CÉSAR

O d'un illustre époux noble et digne moitié,
Dont le courage étonne, et le sort fait pitié!
Certes, vos sentiments font assez reconnaître
1030 Qui vous donna la main, et qui vous donna l'être;
Et l'on juge aisément au cœur que vous portez,
Où vous êtes entrée, et de qui vous sortez.
L'âme du jeune Crasse, et celle de Pompée,
L'une et l'autre vertu par le malheur trompée,
1035 Le sang des Scipions protecteur de nos dieux,
Parlent par votre bouche et brillent dans vos yeux;
Et Rome dans ses murs ne voit point de famille
Qui soit plus honorée ou de femme ou de fille.
Plût au grand Jupiter, plût à ces mêmes dieux
1040 Qu'Annibal eût bravés jadis sans vos aïeux,
Que ce héros si cher dont le ciel vous sépare
N'eût pas si mal connu la cour d'un roi barbare,
Ni mieux aimé tenter une incertaine foi
Que la vieille amitié qu'il eût trouvée en moi;
1045 Qu'il eût voulu souffrir qu'un bonheur de mes armes
Eût vaincu ses soupçons, dissipé ses alarmes;
Et qu'enfin, m'attendant sans plus se défier,
Il m'eût donné moyen de me justifier!
Alors, foulant aux pieds la discorde et l'envie,
1050 Je l'eusse conjuré de se donner la vie,
D'oublier ma victoire, et d'aimer un rival
Heureux d'avoir vaincu pour vivre son égal;

J'eusse alors regagné son âme satisfaite
Jusqu'à lui faire aux dieux pardonner sa défaite;
1055 Il eût fait à son tour, en me rendant son cœur,
Que Rome eût pardonné la victoire au vainqueur.
Mais puisque par sa perte, à jamais sans seconde,
Le sort a dérobé cette allégresse au monde,
César s'efforcera de s'acquitter vers vous
1060 De ce qu'il voudrait rendre à cet illustre époux.
Prenez donc en ces lieux liberté tout entière :
Seulement pour deux jours soyez ma prisonnière,
Afin d'être témoin comme, après nos débats,
Je chéris sa mémoire et venge son trépas,
1065 Et de pouvoir apprendre à toute l'Italie
De quel orgueil nouveau m'enfle la Thessalie.
Je vous laisse à vous-même et vous quitte un moment.
Choisissez-lui, Lépide, un digne appartement;
Et qu'on l'honore ici, mais en dame romaine,
1070 C'est-à-dire un peu plus qu'on n'honore la reine.
Commandez, et chacun aura soin d'obéir.

CORNÉLIE

O ciel! que de vertus vous me faites haïr!

ACTE IV

SCÈNE PREMIÈRE

PTOLOMÉE, ACHILLAS, PHOTIN

PTOLOMÉE

Quoi! de la même main et de la même épée
Dont il vient d'immoler le malheureux Pompée,
1075 Septime, par César indignement chassé,
Dans un tel désespoir à vos yeux a passé ?

ACHILLAS

Oui, seigneur; et sa mort a de quoi vous apprendre
La honte qu'il prévient et qu'il vous faut attendre,

Jugez quel est César à ce courroux si lent.
1080 Un moment pousse et rompt un transport violent;
Mais l'indignation qu'on prend avec étude
Augmente avec le temps, et porte un coup plus rude;
Ainsi n'espérez pas de le voir modéré;
Par adresse il se fâche après s'être assuré.
1085 Sa puissance établie, il a soin de sa gloire.
Il poursuivait Pompée, et chérit sa mémoire;
Et veut tirer à soi, par un courroux accort [32],
L'honneur de sa vengeance et le fruit de sa mort.

PTOLOMÉE

Ah! si je t'avais cru, je n'aurais pas de maître;
1090 Je serais dans le trône où le ciel m'a fait naître;
Mais c'est une imprudence assez commune aux rois
D'écouter trop d'avis, et se tromper au choix;
Le destin les aveugle au bord du précipice;
Ou si quelque lumière en leur âme se glisse,
1095 Cette fausse clarté, dont il les éblouit,
Les plonge dans un gouffre, et puis s'évanouit.

PHOTIN

J'ai mal connu César; mais puisqu'en son estime
Un si rare service est un énorme crime,
Il porte dans son flanc de quoi nous en laver;
1100 C'est là qu'est notre grâce, il nous l'y faut trouver.
Je ne vous parle plus de souffrir sans murmure,
D'attendre son départ pour venger cette injure;
Je sais mieux conformer les remèdes au mal :
Justifions sur lui la mort de son rival;
1105 Et notre main alors également trempée
Et du sang de César et du sang de Pompée,
Rome, sans leur donner de titres différents,
Se croira par vous seul libre de deux tyrans.

PTOLOMÉE

Oui, par là seulement ma perte est évitable;
1110 C'est trop craindre un tyran que j'ai fait redoutable :
Montrons que sa fortune est l'œuvre de nos mains;
Deux fois en même jour disposons des Romains;
Faisons leur liberté comme leur esclavage.
César, que tes exploits n'enflent plus ton courage;
1115 Considère les miens, tes yeux en sont témoin.
Pompée était mortel, et tu ne l'es pas moins;

Il pouvait plus que toi; tu lui portais envie,
Tu n'as, non plus que lui, qu'une âme et qu'une vie;
Et son sort que tu plains te doit faire penser
1120 Que ton cœur est sensible, et qu'on peut le percer.
Tonne, tonne à ton gré, fais peur de ta justice :
C'est à moi d'apaiser Rome par ton supplice;
C'est à moi de punir ta cruelle douceur,
Qui n'épargne en un roi que le sang de sa sœur.
1125 Je n'abandonne plus ma vie et ma puissance
Au hasard de sa haine, ou de ton inconstance;
Ne crois pas que jamais tu puisses à ce prix
Récompenser sa flamme, ou punir ses mépris.
J'emploierai contre toi de plus nobles maximes :
1130 Tu m'as prescrit tantôt de choisir des victimes,
De bien penser au choix; j'obéis et je vois
Que je n'en puis choisir de plus digne que toi,
Ni dont le sang offert, la fumée et la cendre,
Puissent mieux satisfaire aux mânes de ton gendre.
1135 Mais ce n'est pas assez, amis, de s'irriter;
Il faut voir quels moyens on a d'exécuter.
Toute cette chaleur est peut-être inutile;
Les soldats du tyran sont maîtres de la ville;
Que pouvons-nous contre eux ? et pour les prévenir,
1140 Quel temps devons-nous prendre, et quel ordre tenir ?

ACHILLAS

Nous pouvons tout, seigneur, en l'état où nous sommes.
A deux milles d'ici vous avez six mille hommes
Que depuis quelques jours, craignant des remuements,
Je faisais tenir prêts à tous événements;
1145 Quelques soins qu'ait César, sa prudence est déçue.
Cette ville a sous terre une secrète issue,
Par où fort aisément on les peut cette nuit
Jusque dans le palais introduire sans bruit :
Car contre sa fortune aller à force ouverte,
1150 Ce serait trop courir vous-même à votre perte.
Il nous le faut surprendre au milieu du festin,
Enivré des douceurs de l'amour et du vin.
Tout le peuple est pour nous. Tantôt, à son entrée,
J'ai remarqué l'horreur que ce peuple a montrée.
1155 Lorsque avec tant de faste il a vu ses faisceaux
Marcher arrogamment, et braver nos drapeaux.
Au spectacle insolent de ce pompeux outrage
Ses farouches regards étincelaient de rage;

Je voyais sa fureur à peine se dompter ;
1160 Et pour peu qu'on le pousse, il est prêt d'éclater.
Mais surtout les Romains que commandait Septime,
Pressés de la terreur que sa mort leur imprime,
Ne cherchent qu'à venger par un coup généreux
Le mépris qu'en leur chef ce superbe a fait d'eux.

PTOLOMÉE

1165 Mais qui pourra de nous approcher sa personne,
Si durant le festin sa garde l'environne ?

PHOTIN

Les gens de Cornélie, entre qui vos Romains
Ont déjà reconnu des frères, des germains,
Dont l'âpre déplaisir leur a laissé paraître
1170 Une soif d'immoler leur tyran à leur maître.
Ils ont donné parole, et peuvent, mieux que nous,
Dans les flancs de César porter les premiers coups ;
Son faux art de clémence, ou plutôt sa folie,
Qui pense gagner Rome en flattant Cornélie,
1175 Leur donnera sans doute un assez libre accès
Pour de ce grand dessein assurer le succès.
Mais voici Cléopâtre : agissez avec feinte,
Seigneur, et ne montrez que faiblesse et que crainte.
Nous allons vous quitter, comme objets odieux
1180 Dont l'aspect importun offenserait ses yeux.

PTOLOMÉE

Allez, je vous rejoins.

SCÈNE II

PTOLOMÉE, CLÉOPATRE,
ACHORÉE, CHARMION

CLÉOPATRE

J'ai vu César, mon frère,
Et de tout mon pouvoir combattu sa colère.

PTOLOMÉE

Vous êtes généreuse ; et j'avais attendu
Cet office de sœur que vous m'avez rendu.
1185 Mais cet illustre amant vous a bientôt quittée.

CLÉOPATRE

Sur quelque brouillerie, en la ville excitée,
Il a voulu lui-même apaiser les débats
Qu'avec nos citoyens ont eus quelques soldats;
Et moi, j'ai bien voulu moi-même vous redire
1190 Que vous ne craigniez rien pour vous ni votre empire,
Et que le grand César blâme votre action
Avec moins de courroux que de compassion.
Il vous plaint d'écouter ces lâches politiques
Qui n'inspirent aux rois que des mœurs tyranniques.
1195 Ainsi que la naissance, ils ont les esprits bas.
En vain on les élève à régir des Etats :
Un cœur né pour servir sait mal comme on commande [33];
Sa puissance l'accable alors qu'elle est trop grande;
Et sa main, que le crime en vain fait redouter,
1200 Laisse choir le fardeau qu'elle ne peut porter.

PTOLOMÉE

Vous dites vrai, ma sœur, et ces effets sinistres
Me font bien voir ma faute au choix de mes ministres.
Si j'avais écouté de plus nobles conseils,
Je vivrais dans la gloire où vivent mes pareils;
1205 Je mériterais mieux cette amitié si pure
Que pour un frère ingrat vous donne la nature;
César embrasserait Pompée en ce palais [34];
Notre Egypte à la terre aurait rendu la paix,
Et verrait son monarque encore à juste titre
1210 Ami de tous les deux et peut-être l'arbitre.
Mais, puisque le passé ne se peut révoquer,
Trouvez bon qu'avec vous mon cœur s'ose expliquer.
Je vous ai maltraitée, et vous êtes si bonne,
Que vous me conservez la vie et la couronne.
1215 Vainquez-vous tout à fait; et par un digne effort,
Arrachez Achillas et Photin à la mort :
Elle leur est bien due; ils vous ont offensée;
Mais ma gloire en leur perte est trop intéressée.
Si César les punit des crimes de leur roi,
1220 Toute l'ignominie en rejaillit sur moi :
Il me punit en eux; leur supplice est ma peine.
Forcez, en ma faveur, une trop juste haine.
De quoi peut satisfaire un cœur si généreux
Le sang abject et vil de ces deux malheureux?
1225 Que je vous doive tout : César cherche à vous plaire,
Et vous pouvez d'un mot désarmer sa colère.

CLÉOPATRE

Si j'avais en mes mains leur vie et leur trépas,
Je les méprise assez pour ne m'en venger pas;
Mais sur le grand César je puis fort peu de chose,
1230 Quand le sang de Pompée à mes désirs s'oppose.
Je ne me vante pas de le pouvoir fléchir;
J'en ai déjà parlé, mais il a su gauchir;
Et, tournant le discours sur une autre matière,
Il n'a ni refusé, ni souffert ma prière.
1235 Je veux bien toutefois encor m'y hasarder,
Mes efforts redoublés pourront mieux succéder,
Et j'ose croire...

PTOLOMÉE

Il vient; souffrez que je l'évite :
Je crains que ma présence à vos yeux ne l'irrite,
Que son courroux ému ne s'aigrisse à me voir;
1240 Et vous agirez seule avec plus de pouvoir.

SCÈNE III

CÉSAR, CLÉOPATRE, ANTOINE, LÉPIDE,
CHARMION, ACHORÉE, ROMAINS

CÉSAR

Reine, tout est paisible; et la ville calmée,
Qu'un trouble assez léger avait trop alarmée,
N'a plus à redouter le divorce intestin
Du soldat insolent et du peuple mutin.
1245 Mais, ô dieux! ce moment que je vous ai quittée
D'un trouble bien plus grand a mon âme agitée!
Et ces soins importuns, qui m'arrachaient de vous,
Contre ma grandeur même allumaient mon courroux.
Je lui voulais du mal de m'être si contraire,
1250 De rendre ma présence ailleurs si nécessaire;
Mais je lui pardonnais, au simple souvenir
Du bonheur qu'à ma flamme elle fait obtenir.
C'est elle dont je tiens cette haute espérance
Qui flatte mes désirs d'une illustre apparence,
1255 Et fait croire à César qu'il peut former des vœux,
Qu'il n'est pas tout à fait indigne de vos feux,

Et qu'il en peut prétendre une juste conquête,
N'ayant plus que les dieux au-dessus de sa tête.
Oui, reine si quelqu'un dans ce vaste univers
1260 Pouvait porter plus haut la gloire de vos fers;
S'il était quelque trône où vous pussiez paraître
Plus dignement assise en captivant son maître,
J'irais, j'irais à lui, moins pour le lui ravir [35],
Que pour lui disputer le droit de vous servir;
1265 Et je n'aspirerais au bonheur de vous plaire
Qu'après avoir mis bas un si grand adversaire.
C'était pour acquérir un droit si précieux
Que combattait partout mon bras ambitieux;
Et dans Pharsale même il a tiré l'épée
1270 Plus pour le conserver que pour vaincre Pompée.
Je l'ai vaincu, princesse : et le dieu des combats
M'y favorisait moins que vos divins appas;
Ils conduisaient ma main, ils enflaient mon courage;
Cette pleine victoire est leur dernier ouvrage :
1275 C'est l'effet des ardeurs qu'ils daignaient m'inspirer;
Et vos beaux yeux enfin m'ayant fait soupirer,
Pour faire que votre âme avec gloire y réponde,
M'ont rendu le premier et de Rome et du monde.
C'est ce glorieux titre, à présent effectif,
1280 Que je viens ennoblir par celui de captif,
Heureux, si mon esprit gagne tant sur le vôtre,
Qu'il en estime l'un et me permette l'autre!

CLÉOPATRE

Je sais ce que je dois au souverain bonheur
Dont me comble et m'accable un tel excès d'honneur.
1285 Je ne vous tiendrai plus mes passions secrètes :
Je sais ce que je suis; je sais ce que vous êtes.
Vous daignâtes m'aimer dès mes plus jeunes ans;
Le sceptre que je porte est un de vos présents;
Vous m'avez par deux fois rendu le diadème.
1290 J'avoue, après cela, seigneur, que je vous aime,
Et que mon cœur n'est point à l'épreuve des traits
Ni de tant de vertus, ni de tant de bienfaits.
Mais, hélas! ce haut rang, cette illustre naissance,
Cet état de nouveau rangé sous ma puissance,
1295 Ce sceptre par vos mains dans les miennes remis,
A mes vœux innocents sont autant d'ennemis.
Ils allument contre eux une implacable haine :
Ils me font méprisable alors qu'ils me font reine;

Et si Rome est encor telle qu'auparavant,
1300 Le trône où je me sieds m'abaisse en m'élevant;
Et ces marques d'honneur, comme titres infâmes,
Me rendent à jamais indigne de vos flammes.
J'ose encor toutefois, voyant votre pouvoir,
Permettre à mes désirs un généreux espoir.
1305 Après tant de combats, je sais qu'un si grand homme
A droit de triompher des caprices de Rome,
Et que l'injuste horreur qu'elle eut toujours des rois
Peut céder, par votre ordre, à de plus justes lois;
Je sais que vous pouvez forcer d'autres obstacles :
1310 Vous me l'avez promis, et j'attends ces miracles.
Votre bras dans Pharsale a fait de plus grands coups,
Et je ne les demande à d'autres dieux qu'à vous.

CÉSAR

Tout miracle est facile où mon amour s'applique.
Je n'ai plus qu'à courir les côtes de l'Afrique,
1315 Qu'à montrer mes drapeaux au reste épouvanté
Du parti malheureux qui m'a persécuté;
Rome, n'ayant plus lors d'ennemis à me faire,
Par impuissance enfin prendra soin de me plaire;
Et vos yeux la verront, par un superbe accueil,
1320 Immoler à vos pieds sa haine et son orgueil.
Encore une défaite, et dans Alexandrie
Je veux que cette ingrate en ma faveur vous prie;
Et qu'un juste respect, conduisant ses regards,
A votre chaste amour demande des Césars.
1325 C'est l'unique bonheur où mes désirs prétendent;
C'est le fruit que j'attends des lauriers qui m'attendent :
Heureux, si mon destin, encore un peu plus doux,
Me les faisait cueillir sans m'éloigner de vous!
Mais, las! contre mon feu mon feu me sollicite.
1330 Si je veux être à vous, il faut que je vous quitte.
En quelques lieux qu'on fuie, il me faut y courir
Pour achever de vaincre et de vous conquérir.
Permettez cependant qu'à ses douces amorces
Je prenne un nouveau cœur et de nouvelles forces,
1335 Pour faire dire encore, aux peuples pleins d'effroi,
Que venir, voir, et vaincre [36], est même chose en moi.

CLÉOPATRE

C'est trop, c'est trop, seigneur, souffrez que j'en abuse :
Votre amour fait ma faute, il fera mon excuse.

Vous me rendez le sceptre, et peut-être le jour;
1340 Mais si j'ose abuser de cet excès d'amour,
Je vous conjure encor, par ses plus puissants charmes,
Par ce juste bonheur qui suit toujours vos armes,
Par tout ce que j'espère et que vous attendez,
De n'ensanglanter pas ce que vous me rendez.
1345 Faites grâce, seigneur, ou souffrez que j'en fasse,
Et montre à tous par là que j'ai repris ma place.
Achillas et Photin sont gens à dédaigner;
Ils sont assez punis en me voyant régner;
Et leur crime...

CÉSAR

Ah! prenez d'autres marques de reine :
1350 Dessus mes volontés vous êtes souveraine;
Mais, si mes sentiments peuvent être écoutés,
Choisissez des sujets dignes de vos bontés.
Ne vous donnez sur moi qu'un pouvoir légitime,
Et ne me rendez point complice de leur crime.
1355 C'est beaucoup que pour vous j'ose épargner le roi,
Et si mes feux n'étaient...

SCÈNE IV

CÉSAR, CORNÉLIE, CLÉOPATRE, ACHORÉE,
ANTOINE, LÉPIDE, CHARMION, ROMAINS

CORNÉLIE

César, prends garde à toi:
Ta mort est résolue, on la jure, on l'apprête;
A celle de Pompée on veut joindre ta tête.
Prends-y garde, César, ou ton sang répandu
1360 Bientôt parmi le sien se verra confondu.
Mes esclaves en sont; apprends de leurs indices
L'auteur de l'attentat, et l'ordre, et les complices :
Je te les abandonne.

CÉSAR

O cœur vraiment romain,
Et digne du héros qui vous donna la main!
1365 Ses mânes, qui du ciel ont vu de quel courage
Je préparais la mienne à venger son outrage,

Mettant leur haine bas, me sauvent aujourd'hui
Par la moitié qu'en terre il nous laisse de lui.
Il vit, il vit encore en l'objet de sa flamme,
1370 Il parle par sa bouche, il agit dans son âme;
Il la pousse, et l'oppose à cette indignité,
Pour me vaincre par elle en générosité.

CORNÉLIE

Tu te flattes, César, de mettre en ta croyance
Que la haine ait fait place à la reconnaissance :
1375 Ne le présume plus; le sang de mon époux
A rompu pour jamais tout commerce entre nous.
J'attends la liberté qu'ici tu m'as offerte,
Afin de l'employer tout entière à ta perte;
Et je te chercherai partout des ennemis,
1380 Si tu m'oses tenir ce que tu m'as promis.
Mais, avec cette soif que j'ai de ta ruine,
Je me jette au-devant du coup qui t'assassine,
Et forme des désirs avec trop de raison
Pour en aimer l'effet par une trahison :
1385 Qui la sait et la souffre a part à l'infamie.
Si je veux ton trépas, c'est en juste ennemie :
Mon époux a des fils; il aura des neveux.
Quand ils te combattront, c'est là que je le veux,
Et qu'une digne main par moi-même animée,
1390 Dans ton champ de bataille, aux yeux de ton armée,
T'immole noblement et par un digne effort
Aux mânes du héros dont tu venges la mort.
Tous mes soins, tous mes vœux hâtent cette vengeance :
Ta perte la recule, et ton salut l'avance.
1395 Quelque espoir qui d'ailleurs me l'ose ou puisse offrir,
Ma juste impatience aurait trop à souffrir :
La vengeance éloignée est à demi perdue;
Et quand il faut l'attendre, elle est trop cher vendue.
Je n'irai point chercher sur les bords africains
1400 Le foudre souhaité que je vois en tes mains [37] :
La tête qu'il menace en doit être frappée.
J'ai pu donner la tienne au lieu d'elle à Pompée;
Ma haine avait le choix; mais cette haine enfin
Sépare son vainqueur d'avec son assassin,
1405 Et ne croit avoir droit de punir ta victoire
Qu'après le châtiment d'une action si noire.
Rome le veut ainsi; son adorable front
Aurait de quoi rougir d'un trop honteux affront,

De voir en même jour, après tant de conquêtes,
1410 Sous un indigne fer ses deux plus nobles têtes.
Son grand cœur qu'à tes lois en vain tu crois soumis,
En veut aux criminels plus qu'à ses ennemis,
Et tiendrait à malheur le bien de se voir libre,
Si l'attentat du Nil affranchissait le Tibre.
1415 Comme autre qu'un Romain n'a pu l'assujettir,
Autre aussi qu'un Romain ne l'en doit garantir.
Tu tomberais ici sans être sa victime;
Au lieu d'un châtiment ta mort serait un crime;
Et sans que tes pareils en conçussent d'effroi,
1420 L'exemple que tu dois périrait avec toi.
Venge-la de l'Egypte à son appui fatale,
Et je la vengerai, si je puis, de Pharsale.
Va, ne perds point de temps, il presse. Adieu : tu peux
Te vanter qu'une fois j'ai fait pour toi des vœux.

SCÈNE V

CÉSAR, CLÉOPATRE, ANTOINE, LÉPIDE,
ACHORÉE, CHARMION

CÉSAR

1425 Son courage m'étonne autant que leur audace.
Reine, voyez pour qui vous me demandiez grâce !

CLÉOPATRE

Je n'ai rien à vous dire : allez, seigneur, allez
Venger sur ces méchants tant de droits violés.   [rent;
On m'en veut plus qu'à vous : c'est ma mort qu'ils respi-
1430 C'est contre mon pouvoir que les traîtres conspirent;
Leur rage, pour l'abattre, attaque mon soutien,
Et par votre trépas cherche un passage au mien.
Mais, parmi ces transports d'une juste colère,
Je ne puis oublier que leur chef est mon frère.
1435 Le saurez-vous, seigneur ? et pourrai-je obtenir
Que ce cœur irrité daigne s'en souvenir ?

CÉSAR

Oui, je me souviendrai que ce cœur magnanime
Au bonheur de son sang veut pardonner son crime [38].

Adieu, ne craignez rien : Achillas et Photin
1440 Ne sont pas gens à vaincre un si puissant destin;
Pour les mettre en déroute, eux et tous leurs complices,
Je n'ai qu'à déployer l'appareil des supplices,
Et, pour soldats choisis, envoyer des bourreaux
Qui portent hautement mes haches pour drapeaux.

César rentre avec les Romains.

CLÉOPATRE

1445 Ne quittez pas César; allez, cher Achorée [39]
Repousser avec lui ma mort qu'on a jurée;
Et quand il punira nos lâches ennemis,
Faites-le souvenir de ce qu'il m'a promis.
Ayez l'œil sur le roi dans la chaleur des armes,
1450 Et conservez son sang pour épargner mes larmes.

ACHORÉE

Madame, assurez-vous qu'il ne peut y périr,
Si mon zèle et mes soins peuvent le secourir.

ACTE V

SCÈNE PREMIÈRE

CORNÉLIE, tenant une petite urne en sa main; PHILIPPE

CORNÉLIE

Mes yeux, puis-je vous croire, et n'est-ce point un songe
Qui sur mes tristes vœux a formé ce mensonge ?
1455 Te revois-je, Philippe, et cet époux si cher
A-t-il reçu de toi les honneurs du bûcher ?
Cette urne que je tiens contient-elle sa cendre ?
O vous, à ma douleur objet terrible et tendre,
Eternel entretien de haine et de pitié,
1460 Reste du grand Pompée, écoutez sa moitié.
N'attendez point de moi de regrets, ni de larmes;
Un grand cœur à ses maux applique d'autres charmes.
Les faibles déplaisirs s'amusent à parler,
Et quiconque se plaint cherche à se consoler.

1465 Moi, je jure des dieux la puissance suprême,
     Et, pour dire encor plus, je jure par vous-même :
     Car vous pouvez bien plus sur ce cœur affligé
     Que le respect des dieux qui l'ont mal protégé.
     Je jure donc par vous, ô pitoyable reste,
1470 Ma divinité seule après ce coup funeste [40],
     Par vous, qui seul ici pouvez me soulager,
     De n'éteindre jamais l'ardeur de le venger.
     Ptolomée à César, par un lâche artifice,
     Rome, de ton Pompée a fait un sacrifice,
1475 Et je n'entrerai point dans tes murs désolés,
     Que le prêtre et le dieu ne lui soient immolés [41].
     Faites-m'en souvenir, et soutenez ma haine,
     O cendres, mon espoir aussi bien que ma peine;
     Et, pour m'aider un jour à perdre son vainqueur,
1480 Versez dans tous les cœurs ce que ressent mon cœur.
     Toi qui l'as honoré sur cette infâme rive
     D'une flamme pieuse autant comme chétive,
     Dis-moi, quel bon démon a mis en ton pouvoir
     De rendre à ce héros ce funèbre devoir ?

PHILIPPE

1485 Tout couvert de son sang, et plus mort que lui-même,
     Après avoir cent fois maudit le diadème,
     Madame, j'ai porté mes pas et mes sanglots
     Du côté que le vent poussait encor les flots.
     Je cours longtemps en vain; mais enfin d'une roche
1490 J'en découvre le tronc vers un sable assez proche,
     Où la vague en courroux semblait prendre plaisir
     A feindre de le rendre, et puis s'en ressaisir.
     Je m'y jette, et l'embrasse, et le pousse au rivage;
     Et, ramassant sous lui le débris d'un naufrage,
1495 Je lui dresse un bûcher à la hâte et sans art,
     Tel que je pus sur l'heure, et qu'il plut au hasard.
     A peine brûlait-il que le ciel plus propice
     M'envoie un compagnon en ce pieux office :
     Cordus, un vieux Romain qui demeure en ces lieux,
1500 Retournant de la ville, y détourne les yeux;
     Et, n'y voyant qu'un tronc dont la tête est coupée,
     A cette triste marque il reconnaît Pompée.
     Soudain la larme à l'œil : « O toi, qui que tu sois,
     A qui le ciel permet de si dignes emplois,
1505 Ton sort est bien, dit-il, autre que tu ne penses;
     Tu crains des châtiments, attends des récompenses.

César est en Egypte, et venge hautement
Celui pour qui ton zèle a tant de sentiment.
Tu peux faire éclater le soin qu'on t'en voit prendre,
1510 Tu peux même à sa veuve en reporter la cendre.
Son vainqueur l'a reçue avec tout le respect
Qu'un dieu pourrait ici trouver à son aspect.
Achève, je reviens. » Il part et m'abandonne,
Et rapporte aussitôt ce vase qu'il me donne,
1515 Où sa main et la mienne enfin ont renfermé
Ces restes d'un héros par le feu consumé.

CORNÉLIE

Oh! que sa pitié mérite de louanges!

PHILIPPE

En entrant j'ai trouvé des désordres étranges.
J'ai vu fuir tout un peuple en foule vers le port [42],
1520 Où le roi, disait-on, s'était fait le plus fort.
Les Romains poursuivaient; et César, dans la place
Ruisselante du sang de cette populace,
Montrait de sa justice un exemple si beau,
Faisant passer Photin par les mains d'un bourreau.
1525 Aussitôt qu'il me voit, il daigne me connaître;
Et prenant de ma main les cendres de mon maître :
« Restes d'un demi-dieu, dont à peine je puis
Egaler le grand nom, tout vainqueur que j'en suis,
De vos traîtres, dit-il, voyez punir les crimes :
1530 Attendant des autels, recevez ces victimes;
Bien d'autres vont les suivre. Et toi, cours au palais
Porter à sa moitié ce don que je lui fais;
Porte à ses déplaisirs cette faible allégeance,
Et dis-lui que je cours achever sa vengeance. »
1535 Ce grand homme à ces mots me quitte en soupirant,
Et baise avec respect ce vase qu'il me rend.

CORNÉLIE

O soupirs, ô respect! oh! qu'il est doux de plaindre
Le sort d'un ennemi quand il n'est plus à craindre [43]!
Qu'avec chaleur, Philippe, on court à le venger
1540 Lorsqu'on s'y voit forcé par son propre danger,
Et quand cet intérêt qu'on prend pour sa mémoire
Fait notre sûreté comme il croit notre gloire!
César est généreux, j'en veux être d'accord;
Mais le roi le veut perdre, et son rival est mort.

1545 Sa vertu laisse lieu de douter à l'envie
     De ce qu'elle ferait s'il le voyait en vie.
     Pour grand qu'en soit le prix, son péril en rabat;
     Cette ombre qui la couvre en affaiblit l'éclat;
     L'amour même s'y mêle, et le force à combattre :
1550 Quand il venge Pompée, il défend Cléopâtre.
     Tant d'intérêts sont joints à ceux de mon époux,
     Que je ne devrais rien à ce qu'il fait pour nous,
     Si comme par soi-même un grand cœur juge un autre,
     Je n'aimais mieux juger sa vertu par la nôtre,
1555 Et croire que nous seuls armons ce combattant,
     Parce qu'au point qu'il est j'en voudrais faire autant.

SCÈNE II

CLÉOPATRE, CORNÉLIE, PHILIPPE, CHARMION

CLÉOPATRE

     Je ne viens pas ici pour troubler une plainte
     Trop juste à la douleur dont vous êtes atteinte;
     Je viens pour rendre hommage aux cendres d'un héros,
1560 Qu'un fidèle affranchi vient d'arracher aux flots,
     Pour le plaindre avec vous, et vous jurer, madame,
     Que j'aurais conservé ce maître de votre âme,
     Si le ciel, qui vous traite avec trop de rigueur,
     M'en eût donné la force aussi bien que le cœur.
1565 Si pourtant, à l'aspect de ce qu'il vous renvoie,
     Vos douleurs laissaient place à quelque peu de joie;
     Si la vengeance avait de quoi vous soulager,
     Je vous dirais aussi qu'on vient de vous venger,
     Que le traître Photin... Vous le savez peut-être ?

CORNÉLIE

1570 Oui, princesse, je sais qu'on a puni ce traître.

CLÉOPATRE

     Un si prompt châtiment vous doit être bien doux.

CORNÉLIE

     S'il a quelque douceur, elle n'est que pour vous.

CLÉOPATRE

Tous les cœurs trouvent doux le succès qu'ils espèrent.

CORNÉLIE

Comme nos intérêts, nos sentiments diffèrent.
1575 Si César à sa mort joint celle d'Achillas,
Vous êtes satisfaite, et je ne la suis pas [44].
Aux mânes de Pompée il faut une autre offrande :
La victime est trop basse, et l'injure est trop grande ;
Et ce n'est pas un sang que pour la réparer
1580 Son ombre et ma douleur daignent considérer.
L'ardeur de le venger, dans mon âme allumée,
En attendant César, demande Ptolomée.
Tout indigne qu'il est de vivre et de régner,
Je sais bien que César se force à l'épargner ;
1585 Mais, quoi que son amour ait osé vous promettre,
Le ciel, plus juste enfin, n'osera le permettre ;
Et, s'il peut une fois écouter tous mes vœux,
Par la main l'un de l'autre ils périront tous deux.
Mon âme à ce bonheur, si le ciel me l'envoie,
1590 Oubliera ses douleurs pour s'ouvrir à la joie ;
Mais si ce grand souhait demande trop pour moi,
Si vous n'en perdez qu'un, ô ciel ! perdez le roi.

CLÉOPATRE

Le ciel sur nos souhaits ne règle pas les choses.

CORNÉLIE

Le ciel règle souvent les effets sur les causes,
1595 Et rend aux criminels ce qu'ils ont mérité.

CLÉOPATRE

Comme de la justice, il a de la bonté.

CORNÉLIE

Oui ; mais il fait juger, à voir comme il commence,
Que sa justice agit, et non pas sa clémence.

CLÉOPATRE

Souvent de la justice il passe à la douceur.

CORNÉLIE

1600 Reine, je parle en veuve, et vous parlez en sœur.
Chacune a son sujet d'aigreur ou de tendresse,
Qui dans le sort du roi justement l'intéresse.

Apprenons par le sang qu'on aura répandu
A quels souhaits le ciel a le mieux répondu.
1605 Voici votre Achorée.

SCÈNE III

CORNÉLIE, CLÉOPATRE, ACHORÉE, PHILIPPE, CHARMION

CLÉOPATRE

Hélas! sur son visage
Rien ne s'offre à mes yeux que de mauvais présage.
Ne nous déguisez rien, parlez sans me flatter :
Qu'ai-je à craindre, Achorée ? ou qu'ai-je à regretter ?

ACHORÉE

Aussitôt que César eut su la perfidie...

CLÉOPATRE

1610 Ce ne sont pas ses soins que je veux qu'on me die;
Je sais qu'il fit trancher et clore ce conduit
Par où ce grand secours devait être introduit;
Qu'il manda tous les siens pour s'assurer la place
Où Photin a reçu le prix de son audace;
1615 Que d'un si prompt supplice Achillas étonné
S'est aisément saisi du port abandonné;
Que le roi l'a suivi; qu'Antoine a mis à terre
Ce qui dans ses vaisseaux restait de gens de guerre;
Que César l'a rejoint; et je ne doute pas
1620 Qu'il n'ait su vaincre encore et punir Achillas.

ACHORÉE

Oui, madame, on a vu son bonheur ordinaire...

CLÉOPATRE

Dites-moi seulement s'il a sauvé mon frère,
S'il m'a tenu promesse.

ACHORÉE

Oui, de tout son pouvoir.

CLÉOPATRE

C'est là l'unique point que je voulais savoir.
1625 Madame, vous voyez, les dieux m'ont écoutée.

CORNÉLIE

Ils n'ont que différé la peine méritée.

CLÉOPATRE

Vous la vouliez sur l'heure, ils l'en ont garanti.

ACHORÉE

Il faudrait qu'à nos vœux il eût mieux consenti.

CLÉOPATRE

Que disiez-vous naguère ? et que viens-je d'entendre ?
1630 Accordez ces discours que j'ai peine à comprendre.

ACHORÉE

Aucuns ordres ni soins n'ont pu le secourir;
Malgré César et nous il a voulu périr;
Mais il est mort, madame, avec toutes les marques
Que puissent laisser d'eux les plus dignes monarques;
1635 Sa vertu rappelée a soutenu son rang,
Et sa perte aux Romains a coûté bien du sang.
Il combattait Antoine avec tant de courage,
Qu'il emportait déjà sur lui quelque avantage;
Mais l'abord de César a changé le destin;
1640 Aussitôt Achillas suit le sort de Photin :
Il meurt, mais d'une mort trop belle pour un traître,
Les armes à la main, en défendant son maître.
Le vainqueur crie en vain qu'on épargne le roi;
Ces mots au lieu d'espoir lui donnent de l'effroi;
1645 Son esprit alarmé les croit un artifice
Pour réserver sa tête à l'affront d'un supplice.
Il pousse dans nos rangs, il les perce, et fait voir
Ce que peut la vertu qu'arme le désespoir;
Et son cœur emporté par l'erreur qui l'abuse,
1650 Cherche partout la mort, que chacun lui refuse.
Enfin perdant haleine après ces grands efforts,
Près d'être environné, ses meilleurs soldats morts,
Il voit quelques fuyards sauter dans une barque;
Il s'y jette, et les siens, qui suivent leur monarque,
1655 D'un si grand nombre en foule accablent ce vaisseau,
Que la mer l'engloutit avec tout son fardeau.

C'est ainsi que sa mort lui rend toute sa gloire,
A vous toute l'Egypte, à César la victoire.
Il vous proclame reine; et, bien qu'aucun Romain
1660 Du sang que vous pleurez n'ait vu rougir sa main,
Il nous fait voir à tous un déplaisir extrême;
Il soupire, il gémit. Mais le voici lui-même,
Qui pourra mieux que moi vous montrer la douleur
Que lui donne du roi l'invincible malheur.

SCÈNE IV

CÉSAR, CORNÉLIE, CLÉOPATRE, ANTOINE,
LÉPIDE, ACHORÉE, CHARMION, PHILIPPE

CORNÉLIE

1665 César, tiens-moi parole, et me rends mes galères;
Achillas et Photin ont reçu leurs salaires;
Leur roi n'a pu jouir de ton cœur adouci;
Et Pompée est vengé ce qu'il peut l'être ici.
Je n'y saurais plus voir qu'un funeste rivage
1670 Qui de leur attentat m'offre l'horrible image,
Ta nouvelle victoire, et le bruit éclatant
Qu'aux changements de roi pousse un peuple inconstant;
Et, parmi ces objets, ce qui le plus m'afflige,
C'est d'y revoir toujours l'ennemi qui m'oblige.
1675 Laisse-moi m'affranchir de cette indignité,
Et souffre que ma haine agisse en liberté.
A cet empressement j'ajoute une requête :
Vois l'urne de Pompée; il y manque sa tête :
Ne me la retiens plus; c'est l'unique faveur
1680 Dont je te puis encor prier avec honneur.

CÉSAR

Il est juste, et César est tout prêt de vous rendre
Ce reste où vous avez tant de droit de prétendre;
Mais il est juste aussi qu'après tant de sanglots
A ses mânes errants nous rendions le repos,
1685 Qu'un bûcher allumé par ma main et la vôtre
Le venge pleinement de la honte de l'autre;
Que son ombre s'apaise en voyant notre ennui;
Et qu'une urne plus digne et de vous et de lui,
Après la flamme éteinte et les pompes finies,
1690 Renferme avec éclat ses cendres réunies.

De cette même main dont il fut combattu
Il verra des autels dressés à sa vertu;
Il recevra des vœux, de l'encens, des victimes,
Sans recevoir par là d'honneurs que légitimes :
1695 Pour ces justes devoirs je ne veux que demain;
Ne me refusez pas ce bonheur souverain.
Faites un peu de force à votre impatience;
Vous êtes libre après; partez en diligence;
Portez à notre Rome un si digne trésor;
1700 Portez...

CORNÉLIE

Non pas, César, non pas à Rome encor.
Il faut que ta défaite et que tes funérailles
A cette cendre aimée en ouvrent les murailles;
Et quoiqu'elle la tienne aussi chère que moi,
Elle n'y doit rentrer qu'en triomphant de toi.
1705 Je la porte en Afrique; et c'est là que j'espère
Que les fils de Pompée, et Caton, et mon père,
Secondés par l'effort d'un roi plus généreux,
Ainsi que la justice auront le sort pour eux.
C'est là que tu verras sur la terre et sur l'onde
1710 Les débris de Pharsale armer un autre monde;
Et c'est là que j'irai, pour hâter tes malheurs,
Porter de rang en rang ces cendres et mes pleurs.
Je veux que de ma haine ils reçoivent des règles,
Qu'ils suivent au combat des urnes au lieu d'aigles;
1715 Et que ce triste objet porte en leur souvenir
Les soins de le venger, et ceux de te punir.
Tu veux à ce héros rendre un devoir suprême;
L'honneur que tu lui rends rejaillit sur toi-même.
Tu m'en veux pour témoin; j'obéis au vainqueur;
1720 Mais ne présume pas toucher par là mon cœur.
La perte que j'ai faite est trop irréparable;
La source de ma haine est trop inépuisable;
A l'égal de mes jours je la ferai durer;
Je veux vivre avec elle, avec elle expirer.
1725 Je t'avouerai pourtant, comme vraiment Romaine,
Que pour toi mon estime est égale à ma haine;
Que l'une et l'autre est juste, et montre le pouvoir,
L'une de ta vertu, l'autre de mon devoir;
Que l'une est généreuse, et l'autre intéressée,
1730 Et que dans mon esprit l'une et l'autre est forcée.
Tu vois que ta vertu, qu'en vain on veut trahir,
Me force de priser ce que je dois haïr :

Juge ainsi de la haine où mon devoir me lie,
La veuve de Pompée y force Cornélie.
1735 J'irai, n'en doute point, au sortir de ces lieux,
Soulever contre toi les hommes et les dieux,
Ces dieux qui t'ont flatté, ces dieux qui m'ont trompée,
Ces dieux qui dans Pharsale ont mal servi Pompée,
Qui, la foudre à la main, l'ont pu voir égorger;
1740 Ils connaîtront leur faute et le voudront venger.
Mon zèle, à leurs refus, aidé de sa mémoire,
Te saura bien sans eux arracher la victoire;
Et quand tout mon effort se trouvera rompu,
Cléopâtre fera ce que je n'aurai pu.
1745 Je sais quelle est ta flamme et quelles sont ses forces,
Que tu n'ignores pas comme on fait les divorces,
Que ton amour t'aveugle, et que pour l'épouser
Rome n'a point de lois que tu n'oses briser;
Mais sache aussi qu'alors la jeunesse romaine
1750 Se croira tout permis sur l'époux d'une reine,
Et que de cet hymen tes amis indignés
Vengeront sur ton sang leurs avis dédaignés.
J'empêche ta ruine, empêchant tes caresses [45].
Adieu : j'attends demain l'effet de tes promesses.

SCÈNE V

CÉSAR, CLÉOPATRE, ANTOINE, LÉPIDE, ACHORÉE, CHARMION

CLÉOPATRE

1755 Plutôt qu'à ces périls je vous puisse exposer,
Seigneur, perdez en moi ce qui les peut causer :
Sacrifiez ma vie au bonheur de la vôtre;
Le mien sera trop grand, et je n'en veux point d'autre,
Indigne que je suis d'un César pour époux,
1760 Que de vivre en votre âme, étant morte pour vous.

CÉSAR

Reine, ces vains projets sont le seul avantage
Qu'un grand cœur impuissant a du ciel en partage :
Comme il a peu de force, il a beaucoup de soins;
Et, s'il pouvait plus faire, il souhaiterait moins.

1765 Les dieux empêcheront l'effet de ces augures,
     Et mes félicités n'en seront pas moins pures,
     Pourvu que votre amour gagne sur vos douleurs,
     Qu'en faveur de César vous tarissiez vos pleurs,
     Et que votre bonté, sensible à ma prière,
1770 Pour un fidèle amant oublie un mauvais frère.
     On aura pu vous dire avec quel déplaisir
     J'ai vu le désespoir qu'il a voulu choisir;
     Avec combien d'efforts j'ai voulu le défendre
     Des paniques terreurs qui l'avaient pu surprendre.
1775 Il s'est de mes bontés jusqu'au bout défendu,
     Et, de peur de se perdre, il s'est enfin perdu.
     O honte pour César, qu'avec tant de puissance,
     Tant de soins de vous rendre entière obéissance,
     Il n'ait pu toutefois, en ces événements,
1780 Obéir au premier de vos commandements!
     Prenez-vous-en au ciel, dont les ordres sublimes
     Malgré tous nos efforts savent punir les crimes;
     Sa rigueur envers lui vous offre un sort plus doux,
     Puisque par cette mort l'Egypte est toute à vous.

CLÉOPATRE

1785 Je sais que j'en reçois un nouveau diadème,
     Qu'on n'en peut accuser que les dieux et lui-même;
     Mais comme il est, seigneur, de la fatalité
     Que l'aigreur soit mêlée à la félicité,
     Ne vous offensez pas si cet heur de vos armes,
1790 Qui me rend tant de biens, me coûte un peu de larmes,
     Et si, voyant sa mort due à sa trahison,
     Je donne à la nature ainsi qu'à la raison.
     Je n'ouvre point les yeux sur ma grandeur si proche,
     Qu'aussitôt à mon cœur mon sang ne le reproche;
1795 J'en ressens dans mon âme un murmure secret,
     Et ne puis remonter au trône sans regret.

ACHORÉE

     Un grand peuple, seigneur, dont cette cour est pleine
     Par des cris redoublés demande à voir sa reine,
     Et, tout impatient, déjà se plaint aux cieux
1800 Qu'on lui donne trop tard un bien si précieux.

CÉSAR

     Ne lui refusons plus le bonheur qu'il désire :
     Princesse, allons par là commencer votre empire.

Fasse le juste ciel, propice à mes désirs,
Que ces longs cris de joie étouffent vos soupirs,
1805 Et puissent ne laisser dedans votre pensée
Que l'image des traits dont mon âme est blessée!
Cependant qu'à l'envi ma suite et votre cour
Préparent pour demain la pompe d'un beau jour,
Où, dans un digne emploi l'une et l'autre occupée,
1810 Couronne Cléopâtre et m'apaise Pompée,
Elève à l'une un trône, à l'autre des autels,
Et jure à tous les deux des respects immortels [46].

NOTES

CLITANDRE

1. La pièce devient tragédie en 1660, au moment où Corneille tente de donner une unité factice à son théâtre. *Clitandre*, fortement remanié, ne compte plus que 1624 vers au lieu de 1872.

2. Le duc de Longueville (1595-1663) était gouverneur de Normandie.

3. La première comédie de Corneille n'était pas imprimée à cette date.

4. *Chorographie* : description ou carte d'un pays.

5. Dans l'édition de 1644 l'action est située en Ecosse. En 1663, le Roi reçoit le nom d'Alcandre, et le Prince celui de Floridan.

6. *Affronter* : insulter, tromper.

7. En 1644, le monologue de Caliste constitue la scène III; avec l'entrée de Dorise débute une scène IV.

8. *Allégeance* : soulagement.

9. La caverne, ou la grotte, appartient au décor habituel de la pastorale.

10. En 1663, l'entrée de Lycaste détermine une nouvelle scène.

11. *Coral* : le corail de ses lèvres. Dans sa *Vie de Corneille*, Fontenelle le loue d'avoir purifié le théâtre : « depuis *Clitandre*, on ne trouve plus rien de licencieux dans ses ouvrages ». En 1660, ce monologue est purifié : plus de baiser sur les lèvres de Caliste; les vers 282 à 309 sont remplacés par :
> Je ne veux point devoir mes déplorables jours
> A l'affreuse rigueur d'un si fatal secours.

12. *Mon cœur*, et plus haut *Ma belle* disparaissent en 1660 :
> Ne m'en fais pas un crime; encor pleine d'effroi...

13. *Et trouvent* : et elles trouvent ainsi. Corrigé en 1660 :
> Sur moi donc tout à coup fondent vos injustices,
> Et trouvent à leurs traits...

14. En 1644, Cléon n'arrive qu'au vers 584; et son entrée détermine une nouvelle scène.

15. Vers irrégulier, corrigé en 1660 :
      Qui ? — Clitandre, Seigneur. — Et que lui veut le Roi ?

16. Le bœuf et le taon disparaissent en 1660 :
         Qui seul et désarmé court à travers ces bois.

17. *Brosser* : passer au travers des buissons (brosse : broussaille).

18. En 1644, ce monologue constitue une nouvelle scène.

19. Changement de lieu : une salle dans le château du roi. A la scène II (vers 881) nouveau lieu : la prison. A la scène III (vers 945) de nouveau la forêt avec la caverne. La scène est à compartiments multiples, cachés par un rideau que l'on tire au début de chaque scène.

20. En 1660, Corneille introduit le vocabulaire de la tragédie :
         Le généreux orgueil des âmes magnanimes
         Par un noble dédain sait pardonner les crimes;
         Mais votre aspect...

21. Au XVIIe siècle, le peuple, et parfois les magistrats croyaient que le cadavre se mettait à saigner lorsque le meurtrier était mis en sa présence (vers 1516 d'*Horace*).

22. Nouvelle scène ici en 1644.

23. *Espèces visibles :* vocabulaire de la philosophie scolastique enseignée dans les collèges et à l'université. En 1660, Corneille corrige :
         J'aime mieux rejeter vos plus clairs témoignages...

24. *Idole :* une simple image, un mot. Ainsi dans Ronsard : « N'étant pas corps, mais une vaine idole » *(Epitaphes).*

25. La fin de cette scène, du vers 1053 au vers 1076, a été entièrement récrite en 1660 : plus de violences, mais de nobles alexandrins : « Si tu ne crains mes bras, crains de meilleures armes... »

26. Scène supprimée en 1660.

27. 1660 : « Il me faut des faveurs... »

28. Cette fin de scène est supprimée en 1660.

29. Scène supprimée en 1660.

30. 1660 : sur son lit. Cette scène, et la suivante, ont été purifiées en 1660.

31. *Qui saurait :* serait-on sûr ?

32. *Chopper* corrigé en trébucher, en 1660.

33. On considère parfois, à tort, Pymante comme un personnage tragique. Aucun déchirement en lui : c'est un scélérat parfait. Ce héros possédé par le mal est hérité du théâtre de Hardy.

34. 1660 : « Nous offrir l'un l'autre à vos commandements. »

MÉDÉE

1. *Monsieur P.T.N.G.* Personnage imaginaire. *Médée* avait été jouée, début 1635, par la troupe du Marais. A-t-elle eu du succès ? En tout cas Corneille ne devait guère être satisfait de son ouvrage, puisqu'il attendit quatre ans pour l'imprimer. Entre-temps, lors de la querelle du *Cid*, il avait été accusé d'immoralité. Mais l'héroïne antique n'est-elle pas encore plus immorale que Chimène ? Cette fausse dédicace lui était une occasion d'affirmer, non sans excès ni sans humour, le droit de l'écrivain au réalisme.

2. La protase est l'exposé de l'intrigue. Dans son premier *Discours*, placé en tête de l'édition, Corneille déclare que ces personnages sont « artificieux ».

3. Hypsipile était la reine de Lemnos, fille de Thoas. Lorsque les Argonautes, se dirigeant vers la Colchide, firent relâche à Lemnos, Jason séduisit la reine, dont il eut deux fils. Les vers 10 à 16 ont remplacé les vers 10 à 12 de l'édition de 1639, jugés familiers :

> Que former dans son cœur un regret inutile,
> Jeter des cris en l'air, me nommer inconstant ?
> Si bon semble à Médée, elle en peut faire autant.
> Je la quitte...

4. *Le Phase :* cours d'eau qui arrose la capitale de la Colchide.

5. Pélie, oncle de Jason, avait usurpé le trône ; il ne voulait le restituer qu'en échange de la Toison.

6. La scène étant à compartiments, on tire une tapisserie.

7. Aiétès, poursuivant les Argonautes, envoie son fils, le frère de Médée, traiter avec eux. Médée l'égorge, le dépèce, et jette les morceaux, ramassés au fur et à mesure par son père.

8. Aiétès était fils du Soleil.

9. Ce *Moi* n'a pu passer pour l'expression du sublime cornélien qu'au prix d'une ignorance et d'une méprise. Du vers 305 au vers 342, Corneille suit de très près le texte de la pièce de Sénèque : c'est à la fois une traduction et une amplification rhétorique. Le « Il me reste Médée » de Sénèque devient : « Moi, Moi, dis-je, et c'est assez. » Et la fin de la réplique, « en elle tu vois la mer et la terre, et le fer et le feu, et les dieux et la foudre » est traduite par Corneille dans les vers 322 à 324 : « Oui, tu vois en moi seule et le fer et la flamme... » Rien de spécifiquement cornélien donc. De plus, le sublime cornélien se fonde sur la maîtrise de soi. Ici, au contraire, Médée, abandonnée à sa fureur, oppose au défi de la situation un rêve démesuré de puissance et de violence. Bonne traduction, en style familier, dans la *Médée* de Jean Anouilh : « Qu'est-ce que je ne peux pas, bonne

femme ? Je suis Médée, toute seule, abandonnée... Mais rien n'est trop pour moi! »

10. Corneille s'efforce de rendre vraisemblables les données de la légende antique. Alors que le crime passionnel d'Hermione, dans *Andromaque*, impose sa logique, pourquoi Médée choisit-elle de tuer ses enfants ?

11. C'est une traduction du texte de Sénèque : « Esclaves, éloignez-la : qu'elle ne me touche ni ne m'approche. » Mais ici la peur de Créon devient quelque peu comique.

12. L'ironie était dans le texte de Sénèque : « Cette femme innocente demande pourquoi on la chasse! »

13. Vers 539 à 544 dans l'édition de 1639 :

> Mais on ne traite point les rois avec mépris;
> On leur doit du respect, quoi qu'ils aient entrepris.
> Remets, si tu le veux, sur moi toute l'affaire :
> Quelques raisons d'Etat le pourront satisfaire,
> Et pour m'y préparer plus de facilité,
> Surtout ne le reçois qu'avec civilité.

Ce style était proche de celui de la comédie par la bonhomie du ton et l'absence de rythme des vers.

14. Dans son *Examen*, Corneille estime avoir rendu plus vraisemblable le don et l'acceptation de la robe « en ce que Créuse souhaite avec passion cette robe que Médée empoisonne ». Mais cette passion est un caprice digne d'un personnage de comédie.

15. Corneille a supprimé en 1660 les vers où Egée proposait, d'une manière assez grotesque, de sacrifier son trône à son amour :

> ... mon pays et mon père.

ÉGÉE

> Puisque mon mauvais sort à ce point me réduit,
> Qu'au lieu de me servir, ma couronne me nuit,
> Pour divertir l'effet de ce funeste oracle,
> Je dépose à vos pieds ce précieux obstacle :
> Madame, à mes sujets donnez un autre roi,
> De tout ce que je suis ne retenez que moi.
> Allez, sceptre, grandeurs, majesté, diadème :
> Votre odieux éclat déplaît à ce que j'aime;
> Je hais ce nom de roi qui s'oppose à mes vœux.

CRÉUSE

> Sans plus vous emporter à cette complaisance
> Perdez mon souvenir avecque ma présence.
> Et puisque mes raisons ont si peu de pouvoir,
> Que votre émotion se redouble à me voir,
> Afin de redonner...

16. Cette irrésolution de Médée permet de rendre vraisemblable la contradiction du rôle : une magicienne toute-puissante qui se contente de braver la fortune en paroles. Mais elle n'a nullement été rendue sensible aux actes précédents.

17. Corneille fait de Sisyphe, roi de l'isthme de Corinthe, l'ancêtre de Créon.

18. Du stoïcisme quelque peu déclamatoire à la Sénèque : « Il n'est pas de fortune à laquelle je ne me sois montrée supérieure. » (*Medea*, vers 520.)

19. En 1639, Jason usait d'un langage moins noble : « Vois l'état où je suis : j'ai deux rois sur les bras. »

20. Sénèque : « Il aime à ce point ses enfants ? Bien je le tiens » (vers 549).

21. *Déceptif* : propre à tromper.

22. Voltaire observe : « Cette suivante, qui craint la brûlure, et qui refuse de porter la robe, est très comique. » L'originalité de Corneille est de compenser par ces notations réalistes l'horreur conventionnelle du sujet.

23. Le théâtre est action, mais aussi chant. Il doit toujours faire une place à l'expression lyrique des sentiments; elle est essentielle dans la tragédie grecque, importante dans le drame élisabéthain. Dans le théâtre français du XVIIe, la rhétorique du dialogue n'exprimait qu'indirectement et insuffisamment l'émotion des personnages : on allait vers une sorte de sécheresse dramatique. C'est certainement pour l'éviter que, de 1630 à 1634, les auteurs de tragi-comédies et de pastorales ont eu recours à la forme lyrique des stances. Mais l'ingéniosité du poète y trouvait un moyen de se faire valoir, chaque strophe devant « chuter » sur une antithèse. Dans l'*Excuse à Ariste*, Corneille, qui avait introduit les stances dans ses comédies, blâme ces froides pointes qui « donnent à l'art un soufflet ». Et de fait on ne le trouve pas dans ce monologue lyrique d'Égée. Il reste que ces plaintes d'un personnage secondaire ne sont guère émouvantes ni utiles au progrès dramatique.

24. Corneille a toujours le souci de justifier psychologiquement les données arbitraires de la fable, et ici de son intrigue : une magicienne qui n'use pas de tout son pouvoir mais quémande un refuge.

25. Corneille suit de très près Sénèque : « La colère m'a quittée, et la mère revient tout entière en moi, chassant les sentiments de la femme. » Mais il est remarquable qu'il réduise de moitié cette délibération, et note le va-et-vient des sentiments sans le rendre vraiment sensible et crédible.

26. Texte de 1639 :
... de recevoir mon âme.

CRÉON

Ah ma fille !

CRÉUSE

Ah mon père !

CLÉONE

A ces embrassements
Qui retiendrait ses pleurs, et ses gémissements ?

Dans ces ardents baisers leurs âmes se confondent,
Et leurs tristes sanglots seulement se répondent.

CRÉUSE

Eh quoi! vous me quittez ?

CRÉON

Oui, je ne verrai pas...

Trop, c'est trop, a dû penser Corneille. Il a supprimé cet appel d'allure mélodramatique à l'émotion.

27. Pour guérir une piqûre de scorpion, il fallait, croyait-on, écraser le scorpion sur la plaie.

28. Pourquoi donner à Jason l'idée de tuer ses enfants ? Surenchère dans l'horreur ou transition vers le dénouement ?

29. Allusion sarcastique à l'argumentation de Jason (vers 894).

30. Ce que Jason ne fait ni chez Euripide ni chez Sénèque. Ce geste satisfait aux bienséances modernes et boucle la tuerie.

LE CID

1. Marie-Madeleine de Vignerot, veuve du marquis du Roure de Combalet, tué en 1621 devant Montauban, était fille de Françoise du Plessis, sœur du cardinal de Richelieu. Son oncle lui fit obtenir la charge de dame d'honneur de la reine, puis, en 1638, acheta pour elle le duché-pairie d'Aiguillon. Par cette dédicace Corneille faisait indirectement hommage de sa pièce à Richelieu, puisque sa nièce était intimement associée à sa pensée et à sa fortune : en 1643, lors de la réaction contre sa politique, elle quitta Paris ne s'y croyant plus en sécurité.

2. Cet Avertissement est joint pour la première fois à l'édition de 1648. C'est une défense du *Cid* contre les critiques de Scudéry et des doctes.

3. Corneille donne en tête une traduction de l'histoire en latin de Mariana qui authentifie le mariage de Chimène avec Rodrigue. Traduction : — Il avait eu peu de jours auparavant un duel avec don Gomez, comte de Gormas. Il le vainquit et lui donna la mort. Le résultat de cet événement fut qu'il se maria avec dona Chimène, fille et héritière de ce seigneur. Elle-même demanda au roi qu'il le lui donnât pour mari (car elle était fort éprise de ses qualités) ou qu'il le châtiât conformément aux lois, pour avoir donné la mort à son père. Ce mariage, qui agréait à tous, s'accomplit; ainsi, grâce à la dot considérable de son épouse, qui s'ajouta aux biens qu'il possédait de son père, il grandit en pouvoir et en richesses (Marty-Laveaux).

4. Dans sa *Lettre à l'Académie*, Scudéry écrit : « cette fille, mais plutôt ce monstre ». Critique reprise dans les *Sentiments de l'Académie* : « au moins ne peut-on nier qu'elle ne soit, contre la bienséance de son sexe, amante trop sensible et fille trop dénaturée ».

5. Traduction : Si le monde a raison de dire que ce qui éprouve le mérite d'une femme c'est d'avoir des désirs à vaincre, des occasions à rejeter, je n'aurais ici qu'à exprimer ce que je sens : mon honneur n'en deviendrait que plus éclatant. Mais une malignité qui se prévaut de notions d'honneur mal entendues convertit volontiers en un aveu de faute ce qui n'est que la tentation vaincue. Dès lors la femme qui désire et qui résiste également vaincra deux fois, si en résistant elle sait encore se taire (Marty-Laveaux).

6. Le cardinal de Richelieu avait été séduit par l'idée de faire arbitrer par l'Académie, récemment créée, la querelle entre Scudéry et Corneille. Mais il fallait le consentement de celui-ci. Ayant craint de mécontenter le cardinal, il fit une réponse ambiguë, que Boisrobert s'empressa de prendre pour un consentement.

7. Elle les concerne inévitablement. « Il n'est point vraisemblable, écrivait Scudéry, qu'une fille d'honneur épouse le meurtrier de son père. » La vraisemblance dans une œuvre littéraire, comme la raison d'ailleurs, se définit à partir d'une idée de la morale. Et c'est bien ainsi que l'entendait Richelieu. *Politique*, à la fin de la phrase, a le sens de calcul intéressé.

8. Traduction :

Première romance.

« Par-devant le roi de Léon, un soir se présente dona Chimène, demandant justice pour la mort de son père. » Elle demande justice contre le Cid, don Rodrigue de Bivar, qui l'a rendue orpheline dès son enfance, quand elle comptait encore bien peu d'années. « Si j'ai raison d'agir ainsi, ô Roi, tu le comprends, tu le sais bien : les devoirs de l'honneur ne se laissent point méconnaître.

« Chaque jour que le matin ramène, je vois celui qui s'est repu comme un loup de mon sang, passer pour renouveler mes chagrins, chevauchant sur un destrier.

« Ordonne-lui, bon roi, car tu le peux, de ne plus aller et venir par la rue que j'habite : un homme de valeur n'exerce pas sa vengeance contre une femme.

« Si mon père fit affront au sien, il l'a bien vengé, et si la mort a payé le prix de l'honneur, que cela suffise à le tenir quitte.

« J'appartiens à ta tutelle, ne permets pas que l'on m'offense. L'offense qu'on peut me faire s'adresse à ta couronne.

« — Taisez-vous, dona Chimène; vous m'affligez vivement. Mais je saurai bien remédier à toutes vos peines.

« Je ne saurais faire du mal au Cid; car c'est un homme de grande valeur, il est le défenseur de mes royaumes et je veux qu'il me les conserve.

« Mais je ferai avec lui un accommodement dont vous ne vous trouverez point mal : c'est de prendre sa parole pour qu'il se marie avec vous.

« Chimène demeure satisfaite, agréant cette merci du Roi, qui lui destine pour protecteur celui qui l'a faite orpheline. »

Seconde romance.

« De Rodrigue et de Chimène le Roi prit la parole et la main, afin de les unir ensemble en présence de Layn Calvo.

« Les inimitiés anciennes furent réconciliées par l'amour, car où préside l'amour, bien des torts s'oublient...

« Les fiancés arrivèrent ensemble et au moment de donner la main et le baiser, le Cid, regardant la mariée, lui dit tout troublé :

« — J'ai tué ton père, Chimène, mais non en trahison, je l'ai tué d'homme à homme, pour venger une réelle injure.

« — J'ai tué un homme, et je te donne un homme : me voici pour faire droit à ton grief, et au lieu du père mort tu reçois un époux honoré.

« Cela parut bien à tous : ils louèrent son prudent propos, et ainsi se firent les noces de Rodrigue le Castillan. » (Marty-Laveaux.)

9. Inexact pour *Le Cid* de 1637, cf. variantes.

10. Sur l'Infante dans le *Discours du Poème dramatique*. Sur le Roi dans l'*Examen de Clitandre*.

11. Cf. Scudéry : « Quand deux grands ont querelle et que l'un est offensé à l'honneur, ce sont des oiseaux qu'on ne laisse pas aller sur leur foi ; le prince leur donne des gardes à tous deux, qui leur répondent de leurs personnes et qui ne souffriraient pas que le fils de l'un vînt faire appel à l'autre. »

12. Dans le *Discours du Poème dramatique*.

13. Horace, *Art poétique*, vers 44 et 45 ; et vers 148. Traduction :
— Que l'auteur ayant à faire un poème préfère ceci, rejette cela. Qu'il néglige la foule des détails.
— Qu'il se hâte toujours vers le dénouement.

14. Don Fernand, premier roi de Castille, mort en 1075. Il avait deux filles : dona Urraca et dona Elvira.

15. Dans l'édition de 1644 et les suivantes la pièce devient tragédie.

16. En 1637, la pièce débutait par un dialogue entre Elvire et le comte, première scène, suivi de l'entretien entre Elvire et Chimène. Comme Corneille le remarque à la fin de son *Examen*, « ce qu'on expose à la vue touche bien plus que ce qu'on n'apprend que par un récit » : les propos orgueilleux du comte annonçaient mieux son caractère, ce qui provoquait la « suspension d'esprit » du spectateur, c'est-à-dire son attente anxieuse, au début de son entretien avec don Diègue. De plus, cela convenait à la technique appelée aujourd'hui précinématographique — on peut dire aussi shakespearienne — de cet allègre premier acte. Mais rien n'était plus contraire à la règle de l'unité de lieu, qui s'impose après 1640. Elvire dans la maison du Comte, puis dans la maison de Chimène ; l'Infante dans son appartement au palais ; don Diègue et le Comte au sortir de la salle du trône ; puis don Diègue allant rejoindre Rodrigue dans sa maison : en formant une seule scène des deux premières, Corneille a voulu

réduire le nombre de ces changements de lieu, et mieux assurer la liaison entre les scènes.

17. 1637 : « Va-t'en trouver Chimène et lui dis de ma part... » Langage et rythme jugés familiers plus tard.

18. 1637 : « Ce jeune chevalier... »

19. 1637 : « Pour souffrir la vertu si longtemps au supplice. » Vers plus expressif mais peu noble de rythme. Ce rôle passif et plaintif de l'Infante a été souvent critiqué et n'a jamais séduit les actrices. Mais la déploration sentimentale caractérisait la tragi-comédie : rôle nécessaire donc, et aussi parce que l'Infante délibère entre l'honneur et l'amour, tout comme Rodrigue et Chimène. Ce qui donne son unité à la pièce.

20. *Sentiments de l'Académie* : « Cela n'est pas français; il faut dire élever à un rang. » Peut-être; mais *en un rang* traduit mieux la déception du comte et suggère même une mimique.

21. *Journées* : batailles; cf. Bossuet : « Dans cette terrible journée où aux portes de la ville et à la vue de ses citoyens, le Ciel sembla vouloir décider du sort de ce prince (Condé)... » Inutile d'ajouter à l'orgueil du comte en l'opposant à années.

22. En 1637 :
          ... d'un petit ornement.

                    DON DIÈGUE
Epargnes-tu mon sang ?

                    LE COMTE
               Mon âme est satisfaite,
Et mes yeux à ma main reprochent ta défaite

                    DON DIÈGUE
Tu dédaignes ma vie !

                    LE COMTE
               En arrêter le cours
Ne serait que hâter la Parque de trois jours.
Corneille a supprimé ces quatre vers, sans doute parce que le comte y tenait des propos de « capitan », ou de fanfaron, comme l'observait non sans raison Scudéry.

23. Texte de 1637 :
          ... en de meilleures mains.
     Si Rodrigue est mon fils, il faut que l'amour cède,
     Et qu'une ardeur plus haute à ses flammes succède :
     Mon honneur est le sien, et le mortel affront
     Qui tombe sur mon chef rejaillit sur son front.
Suppression heureuse de ces quatre vers, qui faisaient longueur, au profit de l'effet dramatique au début de la scène suivante.

24. Sur l'emploi des stances au théâtre, voir la note 23 de *Médée*. Celles de Rodrigue ne sont pas un chant gratuit, mais une délibération active.

25. Vers 312 à 314 en 1637 :
> Illustre tyrannie, adorable contrainte
> Par qui de ma raison la lumière est éteinte,
> A mon aveuglement rendez un peu de jour.

Des antithèses faciles ; un ton peu viril. Correction heureuse comme toujours.

26. Voltaire place ici quatre vers supprimés après les premières représentations :
> Les satisfactions n'apaisent point une âme ;
> Qui les reçoit a tort, qui les fait se diffame ;
> Et de pareils accords l'effet le plus commun
> Est de déshonorer deux hommes au lieu d'un.

L'idée première de ces vers est dans Guilhem de Castro. Il serait absurde de supposer que Corneille a inséré dans sa pièce ces propos, puis les a supprimés pour prendre parti par rapport à la politique de Richelieu. Car il n'a pas écrit *Le Cid* pour traiter de la question de l'interdiction du duel.

27. Cf. le vers 1680 d'*Horace*. Vaugelas écrivait en 1648 : « Le mot *foudre* est un de ces noms substantifs que l'on fait masculins ou féminins, comme on veut. »

28. Texte de 1637 :
> Je veux que ce combat demeure pour certain,
> Votre esprit va-t-il point bien vite pour sa main ?

29. *Sentiments de l'Académie :* « Don Sanche pèche fort contre le jugement en cet endroit d'oser dire que le Comte trouve trop de rigueur à lui rendre le respect qu'il lui doit, et encore plus quand il ajoute qu'il y aurait de la lâcheté à lui obéir. » Dirigisme culturel : on exige que le théâtre présente une image exemplaire de l'ordre politique et aide à la discipline sociale. Don Fernand est un excellent roi de tragi-comédie, dont l'autorité peut être contestée pour les besoins de l'intrigue.

30. Séville, capitale de l'Andalousie, reconquise sur les Musulmans deux siècles après, est substituée à Burgos, capitale de la Castille. « J'ai été obligé à cette falsification, dit Corneille dans l'*Examen*, pour former quelque vraisemblance à la descente des Maures, dont l'armée ne pouvait venir si vite par terre que par les eaux. » Car la règle des vingt-quatre heures, ou unité de temps, s'était déjà imposée.

31. *Sentiments de l'Académie :* « Chimène paraît trop subtile, en tout cet endroit pour une affligée. » Ce dernier vers est même obscur, s'il est vrai que *cette triste bouche* désigne la plaie, empruntant la voix de Chimène. Il faut tenir compte de l'imitation du modèle espagnol qui a fourni l'image, de l'usage de traduire l'émotion du personnage par des figures de rhétorique ; et l'ensemble vaut par le rythme. Mais cette enflure n'a-t-elle pas valeur psychologique ? Ne trahit-elle pas l'effort de Chimène sur elle-même ?

32. Voltaire trouve quelque affectation dans ces vers, mais ajoute : « Par quel art cependant ces vers touchent-ils ? N'est-ce point que *la moitié de ma vie a mis l'autre au tombeau* porte dans l'âme une idée attendrissante, malgré les vers qui suivent ? »

33. 1637 : « Soûlez-vous du plaisir de m'empêcher de vivre. » Ce vers exprimait mieux l'état d'esprit de Rodrigue. Rien n'est plus fréquent dans les tragi-comédies de l'époque, qu'un amant désireux de périr par l'épée, instrument de la vengeance, ou venu apporter sa tête à son juge. C'était la traduction spectaculaire du déchirement intérieur, mais qui en restait, en général, au pur spectacle : discours conventionnels, sans nuances, qui soulignaient l'invraisemblance de la demande. Ici Rodrigue arrive avec le secret espoir de faire reconnaître la légitimité de son acte et de se réconcilier avec la vie et l'amour. D'où sa déception, quand il entend les dernières paroles de Chimène, et une amertume traduite assez brutalement. La correction, *Assurez-vous l'honneur*, dissimule le reproche.

34. Chimène reprend, en les adaptant, les deux vers prononcés par Rodrigue, 871 et 872. Ce qui suggère qu'elle construit son devoir par émulation.

35. *Retour* : ce qu'on ajoute pour rendre un troc égal. *Dictionnaire de l'Académie* (1694) : « Voulez-vous troquer votre cheval contre le mien ? Je vous donnerai dix pistoles de retour. »

36. Ce raisonnement est d'une logique implacable. La générosité consisterait à sacrifier son amour. Ce que cache l'acharnement déraisonnable à réclamer la mort de Rodrigue, c'est le besoin de rester présente dans l'esprit et le cœur de Rodrigue avec le secret espoir de n'avoir pas à renoncer à l'amour. Corneille n'a-t-il pas inventé ce qu'on appellera le marivaudage ? Le décalage entre les paroles et les sentiments.

37. Texte de 1637 :

> Et paraître à la cour eût hasardé ma tête,
> Qu'à défendre l'Etat j'aimais bien mieux donner
> Qu'aux plaintes de Chimène ainsi l'abandonner.

Ce dernier vers manifestait un mépris tout espagnol — ou du moins qui se trouvait parfois dans le modèle espagnol — de la femme.

38. Observation de Voltaire : « Cette petite ruse du roi est prise de l'auteur espagnol; l'Académie ne la condamne pas. C'est apparemment le titre de *tragi-comédie* qui la disposait à cette indulgence; car ce moyen paraît aujourd'hui peu digne de la noblesse du tragique. » Mais il ne s'agit pas d'une situation tragique, apparaissant comme insoluble : dès le début le spectateur espère et sent que l'amour triomphera; il s'accommode de cette ruse.

39. L'appel au jugement de Dieu par un combat est une donnée de la pièce. Le scepticisme du roi prévient la réaction du spectateur et fait ainsi accepter la donnée.

40. Audace de Corneille aussi qui n'a pas trouvé dans la pièce espagnole l'idée de cette seconde visite de Rodrigue. Mais n'est-elle pas justifiée psychologiquement ? Rodrigue vient d'apprendre que Chimène a choisi son rival don Sanche pour champion, et qu'elle a protesté contre la « dure loi » d'épouser le vainqueur, quel qu'il soit. Il ne lui en faut pas plus pour douter de ses sentiments : naïvement et en adolescent romanesque, il vient lui offrir de nouveau sa tête, c'est-à-dire de se laisser tuer par don Sanche.

41. Cet attendrissement sur son épitaphe future passe parfois pour un chantage. Mais Rodrigue n'est pas un Valmont; il n'en a ni l'âge ni l'expérience. C'est en toute sincérité et avec l'imagination galopante de la jeunesse qu'il imagine ce sacrifice parfait.

42. En 1660, Corneille résume en deux vers le développement primitif que voici :

... sous un tel assaillant.

ELVIRE

Mais, Madame, écoutez.

CHIMÈNE

Que veux-tu que j'écoute ?
Après ce que je vois puis-je être encore en doute ?
J'obtiens pour mon malheur ce que j'ai demandé,
Et ma juste poursuite a trop bien succédé.
Pardonne, cher amant, à sa rigueur sanglante;
Songe que je suis fille aussi bien comme amante;
Si j'ai vengé mon père au dépens de ton sang,
Du mien pour te venger j'épuiserai mon flanc;
Mon âme désormais n'a rien qui la retienne;
Elle ira recevoir ce pardon de la tienne.
Et toi qui me prétends acquérir par sa mort,
Ministre déloyal de mon rigoureux sort,
N'espère rien de moi, tu ne m'as point servie.

Il semble que Corneille ait senti que cette scène de méprise avait besoin d'être courte pour être acceptée du spectateur; de plus cela ralentissait l'action dramatique, alors que l'usage est de l'accélérer au dénouement.

43. On ne peut pas comprendre *Prends un an, si tu veux*, si l'on ne se reporte à la fin de la réplique précédente de Chimène dans le texte de 1637 (ce qui correspondait aux vers 1806 à 1810 du texte révisé). Chimène refusait simplement de se marier le jour même de la mort de son père. La pièce se terminait bien, en bonne tragi-comédie, à la satisfaction du spectateur, par l'annonce d'un mariage. Mais, à cause de la protestation de Chimène et aussi pour satisfaire aux bienséances, le Roi faisait cette concession : « Prends un an, si tu veux, pour essuyer tes larmes. » C'est pour tenir compte des critiques faites à cette fille dénaturée et donner une valeur jugée tragique au dénouement que Corneille a modifié le texte, au risque d'égarer les futurs commentateurs. Sauf Voltaire qui écrit : « Elle ne dit point *j'obéirai*. Le spectateur sent bien pourtant qu'elle obéira; et c'est en cela, ce me semble, que consiste la beauté du dénouement. »

HORACE

1. Corneille fit partie de l'équipe des cinq auteurs chargés de rédiger les pièces de théâtre dont Richelieu, avec l'aide de Chapelain, avait fait le plan : la *Comédie des Tuileries* (1635); la *Grande Pastorale* (1637); l'*Aveugle de Smyrne* (1637). Il reçut à ce titre, des gratifications et une pension qu'il conserva après 1637. Autres bienfaits : l'anoblissement du père de Corneille fut certainement décidé par Richelieu, qui, d'après l'acteur Mondory, serait intervenu auprès du père de Marie de Lampérière pour qu'il consente à son mariage avec Corneille. Enfin celui-ci a vraisemblablement reçu l'appui de Richelieu dans ses démêlés avec ses censeurs, les doctes ou critiques de théâtre. Au témoignage de Chapelain, la tragédie d'*Horace* fut représentée, en privé, en février 1640, devant le Cardinal, qui dut donner un avis favorable.

2. Tite-Live, I, XXIV. Dans les éditions de 1648-1656, Corneille donne, à la suite de la dédicace, la récit de Tite-Live.

3. Horace, *Odes*, livre IV, ode 3. Mais Corneille modifie le troisième vers *(romanæ fidicen lyræ)* pour permettre l'application à lui-même : « C'est uniquement par ton bienfait que je suis montré du doigt par les passants comme un auteur dramatique non négligeable. Mon inspiration et mon succès, si j'ai du succès, je te les dois. »

4. Chapelain écrivait à Balzac en 1640 : « Dès l'année passée, je lui dis qu'il fallait changer son cinquième acte des *Horaces* et lui dis par le menu comment; à quoi il avait résisté toujours depuis, quoique tout le monde lui criât que sa fin était brutale et froide. » Ce n'est pas tellement le meurtre en lui-même qui gâte la fin mais la « brutalité » d'Horace refusant de se repentir.

5. Allusion ironique à la solution imaginée par l'abbé d'Aubignac et rapportée dans sa *Pratique du théâtre* publiée en 1657 : « La mort de Camille par la main d'Horace, son frère, n'a pas été approuvée au théâtre, bien que ce soit une aventure véritable; et j'avais été d'avis, pour sauver en quelque sorte l'histoire, et toute ensemble la bienséance de la scène, que cette fille désespérée, voyant son frère l'épée à la main, se fût précipitée dessus. »

6. Horace, *Art poétique*, vers 126 et 127 : « Qu'il demeure jusqu'à la fin tel qu'on l'a vu à son entrée, et qu'il soit logique avec lui-même. »

7. *Art poétique*, vers 242 : « Tellement l'ordre et la liaison des scènes ont d'importance. »

8. Corneille répond à la critique de d'Aubignac : « Un coup de fureur serait plus conforme à la générosité de notre noblesse qu'une action de chicane, qui tient un peu de la lâcheté que nous haïssons. »

9. Vers 25 et 26 dans l'édition de 1641 :

> Je suis Romaine, hélas ! puisque mon époux l'est ;
> L'hymen me fait de Rome embrasser l'intérêt ;

La fin du premier vers faisait calembour.

10. Vers 169 et 170 dans l'édition de 1641 :

> Quelque cinq ou six mois après que de sa sœur
> L'hyménée eut rendu mon frère possesseur,

A-t-il estimé que cette précision rendait le style trop familier ?

11. Dans le théâtre antique, un oracle trompeur ou ambigu mettait en valeur l'ironie du sort. Voilà pourquoi Corneille imagine que Camille est allée consulter un devin, ce qui était peu dans les mœurs romaines de cette époque. Il est donc grec.

12. Il peut sembler étrange que Camille, après avoir affirmé son sens de l'honneur aux vers 231 et 232, interrompe Curiace pour le soupçonner d'être un lâche et approuver cette lâcheté. C'est pour préparer le spectateur, par cette manifestation d'un amour total, à l'attitude de Camille à l'acte IV.

13. Voltaire reprochait aux vers 340 et 341 d'être de pure comédie ; on les retrouve, à un mot près, dans *Le Menteur* (acte V, scène 7). C'est l'originalité de Corneille de tempérer la gravité de la tragédie par une poésie de la jeunesse.

14. *En effet*, opposé à en apparence, signifie : par les faits. Ce n'est pas une cheville ; l'accent principal du vers est sur en effet.

15. Il faut discerner sous cette affirmation brutale l'effort de la générosité. On ne peut douter de son amitié pour Curiace qui est « un autre soi-même » (vers 444). Pour ne pas céder à sa passion — entendons une horreur naturelle et légitime — il commence par s'autosuggestionner par l'idée de la gloire à acquérir. Puis craignant de se laisser ébranler par les plaintes de Curiace, il leur oppose comme un bouclier la nécessité de le considérer comme un ennemi. L'acteur Baron, au XVIIe siècle, prononçait le vers avec un certain attendrissement pour humaniser le personnage. Bonne analyse mais contresens de diction, puisque la brutalité de l'affirmation permet seule de mesurer l'effort.

16. Préparation qui passe inaperçue.

17. Texte de 1641 : « Iras-tu, ma chère âme... » Et au vers 571 : « Vous pleurez, ma chère âme ? »

18. Ce sont les arguments et presque les mots d'Horace. L'idéal de la générosité donne son unité à la pièce.

19. Le crime consiste à ne plus aimer Camille ; et celle-ci lui répond qu'elle lui pardonnera ce crime, s'il renonce au combat. On disait de telles choses dans les romans du temps.

20. Développement ironique.

21. *Condamne* ma main à me donner la mort.

22. Texte de 1641 : « Femme, que t'ai-je fait ? »

23. Ce monologue comprend deux couplets de vingt-deux vers chacun, terminés par des refrains antithétiques : le vers 758 répète

le vers 734 en le modifiant. Aucune progression ; car le personnage de Sabine est hérité de la tragédie de la déploration. Est-il convaincant et émouvant ? Sabine est trop tragédienne pour être vraiment tragique.

24. Texte de 1641 : « Et de qui l'absolue et sainte autorité. » Corneille a-t-il corrigé pour éviter la rencontre des voyelles à l'hémistiche ? Il l'a fait surtout parce que *indépendante* était un adjectif plus précis. Car cette scène, manifestement inutile à l'action, lui permet d'affirmer que les rois tiennent leur pouvoir directement de Dieu, et que leur souveraineté échappe à tout contrôle. C'était une des « grandes idées » de Richelieu, en lutte contre le parti dévot et la Papauté.

25. Autre anachronisme : Sabine fait une théorie de la grâce qui se retrouvera dans *Polyeucte*. Elle n'a rien d'augustinien, comme l'avait prétendu Sainte-Beuve et comme on le répète parfois de nos jours. « Qui ne s'en promet rien ne la mérite pas » : le vers insiste sur l'obligation qu'a l'homme d'agir. On peut le rapprocher de ce qu'écrit Richelieu dans son *Testament politique* : « Dieu concourt à toutes les actions des hommes... et c'est à eux d'user en toutes choses de leur liberté selon la prudence, dont la divine sagesse les a rendus capables. »

26. Au théâtre trop de douleur ou trop d'angoisse raisonne : cette discussion vise à faire participer à l'émotion des personnages. Y réussit-elle ? En tout cas les propos de Camille sur la force de l'amour préparent sa décision de l'acte IV.

27. Souvenir du premier chant de l'*Enéide*, où Jupiter, pour calmer les craintes de Vénus, lui dévoile la grandeur future de Rome ? Il reste que le vieil Horace, disant sa confiance dans l'ordre éternel, exprime une vision chrétienne du monde, celle du néo-stoïcisme.

28. Corneille, pour le choix du sujet, s'est conformé au précepte d'Aristote : « Tous les cas où c'est entre personnes amies que se produisent les événements tragiques, par exemple un frère qui tue son frère... ces cas-là sont précisément ceux qu'il faut rechercher » (*La Poétique*, 1453 b).

29. Texte de 1641 pour les vers 1159 à 1169 :
> Cette belle action si puissamment le touche
> Qu'il vous veut rendre grâce, et de sa propre bouche,
> D'avoir donné vos fils au bien de son Etat.

La règle de l'unité de lieu exige que le Roi se rende dans la maison du vieil Horace : l'expression *vous rendre grâce* ne ménageait pas assez sa dignité.

30. Corneille reconnaît dans son *Examen* qu'un emportement si extraordinaire surprend. Cette exultation vaniteuse dément la générosité du personnage dans les actes précédents. Mais, le sujet aristotélicien exigeant une faute, il fallait bien relier le héros au meurtrier.

31. On s'étonne de cette affirmation parce qu'on donne au mot *raison* le sens qu'il a pris dans le langage courant. Le meurtre n'est pas un acte raisonnable, c'est-à-dire modéré, sage. Mais c'est un acte logique de la part d'un patriote. Horace a écouté patiemment

tant que les propos de sa sœur le concernaient seul : désir que l'on venge la mort de son amant (sur qui sinon sur lui ?); souhait qu'il se déshonore par une lâcheté. Lorsque Camille maudit Rome et évoque son entière destruction, il fait taire sa passion, c'est-à-dire son affection pour sa sœur, et frappe. Ni le vieil Horace, ni le roi Tulle ne mettent en doute la générosité de son geste, inspiré par « le seul amour de Rome ». Sa faute, c'est que ce « parricide » n'était pas nécessaire, le souhait étant « impuissant » (vers 1333); et il est le produit d'un premier mouvement (vers 1650 et 1735), alors que la raison exige une évaluation lucide. Mais, s'il n'a pas tué par patriotisme, il a agi en patriote, ce qui justifie son refus du repentir et l'acquittement.

32. Thème, ou motif, emprunté à la tragédie antique.

33. La parole de Valère (vers 1158-1161).

34. Sur ce préjugé voir la note 21 de *Clitandre*.

35. Texte de 1641 (vers 1539 et 1540) :
    Et le plus innocent que le ciel ait fait naître,
    Quand il le croit coupable, il commence de l'être.
On discerne peut-être mieux dans ces vers, assez plats, l'intention de Corneille : défendre la politique de Richelieu. Un théoricien de la monarchie absolue, Cardin Le Bret, écrivait dans son traité *De la Souveraineté du Roi* publié en 1632 : « On ne doit pas s'informer si les ordres du Roi sont fondés sur la justice ou non; on doit présumer qu'ils sont justes » (II, IX, 60). Cette exigence d'une obéissance passive, sans clause de conscience, était déjà assez inquiétante. Ces vers de Corneille vont plus loin : ils justifient les procédures extraordinaires et les condamnations à mort, souvent jugées injustes, dont usait Richelieu.

36. *A couvert de la foudre :* on croyait dans l'antiquité que le laurier n'était jamais frappé par la foudre.

37. Horace avait déclaré qu'il acceptait la mort par appréhension du jugement d'un peuple « qui voit tout seulement par l'écorce » (vers 1559); son père déclare ce peuple stupide et fait l'éloge du discernement des rois. De fait, alors que, dans le récit de Tite-Live, c'était le peuple qui prenait le parti d'Horace et décidait de son acquittement, c'est le roi Tulle qui, dans la pièce de Corneille, use de son autorité pour l'absoudre. Comme l'aurait fait, en pareil cas, le roi de France : cette modification du récit antique satisfait à la vraisemblance. Mais pourquoi cette insistance sur les erreurs de jugement du peuple ? S'il est vrai qu'*Horace* est une tragédie engagée, on peut penser que Corneille prend ici la défense de Richelieu, qui écrit dans son *Testament politique :* « En matière de crime d'Etat, il faut fermer la porte à la pitié, mépriser les plaintes des personnes intéressées, et les discours d'une populace ignorante, qui blâme quelquefois ce qui lui est le plus utile et souvent tout à fait nécessaire. »

38. Des serviteurs comme le cardinal de Richelieu.

39. En 1641, après cette dernière scène, Julie, entrée au vers 1513, venait réciter ce couplet :

Camille, ainsi le Ciel t'avait bien avertie
Des tragiques succès qu'il t'avait préparés;
Mais toujours du secret il cache une partie
Aux esprits les plus nets et les mieux éclairés.

Il semblait nous parler de ton proche hyménée,
Il semblait tout promettre à tes vœux innocents;
Et, nous cachant ainsi ta mort inopinée,
Sa voix n'est que trop vraie en trompant notre sens :

« Albe et Rome aujourd'hui prennent une autre face;
Tes vœux sont exaucés, elles goûtent la paix;
Et tu vas être unie avec ton Curiace,
Sans qu'aucun mauvais sort t'en sépare jamais. »

Corneille a supprimé ce commentaire final de l'action, parce que la mode était passée de tels ornements, mais aussi sans doute parce que cette méditation sur l'ironie du sort ne rendait nullement compte de la signification de la tragédie.

CINNA

1. Pierre de Puget, seigneur de Montoron, avait été officier dans le régiment des gardes, ce qui permet à Corneille de louer son courage. Devenu receveur général de Guyenne, il voulut faire figure de protecteur des lettres, et se ruina par ses libéralités. Richelieu étant mort et Louis XIII ayant supprimé toutes les pensions, Corneille n'eut d'autre ressource que de solliciter sa générosité par ce « panégyrique ».

2. Cet extrait des *Essais* était précédé du passage du *De Clementia*, de Sénèque, que Montaigne a traduit à peu près littéralement.

3. Texte de 1660 :
« C'est ici la dernière pièce où je me suis pardonné de longs monologues : celui d'Emilie ouvre le théâtre, Cinna en fait un au troisième acte, et Auguste et Maxime chacun un au quatrième. Comme les vers... » La première phrase a été supprimée dans l'édition définitive.

4. En 1657, d'Aubignac observe qu'il n'y a pas unité de lieu dans cette tragédie. Corneille reconnaît, dans son *Examen*, qu'il se rencontre en sa pièce « une duplicité de lieu particulière », mais que tout peut s'y passer « dans le seul palais d'Auguste, pourvu que vous y vouliez donner un appartement à Emilie qui soit éloigné du sien ». *Cinna* a peut-être été joué dans un décor à compartiments.

5. Dans sa *Lettre à l'Académie*, Fénelon rapporte que Boileau se moquait de « cette généalogie », et ajoute : « on parle naturellement

et sans ces tours si façonnés quand la passion parle ». Sauf au théâtre. Dans sa *Pratique*, d'Aubignac justifie la composition et le style rhétoriques des discours pathétiques : « Par l'ordre des choses qui se disent, on réforme ce que la nature a de défectueux en ses mouvements; et par la variété sensible des figures on garde une ressemblance du désordre de la nature. » Ainsi pour Emilie partagée entre deux sentiments, sa haine pour Auguste et son amour pour Cinna : dans la réalité, elle passerait confusément de l'un à l'autre; au théâtre il faut rendre son état d'esprit intelligible en composant d'une manière antithétique le monologue, mais traduire son trouble par l'abondance des figures de style, et l'imposer ainsi au spectateur, comme d'Aubignac le précise un peu plus loin : « Si la poésie est l'empire des figures, le théâtre en est le trône; c'est le lieu où par les agitations apparentes de celui qui parle, elles font passer dans l'âme de ceux qui le regardent et qui l'écoutent, des sentiments qu'il n'a point. »

6. Emilie parle à tort de son devoir. Le devoir implique le sacrifice de l'intérêt personnel ou de la passion au bien de la société ou de l'Etat. Or, elle n'a projeté l'assassinat d'Auguste que pour *la douceur de venger* son père. Elle est une de ces héroïnes de la vengeance qui abondaient dans le théâtre de l'époque; mais elle ne ressemble nullement à ces viragos déchaînées. L'originalité de Corneille est d'en avoir fait une adolescente que l'image d'un père tué de la propre main d'Auguste est venue obséder à l'âge de l'idéalisme et de la contestation; elle veut s'affirmer par cet acte. Aussi n'est-elle pas « possédée par le démon de la république », comme l'écrivait Guez de Balzac. L'espoir chimérique de rendre la liberté à l'Italie n'est qu'une excuse glorieuse.

7. *C'est à faire* : cf. *Polyeucte*, vers 1508 : « C'est à faire à céder deux jours à l'insolence. » Signifie : j'en serai quitte pour mourir après lui.

8. Texte de 1643, vers 181 à 186 :

> Où le but des soldats et des chefs les plus braves,
> C'était d'être vainqueurs pour devenir esclaves,
> Où chacun trahissait, aux yeux de l'univers,
> Soi-même et son pays, pour assurer ses fers,
> Et tâchant d'acquérir avec le nom de traître
> L'abominable horreur de lui donner un maître
> Faisant...

Impropriété et insignifiance du mot *but*, des antithèses faciles, une cheville *aux yeux de l'univers*, manque de rythme : on voit pourquoi Corneille s'est corrigé, et pourquoi on doit préférer le texte corrigé.

9. Pour apprécier ce récit on peut partir des remarques faites par Corneille dans son *Discours des trois unités*. Il constate que les narrations traditionnelles, destinées à informer le spectateur, l'importunent et le « gênent » : il est obligé de charger sa mémoire de ce qui s'est fait dix ou douze ans auparavant et n'a plus de curiosité pour ce qui se passe sur la scène. Dans *Cinna*, au contraire, « il n'y a aucune narration du passé... Emilie fait assez connaître dans les

deux premières scènes qu'il conspirait contre Auguste en sa faveur;
et quand Cinna lui dirait tout simplement que les conjurés sont
prêts au lendemain, il avancerait autant pour l'action que par les
cent vers qu'il emploie à lui rendre compte et de ce qu'il leur a dit
et de la manière dont ils l'ont reçu ». A quoi sert donc ce récit ? De
même que Rousseau ne veut pas décrire les choses mais leur reflet
dans l'âme, Corneille ne veut pas instruire le spectateur des faits
mais le faire sympathiser avec l'âme de Cinna. Ce qui explique l'im-
précision des tableaux et l'usage de la rhétorique. C'est une sorte
de récit subjectif qui exprime, par le rythme essentiellement, l'ardeur juvénile du personnage, mais aussi une prétention bientôt
punie. « Conte-moi tes vertus, tes glorieux travaux », lui dira Auguste
à l'acte V.

10. Commentaire de Voltaire : « L'intrigue est nouée dès le premier acte; le plus grand intérêt et le plus grand péril s'y manifestent.
C'est un coup de théâtre. Remarquez que l'on s'intéresse d'abord
beaucoup au succès de la conspiration de Cinna et d'Emilie; parce
que c'est une conspiration; parce que l'amant et la maîtresse sont
en danger. »

11. Cet amour est secret pour les besoins de l'intrigue. Toute
conspiration qui échoue requiert un traître; mais, dans l'univers
optimiste des premières tragédies, il convient qu'il soit traître non
par nature, mais par accident. Si Maxime suit les conseils d'Euphorbe
et laisse dénoncer Cinna, c'est sous le coup de la jalousie suscitée
par la soudaine révélation de cet amour secret.

12. L'emphase de ces vers n'est qu'apparente; s'ils miment la
grandeur par la noblesse de la langue et la lenteur du rythme, ils
sont prononcés avec une lassitude proche du dédain, sinon de l'ironie.
C'est un coup de théâtre, puisque le récit de Cinna préparait le
spectateur à l'entrée d'un empereur sanguinaire et orgueilleux de
sa puissance.

13. *Climat :* contrée, pays; cf. Pascal : « On ne voit rien de juste
ou d'injuste qui ne change de qualité en changeant de climat...
Plaisante justice qu'une rivière borne. » Il ne faut pas faire de Corneille un précurseur de Montesquieu qui, dans le livre XIV de
L'Esprit des Lois, tente d'expliquer la différence des régimes politiques par l'influence physique du climat sur le tempérament.

14. *Change selon les temps :* c'est la théorie grecque d'un cycle
qui fait se succéder dans le temps les différentes formes de régime
politique. Dans toute cette scène on discerne les emprunts à la pensée antique et aux écrivains du XVIe siècle. L'originalité de Corneille
est de tout rapporter à la providence divine, *l'ordre des cieux,* responsable de la diversité politique de l'univers, mais aussi de la conversion d'Auguste à la clémence. C'est ce qui assure l'unité de la tragédie, et justifie cette longue analyse des harmonies de l'univers
chrétien.

15. *Enfin bien usurpée :* qu'il avait fini par usurper solidement,
après sa lutte contre Marius, évoquée au vers 504.

16. Cinna embrasse les genoux d'Auguste dans l'attitude du suppliant.

17. Julie, fille d'Auguste, avait été exilée pour inconduite. « Auguste, écrit Voltaire, donne à Cinna sa fille adoptive, que Cinna veut obtenir par l'assassinat d'Auguste. Le mérite de ce vers n'échappe à personne. »

18. Les fureurs d'Octave, l'horreur des proscriptions, c'est le thème développé le matin même par Cinna devant les conjurés. C'est parce qu'il était encore en proie à cette indignation en partie factice, et par réflexe, pour ne pas laisser échapper la vengeance toute proche, qu'il a fait tous ses efforts pour dissuader Auguste d'abdiquer. Corneille a commencé par montrer cette conduite; il faut maintenant l'expliquer.

19. *Tirer quelque chose :* obtenir un renseignement ? Cinna lui a tout dit. Agir sur lui ? Cette expression assez familière marque le désarroi de Maxime, dont Corneille a voulu excuser la trahison.

20. *Aux abois :* aux dernières manifestations. *Une vieille amitié :* l'expression peut surprendre, étant donné la jeunesse de Cinna. Elle est destinée à mettre en valeur la situation « aristotélicienne » : un ami qui veut tuer un ami.

21. *Mélancolie :* ici abattement qui vient du désespoir de trouver une solution.

22. Voltaire avoue ne pas comprendre : « Non, sans doute, il ne dépend pas de ce serment; c'est chercher un prétexte, et non pas une raison. Voilà un plaisant serment que la promesse faite à une femme de hasarder le dernier supplice pour faire une très vilaine action! » Il ne s'agit pas d'un prétexte. Quand Cinna, à la fin de la scène suivante, sera mis en demeure par Emilie d'assassiner Auguste, il se plaindra de l'empire inhumain qu'exercent ses beautés, mais c'est bien parce qu'il dépend de ce serment téméraire qu'il tuera Auguste pour se suicider aussitôt après : « Vous le voulez, j'y cours, ma parole est donnée » (vers 1061). Et le texte de 1643 était peut-être plus explicite : « Je l'ai juré, j'y cours, et vous serez vengée. »

23. On s'est fondé sur ce vers pour découvrir dans le théâtre de Corneille une leçon d'immoralisme : la gloire conduirait au crime. C'est isoler arbitrairement cette réplique du progrès du dialogue. Cinna vient de démontrer que la générosité exclut la bassesse des moyens, et que la perfidie porte atteinte à l'honneur, ou gloire. C'est évident. Emilie, acculée, ne peut que réaffirmer, avec obstination et mauvaise foi, sa résolution : Je fais gloire, pour ma part, de ce que tu appelles ignominie.

24. Attale III, roi de Pergame, qui légua aux Romains ses immenses richesses. Mais c'est Prusias, le roi de Bithynie, qui se présenta aux généraux romains habillé en affranchi.

25. Texte de 1643 : « Je t'aime toutefois, tel que tu puisses être. » Dans sa mise en scène Charles Dullin supposait qu'Emilie jette ce cri au moment où Cinna, accusé d'avoir une âme d'esclave, rompt

l'entretien et s'éloigne. Jeu moderne. En fait elle s'aperçoit, à l'attitude et au visage de Cinna, que le raisonnement a échoué; elle use du chantage à l'amour.

26. On avait tendance à idéaliser Auguste. Ainsi Guez de Balzac écrivait dans ses *Entretiens* : « Je présuppose qu'il était, comme on dit, bon et vertueux, et que la proscription du Triumvirat ne fut pas de son choix. » Corneille, au contraire, rappelle et réveille le passé sanguinaire d'Auguste, par réalisme sans doute, mais surtout pour susciter l'anxiété du spectateur et rendre plus sublime l'acte final de clémence.

27. On a souvent retranché cette scène à la représentation, dès le XVIIIᵉ siècle et jusqu'à la fin du XIXᵉ. Sans doute parce qu'aucune actrice ne consentait à entrer au quatrième acte seulement et à jouer un rôle aussi court et aussi terne; mais aussi parce que les conseils de Livie ôtaient à Auguste le mérite de découvrir de lui-même le parti généreux. Mais la générosité, chez Corneille, ne consiste pas à inventer des devoirs; elle s'affirme et se mesure par l'effort à faire sur soi-même pour accomplir le devoir. C'est une scène nécessaire, parce que Livie définit, pour Auguste, mais aussi pour le spectateur, l'idéal à atteindre ou plutôt à conquérir.

28. Cardin Le Bret écrivait en 1632 dans *La Souveraineté du Roi* : « Le roi peut être maître de toutes choses ici-bas; il n'est pas maître de sa réputation qui dépend de l'opinion de son peuple et de ses officiers » (II, IX, 60).

29. C'est cet idéal moral de maîtrise de soi qu'affirmera et réalisera Auguste au dénouement.

30. Nicolas Coëffeteau, dont Corneille a utilisé l'*Histoire romaine*, écrivait dans son *Tableau des passions humaines* à propos des rois : « Leur douceur et leur clémence comme un puissant charme leur concilient les affections de leurs sujets, et leur acquiert leur amour, qui est le plus puissant lien et la plus sûre garde dont les monarques puissent assurer leur puissance » (p. 628).

31. Prépare le spectateur à une fin heureuse de la tragédie.

32. Corneille, dans la scène précédente, a avili Maxime pour grandir Emilie. Ce vers rétablit le personnage dans sa vérité.

33. Dans le récit de Sénèque, c'est après avoir pris la décision de pardonner qu'Auguste a cet entretien avec Cinna. Ici l'entretien devient dramatique parce que l'attitude de Cinna déterminera la décision d'Auguste.

34. Auguste est le fils adoptif de César.

35. Après avoir humilié Cinna, Auguste attend qu'il s'humilie lui-même.

36. Le père, Pompée, a été assassiné en Egypte sur l'ordre du roi Ptolémée pour complaire à César; un fils, Cneius Pompée a été tué à Munda, et l'autre, Sextus, fait prisonnier à Nauloque et exécuté.

37. Voltaire est à l'origine d'une interprétation erronée, semble-t-il, de ces quatre vers. « Cette petite ironie, écrit-il, est-elle bien placée dans ce moment tragique ? Est-ce ainsi qu'Auguste doit parler ? » Il suppose qu'Auguste, croyant à la responsabilité d'Emilie, donne volontairement une fausse explication : « C'est parce que j'ai décidé aujourd'hui de te marier avec Cinna que tu t'es jointe à ce complot au risque de ta vie ? C'est aimer trop et trop vite. » Cette raillerie supposerait une présence d'esprit que dément le cri : « Et toi, ma fille aussi. » Il semble qu'Auguste, ne pouvant croire à la trahison d'Emilie, imagine qu'elle s'accuse pour sauver Cinna : « jusqu'à mourir pour lui ». Et il blâme cet excès de générosité amoureuse.

38. Ce raisonnement de Livie n'est pas du tout une apologie du machiavélisme et de la violence politique. Elle serait en contradiction avec les remords d'Auguste. A Emilie qui revendique le droit de venger son père, Livie objecte qu'il s'agit d'un *crime d'Etat*, crime politique, qui ne visait pas un individu en particulier, et que la personne du souverain est *sacrée* et *inviolable*. « C'est Dieu écrivait Cardin Le Bret, qui est l'auteur de toutes les dominations de la terre; c'est lui qui fonde et établit les royaumes; c'est lui qui les détruit et qui les transfère d'une famille à une autre » (*op. cit.*, I, xvi). Idée chrétienne de la providence à laquelle se référait constamment Richelieu; et, pour les contemporains de Corneille, le respect du régime établi s'expliquait aussi par l'horreur du tyrannicide et des désordres politiques. Ils étaient encore proches, par le souvenir, des guerres civiles et, par l'expérience, de l'anarchie qui avait suivi l'assassinat d'Henri IV. Le même Cardin Le Bret observait : « Depuis qu'on vient à perdre le Roi, on ne voit plus que confusions qui aboutissent enfin à la ruine et à l'entier bouleversement de l'Etat » *(ibid.)*. Voilà pourquoi Livie présente le souverain comme la providence de ses sujets : « Nous lui devons nos biens, nos jours sont en sa main. » Mais il ne faut pas l'accuser, comme le fait Voltaire, de « débiter une maxime aussi fausse qu'horrible, qu'il est permis d'assassiner pour une couronne ». Les crimes d'Etat sont un mal dont Dieu fait sortir un bien : ici la conversion d'Auguste à la clémence.

39. Texte de 1643, vers 1663 et 1664 :
    Mais enfin le ciel m'aime et parmi tant de maux
    Il m'a rendu Maxime, et l'a sauvé des eaux.
Comme Moïse.

40. *Destin :* texte de toutes les éditions, alors qu'on attendrait dessein. On tente de l'expliquer à partir du verbe *destiner* qui peut avoir le sens de projeter. Quant à la valeur de ce vers et du suivant, on s'étonne qu'après le *Soyons amis*, Auguste retombe dans son juste courroux contre Cinna. Est-ce que cette dernière manifestation de la colère souligne l'effort qu'il fait encore sur lui-même ? Ou bien ces vers, prononcés d'un ton calme, ont-ils valeur d'argument ?

41. Vers intolérable pour Voltaire : « Cette pourpre, comparée au sang, parce qu'il est rouge, est puérile. » A moins que le vers, prononcé d'un ton paternel ne prenne une valeur légèrement humoristique.

POLYEUCTE

1. La tragédie devait être dédiée au roi qui mourut avant l'impression. Anne d'Autriche était devenue régente du royaume le 18 mai.

2. La ville de Thionville avait été prise en août par le duc d'Enghien, le vainqueur de Rocroi.

3. Siméon, surnommé Métaphraste (celui qui paraphrase) est un compilateur byzantin du Xe siècle. Laurent Surius, moine allemand, puis Mosander reprirent l'ouvrage au XVIe siècle.

4. *Histoire romaine d'Auguste jusqu'à Constantin* (1621) : « Il commença son voyage, qui lui fut si heureux qu'il remporta une glorieuse victoire sur les Perses et apaisa les tumultes qui s'étaient élevés en Orient. »

5. Antoine-Sébastien Minturno, auteur d'un *Traité du poète,* publié à Venise en 1559.

6. Ecossais (1506-1582) professeur au collège de Guyenne à Bordeaux.

7. Texte de 1643, vers 22 à 25 :
    ... Pour ne rien déférer aux soupirs d'une amante ?
    Remettons ce dessein qui l'accable d'ennui;
    Nous le pourrons demain aussi bien qu'aujourd'hui.
    — Oui, mais où prenez-vous l'infaillible assurance...
Style de la conversation familière.

8. Texte de 1643 : « Et d'un rayon divin nous dessillant les yeux. » A l'origine *dessiller* signifiait découdre les paupières d'un oiseau de chasse; Corneille a préféré l'employer sans le complément *d'un rayon divin* qui attirait l'attention sur l'image et relevait du « style des livres de dévotion », comme l'écrit Voltaire. Il reste que Corneille devait définir la grâce, non pas pour faire confidence de son opinion, mais parce qu'elle a un rôle déterminant dans la pièce.

9. Cette déception de la femme mariée est un thème ou un motif dramatique. On le trouve dans l'*Hippolyte* de Garnier, par exemple, dans la bouche de Phèdre :
    Mais, ô déloyauté, les faussaires n'ont pas
    Sitôt nos simples cœurs surpris de leurs appats,
    Sitôt ils n'ont déçu nos crédules pensées,
    Que telles amitiés se perdent effacées (vers 693 à 676).

10. Coup de théâtre : la première image de Pauline était celle d'une femme aimant passionnément son mari.

11. Qui a envoyé ce songe à Pauline ? C'est la question que l'on s'était posée à l'hôtel de Rambouillet. Dieu ? mais il lui inspire de

la haine contre les chrétiens. « L'ennemi du genre humain », selon la formule de Néarque ? La discussion est oiseuse : le songe est un moyen dramatique, qui n'a pas à être justifié.

12. *L'ordre d'un sacrifice :* non pas l'ordre à apporter au sacrifice, mais l'ordre qu'il a reçu de faire un sacrifice.

13. *La révolte des sens :* il est évident que les personnages cornéliens n'aiment pas par estime pour la seule valeur morale, comme on l'a parfois prétendu. Le mérite désigne aussi bien la beauté physique que les qualités de cœur et de caractère. Mais c'était resté implicite jusque-là dans la tragédie cornélienne. Est-ce sous l'influence des romans, la situation de Pauline et de Sévère étant une situation romanesque, que l'accent est mis sur l'attrait physique et le trouble des sens ?

14. Voltaire commente : « *Ce coup de foudre* est d'un héros de roman. Quand l'expression est trop forte pour la situation, elle devient comique. » Le romanesque n'est pas dans l'expression mais dans les réactions. Sévère passe d'un extrême de la sensibilité, l'évanouissement et le souhait de mourir, à l'extrême de la générosité : « Mais son devoir fut juste, et son père eut raison » (vers 447). Il y manque des sentiments intermédiaires qui le rapprocheraient du commun des hommes.

15. Dans le texte de 1643 : « Oui, je l'aime, Sévère. » Au vers 497 : « Je vous aimai, Sévère. » Et de même au vers 523 : « Ah! Pauline. » On peut regretter que les personnages ne s'appellent plus par leur nom ou leur prénom.

16. Le meilleur commentaire de ces vers se trouve dans *La Précieuse* de l'abbé de Pure, publiée en 1656. Au cours d'une conversation entre femmes, on fait l'éloge de Pauline pour sa déférence aux volontés de son père et on érige en règle sa conduite : « Il faut donc qu'une femme qui épouse son mari, qui accepte ses feux, qui noue sa chaîne, se résolve généreusement à fermer son cœur à tout autre mouvement, à tout autre objet... Et si le hasard veut qu'il y en ait eu qui aient prévenu par surprise ou par occasion ces raisonnables et légitimes engagements que les maximes autorisent et rendent publics et sans honte, il faut les détruire, les déraciner par autant de ressorts que la prudence en peut permettre à la vertu » (I, p. 292). Si Pauline séduit actuellement par ses faiblesses, elle était, au XVIIe siècle, le mythe de la force de la volonté. A l'oublier on dénature et détruit la pièce.

17. *Ma gloire :* le possessif inquiète. Jusque-là, dans la tragédie cornélienne, la gloire, c'est-à-dire l'idée d'acquérir l'admiration des autres, aidait le héros dans son difficile effort de maîtrise de soi, et était à la mesure d'un acte qui engageait le destin d'une collectivité ou même de l'humanité entière. Ce n'est plus déjà le cas de Pauline, dans cette scène du moins. La gloire semble devenir l'idée d'une réputation à préserver, ce qui relève du conformisme et non de l'héroïsme.

18. *Polyeucte se trompe de pleurs* : Pauline les verse pour Sévère et non pour lui. Notation réaliste dans cette action où se décide le destin du monde ; et cette méprise conduit Polyeucte à dire son amour avant de le sacrifier à sa foi.

19. Coup de théâtre : « Nous ne nous combattrons que de civilité », déclarait Polyeucte quelques secondes plus tôt. Une seule explication : l'action de la grâce divine. « Vous sortez du baptême », précise Néarque au vers 693.

20. Texte de 1643 : « Allons mourir pour lui comme il est mort pour nous. » Cri qui exprimait mieux l'enthousiasme naïf des martyrs chrétiens. Trop naïf.

21. *Je chéris sa personne* : on a isolé cette affirmation du contexte pour imaginer une mutation soudaine des sentiments de Pauline : c'est par amour qu'elle prendrait le parti de Polyeucte, et tenterait de le sauver. Elle déclare pourtant d'une manière très explicite : « Je l'aimai par devoir : ce devoir dure encore » (vers 790). Et, quand Stratonice compare l'acte de Polyeucte à une infidélité, il est significatif qu'elle y oppose le principe moral de la fidélité inconditionnelle de la femme, thème très fréquent dans les tragédies de l'époque. Le voici déjà dans l'*Hippolyte* de Robert Garnier :

> Quoiqu'il ne prenne pas assez de soin
> Et qu'il ne garde assez la foi du mariage,
> Rien ne vous est pourtant octroyé davantage ;
> Pour cela ne devez-vous dispenser d'avoir
> Tout autant de respect à votre saint devoir.

(acte II, scène 1).
On retrouve l'idée, condensée dans les vers : « Quoi ! s'il aimait ailleurs... » Aucun doute : c'est sa personne d'époux qu'elle chérit, non sa personne physique. La force de l'affirmation s'explique par sa volonté d'accomplir coûte que coûte son devoir, malgré la tentation de son amour pour Sévère. C'est pour échapper à cette tentation qu'au vers 820 elle prend la décision de se suicider en cas d'échec, et aussi parce que, dans le code théâtral de l'époque, une femme ne doit pas survivre à son mari. Dans *Perkin Warbeck*, œuvre d'un dramaturge anglais à peu près contemporain, John Ford, l'héroïne Kate, qui a été forcée d'épouser un homme qu'elle n'aimait pas, déclare : « Ce serait injustice si une puissance céleste nous séparait : ou nous survivrons ou nous mourrons ensemble. »

22. 1643, vers 843 et 844 :
> Seul maître du destin, seul être indépendant,
> Substance qui jamais ne reçoit d'accident.

Termes de la philosophie scolastique.

23. 1643, vers 887 et 888 :
> N'en ayez plus l'esprit si fort inquiété ;
> Il se repentira de son impiété.

24. La vulgarité de Félix apparaissait mieux dans le texte de 1643 :
> C'est perdre avec le temps des pleurs à me fâcher.
> Vous m'en avez donné, mais je veux...

25. Le confident, d'ordinaire, par la médiocrité ou la bassesse de ses propos, met en valeur la noblesse du héros. Ici, à l'inverse, Albin rappelle Félix à la noblesse ou plutôt à la décence.

26. Il s'agit du même peuple qui a été indigné par le sacrilège. Mais il faut bien respecter la règle de l'unité de lieu et transférer Polyeucte au palais.

27. Le dogme chrétien de l'intercession des saints ne fournit ici qu'au spectaculaire. Car la décision de donner Pauline à Sévère n'est pas inspirée par Néarque : c'est l'honneur qui interdit de laisser Pauline à l'abandon.

28. Sans doute la vision prophétique du châtiment de Dieu sur Décie et donc de la valeur de son martyre, va-t-elle conforter sa résistance aux supplications de Pauline. Mais elle contribue surtout à faire mesurer au spectateur l'importance de ce moment dans l'histoire de l'humanité.

29. On s'est fondé sur cette belle tirade pour décider que Pauline était devenue amoureuse passionnée de son mari et se convertirait par amour. C'est oublier que la passion n'attend pas pour se manifester. Pauline a commencé par faire appel à la raison de Polyeucte. Longuement et vainement. N'obtenant même pas un regard, elle s'efforce de l'ébranler par le rappel direct de leur intimité. Polyeucte, vaincu, pleure; et elle pousse un cri de victoire : « Mais, courage! il s'émeut. » Le seul amour évident dans cette scène est celui de Polyeucte demandant à Dieu de les réunir par la foi. Ce que refuse avec horreur Pauline, à nouveau séparée de lui par l'incompréhension. Aucune évolution donc du personnage : c'est en « qualité de femme » (vers 817) qu'elle a tenté de vaincre son époux. Mais peut-être Corneille a-t-il fait la tirade trop belle; c'est du moins l'avis de Voltaire : « Ce dépit ne sied qu'à une amante qu'on dédaigne et non à une épouse dont le mari va être exécuté. »

30. *Des leçons de générosité :* c'est un commentaire de la scène précédente destiné au spectateur surpris par la sécheresse du ton de Pauline. La générosité consistant à décider contre soi, c'est bien toujours par devoir, et malgré son amour pour Sévère, qu'elle agit pour sauver Polyeucte.

31. La première édition faisait suivre ce vers de ceux-ci :
> Peut-être qu'après tout ces croyances publiques
> Ne sont qu'inventions de sages politiques,
> Pour contenir un peuple ou bien pour l'émouvoir
> Et dessus sa faiblesse affermir leur pouvoir.

L'explication des religions par l'imposture se rencontre fréquemment dans les écrits libertins du début du XVIIᵉ siècle. C'est en toute innocence que Corneille avait utilisé ce « raisonnement » pour exprimer le scepticisme de Sévère à l'égard des dieux du paganisme. Mais une autre religion pouvait être concernée par la remarque. En 1660, Corneille, devenu plus scrupuleux, supprime les vers.

32. Cette définition de la grâce est en contradiction avec ce que déclarait Polyeucte au vers 1268 : « Elle (Pauline) a trop de vertus

pour n'être pas chrétienne. » En contradiction aussi avec l'esprit de cette tragédie : c'est le mérite naturel de Polyeucte qui vient à la rencontre du secours divin ; la foi ne contrarie pas la vertu, elle l'enrichit et la couronne. Mais ne fallait-il pas que Félix se convertisse lui aussi au dénouement, à l'exemple de ce qui s'était passé dans *Cinna* ? Cette définition d'une grâce arbitraire, non justifiée par le mérite, vise à y préparer le spectateur.

33. Encore un vers où l'on se plaît à discerner l'expression d'une passion totale et la confirmation de l'évolution des sentiments de Pauline. On oublie que quelques vers plus haut Pauline présentait son amour pour Polyeucte comme un effet de sa vertu. On oublie surtout que Polyeucte a repris les termes mêmes de Pauline (vers 616) pour l'inviter à vivre avec Sévère : « Puisqu'un si grand mérite a pu vous enflammer... » Ne convenait-il pas de le convaincre de la sincérité de cet amour qu'elle lui porte par devoir ? D'où ce vers qu'il ne faut pas isoler du dialogue.

34. Cf. dans la *Sophonisbe* de Mairet :
>   Et nous sommes liés d'une chaîne si sainte
>   Qu'on ne saurait sans crime en défaire l'étreinte.
(vers 1221 et 1222).

35. En approuvant que chacun serve à sa mode ses dieux, Sévère définit la tolérance de fait du gouvernement de Richelieu à l'égard des protestants. Il exprime aussi la pensée de la majorité du public, hostile au fanatisme religieux. Du Ryer, dans son *Saül*, venait de dénoncer l'atrocité des guerres de religion : « Quel sang épargne-t-on... quand on croit le verser pour la gloire des dieux ? »

LA MORT DE POMPÉE

1. Trois mois auparavant, en novembre 1643, Corneille avait présenté à Mazarin un poème de 80 vers intitulé : *A son Eminence Remerciment*. On pouvait y lire :
>   Quand j'ai peint un Horace, un Auguste, un Pompée,
>   Assez heureusement ma muse s'est trompée,
>   Puisque, sans le savoir, avecque leur portrait
>   Elle tirait du tien un admirable trait.

L'énormité du compliment était à la mesure du revirement de Corneille. Dans *La Mort de Pompée*, représentée peu auparavant, il avait attaqué le « ministériat » et accompagné le mouvement d'opinion en faveur d'un gouvernement des gens de « haute naissance ». Mais Beaufort, qui avait projeté de tuer Mazarin, avait été arrêté en septembre 1643 ; Mazarin succédait à Richelieu et, comme lui, avait gratifié Corneille, qui crut trouver un nouveau maître et peut-être de grandes idées.

2. *Eneide*, VI, 852 : « Toi, Romain, souviens-toi de commander aux peuples. »

3. Lucain, *Pharsale*, IX, 189 (*verba* a été omis) : « Peu de paroles, mais venant d'un cœur plein de sincérité. »

4. *Epitaphe du grand Pompée* (c'est Caton qui parle) :
— Un citoyen est mort, dit-il, qui sans connaître aussi bien que nos ancêtres la limite du droit, fut néanmoins utile en cet âge où s'est perdu tout respect de la justice; puissant, il maintint la liberté, et seul, quand le peuple était prêt à accepter son joug, il resta simple citoyen; c'était le chef du Sénat, mais du Sénat souverain. Il ne s'arrogea rien par le droit de la guerre; ce qu'il voulait qu'on lui donnât, il voulait qu'on pût le lui refuser. Il posséda des richesses immenses, mais il en versa plus au trésor qu'il n'en garda pour lui. Il saisit le fer, mais il savait le déposer; il préféra les armes à la toge, mais, sous les armes, il aima la paix; général, il prenait avec joie le pouvoir; il le quittait avec joie. Sa maison fut chaste, fermée au luxe et ne se laissa jamais corrompre par la fortune du maître. C'était un nom illustre et révéré des peuples, un nom qui fit beaucoup pour la gloire de notre ville. Jadis, par le retour triomphal de Marius et de Sylla, la liberté véritable périt : par la mort de Pompée, l'image même en est aujourd'hui perdue. On ne rougira plus de régner; il n'y aura plus de déguisement à la tyrannie, plus d'apparence même de Sénat. Heureux, toi qui rencontras le jour suprême après la défaite, toi qui n'eus pas à chercher l'épée que t'offrit le crime de Pharos! Peut-être aurais-tu pu vivre sous le règne de ton beau-père. Savoir mourir, c'est le premier des biens pour l'homme de cœur : le second, c'est d'y être forcé. Pour moi aussi, si les destins nous livrent au pouvoir d'un maître, ô Fortune, fais de moi comme Juba; je ne refuse pas d'être gardé pour l'ennemi, pourvu qu'il ne me garde que la tête tranchée » (Lucain, *Pharsale*, livre IX, v. 190 à 214).

5. *Portrait du grand Pompée* :
Par sa mère Lucilia, il descendait d'une famille sénatoriale; il avait une beauté remarquable, non pas celle qui est la parure de la jeunesse dans sa fleur, mais cette beauté que donnent la gravité et l'énergie et qui convient à la haute fortune qui fut la sienne jusqu'au dernier jour de sa vie. Sa vertu était remarquable, ses mœurs irréprochables, son éloquence plutôt médiocre. Il désirait vivement le pouvoir, pourvu qu'on le lui confiât pour l'honorer et qu'il n'eût pas à s'en emparer par la force. Très habile général pendant la guerre, il était pendant la paix, du moins quand il ne craignait pas de trouver un égal, un citoyen très modeste. Il se montrait fidèle dans ses amitiés, toujours prêt à pardonner les offenses, très loyal une fois réconcilié et très facile à satisfaire. Il n'usa jamais ou n'usa que bien rarement de son pouvoir jusqu'à la violence. Il était à peu près exempt de tout désir (on corrige actuellement : exempt de vices), si toutefois ce n'est pas l'un des plus grands que de ne pouvoir souffrir un égal dans une cité libre et maîtresse du monde où tous les citoyens avaient les mêmes droits.

6. *Portrait de C. J. César* :

Issu de la très noble famille des Julii, César — et tous les écrivains les plus anciens sont d'accord sur ce point — tirait son origine d'Anchise et de Vénus. Sa beauté était supérieure à celle de tous ses contemporains. Il avait de la vigueur et de l'énergie ; sa magnificence était sans bornes, son courage surhumain et incroyable. La grandeur de ses projets, la rapidité dont il fit preuve dans ses campagnes, sa fermeté dans les périls le fait ressembler à l'illustre Alexandre le Grand, mais à un Alexandre sobre et maître de lui. Dans ses repas et son sommeil, il cherchait toujours à satisfaire les besoins de la vie et non son plaisir.

7. Pour tous ces faits, Corneille se réfère à Plutarque, *Vie de Pompée* et *Vie de César.*

8. Un garçon déjà d'âge adulte.

9. Toi qui vas céder le trône à une sœur incestueuse.

10. L'expression de « reine-courtisane » est de Properce (*Elégies*, III, 11, 39).

11. Qui de nous Cléopâtre ne tient-elle pas pour coupable de n'avoir pas été son amant ?

12. Pompée avait épousé, en secondes noces, en 61, Julie, fille de César. Après la mort de Julie il épousa Cornélie, veuve de Publius Crassus, jeune et cultivée au dire de Plutarque.

13. Texte de 1644 : « Justifie César et condamne Pompée. » *Justifie* comptait pour quatre syllabes, ce qui était considéré comme une faute de versification en 1660.

14. *Coup d'Etat* : toute décision prise en secret qui viole la justice et la morale afin d'assurer le salut de l'Etat.

15. « *Estime* est un mot qui se dit avec le pronom possessif, et de l'estime que l'on a de moi, et de l'estime que j'ai d'un autre. » Signifie : sauver la réputation de César en lui épargnant ce crime.

16. Inspiré par la formule de Lucain : « l'ombre d'un grand nom ». Mais Ptolomée, dans le vers suivant, donne ironiquement un autre sens à *ombre* : c'est à mon père mort qu'il revient de payer la dette.

17. Le texte de 1644 fait comprendre le *du moins* :
    César en fut épris, du moins il feignit l'être,
    Et voulut que l'effet le fît bientôt paraître.
Pour « ennoblir » Cléopâtre, Corneille la dote d'une modestie de bon ton. De plus en supposant que le père doit son trône à l'amour inspiré par elle, il rend sa revendication très légitime.

18. *Lettre expresse* : lettre qui exprime formellement la volonté de quelqu'un.

19. La tour de l'île de Pharos, réunie au continent par un môle d'environ 1 300 mètres, passait pour une des sept merveilles du monde.

20. La générosité des principaux personnages surprend : Cléo-pâtre, qui aime César, prend le parti de Pompée; César donne à Cornélie les moyens de reprendre le combat contre lui; Cornélie l'avertit du projet d'assassinat.

21. Dans ces vers déclamés plutôt que dits, une affirmation essentielle : les souverains doivent *se croire*, c'est-à-dire gouverner par eux-mêmes, comme Louis XIII ne l'avait pas fait et comme Anne d'Autriche était invitée à le faire. Quant à l'idée que la haute naissance suffit à rendre vertueux et généreux, elle exprime un conformisme refusé jusqu'alors par Corneille.

22. L'amour cause et récompense de la prouesse comme dans les romans de l'époque.

23. Texte de 1644 :
   Et si jamais le ciel favorisait ma couche
   De quelque rejeton de cette illustre souche,
   Cette heureuse union *se* mon sang et du sien
   Unirait à jamais son destin et le mien.
   Comme il n'a plus d'enfants, ces chers et nouveaux gages
   Me seraient de son cœur de précieux otages.
   Mais laissons....
Ces vers faisaient allusion à un fait historique, la naissance de Césarion, fils de César et de Cléopâtre, et rappelaient que, selon la tradition antique et Shakespeare, elle fut une des grandes amoureuses de l'histoire. En 1660, Corneille épure son ambition en remaniant ces vers.

24. *Conteste* : Cornélie tient à accompagner son mari.

25. On trouve l'explication de cette phrase de Cléopâtre dans l'*Examen* : « Il ne me reste qu'un mot touchant les narrations d'Achorée, qui ont toujours passé pour fort belles : en quoi je ne veux pas aller contre le jugement du public, mais seulement faire remarquer de nouveau (allusion à l'*Examen de Médée*) que celui qui les fait et les personnes qui les écoutent ont l'esprit assez tranquille pour avoir toute la patience qu'il y faut donner. » Cette justification est un aveu. Dans les tragédies précédentes, Corneille avait intégré le récit dans l'action dramatique en le transfigurant par les sentiments ou les projets du personnage; il revient ici à la forme traditionnelle du récit d'ornement, encore appréciée du public. Il lui reste à rendre aussi vraisemblable que possible cette sorte de régression artistique.

26. Commentaire de Voltaire sur cette scène : « Tout cela est d'un comique si froid que plusieurs personnes sont étonnées que Corneille ait pu passer si rapidement du pathétique et du sublime à ce style bourgeois. » C'est peut-être ce style « bourgeois », le réalisme du dialogue ironique, qui fait la valeur de la pièce.

27. Mon bras que ses insultes ont failli empêcher de se retenir.

28. *Ont éloigné* : se sont éloignés de la ville. Emploi du verbe qui se rencontre chez Malherbe, et fondé sur une illusion des sens.

29. Texte de 1644 :
> Consulte à sa raison sa joie et ses douleurs,
> Examine, choisit, laisse couler ses pleurs.

Corneille doit à Lucain d'avoir nuancé par ce trait le personnage de César.

30. C'est pour séduire le public que Corneille transforme César en parfait héros romanesque. On lit dans la troisième partie de *La Cythérée*, publiée en 1642, œuvre du romancier à la mode Gomberville, ces conseils donnés par le sage Amasis : « Il vous faut gagner les hommes par la clémence, par la courtoisie et par la libéralité, avant que de vous résoudre à les vaincre par la force et par les armes. Oublier facilement les offenses et vous souvenir éternellement des services et des bienfaits. » A cela s'ajoute que César pardonne à Ptolémée par amour, pour « épargner le sang de Cléopâtre » (vers 934).

31. Thème hérité de l'antiquité que celui de la femme qui porte malheur à tout ce qui l'entoure. Cf. dans la *Cornélie* de Garnier :
> C'est un malheur couvert, une sourde influence,
> Que j'ai reçue du ciel avecque ma naissance,
> De combler d'infortune et d'esclandre tous ceux
> Que j'aurai pour époux en ma couche reçus.

32. *Accort* : de l'italien *accorto*, adroit.

33. Georges Couton rappelle que l'on refusait d'admettre que Richelieu fût d'une famille « de qualité », et que certains même ne le voulaient pas gentilhomme. Quoi qu'il en soit, d'autres formules, dans ces vers, ne peuvent s'expliquer que s'ils renvoient à Richelieu : *mœurs tyranniques, on les élève à régir des Etats.*

34. Reprise secrètement ironique des propos de César.

35. Voltaire : « Cette scène de César et de Cléopâtre est un des plus grands exemples du ridicule auquel les mauvais romans avaient accoutumé notre nation. »

36. Corneille utilise la formule *Veni, vidi, vici* écrite par César après la défaite du fils de Mithridate, mais en la détournant de son sens : César marquait le peu de peine qu'il avait eu à triompher.

37. Texte de 1644 : « Ce foudre punisseur que je vois en tes mains. » *Punisseur*, supprimé parce qu'il était un terme vieilli, rendait la phrase plus claire : Cornélie ne veut pas attendre d'avoir triomphé de César pour punir Ptolémée, qui peut être puni immédiatement par César lui-même. L'obscurité pompeuse du style vise à compenser le manque d'action.

38. *Au bonheur de son sang* : à celui qui a le bonheur d'être son frère.

39. Achorée étant délégué aux récits, il convient de justifier sa présence sur les lieux.

40. *Ma divinité seule*, pour ma seule divinité, exprime mieux peut-être la rancune de Cornélie envers les dieux.

41. *Le prêtre* : Ptolomée. *Le dieu* : César, à qui il a immolé Pompée.

42. 1644 : ‹ Tout un grand peuple armé fuyait devers le port. »
Devers était vieilli ; *armé,* indiquant simplement qu'il y avait eu
combat, ne convenait guère à l'évocation d'une fuite où l'on jette
plutôt ses armes. La correction est d'autant plus heureuse que le
rythme du vers suggère mieux la rapidité de la course.

43. On a décelé un emprunt à la tragédie de Garnier, où Cornélie
reproche à César de pleurer mort celui « Qu'il n'eût voulu souffrir
être vif comme lui ». Est-ce en contradiction avec l'admiration pour
les vertus de César ? Mais ici Cornélie veut éviter de se laisser gagner
par l'émotion de Philippe pour rester fidèle à son devoir de haine.
Cette analyse critique du comportement du « grand homme » a une
valeur psychologique.

44. *Je ne la suis pas* pour : je ne *le* suis pas. Vaugelas avait posé
la règle que le pronom, lorsqu'il remplace un adjectif ou un participe, reste neutre et invariable. L'usage subsiste jusqu'au XVIIIᵉ siècle
d'accorder ce pronom : cf. *Othon,* 200 : « Vous en êtes instruits, et
je ne la suis pas. »

45. En l'obligeant à quitter Cléopâtre pour combattre.

46. Dans le *Discours du poème dramatique,* Corneille s'est efforcé
de démontrer que cette tragédie respectait la règle de l'unité d'action
ou de péril : « Ptolomée, périssant dans un combat avec ses ministres,
laisse Cléopâtre en paisible possession du royaume dont elle demandait la moitié, et César hors de péril ; l'auditeur n'a plus rien à
demander et sort satisfait parce que l'action est complète. » En
réalité, il peut se demander si Cléopâtre deviendra un jour « la maîtresse du monde » par son mariage avec César, si César lui-même
ne tombera pas sous le poignard des assassins, comme l'a souhaité
Cornélie, et ce que sera le destin de Rome et de l'Egypte. Enfin,
l'auditeur ne sort pas avec la satisfaction d'avoir revécu un moment
essentiel de l'histoire du monde, comme dans *Cinna* et *Polyeucte.*
Il y a du juste dans l'observation de Voltaire : « *Pompée* n'est point
une véritable tragédie ; c'est une tentative que fit Corneille pour mettre
sur la scène des morceaux excellents qui ne faisaient point un tout. »

TABLE DES MATIÈRES

PUBLICATIONS NOUVELLES

GF GRAND-FORMAT

Vous trouverez chez votre libraire le catalogue complet de notre collection.

GF — TEXTE INTÉGRAL — GF

2735-IX-1990. — Imp. Bussière, St-Amand (Cher).
N° d'édition 12823. — 3ᵉ trimestre 1980. — Printed in France.